현대한국학연구소 자료총서 9

李承晚 東文 書翰集

— 淨書·飜譯·校註本 —

柳永益·宋炳基·李明來·吳瑛燮 編

上

연세대학교 출판부

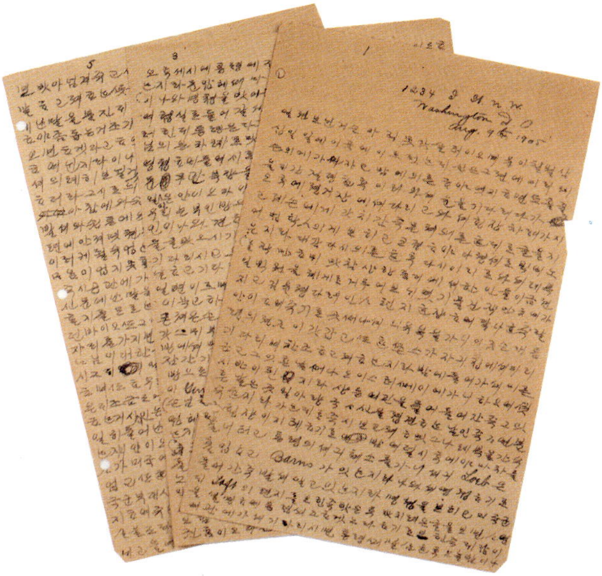

李承晩 ⇒ 閔泳煥 (1905. 8. 9)

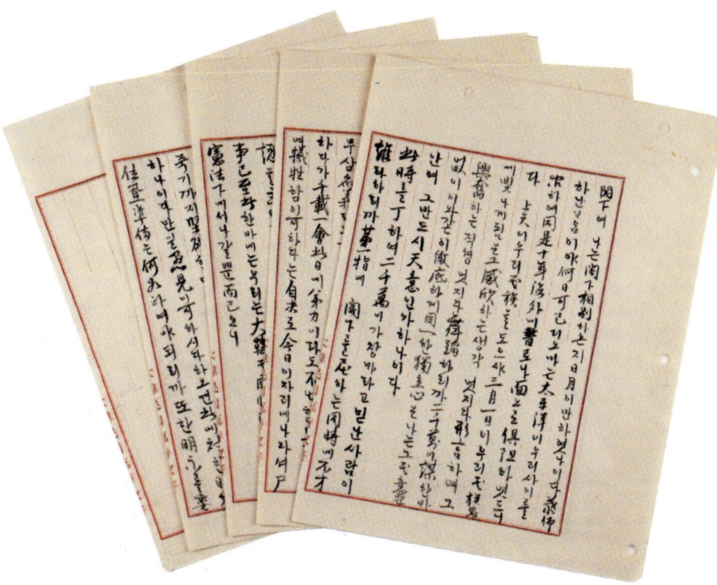

李東輝 ⇒ 李承晩 (1919. 11. 29)

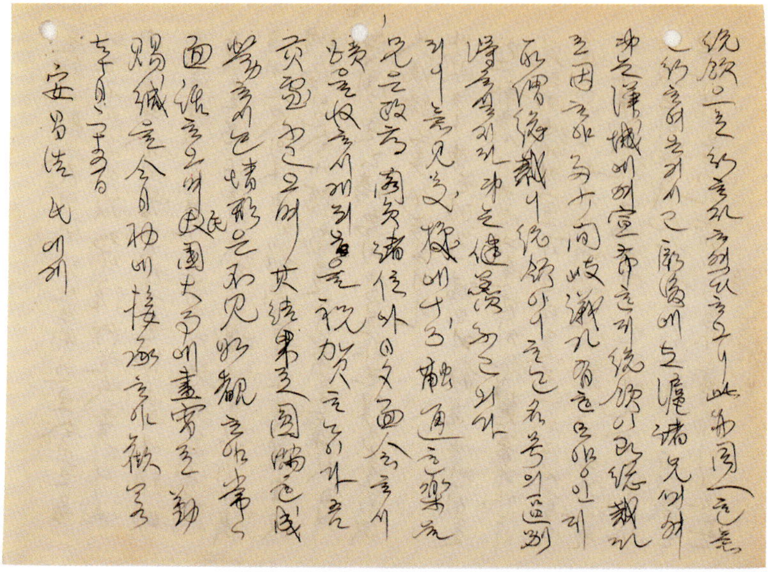

李承晩⇒安昌浩 (1920. 2. 18)

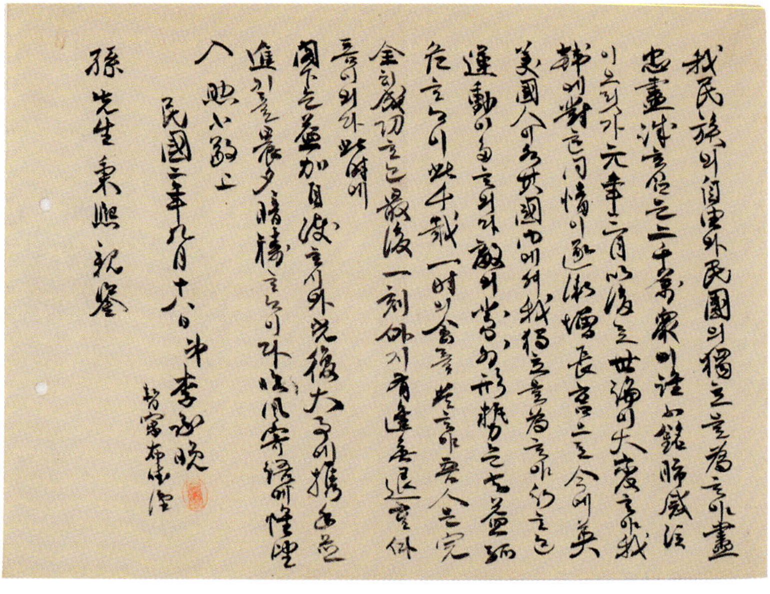

李承晩⇒孫秉熙 (1920. 9. 18)

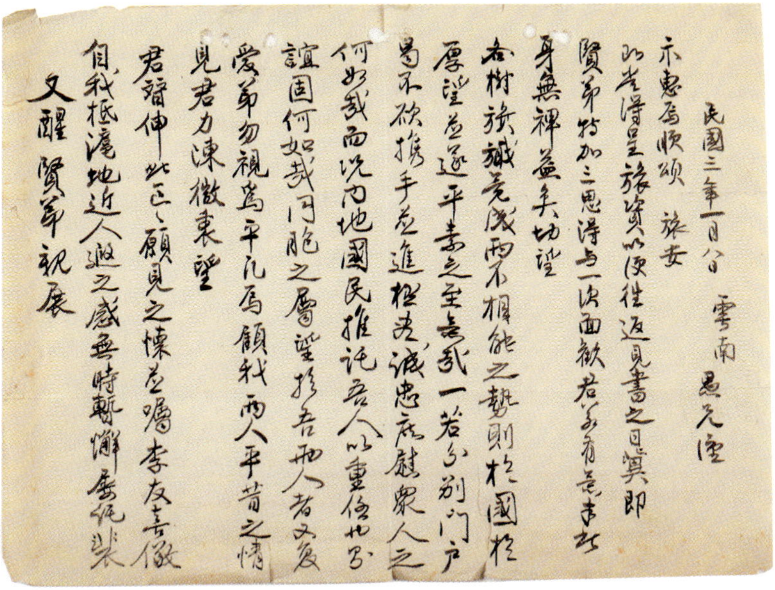

李承晚⇒朴容萬（1921. 1. 8）

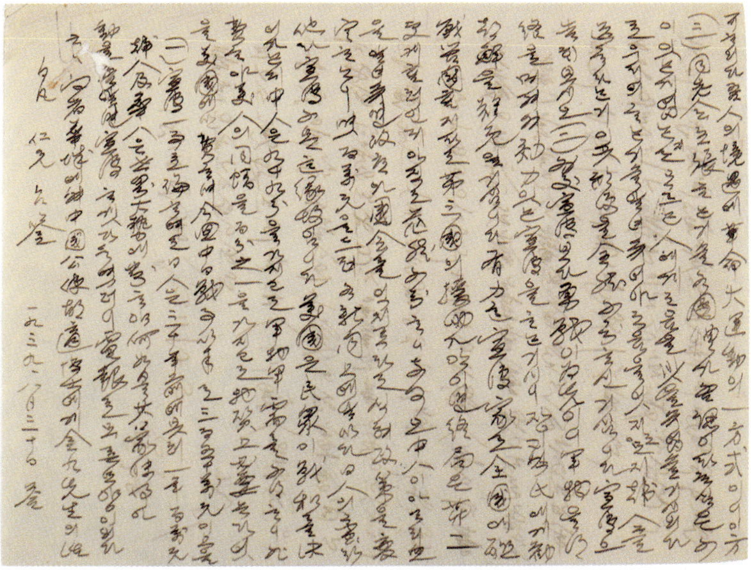

李承晚⇒金　九（1939. 8. 30）

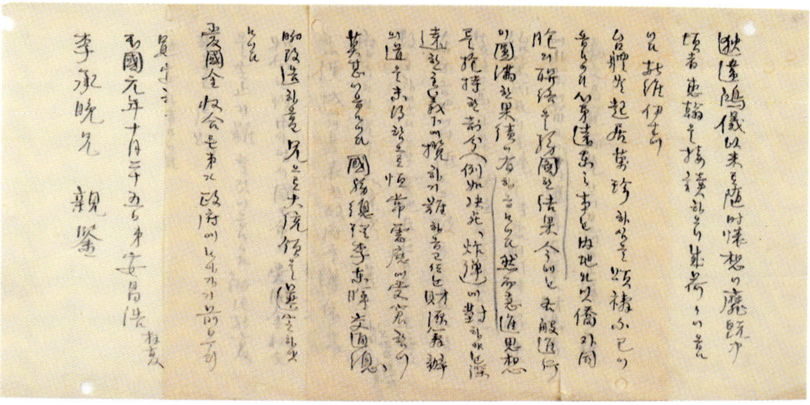

安昌浩⇒李承晚 (1919. 10. 25)

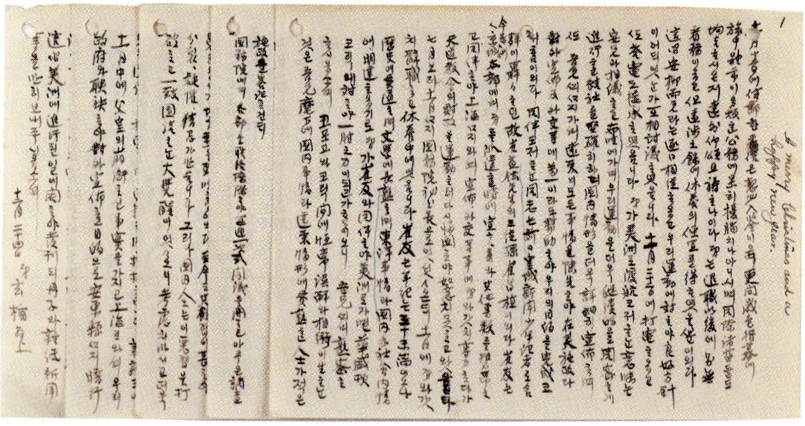

玄　楯⇒李承晚 (?1919. 12. 24)

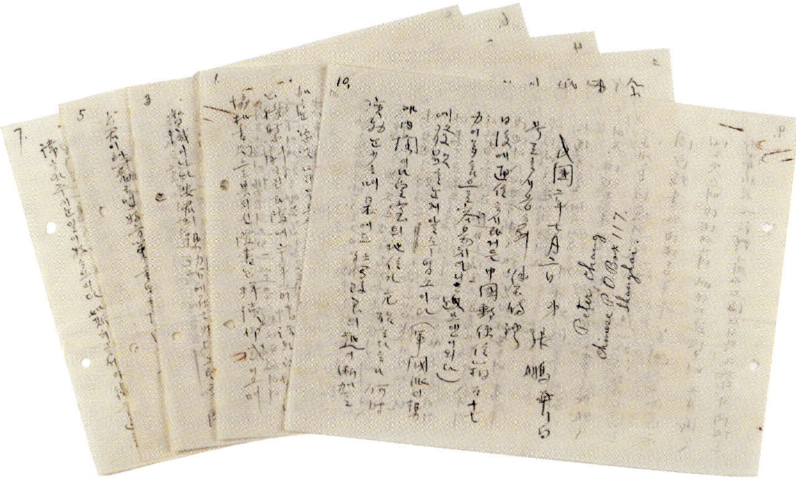

張　鵬⇒李承晩 (1920. 7. 2)

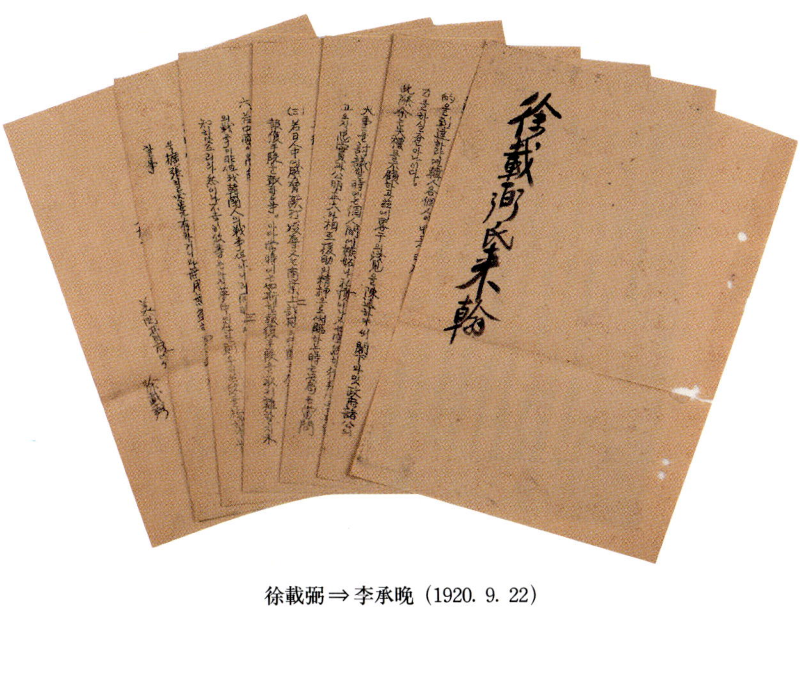

徐載弼⇒李承晩 (1920. 9. 22)

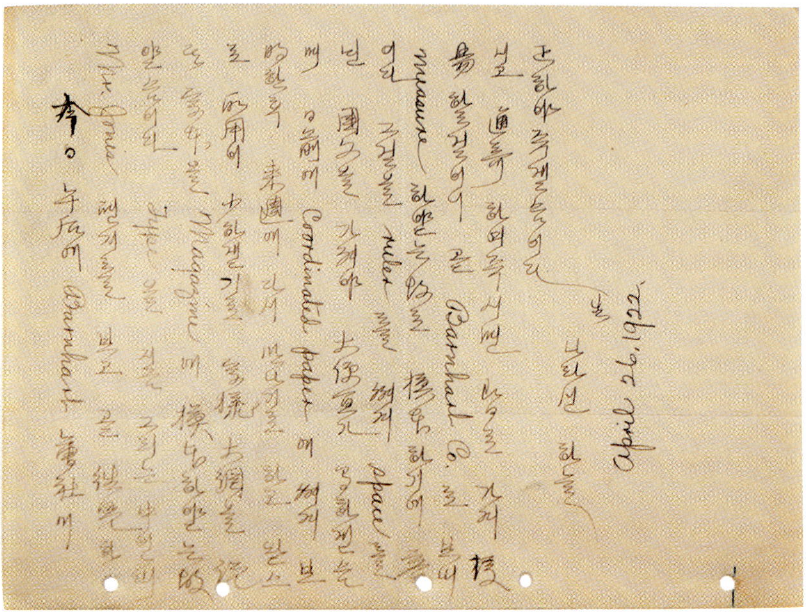

申衡浩 ⇒ 李承晩 (1922. 4. 26)

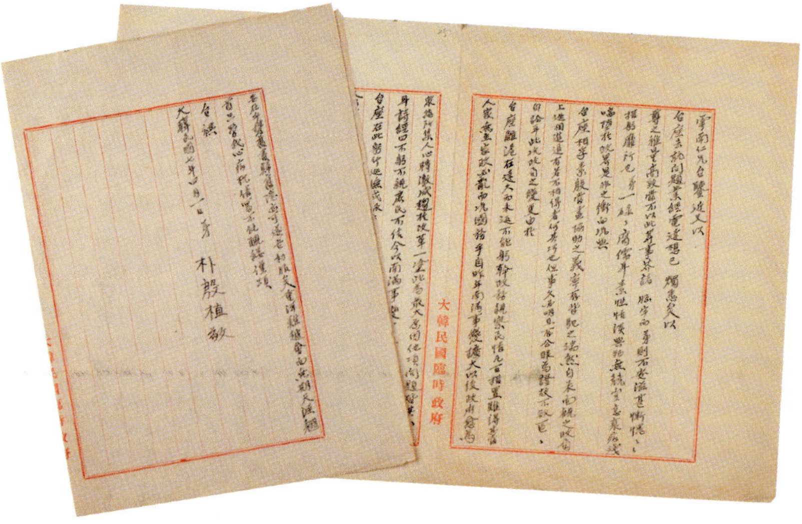

朴殷植 ⇒ 李承晩 (1925. 4. 1)

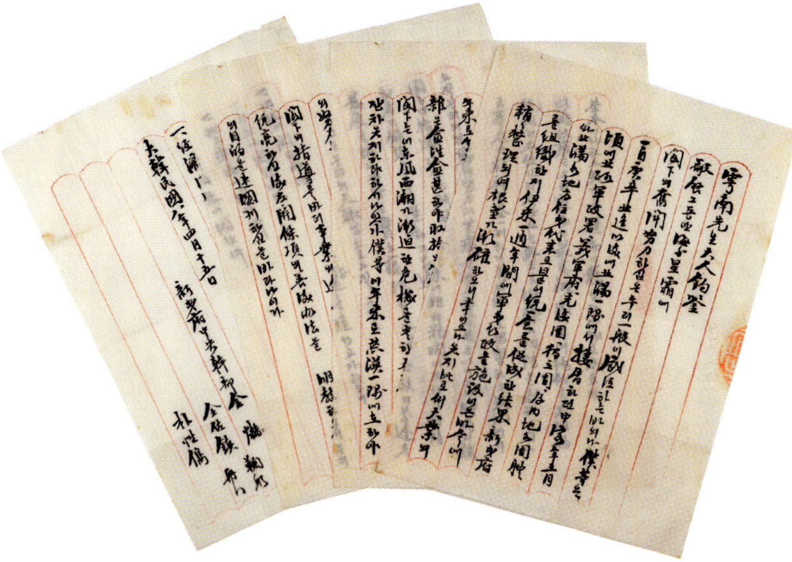

金　赫·金佐鎭·朴性儁⇒李承晚 (1926. 4. 15)

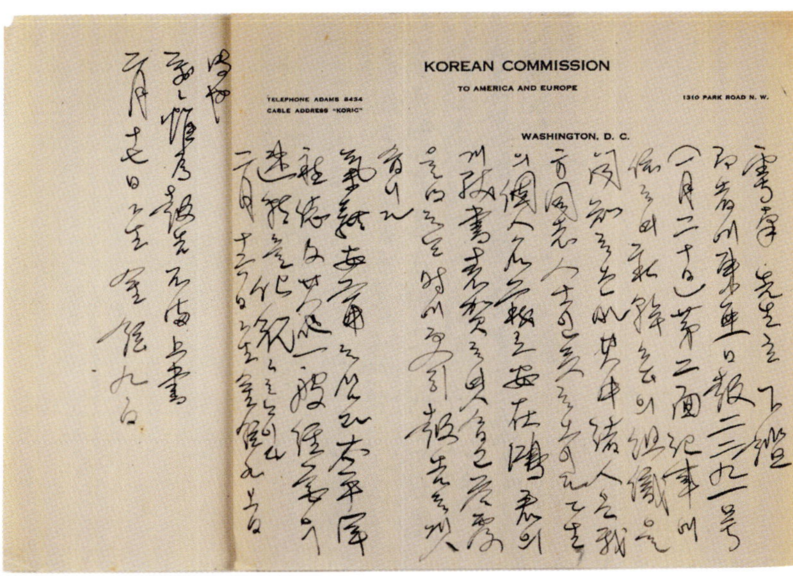

金鉉九⇒李承晚 (1927. 2. 16)

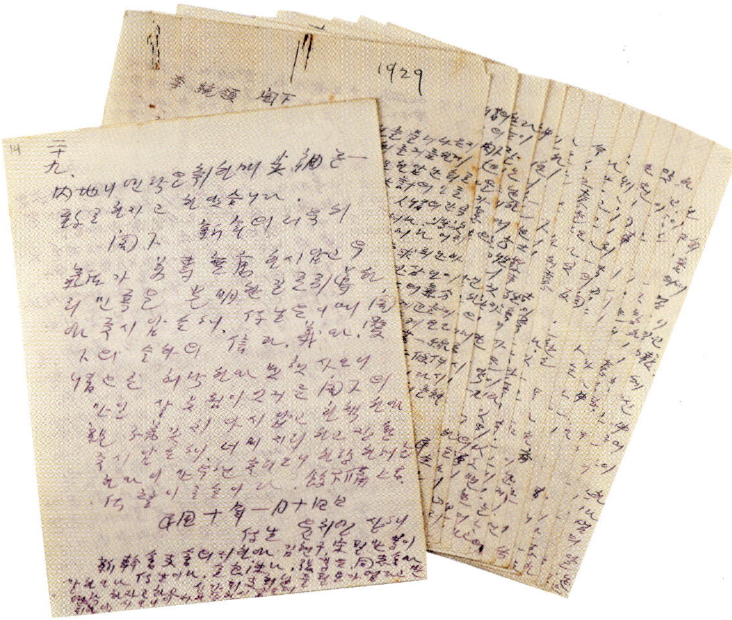

尹致暎⇒李承晩 (1928. 1. 14)

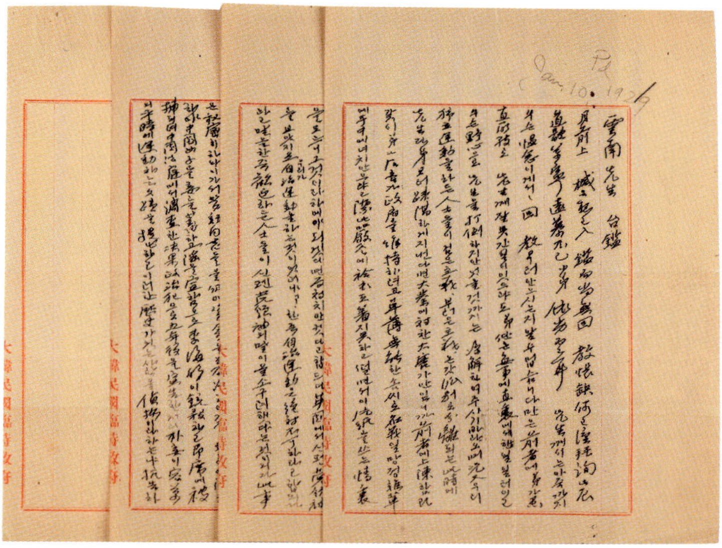

金　九⇒李承晩 (1928. 11. 20)

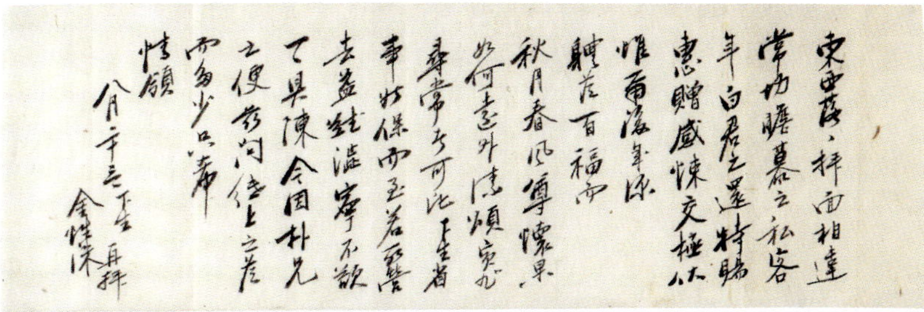

金性洙 ⇒ 李承晩 (?1928. 8. 23)

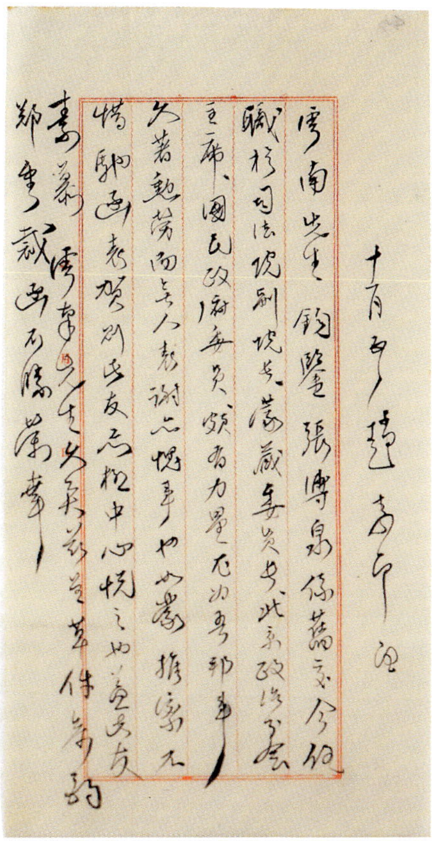

趙素昻 ⇒ 李承晩 (?1929. 11. 4)

이승만 동문 서한집 상

간 행 사

이 책은 대한민국임시정부 임시대통령과 대한민국 초대대통령을 지낸 이승만 박사가 소장하고 있던 666통의 東文(국문·국한문·한문) 서한을 탈초·번역·淨書·입력하여 펴낸 것이다. 현대한국학연구소는 이 책의 출판을 위해 관련 분야의 최고 전문가를 동원하여 난해한 초서체의 서한을 탈초·번역하고, 흘림체의 국한문 서한을 정서하였다. 그런 다음 이 과정을 거친 모든 원고를 컴퓨터에 입력하였다. 이 작업은 매우 지루하고 단순하고 힘겨운 것임과 동시에 고도의 전문성과 성실성을 요구하는 것이었다. 현대한국학연구소는 한국 근현대사의 진실을 밝히고 이승만 박사의 독립운동과 독립사상을 제대로 전달해야 한다는 사명감에 따라 이 작업을 추진하였다.

이 책에 실린 서한들은 이승만 박사가 해방 후 미국에서 귀국할 때에 가져온 것이다. 이후 경무대 캐비넷에 소장되어 있다가 이박사가 하야한 후에 梨花莊으로 옮겨 비장되어 있었다. 그러다가 1997년 11월 방대한 분량의 '우남이승만문서'와 함께 연세대 현대한국학연구소로 이관되었다. 1998년 8월 현대한국학연구소가 『우남이승만문서 : 동문편』(전18권)을 영인·출판할 때, 이 서한들은 제16·17·18권에 수록되었다.

이승만 東文 서한은 상이한 한글표기법과 독특한 필체에 따라 작성된 것이다. 그 때문에 판독이 상당히 까다로운 편이다.

게다가 거의 대부분의 서한이 난해한 초서체의 한문과 흘림체의 국한문으로 되어 있다. 그 때문에 한글세대 학자들은 쉽게 접근하지 못하고 있다. 이런 어려움으로 인해 그간 한국 근현대사 연구자들은 이 서한의 사료적 가치를 높이 평가하고 있음에도 불구하고 극히 제한적으로 이용하였을 따름이다.

이승만 東文 서한은 일제시기 독립운동사 연구의 주요 사료인 『우남이승만문서 : 동문편』 중에서 백미에 해당한다. 한국 근현대사 연구자들은 대한민국임시정부의 수립과정과 초기 활동, 임시정부 요인들의 독립방략과 노선차이, 상해와 미주 및 국내 독립운동가들의 활약상, 이박사의 독립활동과 독립사상, 하와이 한인사회의 동향, 국내 기독교계 인사들의 동향 등등을 연구할 때에 이 서한이 제1급의 자료라는 점을 한결같이 인정하고 있다. 이것은 이 서한이 그 희소성뿐 아니라 그 내용면에서도 사료적 가치가 매우 높기 때문이다.

이 책에는 이승만 박사가 보낸 서한 116통과 받은 서한 403통, 제3자간에 주고받은 서한 147통이 수록되어 있다. 그런데 이들 서한은 이박사가 대한민국임시정부 대통령으로서 정력적으로 활동하던 1919~1925년 사이에 작성된 것들이 대부분이다. 따라서 그 양과 질에 비추어 이 서한들은 임시정부 요인들의 서한집이라고 말해도 과언이 아닐 정도로 임시정부와 그 주변 인사들의 서한들이 중심을 이루고 있다. 아울러 하와이와 미국 본토에서 활동한 수많은 독립운동가들의 서한도 다수 포함되어 있어 그들의 활동을 이해하는데 큰 도움을 주고 있다.

이제 한국 근현대사 학계의 숙원사업 중의 하나인 이승만 東文 서한이 정리·출판됨으로써 한국독립운동사 연구수준을 높이는데 기여할 것으로 자부한다. 또 임시정부의 법통성을 계승

했음을 인정하고 있는 대한민국의 국가적 자존심과 한민족의 민족적 자긍심을 높이는 데도 일정하게 기여할 것으로 판단된다. 나아가 불굴의 의지로 독립운동과 건국운동을 전개한 이승만 박사의 활동과 사상을 심도 있게 이해하는데 길잡이의 역할을 할 것으로 기대된다.

끝으로 이 책이 번듯하게 출판되는데 도움을 주신 여러 전문가들과 관계 기관에 심심한 감사의 말씀을 올리려 한다. 현대한국학연구소의 창립소장이신 柳永益 석좌교수님은 이 책의 출판을 기획하고 해제와 부록을 작성하고 영문 메모를 번역하고 출판 원고를 감수해 주셨다. 한학의 대가이신 李明來 국사편찬위원회 연구위원님은 서한 원문을 탈초·번역·정서하는 막중하고도 힘겨운 임무를 맡아주셨다. 단국대 사학과의 宋炳基 명예교수님은 편집 체제를 정하고 출간 원고의 교열 작업을 맡아주셨다. 현대한국학연구소의 吳瑛燮 연구교수는 서한 원문과 출간 원고를 여러 번 대조하며 최종 교열·교정 작업을 가했고, 번역문을 현대문으로 다듬고, 색인 작성을 비롯한 마무리 작업을 끝내주었다. 그리고 한국학중앙연구원 국학자료관리팀은 이 서한을 정리할 재원을 지원해 주셨고, 연세대 국학연구단은 이 책의 출판비를 보조해 주셨다. 이처럼 여러 분들과 관계 기관의 헌신적인 열정과 아낌없는 지원에 대해 깊은 감사의 말씀을 드린다. 앞으로 현대한국학연구소가 이 책의 발간을 계기로 이승만 대통령 연구의 중심지로 자리잡기를 바라마지 않는다.

2008년 12월 20일
현대한국학연구소
소장 이 정 민

『李承晩 東文 書翰集』 해제

柳 永 益
(전 연세대 국제학대학원 석좌교수)

I

이 서한집은 원래 이승만(李承晩) 대통령의 사저(私邸) 이화장(梨花莊)에 비장(秘藏)되어 있다가 1997년 11월에 연세대학교 현대한국학연구소로 이관된 대한민국 초대 대통령 우남(雩南) 이승만 박사의 문서 10만여 점 가운데 동문(東文: 한글 · 국한문 · 한문)으로 작성된 간찰(簡札: 서한/편지) 660여 통을 골라 정리 · 편찬한 것이다.

이승만 대통령의 영부인 프란체스카 여사의 「6·25 일기」에 의하면, 이 대통령은 1950년 6·25전쟁 발발 직후 경무대(景武臺: 현재의 청와대)에 보관되어 있던 중요 문서의 일부를 진해(鎭海)로 옮겼다고 한다.[1] 그렇게 옮긴 문서 가운데 이 서한집에 실린 이 대통령의 해외 독립운동 관련 자료가 포함되었음이 틀림없다. 이대통령의 사자(嗣子) 리인수(李仁秀) 박사의 증언에 의하면, 이 문서들은 1960년 윤보선(尹潽善) 대통령의 취임 직후 이화장의 가재를 '종이 한 장 남기지 않고' 경무대로 '실어갈 때' 이승만 대통령의 전비서 황규면(黃圭冕)씨가 은밀히 이 문서들을 서류 캐비넷에 담아 왕십리에 있는 김종완(金鍾完)씨댁으로 옮겨서 간직했었는데 이를 리인수 박사가 1962년 7월 이화장으로 환수하여 보관해왔다고 한다.[2] 말하자면, 이 서한집에 실린 간찰들은 두어 차례의 산실 위기를 아슬아슬하게 넘기면서 보존된 국보급 사료인 것이다.

필자가 1994년 5월 이화장에서 이승만 문서 정리작업에 착수했을 때 이승만 문서는 동문(東文), 서문(西文: 영문) 가릴 것 없이 모두 미정리 상태에 놓여 있었다. 필자는 이 문서들을 전부 복사한 다음 복사본을 가지고 분류·정리·편집작업을 펼친 끝에 1998년에 『이화장소장 우남이승만문서: 동문편(梨花莊所藏 雩南李承晩文書: 東文篇)』(아래에서 『이승만문서: 동문편』으로 약칭) 전18권을 중앙일보사 및 연세대 현대한국학연구소의 공동 명의로 발간할 수 있었다. 이번에 출판되는 이 서한집은 이 자료집의 제16, 17, 18권에 수록된 육필 서한문 원고들을 정서(淨書)한 다음 그 중 한문과 영문 자료를 현대어로 번역하여 편찬한 것이다.

『이승만문서: 동문편』 제16~18권에 수록된 간찰들은 이승만 문서 가운데 가장 난해한 것들에 속한다. 이들은 이승만을 위시한 180여명의 교신자(交信者)들이 통일되지 않은 문법과 각자의 독특한 필법에 따라 작성한 문건들이기 때문에 판독이 매우 어렵다. 현대한국학연구소는 이 점에 유의하여 국내 굴지의 한문학자인 이명래(李明來)옹에게 난삽한 한문과 국한문 자료의 정서 및 번역을 의뢰한 다음 그로부터 입수한 원고를 원문과 일일이 대조하면서 정서·번역상의 오류를 가려내고, 아호(雅號)로 표시된 집필자들의 본명을 확인하며, 간찰들이 작성된 날짜를 밝혀내고, 간찰 내용 파악에 필요한 교주(校註)를 첨가하는 등의 편집작업을 벌였다. 이 힘겨운 작업은 거의 전적으로 역사학자 송병기(宋炳基) 교수께서 담당하셨다. 현대한국학연구소에서는 이렇게 정리·편집된 자료를 컴퓨터에 입력하여 활자화한 다음 그 원고 내용을 여러번 원문과 꼼꼼이 대조하면서 정서, 번역 및 인쇄상의 하자를 가려내어 교정하고, 번역문을 현대어에 맞게 다듬고, 나아가 색인을 작성했는데 이 지루하고 힘겨운 작업은 연구소의 오영섭(吳瑛燮) 연구교수가 도맡아 처리하였다. 필자는 동문 간찰들에 간간이 섞여있는 영문 간찰과 메모를 판독·번역하고 또 정리·편집된 원고 전체를 감수·교열하는 역할을 맡았다. 이와 같은 3중의 편집과정을 거쳐 이 서한집이 탈고되기까지 무려 5년 이상의 시간이 소요되었다.

이 서한집에 수록된 자료에 대해서는 송병기 교수가 『이승만문서: 동문편』 제16권에 이미 훌륭한 해제를 발표한 바 있다. 송 교수는 그 해제에서 이승만문서의 전모와 특징을 주요 간찰을 중심으로 요령있게 서술하였다. 이번에 간행되는 국역 서한집에 새로 해제를 쓰게된 필자는 이 글에서 우선 이 서한집의 내용을 개술한 다음 서한집의 주인공인 교신인들의 신상 배경을 밝히고, 간찰들을 날짜순으로 재배열함으로써 간찰 내용을 시기별로 파악하며, 마지막으로 서한집에 실린 간찰들의 역사학적 가치를 논하고자 한다.

Ⅱ

이 서한집에 수록된 이승만의 간찰은 모두 666통이다. (〈부록 2〉 참조) 이 가운데에는 일부 간찰에 삽입된 부속간찰(태찰〈胎札〉·협록〈夾錄〉) 15통도 포함된다. 이 서한집에서는 이 모든 간찰들을 '우남(雩南) 간찰', '수납(收納) 간찰' 및 '기타 간찰' 등 3개 범주로 크게 나누었다.

'우남 간찰'은 '1904년 8월 이전'부터 1943년 6월까지의 기간에 이승만이 49명(수신자 불명 3건 포함)의 개인 및 3개 단체에 발송한 간찰 116통을 가리킨다.[3] 이 간찰들은 『이승만문서: 동문편』에서처럼 수신자 이름의 가나다 순으로 배열되어 있다.

'우남 간찰'의 경우 이승만으로부터 간찰을 받은 인물 내지 기관이 과연 누구인지가 중요하다. 이승만으로부터 2통 이상의 간찰을 접수한 인물 내지 기관은—간찰의 다과(多寡) 순으로—張鵬(접수간찰수: 10통), 申衡浩(7), 李商在(7), 安玄卿(6), 趙素昻(6), 玄楯(6), 李敬善(5), 李始榮(5), 金鉉九(4), 申圭植(3), 尹致暎(3), '歐美委員部'(2), 金九(2), 金秉祚(2), 金星基(2), 李薩音(2), 金秉祚(2), 李東寧(2), 朴容萬(2), 趙琬九(2), 申翼熙(2) 등이다.

이승만으로부터 1통의 간찰만을 받은 인사 및 기관들은 '國務員', 金甲洙, 金永遇, 金元容, 金鴻機, 南亨祐, 盧伯麟, 閔泳煥, 朴相夏, 朴贊翊, 白純, 孫秉熙, '安·金兩友', 安在鴻, 安昌浩, 禹興泰, 李東輝, 李容稷, 李裕弼, 李鍾寬, 李喜儆, 張基永, 전익서, 鄭七萬, 崔謹愚, '布哇韓人統一促成會', 洪鎭[震], 黃烋 등이다.

'우남 간찰'들은 이 서한집의 중심인물인 이승만의 사상 내지 정치적 노선을 드러내는 편지들이기 때문에 이 서한집에 실린 문건들 가운데 사료가치가 가장 높다고 말할 수 있다. '우남 간찰'의 접수자들은 이승만에게 이해관계가 깊었던 인물 내지 기관이었음은 물론이다. 따라서 '우남 간찰'의 접수 회수는 대체로 이승만과 접수자간의 친밀도 내지 신뢰도와 정비례하는 것으로 보아 무방할 것이다. '우남 간찰' 접수자 가운데 장붕, 신형호, 이상재, 안현경, 조소앙, 현순, 이경선, 김현구, 신규식, 윤치영 등은 이승만으로부터 3통 이상의 간찰을 받은 사람들이며 이들은 간찰이 교환된 시기에 이승만의 가족, 심복 내지 동지였다. 그런데 이들 가운데 일부는 한국독립운동사에서 이미 잘 알려진 '역사적 인물'이지만 그렇지 않은 경우도 있다.

'수납 간찰'은 이승만이 타인으로부터 받은 편지를 가리킨다. 이 서한집에 수록된 수납 간찰은 모두 418통으로서 '우남 간찰'의 거의 4배에 해당하는 분량이다.[4] 이승만에게 간찰을 보낸 '수납 간찰'의 발신자(發信者)들은 — 3개 단체를 포함하고 또 2인 이상이 공동으로 작성한 경우 각인을 1인으로 계산하여 — 모두 109명이다. 이들 가운데 이승만에게 2통 이상의 간찰을 보낸 인사는 金鉉九(132), 張鵬(28), 趙素昻(20), 安玄卿(18), 韓圭卨(10), 金永燮(7), 金永遇(7), 申衡浩(7), 李始榮(6), 許政(6), 金星基(6), 吳基善(5), 尹秉熙(5), 黃烋(5), 盧伯麟(4), 朴容萬(4), 安昌浩(4), 李容稷(4), 李鍾寬(4), 玄楯(4), 金九(3), 明東(3), 김승률(3), 承龍煥(3), 李舜基(3), 최선주(3), 姜永韶(2), 金秉祚(2), 朴相夏(2), 白純(2), 徐載弼(2), 禹興泰(2), 尹致暎(2), 李鳳秀(2), 李薩音(2), 李元淳(2), 張基永(2), 曺誠煥(2), 趙琬九(2) 등이다. 이들 가운데 김현구는 최다수 간찰 발신자이다. 장붕, 조소앙 및 안현경 역시 18통 이상의 발신자로서 김현구와 더불어 이 서한집에서 두드러지게 돋보이는 인물이다.

이승만에게 1통의 간찰을 보낸 인사 내지 단체는 姜鏞訖, 金麟, 金聲權, 金成洙, 金元贊, 김인규, 김정윤, 金廷鎭, 金佐鎭, 金爀, 김형순, 金鴻基, 나가신나, 都瑞山, 朴基鴻, 朴性儁, 朴殷植, 朴寅陽, 박주범, 朴贊翊, 朴處厚, 邦化中, 존에스박(John S. Park), 白寬洙, 白樂觀, 白南七, 孫貞道, 孫昌希, 宋秉祚, 宋鎭禹, 宋憲澍, '新大韓新聞社', 申翼熙, 安東源, 安承華, 安時逸, 安瑛烈, 延秉昊, 兪星濬, 윤계상, 尹炳球, 尹海, 李光洙, 李東寧, 李東輝, 이맥이, 李相卨, 李商在, 이영규, 李殷求, 李青天, 이필은, 張德秀, 장봉기, 鄭元根, 鄭七萬, 趙明鎬, 趙鏞夏, 趙鍾振, 朱榮翰, 千世憲, 崔謹愚, 崔能益, 崔廷楫, '하와이 제일예배당 재직회', 河春植, 海里, 玄采, '힐로부아구제회', H.K.R. 등이다.

'수납 간찰'의 주인공들, 즉 이승만에게 간찰을 보낸 인사들은 대체로 명성이 높은 '역사적 인물'들이다. 그렇지만 이승만에게 18통 이상의 간찰을 보낸 인사들 가운데 김현구, 장붕, 안현경 등은 비교적 잘 알려지지 않은 인물들이다. 이들 '무명인사'들이 과연 누구인지는 아래에서 살펴보겠다. 여하튼 '수납 간찰'은 발신자들의 정치적 입장과 태도를 보여주기 때문에 당연히 사료가치가 높다고 말할 수 있다.

'기타 간찰'들은 이승만 이외의 제3자들간에 교환된 간찰들로서 이승만이 수합하여 보관했던 것들이다. 이 범주에 속하는 간찰은 모두 59통이다.[5] '기타 간찰' 가운데 2통 이상의 발신자는 李昌奎(13), 申衡浩(9), 金承濟(7), 明東(7), 李址鎔(7), 朴永魯(6), 李大爲(6), 尹承烈(5), 盧伯麟(5), 金永燮(4), 張鵬(4), 徐丙浩(3), 鄭翰景(3), 千世憲(3), 玄楯(3), 宋憲澍(2), 徐五星(2), 禹興泰(2), 林超(2), 崔能益(2), 崔鎭河(2), 洪焉(2) 등이고, 1통의 발신자는 郭林大, 金九, 金奎植, 閔泳煥, 安正洙, 兪億兼, 李東輝, 許政 등이다.

'기타 간찰'의 경우 수신자가 누구인지가 발신자 만큼 중요하다. '기타 간찰'의 수신자 들 가운데 2통 이상의 수신자는 申衡浩(32), 金奎植(20), 鄭翰景(13), 李敬善(8), 歐美委員部(7), 宋憲澍(7), 玄楯(5), 白一圭(4), 이창규(4), 李容稷(3), 千世憲(3), 徐載弼(2), 金廷鎭(2), 李大爲(2), 崔鎭河(2) 등이고, 1통의 수신자는 郭林大, 金利濟, 金鉉九, 金鴻機, 南宮炎, 盧伯麟, 리병운, 朴永魯, 申圭植, 安瑛烈, 吳漢秀, 禹一, 윤성렬, 윤승렬, 李薩音, 李仁成, 林超, 조오흥, 曺宜煥, 朱榮翰, 최선주, 황청일 등이다. (두사람 이상의 공동명의 수신자의 경우 2명을 각각 1명으로 계산하였음.)

'기타 간찰' 가운데 이승만의 부친 이경선과 민영환·이지용 간의 교신, 김규식과 이동휘·곽림대 간의 교신, 그리고 김구와 김이제간의 교신은 사신(私信)의 성격을 띤 간찰들이다. 그러나 그 외의 대부분은 이승만이 워싱턴에 설립한 구미위원부(歐美委員部)의 임원들, 즉 신형호, 김규식, 정한경, 송헌주, 현순, 이용직 등이 업무관계로 구미위원부 유관 기관의 임원들, 즉 이창규, 김승제, 박영로, 백일규 등과 교환한 공한(公翰)들이다. 따라서 '기타 간찰'의 대부분은 원래 구미위원부에 보관되었던 문건들이었다고 말할 수 있다.

Ⅲ

이 서한집에 등장하는 교신인(발신자와 수신자)들은 이승만을 포함하여 총 183명에 달한다. 이들 교신인 중에서 일부는 '역사적 인물'이고 나머지는 '무명 인사'들이다. 그런데 무명 인사들의 경우 그들의 신상 배경을 확인하기란 용이하지 않다. 필자는 독립운동사 관련 논저와 인명사전 등 여러 가지 2차 자료를 동원하여 교신인들의 신상정보를 수집하고 또 간찰들의 편전지(便箋紙) 및 간찰 내용을 분석하여 그들의 신상배경을 알아본 결과 〈부록 1: 이승만 서한문 교신인들의 발신지·수신지 및 기초 인적 사항〉을 작성할 수 있었다.

〈부록 1〉에 보이는 것처럼 교신인들의 발신지와 수신지는—빈도순으로—아래와 같다.

- 하와이 군도 내 호놀룰루와 기타 도시: 39통
- 중국 상해(上海) 및 시베리아('원동') 각지: 35통
- 워싱턴 D.C.(14), 뉴욕(12): 12통 이상
- 서울: 10통
- 로스엔젤레스(8), 샌프란시스코(7), 시카고(7), 디트로이트(4), 필라델피아(2), 다뉴바(Dinuba)-리들리(Reedley)(5), 사우스벤드(South Bend)(3), 푸에블로(Pueblo)(3), 덴버(3) 및 데모인(Des Moines)(3): 2통 이상
- 런던, 파리, 뷜츠버그(Wüzberg) 및 (남미의) 리마(Lima): 1통 이상

위의 통계로 미루어 우리는 이 서한집에 수록된 간찰의 주인공들은 주로 ① 이승만이 1913년 이후 25년 이상 거주하면서 독립운동을 펼쳤던 하와이 군도의 교민들, ② 1919년 상해에 수립된 대한민국임시정부(이하 '임정'으로 약칭)의 요인들, ③ 1919년에 워싱턴에 설립된 구미위원부 임원들, ④ 국내(주로 서울)에 있는 이승만의 후원자들, ⑤ 미국 캘리포니아주의 로스엔젤레스, 샌프란시스코 및 다뉴바-리들리, 일리노이주의 시카고와 디트로이트, 콜로라도주의 덴버와 푸에블로, 인디애나주의 사우스벤드 등에 거주하는 한인 교민들, 그리고 ⑥ 런던, 파리, 벨츠버그, 리마 등 유럽과 남미에 체류중인 한국인들이었음을 확인할 수 있다.

〈부록 1〉에 나타난 교신인들의 소속단체 및 직책은 대체로 다음과 같다.

1. 이승만이 한성감옥에 수감되어 있을 때(1899~1904) 그를 돌보아준 인사들, 즉 이승만의 부친 이경선과 한규설, 이지용, 민영환 등 대한제국 고관들
2. 이승만의 옥중 동지들: 이상재, 박용만, 유성준, 김린
3. 이승만이 미국 유학시절(1904~1910)에 교신한 인사들
   민영환/한규설, 현채, 이상설
4. 상해의 대한민국임시정부 관련 인사들
   - 국무위원 내지 임시의정원 의원: 김갑수, 김구, 김병조, 남형우, 박은식, 박찬익, 손정도, 송병조, 신규식, 신익희, 안창호, 연병호, 이광수, 이동녕, 이동휘, 이시영, 이유필, 이희경, 조소앙, 조완구, 현순, 홍진, '국무원'
   - 이승만의 상해, 내지(內地) 및 원동 지역 '통신원': 안현경, 장붕, 유상기, 나가신나
   - 대한민국임시정부 산하 군사 지도자들: 이청천, 백순, 김좌진, 김혁, 박성준

- 상해 · 북경 · 북만(北滿) · 블라디보스톡 및 빌츠버그 등지에 있는 독립운동가들과 단체들: 박상하, 박처후, 서병호, 서오성, 윤해, H.K.R., 신대한신문사

5. 워싱턴 D.C.의 구미위원부와 필라델피아의 '대한공화국 홍보국' 임원들
   - 구미위원부 임원: 김규식, 김현구, 송헌주, 신형호, 이대위, 이용직, 정한경
   - 구미위원부 지방위원: 임초, 조성환, 주영한, 천세헌, 최진하, 홍언
   - 필라델피아의 '대한공화국 홍보국' 임원: 서재필, 박영로
6. 이승만이 1915년 이후 하와이에 창립하거나 영향력을 발휘한 기관들의 임원들
   - 대한인국민회 하와이 지방총회 임원: 이종관, 안현경, 김성기, 승용환
   - 한인기독학원 및 『태평양잡지』 편집 책임자: 김영우
   - 대한인교민단 임원: 이창규, 손창희, 윤계상
7. 이승만이 1921년에 조직한 동지회 임원들
   - 동지회 하와이 본부 임원들: 안현경, 이원순, 김이제
   - 동지회 뉴욕 지회 임원들: 윤치영, 이봉수, 허 정
8. 이승만을 지지하는 미주 각 지역의 교민 유지들
   - 뉴욕 지역: 안정수, 장덕수, 천세헌
   - 다뉴바-리들리 지역: 김성권, 김정진, 김형순, 이순기, 노백린
   - 시카고-디트로이트 지역: 김홍기, 방화중, 백낙관, 최능진, 황휴
   - 덴버-푸에블로 지역: 우홍태, 윤승렬, 조종진
   - 사우스벤드 지역: 김승제, 우일, 이일

9. 이승만에 대해 비판적이거나 중립적이었던 미주 교민 지도자들
안창호, 강영소, 곽림대, 윤병구, 김성권, 김원용
10. 이승만이 3·1운동 이후 접촉을 시도한 국내의 지도자들
손병희, 이상재, 김성수, 송진우, 백관수, 안재홍, 유억겸, 김영섭, 오기선, 안동원
11. 기타
- 이승만에게 도움을 요청하거나 인정받기를 원하는 유학생들
- 이승만이 호놀룰루에 설립한 여학교 및 한인기독학원 학생의 후견자들
- 이승만이 호놀룰루에 설립한 학교 및 동지식산회사와 거래하던 상인들
- 이승만에게 구애(求愛)하거나 헌금 내지 선물을 기증한 여인들

Ⅳ

이 서한집에 수록된 간찰들은 어떠한 목적으로 작성되었으며 이승만과 한국 근현대사에 어떠한 의의를 지녔는가? 이 질문에 답하기 위해서는 이들 간찰을 작성 날짜순으로 재배열한 다음 그 내용을 이승만의 공적 활동에 결부시켜 해석하는 것이 바람직하다. 필자는 이 서한집에 수록된 663통의 간찰을 날짜순으로 재배열해 본 결과 〈부록 2: 이승만 간찰 날짜순 총목록〉을 작성할 수 있었다.

날짜순으로 재배열된 간찰들은 이승만의 공적 활동에 결부시

켜 아래와 같이 10개 간찰군(簡札群)으로 분류될 수 있다.

1. 한성감옥 수감기간(1899~1904)의 간찰: 23통
2. 도미(渡美) 외교 내지 유학시절(1905~1910)의 간찰: 6통
3. 하와이 정착 전후(1912~1918)의 간찰: 30통
4. 3·1운동 발발 전후(1918~1919)의 간찰: 14통
5-1. 대한민국임시정부 임시대통령 재임 초기(1919~1920)의 간찰: 193통
5-2. 대한민국임시정부 임시대통령 상해 재직기(1920~1921)의 간찰: 20통
5-3. 대한민국임시정부 임시대통령으로서 워싱턴군축회의 참가 시도 전후(1921~1922)의 간찰: 95통
5-4. 대한민국임시정부 임시대통령직 탄핵·면직 전후(1922.9~1925.4)의 간찰: 83통
6. 동지회 조직·확장 주력기(1925~1936)의 간찰: 177통
7. 중일전쟁 및 태평양전쟁기(1937-1945)의 간찰: 12통
8. 기타 (날짜 혹은 수신자 미상의 간찰): 10통

총: 663통

위에서 보이듯이, 이 서한집에 수록된 간찰 663통 가운데 395통, 즉 전체의 약 60%가 이승만이 상해 임정의 임시대통령 내지 한성임시정부의 집정관총재로 활약하던 시기에 주고받은 간찰들이다. 따라서 이 서한집은 이승만의 독립운동 관련문서집이라고 말해도 과언이 아니다.

이와 같이 분류된 서한문의 내용을 간찰군 단위로 살펴보면 아래와 같다.

1. 한성감옥 수감기간(1899~1904)의 간찰

이 간찰들은 이승만이 청년기에 박영효(朴泳孝) 지지세력에 포섭되어 정부개조를 시도하다가 실패하여 한성감옥[서](漢城監獄[署])에 수감되어 있을 때 옥중에서 접수한 '수납 간찰' 내지 '기타 간찰'들이다.[6] 그 중에는 대한제국의 개혁파 고위 관료 한규설이 이승만에게 보낸 간찰 10통과 이승만과 함께 수감생활을 하던 유성준이 감옥안에서 이승만에게 건내준 간찰 1통, 그리고 이승만, 민영환, 이지용 등이 이승만의 부친 이경선에게 각각 보낸 4통, 1통, 7통의 간찰이 포함된다. 이승만이 자신의 부친에게 보낸 간찰은 수감기간 자기의 애타는 가족애를 드러내는 것이며, 한규설, 민영환, 이지용 등의 간찰은 이승만이 한성감옥안에서 다른 죄수들과 달리 특대를 받게 된 경위와 10년 형기를 채우지 않고 5년 8개월만에 조기 석방될 수 있었던 이유를 밝혀주는 자료들로서 사료가치가 높다. 이 간찰들 가운데 유일하게 집필날짜가 확인된 유성준의 간찰은 유성준이 이승만의 인물됨을 극찬한 글로서 한성감옥 시절 이승만의 평판을 가늠하는데 도움이 된다.

2. 도미외교 및 유학시절(1904~1910)의 간찰

이 간찰군에는 이승만이 한성감옥에서 출옥한 다음 민영환과 한규설의 밀사로 도미하여 1905년 8월 4일 미국 대통령 루즈벨트(Theodore Roosevelt)를 회견했을 때의 정황과 이 사행(使行)이 실패한 경위를 밝히는 민영환/한규설 앞 간찰이 포함되어 있다.[7] 그 외의 것은 이승만이 처녀외교에 실패한 후 죠지 워싱턴대(George Washington University), 하바드대(Harvard University) 및 프린스턴대(Princeton University) 등 미국 동부의 명문 대학에 입학하여 공부하면서 이경선, 이상설, 현채, 방화중, 조명호 등 한국인들과 주고받은 간찰들이다. 그 가운데 서울에 있는 역사가 현채(玄采)가 이승만에게 보낸 간찰은 이승만이 한성감옥안에서 번역한 『청일젼긔(淸日戰記)』의 출판을 당분간 보류하는 것이 좋겠다는 내용을 담고 있다.

3. 하와이 정착 전후(1912~1918)의 간찰

이승만은 프린스턴대에서 박사학위를 취득한 다음 귀국하여 1910년 10월부터 1912년 3월까지 서울YMCA에서 '한국인 총무' 내지 '학감'으로 활동하다가 105인 사건을 계기로 다시 미국으로 건너가 1913년 2월부터 하와이에 정착, 망명생활을 개시하였다.[8] 이 간찰군에는 이승만이 하와이로 망명하기 전에 그의 옥중 동지 박용만 및 하와이 한인교포사회의 대표자 정칠만(鄭七萬)과 주고받은 간찰이 포함되어 있다. 이 밖에 이승만이 모국에 있는 감리교 목사 오기선(吳基善)과 이승만의 옥중동지이자 서울 YMCA의 동료였던 김린(金麟)으로부터 받은 간찰, 그리고 샌프란시스코의 대한인국민회 중앙총회장 윤병구로부터 받은 간찰 등이 포함되어 있다. 그 밖의 간찰들은 이승만이 하와이에 정착하는 과정에서 김성기(金星基), 최선주 및 승룡환(承龍煥) 등 하와이 군도의 교민 지도자들과 주고받은 편지들이다. 그 중에서 '하와이미이미교회[감리교회] 제일예배당 재직회'가 이승만에게 발송한 간찰은 이승만이 1918년에 호놀룰루에 '한인기독교회'라는 독립교회를 설립했을 때 그 때까지 이승만의 교육활동을 꾸준히 지원했던 하와이 (미)감리교 선교부 산하의 제일예배당이 이승만에게 보낸 일종의 징계 경고장이다.

4. 3·1운동 전후(1918~1919)의 간찰

제1차 세계대전 종결 후 1918년 12월 1일에 이승만은 대한인 국민회 중앙총회(회장:안창호)에 의해 파리강화회의에 참석할 한국대표로 선출되었다. 이승만은 강화회의에 참석할 목적으로 1919년 1월 6일에 하와이를 출발, 1월 15일에 샌프란시스코에 도착하여 안창호를 만나 앞으로의 대책을 협의하였다. 그 후 그는 미국 동부로 건너가 워싱턴D.C.의 미국 국무성으로부터 파리행 여행허가서를 취득하려고 노력하는 한편 4월 14~16일간에 필라델피아에서 서재필, 정한경과 함께 '대한인총대표회의' (일명 '제1차 한인의회')를 개최하였다. 그렇게 하는 동안 그는 3월 9월 상해에 있던 현순(玄楯) 목사가 안창호에게 보낸 전보를 통해 국내에 3·1운동이 발발했다는 소식을 접했으며 이어서 4월 15일에 상해 임정의 내무차장 현순이 보낸 전보를 통해 상해 임정이 자기를 '국무총리'로 임명(4.11)한 사실을 통보받았다. 이어서 5월 말에는 서울에서 온 신흥우(申興雨)를 통해 한성[임시]정부에서 자기를 '집정관총재'로 추대(4. 23)한 사실을 알게 되었다. 그 무렵부터 이승만은 '집정관총재' 내지 '대통령'으로 행세하면서 8월 25일에는 워싱턴D.C.에 '구미위원부(歐美委員部 : The Korean Commission to America and Europe)'를 개설하고 김규식(金奎植)을 그 초대 위원장으로, 그리고 송헌주(宋憲澍), 이대위(李大爲) 등을 그 위원으로 임명하였다. 이어서 그는 9월 1일부터 김규식과의 공동 명의로 임시정부의 공채표(公債票)를 발매하기 시작했다. 다른 한편 필라델피아에는 구미위원부 산하에 대한민국 홍보국(Bureau of Information for the Republic of Korea)이 설립되어 서재필이 국장 그리고 박영로가 서기직을 맡아 *Korea Review* (『대한평론』)를 발간하기 시작하였다.[9]

이 간찰군의 맨 앞에 실린 송헌주의 편지는 이승만이 호놀룰루에서 미 본토로 떠나기 전 하와이 교포들이 이승만을 파리강화회의에 한국대표로 선출한 사실과 관련된 문서로 여겨진다. 그 다음으로 안창호가 이승만 앞으로 보낸 3통의 간찰은 안창호가 1919년 4월 초 상해로 가기 전에 이승만에게 보낸 간찰들이다. 그 다음에 보이는 이승만의 현순 앞 간찰 3통은 1919년 4월 27일 이전에 현순이 이승만에게 보낸 전보문안(電報文案)의 뜻이 불분명한 점들에 대해 이승만이 질문한 것과 상해 임정의 지도자들에게 자기의 정치적 입장을 밝히는 내용이 담긴 간찰들이다. 이승만이 안현경, 이종관, 김영우 등 하와이에 있는 심복들과 주고받은 간찰들은 이승만이 하와이를 떠난 다음 하와이 한인사회에서 발생한 반(反)이승만파 인사들의 책동에 대해 이승만과 하와이 교포 지도자들이 협의한 대책을 담고 있다.

5-1. 대한민국임시정부 임시대통령 재임 초기 (1919.9~1920.12)의 간찰

1919년 4월 23일 서울에서 선포된 한성[임시]정부에 의해 집정관총재로 추대된 이승만은 같은 해 9월 6일에 상해의 대한민국임시정부로부터 '임시대통령'으로 추대되었다. 그는 집정관총재 명의로 8월 25일 워싱턴에 구미위원부를 개설하고 이를 통해 외교·홍보활동을 펼치고 공채표를 발행하면서 1920년 말까지 상해에 부임하지 않았다. 이 기간에 그는 상해의 임정 수립에 공이 있는 현순, 이미 상해로 건너가 임정의 '내무총장 겸 국무총리 서리'직을 맡고 있던 안창호, 그리고 '국무총리'직을 맡은 이동휘 등과 교신하면서 상해 임정에 대해 원격조종(遠隔操縱)을 시도하였다.[10]

워싱턴D.C.에 근거를 둔 '임시대통령' 이승만은 상해 임정의 내부 사정을 파악하기 위해 자기의 심복을 '통신원'(通信員)으로 임명하고 그들로 하여금 상해로 부임하여 임정내의 정황을 탐보하도록 조치하였다. 이승만이 최초로 선파한 상해 통신원은 대한인국민회 하와이 지방총회장을 역임한 안현경이었고, 그 다음은 한성정부 수립운동에 참여했던 기독교 장로 장붕(張鵬)이었다. 안현경은 1919년 12월 3일부터 1920년 8월 28일까지 상해에 머물면서 무려 18통 이상의 내탐보고서를 이승만에게 보냈다. 그의 후임자인 장붕은 1920년 3월부터 9월 21일까지 이승만에게—안현경과는 별도로—12통 이상의 비밀보고서를 발송하였다. 장붕은 1920년 12월에 이승만이 상해에 부임했다가 1921년 5월에 미국으로 떠나자 다시 통신원 역할을 맡아 1921년 6월 8일부터 1922년 10월 3일까지 15통 이상의 내탐보고서를 이승만에게 발송하였다.

이승만이 '임시대통령'으로 추대된 다음 그에게 상해 임정의 내부 사정을 자발적으로 내보하는 임정 요인들도 있었다. 현순, 손정도(孫貞道), 김병조(金秉祚) 등이 그러한 인사들이었다. 현순은 1919년 12월 24일부터 1920년 3월 12일까지 세 차례에 걸쳐 이승만에게 임정의 내정에 대해 제보하였다. 이로써 이승만의 신임을 획득한 현순은 이승만이 상해로 부임하기 전, 1920년 8월에 워싱턴D.C.로 초청되어 때마침 구미위원부 위원장직을 사임하고 상해로 향하려던 김규식을 대신하여 구미위원부의 '임시위원장'직을 맡았다. 손정도는 1920년 1월 22일에, 그리고 김병조는 1920년 1월 22일과 같은 해 8월 7일에 이승만에게 내보성 간찰을 보냈다. 이들 이외에 조성환(曺誠煥)과 조소앙(趙素昂)도 1920년 7월 4일에 이승만에게 비슷한 성격의 간찰을 보냈다.

이승만은 장기적인 정치적 포석의 일환으로 국내 및 상해 임정 지도자들에게 자기의 임무수행에 필요한 협조를 요청하는 의례적인 간찰들을 보내고 있었다. 신규식(申圭植)(1919.12.30), 이상재(李商在)(1920.6.31), 노백린(盧伯麟)(1920.7.22), 손병희(孫秉熙)(1920.9.18), 최근우(崔謹愚)(1920.9.18), 이동녕(李東寧)(1920.9.30), 그리고 '국무원(國務員)'(1920.9.30) 등에게 보낸 이승만의 간찰들은 이러한 성격의 것들이었다. 이와 거의 동시에 이승만은 아이오아주 데모인(Des Moines)시에서 개최되는 미국 감리회 4년총회에 참석하기 위해 미국에 도착한 한국 감리교 대표들(오기선, 김영섭, 안동원)로부터 미국 도착을 알리는 의례적인 편지들을 받았고, 또 파리강화회의에 참석하기 위해 파리로 갔던 노령 국민의회 대표 윤해(尹海)로부터도 의례적인 인사 편지를 받았다. 이 밖에 이승만은 상해의 신대한신문사(新大韓新聞社)(사장:申采浩)로부터도 의례적인 편지(1919.12.5)를 받았다.

이 기간에 작성된 간찰 가운데 이승만이 1920년에 황휴(黃烋), 박처후(朴處厚), 박상하(朴相夏) 등과 주고받은 것들(1920.2.9. 1920.2.22. 1920.3.5. 1920.7.31 / 1920.1.27/ 1920.8.10. 1920.9.14)은 박용만과 화해하려던 이승만의 노력에 관련된 것이다. 즉, 이 간찰들은 1915년 이후 하와이에서 정적(政敵)으로 바뀐 자기의 옥중동지—대한민국임시정부의 외무총장—박용만을 이승만이 상해로 부임하기 전에 무마·포섭하기 위해 박용만의 친구들(황휴, 박처후, 박상하)에게 협조를 구한 내용과 그들이 이승만에게 자신들의 거중 노력에 대해 보고한 내용을 담고 있다.[11]

이승만은 1918년 말부터 1920년 6월까지 주로 워싱턴D.C.에 머물면서 하와이와 캘리포니아주에 있는 자신의 지지자들과 빈번히 교신하고 있었다. 이승만이 김형순, 손창희, 김성기, 이종관, 윤병희(尹秉熙), 김인규, 이은구, 이영규, 이순기(李舜基), 장봉기, 최선주, 김영우, 김홍기, 안영렬 등과 주고 받은 간찰들은 바로 그러한 것들이다. 이승만이 자기 지지자들로부터 수납한 간찰들은 대체로 1919년 9월 이후 구미위원부에서 공채표를 발매하면서 파생한 대한인국민회 중앙총회와 대한인국민회 하와이 지방총회간의 마찰—그리고 이에 따른 '풍파(風波)'—에 관련된 것들이다. 이승만 지지자들은 자기들의 간찰에서 1920년 2월 초에 발생한 이른바 '승용환(承龍煥) 사건'과 1920년 7월 30일에 발생한 '송헌주(宋憲澍) 해임 사건' 이후 하와이 교포사회내의 동향을 보고하고 그 문제점들에 대한 대처방안을 제시하고 있다.[12)]

이 기간에는 구미위원부의 위원들과 '지방위원'들간에 많은 간찰이 교환되었다. 그 대부분은 1919년 8월 구미위원부에서 발매하기 시작한 공채표와 대한인국민회 중앙총회가 오래 전부터 거두었던 애국금의 수합에 관련된 문건들로서 이들 대부분은 '기타 간찰'의 범주에 속한다. '기타 간찰' 가운데에는 초대 구미위원부 위원장이었던 김규식이 대한인국민회 중앙총회 총무 곽림대(郭林大)에게 보낸 편지와 대한민국 홍보국 서기 박영로(朴永魯)가 김규식 앞으로 보낸 편지가 포함되어 있다. 이들 간찰에서 곽림대와 박영로는 이승만의 구미위원부 운영방식에 대해 날카롭게 비판하고 있다. 이들 간찰은 김규식이 1920년 8월 7일에 갑자기 구미위원부 위원장직을 사임하게 된 동기를 파악하는데 도움이 된다. (김규식의 사임은 1921년 4월 25일에 공식화되었다.)

5-2. 대한민국임시정부 임시대통령 상해 재임기간 (1920.12~1921.5)의 간찰

이승만은 대한민국임시정부의 '임시대통령'직을 수행하기 위해 1920년 12월 5일에 상해에 도착, 이듬해 5월 29일까지 약 반년간 상해에 머물러 있었다. 이 기간에 그는 국무총리 이동휘, 노동국 총판 안창호 등과 함께 1월 5일부터 3차례 국무회의를 개최하면서 상해 임정을 이끌려고 노력했다. 그러나 이승만은 '함경도파'의 영수이자 고려공산당 당수인 이동휘와 '서북파'의 영수이자 흥사단 단장인 안창호와 심각한 독립운동 노선상의 의견 차이를 드러낸 결과 정국수습에 실패하였다. 그 결과 1921년 1월 24일에는 이동휘, 그리고 2월 이후에는 김규식, 남형우, 안창호 등이 국무원직을 사퇴하는 사태가 벌어졌다. 이로써 상해 임정 초기의 이승만, 이동휘, 안창호의 '3두체제'는 종언을 고하고 그 대신 신규식(申圭植), 이동녕(李東寧), 이시영(李始榮), 김인전(金仁全) 등 이승만을 지지하는 '기호파(畿湖派)'로써 구성된 '신규식 대리내각'(1921.2~1922.3)이 성립하였다. 이승만의 상해 부임을 계기로 이와 같이 이동휘, 안창호, 김규식, 남형우 등 임정 초기의 지도자들이 대거 임정에서 이탈하자 박은식, 김창숙 등 상해 임정의 원로 14명은 2월에 「아(我) 동포에게 고함」이라는 성명서를 발표하면서 '국민대표회의' 소집을 요구하였다.[13]

이승만은 상해에 도착한 직후 박용만, 이종관, 조완구(趙琬九) 등에게 간찰을 보내었고 이광수(李光洙), 이종관, 김영섭(金永燮), 신형호(申衡浩), 신마실나, 조소앙, 조완구 등으로부터 간찰을 받았다. 이승만이 박용만 앞으로 쓴 두 통의 간찰은 박용만이 회심(回心)하여 화해하기를 바란다는 간곡한 내용을 담고 있었다. 그러나 이 간찰들은—아마도 박용만의 주소가 확인되지 않아—실제로 발송되지 않은 것으로 여겨진다. 이승만이 대한인국민회 하와이 지방총회장 이종관과 주고받은 간찰들은 그가 상해에 머무는 동안 하와이 교포사회에서 폭발할 가능성이 있는 불상사에 대비하는 내용의 간찰들이었다. 이승만이 워싱턴D.C.에 있는 구미위원부의 위원 신형호로부터 받은 간찰은 주로 구미위원부의 업무진행에 관련된 보고서였다. 이승만과 대한민국임시정부 내무차장 조완구간에 교환된 간찰들은 조완구가 이승만의 상해 이임(離任)을 만류한데 대해 이승만이 미국으로의 복귀가 불가피하다는 점을 해명하는 내용을 담고 있다. 독립신문사 사장 겸 편집국장이었던 이광수가 이승만에게 『독립신문』에 투고해 줄 것을 요청한 간찰은 다분히 의례적인 것이었다.

5-3. 대한민국임시정부 임시대통령으로서 워싱턴 군축회의 참가 시도 전후(1921.6~1922.2)의 간찰

이승만은 1921년 5월 17일 '외교적 긴급과 재정상 절박'을 이유로 미국으로 돌아간다는 교서를 남기고 5월 29일에 상해를 떠났다. 미국으로의 귀로에 그는 호놀룰루에 들러 1921년 7월 21일 '대한인동지회'를 발족시킨 다음 워싱턴D.C.에 도착, 그곳에서 1921년 11월 12일부터 1922년 2월 6일까지 개최된 워싱턴 군축회의(The Washington Disarmament Conference, 일명: '태평양회의')에 서재필, 정한경 등과 함께 한국대표로 출현하여 한국의 독립문제를 이 회의에 상정시키는데 온 힘을 기울였다.[14] 이 기간에 그는 상해의 신규식 내각을 통하여 국내 및 호놀룰루에 있는 지지세력으로부터 자신이 펼치는 외교활동에 필요한 지원을 얻으려고 노력하였다. 이 기간에 상해 임정내의 이승만 비판세력은 신규식 내각에 대한 정치 공세를 자제하고 워싱턴 군축회의의 귀추를 관망하고 있었다.

5-4. 대한민국임시정부 임시대통령직 탄핵·면직 전후(1922.9~1925.4)의 간찰

이승만이 기대를 크게 걸었던 워싱턴군축회의에서 열강 대표들의 지지를 획득하는데 실패하자 상해와 기타 여러 지역에서 이승만의 공신력은 크게 실추하였다. 그 여파로 상해 임정의 신규식 내각이 1922년 3월 20일에 총사직하였다. 이승만은 4월 26일 노백린에게 후계 내각의 구성을 의뢰했는데 노백린은 쉽사리 조각(組閣)을 성사시키지 못하였다. 상해 임정이 표류하자 제10회 임시의정원은 6월 17일 '대통령 및 현임 내각 불신임안'을 표결로써 통과시키는가 하면, 안창호를 위시한 일부 인사들은 5월 12일에 '국민대표회 기성회'를, 그리고 7월 초에는 '시사책진회(時事策進會)'를 소집하여 '국민대표회의' 개최를 서둘렀다. 그 결과 1923년 1월 3일에 드디어 국민대표회가 상해에서 개최되었다. 6월 7일까지 계속된 이 회의에는 135개의 지역 및 단체 대표 125명이 참석하여 임정의 '개조(改造)' 혹은 '창조(創造)' 문제를 가지고 갑논을박하였다. 안창호 계열의 서북파, 상해파 고려공산당, 서간도의 서로군정서 및 한족회 계열의 인사들은 임정의 '개조'를 주장한 반면 북경의 군사통일회의, 이르쿠츠크파 고려공산당, 그리고 연해주의 대한국민의회의 대표들은 임정을 '창조'할 것을 주장하였다. 이승만은 국민대표회의를 정치적 야심가들의 임정 전복 내지 파괴 행위로 간주하고 이에 반대하는 입장을 고수하였다. 미주에서는 동지회 그리고 상해에서는 4월 24일 조완구, 윤기섭(尹琦燮), 황중현(黃中顯) 등이 결성한 협성회(協誠會)가 이승만의 입장을 지지해주었다.

국민대표회의는 개조파와 창조파간의 현격한 의견차이 때문에 회의 개최자들의 애당초 기대와는 달리 무위로 끝나고 말았다. 그렇지만 상해의 반(反)이승만 분위기는 가라앉지 않고 오히려 악화되었다. 상해의 반이승만계 인사들은 이제 헌법상 대통령의 선출 및 탄핵권을 가진 임시의정원을 중심으로 이승만 탄핵운동을 벌이기 시작했다. 그 결과 1923년 4월 2일에 개최된 제

11회 임시의정원 회의에 '대통령 이승만의 탄핵'을 포함한 3개항의 '대국쇄신실행안'이 제출되었다. 그러나 이 안은 통과가 보류되었다. 1924년 6월 16일에 개최된 제12회 임시의정원에서는 '임시대통령 사고(事故)문제에 관한 제의안'을 통과시킨 다음 이 사실을 이승만에게 통보하였다. 이승만은 제의안에 대한 재의(再議)를 요구하였다. 이에 따라 임시의정원은 '대통령 재의 요구심사위원회'를 구성하였는데 이 위원회는 8월 7일에 '대통령 유고(有故) 결정'에는 아무런 문제점이 없다고 결론을 내리고 이 사실을 9월 10일에 이승만에게 통보하였다. 동시에 임시의정원은 국무총리 이동녕에게 대통령직 직무대리를 명하였다. '임시대통령 유고 결정'으로 인하여 이승만의 대통령직 수행은 법적으로 중단되었다.

1924년 12월 11일 이동녕내각이 사퇴하자 12월 17일에 박은식(朴殷植)을 국무총리로 받든 개조파의 신내각이 구성되었다. 그리고 1925년 초에는 이승만에게 비판적이었던 개조파 인사들로 구성된 제13회 임시의정원(의장: 최창식, 부의장: 여운형)이 발족하였다. 이같은 배경하에 1925년 3월 10일 박은식 국무총리는 '임시 대통령령 제1호'로써 구미위원부 폐지령을 발포했다. 그리고 임시의정원은 3월 18일 10명의 의원이 제출한 '임시대통령 이승만에 대한 탄핵안'을 통과시켰다. 3월 23일에 임시의정원은 5명으로 구성된 '심판위원회'에서 작성·제출한 '심판서'에 따라 임시대통령 이승만의 면직을 결의함과 동시에 박은식을 새 대통령으로 선출했다. 이렇게 이승만은 상해 임시정부에 의하여 임시 대통령으로 선출된 지 5년 6개월만에 임시대통령직에서 탄핵·면직되었다. 이승만은 1925년 4월 29일에 반포된 '대통령 선포문'을 통해 상해 임정이 취한 이러한 일련의 조치가 '위법망행(違法妄行)'이라고 규탄하고 한성정부의 법통을 내세워 '한성계통의 대

표적 외교기관인 구미위원부를 유지하여 외교선전사업을 계속 진행' 하겠다고 선언했다.[15]

이승만은 1922년 9월에 워싱턴D.C.를 떠나 호놀룰루로 돌아가 그곳에 계속 머물면서 상해 임정의 이시영과 조소앙, 서울의 이상재, 그리고 워싱턴 구미위원부의 신형호 등과 활발히 교신했다. 이 기간에 이승만과 이시영은 4통 이상의 간찰을 교환하였다. 이시영은—1922년 10월 3일 이승만에게 최종 보고서를 발송한 뒤 하와이로 이주한 통신원 장붕의 뒤를 이어—상해 임정내의 제반 사정, 특히 1924년 8월 제12회 임시의정원의 임시대통령 유고 결정과 1925년 3월 후반 제13회 임시의정원의 이승만 탄핵. 면직 결의(이시영을 이를 '정변' 이라고 표현하였다)에 이르는 사태의 추이를 이동녕의 행동을 중심으로 보고하면서 이승만의 상해 복귀를 촉구하였다. 이에 대해 이승만은 임시의정원에서 대통령 유고안이 통과되고 임시대통령의 탄핵·면직이 결정될 정도로 사태가 악화된 것은 이동녕의 책임이라고 못박고 탄핵의 불법성과 개헌에 대한 반대론, 그리고 의정원 해산안을 제시하면서 자신의 상해 복귀는 불가하다고 회답하였다.

이승만은 1924년 1월부터 1925년 3월 8일까지 조소앙에게 4통의 간찰을 보냈으며 이에 대해 조소앙은 1924년 1월부터 1926년 11월까지 10통의 회신을 보냈다. 1924년 5월 3일 간찰에서 조소앙은 이동녕이 대통령제 폐지를 위한 개헌운동에 열을 올리고 있다는 사실을 내보하고 또 1925년 5월 16일의 간찰에서는 상해에 조직된 동지회 지회의 주도하에 무력 쿠데타를 일으켜 이승만 대통령을 면직시킨 임정을 전복하거나 임시의정원을 하와이에서 소집하여 새 정부를 조직하자는 등의 권력 만회구상을 제시하고 있었다. 이승만은 1924년 6월 28일 조소앙에게 보낸 간찰에서 이동녕이 '국민대표회 여파(餘派)' 와 표리가 되어 국무총리

대통령직 대리계획에 찬동한 사실을 비난하였다. 그는 또 1925년 3월 8일자 간찰에서 미국으로 돌아온 안창호가 그 추종자들로 하여금 국민회에서 각지에 통문을 보내어 즉시 인두세를 거두어 불일내에 정부로 보낼 계획이라 하면서 안창호의 행동을 은근히 비난하고 있었다. 이렇듯 이승만과 조소앙은 상호간 주고받은 간찰을 통해 자신들의 속내를 드러내고 있었다.

이승만은 1924년 9월 5일 이동녕에게 보낸 간찰에서 "소위 국민대표회 분자가 의정원에 삽입(插入)하여 경(更)히 현상변동을 모(謨)하는" 판국에 "총리로 통령대리하자는 안건을 형이 찬동하시는 것 같으니 아혹난해(訝惑難解)한 점이 불무하외다"라고 이동녕을 비판하였다. 반면에 이승만 탄핵·면직운동을 지지하고 이승만에 이어 대통령으로 선출된 박은식은 1925년 4월 1일자 간찰에서 "이번에 정국이 변경된 것은 태좌께서 상해를 떠나 멀리 있으면서 오래도록 돌아오지 않아서 몸소 정무를 주간하지 않고 친히 민정을 살피지 못한 때문이라"고 지적함으로써 이승만의 탄핵·면직이 자업자득이라는 견해를 피력하였다.

이승만은 1923년 3월부터 1925년 5월까지 네 차례에 걸쳐 국내의 이상재에게 간찰을 발송하였다. 이승만은 1923년 3월의 간찰에서 이상재가 상해 임시정부를 훼방할 목적으로 반(反)이승만 세력이 주최한 국민대표회의의 개최를 막기 위해 이상재, 최남선(崔南善), 오세창(吳世昌), 한용운(韓龍雲), 박영효(朴泳孝), 강매(姜邁)등 6명의 연서(連書)로 「경고해외각단체서(敬告海外各團體書)」를 작성하여 보내준 데 대해 깊은 사의(謝意)를 표한 다음 국내·외에 동지회 조직을 확대할 필요성을 논하면서 이를 위해 신문과 잡지의 발간 비용을 조달해 줄 것을 요청하였다. 동시에 그는 호놀룰루의 기독학원 학생들을 '내지방문(內地訪問)' 명목으로 한국에 보내어 학교기금 모금운동을 벌일 터인데 이 일에도 협조해줄 것을 요망하였다. 1925년 4월 7일 간찰에서 이승만은 이상재를 '애사(愛師)'라고 호칭하면서, 그 해 7월에 호놀룰루에서 개최될 예정인 '태평양 각국 대표회에 이상재가 국내 대표로 참석할 것을 희망하면서 ("오직 이번만은 하느님의 도움을 얻어 평생의 사원(私願)이 이룩되기를 바랄 뿐입니다.") 동지회가 내지와 합자(合資)하여 물산을 장려하고 싶으니 국내 각처에 동지회를 분설(分設)하는 일을 도와달라고 부탁하였다.

이 시기에 이승만과 가장 많이 간찰을 주고받은 인물은 신형호(나라신 하늘)이다. 신형호는 이승만의 신임이 두터웠던 상해임정의 법무총장 겸 국무총리 대리 신규식의 조카로서 1922년에 미국의 노스웨스턴대(Northwestern University)를 졸업한 후 곧바로 워싱턴 D.C.로 가서 구미위원부 위원직을 맡아 1925년까지 호놀룰루에 가 있는 이승만을 대신하여 구미위원부의 살림을 도맡아 이끌었다.[16] 그는 이 시기에 이승만으로부터 8통의 간찰(구미위원부 앞으로 보낸 2통의 간찰 포함)을 받고 이승만에게 2통의 간찰을 보냈다. 이승만은 신형호에게 보낸 간찰속에 상해에서 개최된 '국민대표회'의 내막을 폭로하는 상해 통신원(장붕)의 보고서 요약본과 이상재가 마련하여 보낸 「경고해외각단체서」, 그리고 하와이 동지회 멤버들이 작성한 「호항한인물산쟝려회취지셔(湖港韓人物產奬勵會趣旨書)」 등을 끼워 보내면서 이들 문건을 미 본토의 한인들에게 널리 배포할 것을 지시하였다. 그런데 신형호는 「호항한인물산쟝려회취지셔」에 대하여 나름대로의 비판을 가하고 있었다.

신형호는 윤승렬, 장붕, 이태영, 안영렬, 이창규, 백남칠, 오한수, 이복원, 김영섭, 유희찬, 천목 등 구미위원부 관련 인사들로부터 간찰을 접수하고 자신은 안영렬, 김정진, 이창규, 오한수, 윤성렬 등에게 간찰을 발송하였다. 이들 '기타 간찰'은 대체로 구미위원부가 거둬드리는 공채금 수합의 애로점에 관한 것 혹은 이승만 대통령의 정치적 입장을 변호하는 내용을 담고 있었다. 신형호가 교신한 인물 가운데 가장 돋보이는 인물은 하와이 교민단의 총무 이창규이다. 이창규는 신형호에게 12통의 간찰을 보내면서 이승만이 거주하고 있는 하와이 교포사회의 경제난을 호소하였고 이에 대해 신형호는 4통의 간찰을 통해 구미위원부의 운영난을 호소하고 있었다.

6. 동지회 조직·확장 주력기(1925~1936)의 간찰

1925년 3월에 상해의 임시정부로부터 탄핵·면직을 당한 이승만은 1939년 3월까지 호놀룰루에 머물면서 동지식산회사(同志殖產會社)를 설립(1925.3)하고 동지촌(同志村)을 건설하는 등 동지회를 육성.확장하는 일에 심혈을 기울였다. 이 시기에 그는 워싱턴 D.C.에 구미위원부를 계속 유지하면서 이를 통해 뉴욕과 로스엔젤레스 등 미국 주요 도시에 동지회 지회(支會)를 조직하는 한편 상해에 있는 조소앙을 통해 상해에도 동지회 망을 구축하며 동시에 국내에도 이상재, 신흥우 등으로 하여금 흥업구락부(興業俱樂部)를 조직하여 동지식산회사와 합력하여 경제적 실력양성운동을 전개하려 하였다. 그러나 불행히도 동지식산회사는 경영부실로 1931년에 파산하였다.[17)]

1931년에 발발한 만주사변을 계기로 일본의 만주 침략을 규탄하는 국제연맹(The League of Nations)회의가 제네바에서 개최되자 이승만은 이 회의에 한국대표로 참석하기를 원했다. 이때 김구의 영도하에 놓여있던 상해 임정은 이승만을 제11기(1932.11~1933.3) 국무위원 명단에 포함시키고 그를 임정의 국제연맹회의 '특명전권수석대표'로 임명함으로써 이승만의 외교활동을 뒷받침해주었다. 이승만은 1933년 1월에 제네바에 도착, 1933년 8월까지 유럽에 머물면서 국제연맹회의에 참석한 열강 대표들과 접촉하며 일본의 침략주의를 규탄하고 한국의 독립을 호소하는 등 눈부신 외교활동을 펼쳤지만 뚜렷한 효과를 거두지 못했다.[18)]

이 시기에 이승만과 가장 활발히 교신한 인물은 김현구이다. 1926년부터 1929년까지 3년간 워싱턴 구미위원부 위원으로서 위원부의 살림을 꾸려갔던 그는 1927년 1월부터 1928년 7월까지 1년반 기간에 무려 131통의 간찰을 이승만에게 발송했고 이승만으로부터 4통의 간찰을 접수했다. 김현구는 그 많은 간찰들을 통해 구미위원부의 운영상 난점을 호소함과 아울러 워싱턴, 뉴욕, 시카고 등지에 거주하는 한인들의 정치 활동과 신문·잡지를 통해 입수한 국내의 정치상황 등을 소상히 보고하고 있었다. 김현구는 뉴욕에 있는 친이승만 인사들이 윤치영(尹致暎)의 주도하에 동지회 뉴욕 지회를 조직한 경위와 허정(許政)의 주도하에 『삼일신보(三一申報)』가 창간된 경위를 보고하고 있었다. 이밖에도 김현구는 뉴욕·시카고 등지에서 공부하고 있던 장덕수(張德秀), 윤홍섭(尹弘燮), 김양수(金良洙), 송필만(宋必滿), 김도연(金度演) 등 유학생들의 동태, 뉴욕과 워싱턴지역 흥사단 계열 인사들의 활동, 미국 동부에 영주하는 서재필(徐載弼), 안정수(安正洙) 등의 동태, 그리고 그 당시 미국 동부를 순방하고 있었던 최린(崔麟)과 허헌(許憲)의 동정을 보고하고 있었다.

이 시기의 간찰들 가운데 가장 돋보이는 것은 윤치영이 이승만에게 보낸 간찰들이다. 윤치영은 이 시기에 장문(長文)의 간찰 2통을 이승만에게 발송했고 이승만으로부터 4통의 간찰을 접수했다. 윤치영은 첫번째 간찰에서 이승만을 프랑스의 나폴레옹, 터어키의 케말 파샤, 이태리의 뭇솔리니 등에 비견시키면서 이승만에게 '집정관 겸 천황 겸 대통령의 지위와 권력'을 갖춘 독재적 지도자가 되라고 권고하면서 자기는 이승만을 위해 '견마의 힘(犬馬之力)'을 다하겠다고 다짐하였다. 이어서 그는 이승만에게 필요한 금력, 정략 및 국내외 인력을 동원하기 위해서 동지회와 동지식산회사를 발전시키는 것이 중요하다고 강조하면서 스스로 뉴욕지역 동지회 지회 조직에 앞장설 각오를 피력하였다. 두번째 간찰에서 윤치영은 뉴욕에 집결한 한국인 유학생들 58명을 중심으로 동지회 뉴욕지회를 발족시키는데 성공하였음을 알리면서 앞으로 수준 높은 회원들을 더 많이 포섭하기 위해 '국부(國父: the father of Korea)' 이승만이 건국방략을 구체적으로 제시해줄 것을 요청하였다. 특히 그는 유학생들간에 논란이 되고 있는 이승만의 정치사상 가운데 네 가지 의문점에 대해 해명해줄 것을 요망하였다. 윤치영으로부터 고무적인 간찰들을 접수한 이승만은 네 차례의 답신을 통해 하와이의 동지촌과 동지식산회사의 실황을 알려주고 또 윤치영이 제기한 네 가지 의문점에 대해 대답을 하였다.

이 시기의 간찰들 가운데 윤치영의 간찰 다음으로 눈에 띄는 것은 허정이 이승만에게 보낸 6통의 간찰과 뉴욕 동지회 지회장 이봉수가 보낸 2통의 간찰이다. 허정은 이승만에게 보낸 간찰들에서 주로 자기가 주동이 되어 창간한 『삼일신보』의 창간 경위를 보고하였다. 그리고 이봉수는 1927년 말 윤치영 주도하에 동지회 뉴욕 지회가 조직된 경위를 보고하였다.

이 시기에 이승만은 국내의 명사들과도 교신했다. 특히 그는 신간회(新幹會) 부회장 안재홍(安在鴻)에게 보낸 간찰에서 신간회와 동지회의 협력 가능성을 타진하였다. 다른 한편 그는 해방 후 한국민주당의 지도자로 부상하는 명사들, 즉 김성수, 송진우, 백관수, 장덕수, 유억겸 등으로부터 문안 형식의 간찰을 받고 있었다.

마지막으로 이 시기에 이승만은 상해 임정의 김구, 박찬일, 송병조 등과도 간찰을 주고받았다. 이승만이 1925년 4월 15일에 김구에게 발송한 간찰과 김구가 이승만에게 발송한 1928년 11월 20일자 간찰은 이승만이 상해임정에서 탄핵·면직당한 후 두 사람이 서로 기맥을 통하고 있었음을 보여준다.

7. 중일전쟁 및 태평양전쟁기(1937~1945)의 간찰

1937년 중일전쟁의 발발을 계기로 미·일간 전쟁 가능성이 높아지자 이승만은 외교활동에 박차를 가하기 위해 1939년 3월에 워싱턴D.C.로 이사하였다. 그곳에서 이승만은 우선 구미위원부를 활성화시키고 *Japan Inside Out* (『일본 내막기』)의 저술에 착수하여 이 책을 1941년 여름에 출판하였다. 한편 그 해 4월 하순 하와이에서 열린 '해외한족대회'에서 이승만은 '주미외교위원부'의 위원장으로 추대되었는데, 중경의 임시정부는 이 결정을 존중하여 6월 4일 그를 임정을 대표하는 '주미외교위원장 겸 주차워싱턴(駐箚華盛頓)전권대표'로 임명하였다. 1943년 5월에 북미국민회와 한족연합회는 중경 임정에 대하여 주미외교위원부의 개조와 이승만의 소환을 강력히 요구하였다. 이 요구에 대한 반응으로 임정은 1944년 5월에 주미외교위원부를 '주미외무위원회'로 개편하되 이승만을 그 위원장으로 임명함으로써 이승만에 대한 신임을 재확인하였다.[19]

이 시기의 간찰들 가운데 이승만과 김구간에 교환된 간찰들이 돋보인다. 김구는 이승만에게 2통의 간찰을 보내어 중일전쟁의 발발을 계기로 중국에 있는 독립운동단체들간에 통일운동이 진전됨을 알리고 하와이의 동지회측에서 이 점을 인식하고 재정지원을 해줄 것을 요청하였다. 이어서 1939년 6월 김구는 호놀룰루의 동지회 중앙부장 김이제 앞으로 보낸 간찰에서 이승만의 비폭력주의 노선을 비판하고 동지회가 외교·선전보다는 무력투쟁에 직결된 사업에 치중할 것을 촉구하였다. 이에 대해 이승만은 1939년 8월 30일자 간찰을 통해 김구의 외교·선전 경시론을 비판하고 동지회는 종전의 입장을 고수할 것을 재확인하였다. 하와이의 동지회 회장 이원순이 1940년 말에 이승만에게 보낸 2통의 간찰에는 태평양전쟁 발발을 앞둔 시점에서 동지회측이 구상하고 있던 항일투쟁의 구체적 방안이 담겨있다.

1939년부터 이승만과 교신을 개시한 장기영은 1941년 9월경 이승만에게 보낸 간찰안에 한길수(韓吉洙)가 자기에게 보낸 편지를 동봉하였다. 이승만은 장기영에게 보낸 1941년 9월 21일자 간찰에서 한길수의 편지에 대해 논평을 가하였다.[20)]

이승만이 1943년 6월 28일에 김원용에게 보낸 간찰은 1941년 4월에 발족한 재미한족연합위원회와 이승만간의 불편한 관계를 보여주는 자료이다. 이 간찰에서 이승만은 로스엔젤레스에 본부를 둔 연합위원회가 이승만이 관장하고 있는 주미외교위원부에 대해 비판적인 입장을 취함으로써 동지회가 난처한 입장에 처했음을 알리고 동지회의 탈퇴 가능성을 예고하고 있었다. (동지회는 결국 1943년 12월 23일 재미한족연합위원회에서 탈퇴하였다.)[21)]

날짜순으로 이 서한집의 마지막 간찰에 해당하는 이청천의 1945년 11월 2일자 간찰은 중경에서 환국준비를 하고 있던 광복군 총사령관 이청천이 이미 서울에 도착한 이승만에게 보낸 것으로서 해방직후 광복군에 대한 중국정부의 배려와 광복군의 규모 등에 논급하고 있다.

V

이 서한집은 1899년에 한성감옥에 투옥되었을 때부터 1945년 광복 직후까지 이승만이 180여 명의 한국인들과 주고받은 간찰을 수록한 자료집으로서 역사학적으로 다음과 같은 가치가 있다.

첫째, 이 서한집에 실린 간찰들은 광복 이전 이승만의 생애를 종전보다 훨씬 더 자세히 그리고 정확하게 파악하는데 도움이 된다. 특히 이 서한집에는 지금까지 발간된 여러 이승만 전기에서 찾아볼 수 없는 참신한 정보들이 많이 실려있다. 그 예를 들자면 아래와 같다.

- 이승만의 가정생활 내지 사생활에 관련하여 한성감옥 유수(幽囚)기간과 미국 유학시절에 그의 집안이 민영환, 한규설, 이지용 등으로부터 물심 양면의 지원을 받고 있었다는 사실, 1918년 경에 그의 초취(初娶)부인 박씨가 실정(失貞)했다는 소문, 그리고 그가 하와이에 있을 때 이맥이라는 무명여인으로부터 구애받은 사실
- 1904년 미국으로 건너가 미국 대통령 T. 루즈벨트와 회견한 전말과 미국 유학 시절 박용만, 이상설 등과 함께 도모했던 독립운동
- 1913년에 박용만, 정칠만 등의 협조에 힘입어 하와이로 망명한 경위와 하와이에 정착한 다음 1916년 6월부터 1918년 11월까지 하와이 한인 사회에서 벌인 여러 가지 활동
- 3·1운동 직전 이승만이 하와이 교포들과 대한인국민회에 의해 파리 강화회의 한국 대표로 선정된 경위와 3·1운동 발발후 상해 임정의 국무총리 내지 '임시대통령'으로 추대된 경위, 그리고 워싱턴에 구미위원부를 설립하고 상해 임정을 원격조종하면서 다스리려던 그의 집권 초반 통치 구상

- 1920년 말부터 1921년 5월까지 상해에 부임하여 직접 임시정부를 다스린 상황과 1925년 상해 임정의 임시의정원에 의해 임시대통령직에서 탄핵·면직당한 경위, 그리고 상해 임정으로부터 탄핵·면직을 당한 후 하와이, 뉴욕, 로스엔젤레스.상해 등지에 동지회를 조직·육성함으로써 자신의 위상을 유지·제고하려던 그의 노력
- 중일전쟁과 태평양전쟁 기간에 이승만이 중경 임시정부와 협력하여 전개했던 독립운동
- 폭력주의를 배격하고 그 대신 외교·선전의 필요성을 강조했던 그의 독립운동 노선 및 상해의 '국민대표회의'에 대한 그의 반대 입장
- "천조아(天助我)에 인하가해호(人何加害乎)아"(이승만→장붕, 1921.7.24, I-86) 및 "주야로 주께 내지(內地) 제(諸)선생과 동지(同志)를 위하야 기도하나이다"(이승만→이상재, 1920.6.31, I-64) 등 표현에 나타난 독립운동기 그의 기독교 신앙

둘째, 이 서한집에 실린 간찰들은 대부분 상해 임정에 관련된 문건들이기 때문에 이승만이 상해 임정의 국무총리 내지 임시대통령직을 맡았던 1919년부터 1925년까지의 임시정부사를 파악하는데 절대적으로 중요하다. 특히 이 서한집은 최근까지 국내.외 학계에서 이루어진 대한민국임시정부사 연구에서 잘 밝혀지지 않았거나 잘못 인식되었던 사실들에 대해 많은 참신한 정보를 제공한다. 그 예를 들어보면 아래와 같다.

- 이승만이 상해 임시정부로부터 국무총리 내지 '임시대통령'으로 추대된 경위
- 이승만이 '통신원'들을 통하여 상해 임정의 기밀 정보를 확보함으로써 임시정부의 내부사정을 파악하고 있었던 사실

- 이승만이 상해 임정의 국무총리-임시대통령에 추대되었음에도 불구하고 상해에 부임하지 않고 워싱턴D.C.에 눌러앉아 구미위원부 중심으로 독립운동을 전개했기 때문에 발생한 여러 가지 문제점, 특히 임정의 국무총리 이동휘 및 내무총장-노동총판 안창호와 독립운동 방략과 공채금·애국금의 수납·지출 방법론을 둘러싸고 벌어진 의견 대립
- 이승만이 1920년 12월에 상해에 부임하는 배경과 1921년 5월에 워싱턴군축회의 참가 준비를 이유로 돌연 미국으로 복귀할 때의 정황
- 이승만이 워싱턴군축회의에서 기대했던 외교적 성과를 얻어내지 못하자 상해의 임시의정원으로부터 불신임을 받은 끝에 드디어 1925년 3월 탄핵·면직을 당한 경위와 이에 대한 이승만의 반응
- 이승만이 1928년 이후 상해 임정—1940년 9월 이후에는 중경 임정—의 실권자인 김구 및 조소앙과 협조하면서 독립운동을 지속한 경위, 특히 이승만의 1933년 제네바에서 개최된 국제연맹회의에 상해 임시정부의 전권대사로 임명된 배경과 1941년 6월에 워싱턴D.C.주재 '대한민국임시정부 주미외교위원부 위원장 겸 주차화성돈전권대표(駐箚華盛頓全權代表)'로 임명되어 대미외교활동을 편 경위
- 상해 임정의 고질(痼疾)인 지역 파벌주의와 만성적 재정궁핍 상황

셋째, 이 서한집은 이승만이 1919년 8월 워싱턴D.C.에 설립한 구미위원부에 관해 많은 새로운 정보를 제공한다. 그 가운데는 다음과 같은 정보가 포함된다.

- 1919년 8월 워싱턴 구미위원부가 설치된 후 재미 한인교포

와 화교들을 상대로 공채표를 발매한 사실
- 공채표 발매를 통하여 거둬드린 자금을 주로 워싱턴D.C.의 구미위원부 및 필라델피아의 홍보국의 외교·선전활동에 사용함으로써 발생한 구미위원부와 대한인국민회 중앙총회, 그리고 이승만과 이동휘, 안창호간의 공채금·애국금 논쟁
- 1920년 7월 이승만의 구미위원부 위원 겸 장재(掌財) 송헌주를 해임한 경위
- 1921년 4월 18일 이승만이 구미위원부 임시위원장 현순을 파면한 사건과 그에 따른 후유증
- 1925년 3월 10일에 상해 임정이 구미위원부 폐지령을 발포한 경위와 폐지령 발포에도 불구하고 이승만이 계속 워싱턴D.C.에 구미위원부를 유지·운영한 사실

넷째, 이 서한집은 1913년부터 1939년까지 이승만이 하와이 한인사회에서 벌였던 여러 가지 사업과 그가 조직·관할했던 기관들의 독립운동 실태를 조명해 준다. 그 중에 대표적인 예는 아래와 같다.

- 1915년 이후 이승만이 실권을 장악한 '대한인국민회 하와이 지방총회'와 1922년 3월부터 1933년 2월까지 존속했던 친이승만계의 '하와이 대한인 교민단'의 실상
- 이승만이 1918년에 호놀룰루에 설립한 한인기독학원, 한인기독교회 및 『태평양잡지』(1930년에 『태평양주보』로 개명)의 운영 실태
- 1919년에 조직된 하와이 대한인부인구제회(大韓人婦人救濟會)에서 이승만 임시대통령 관할하의 군정서(軍政署)에 군자금을 지원한 사실(I-26, 72, 86, 87, 100, 201 ; II-232)
- 이승만이 1921년에 7월 21일에 호놀룰루에 '대한인동지회'

를 설립한 배경과 1924년 11월부터 동지회의 조직체계를 강화한 다음 1925년 3월에 '동지식산회사'를 설립하고 '동지촌'을 만들어 1931년까지 운영했던 정황

- 미국내 주요 도시(특히 뉴욕)와 중국의 상해, 그리고 국내에 동지회 지회(支會) 설립 상황

다섯째, 이 서한집은 이승만이 미국에서 독립운동을 전개하는 동안 국내 인사들과 비밀리에 접촉하면서 그들로부터 물심양면의 지원을 받으면서 그들을 자신의 집권기반으로 육성해 나간 사실을 보여준다. 그 두드러진 예는 아래와 같다.

- 이승만이 '애사(愛師)'로 받들었던 이상재를 통해 국내의 부호들로부터 독립운동 자금을 모집했으며 이상재로부터 '한성에서 자기를 공식으로 집정관총재 내지 대통령(President)으로 선거한 문빙'을 얻어내려 시도했던 사실, 이상재측에서 워싱턴군축회의 개최 이전에 이승만의 외교활동을 지원하기 위하여 이른바 '[태평양회의] 열명청원서(列名請願書)'(I-66)를 만들어 보낸 경위, 그리고 상해의 독립운동가들간에 '국민대표회의'를 소집하여 임시정부를 '개조' 혹은 '창조' 하려는 움직임이 일어났을 때 이상재측에서 이승만을 지원하기 위하여 「경고해외각단체서」를 마련하여 이를 해외 독립운동가들 간에 배포했던 사실
- 1920년 5월 데모인(Des Moines)에서 개최된 미국 감리회 4년 총회에 한국 총대(總代)로 참석한 오기선, 김영섭, 안동원 등 국내 감리교계 지도자들과의 접촉
- 1925년 7월과 1927년 7월에 호놀룰루에서 개최된 제1차 및 제2차 태평양회의에 '조선대표'로 참석한 송진우(동아일보), 김양수(조선일보), 백관수(조선일보), 유억겸(연희전문) 등 국내

언론계 지도자들과 1925~1928년간 뉴욕에 유학중이던 장덕수(동아일보)를 매개로 이승만이 서울에 있는 동아일보사 설립자 김성수 및 신간회 부회장 안재홍 등과 은밀히 교신한 사실

여섯째, 이 서한집은 이승만과 교신했던 여러 독립운동가들의 정치적 입장 내지 태도를 조명해준다. 그 예를 들면 아래와 같다.

- 상해 임정내에 요직을 차지면서 이승만을 지원했던 현순, 이시영, 김구, 이동녕의 정치적 입장과 태도
- 상해 임정에서 이승만에 대해 비판적 입장을 취했던 안창호, 이동휘, 박용만, 김규식, 여운형의 정치적 입장과 태도
- 구미위원부의 위원직을 맡아 이승만을 적극 지원했던 김현구와 윤치영의 정치적 입장과 태도
- 뉴욕을 중심으로 활약하고 있던 허정, 장덕수, 조병옥, 김도연 등 유학생들의 정치적 입장과 태도
- 이동휘, 안창호, 박용만, 서재필 등 주요 인물들의 동태와 김가진, 이상재, 윤치호, 김규식, 노백린, 조소앙, 김구, 박은식, 여운형, 신익희, 현순, 장붕, 이광수, 윤홍섭, 윤보선, 허헌, 최창식, 이희경, 손정도, 신채호, 원세훈, 한위건, 김희선, 윤해 등의 독립운동 관련정보

일곱째, 이 서한집에는 학계의 연구 부족으로 현재까지 '무명인사'로 남아있던 미주(특히 하와이)의 한인 교포지도자들에 대한 정보가 많이 실려있다. 김성기, 김영우, 김정진, 김현구, 승룡환, 안정수, 안현경, 윤병구, 이살음, 이순기, 이원순, 이종관, 이창규, 장붕, 정한경, 현순 등에 관한 인물평 내지 그들의 동정 보고는

미주 한인사회사 연구에 크게 도움이 될 것이다.

여덟째, 이승만이 상해 임정의 임시대통령직을 수행할 때 독립운동을 도와준 기독교계(주로 YMCA 소속)의 미국인 협력자들의 지원활동에 대해 조명해준다. 이들 외국인 가운데에는 ①상해 YMCA의 George A. Fitch, Mr. S. E. Henning, Philip L. Gillet, ②워싱턴D.C. YMCA의 Mr. Wm. Knowles Cooper, ③워싱턴 D.C.의 Mr. Judson King, Mr. Albert Wilcox, Mrs. L. M. Nolan, 그리고 ④주소 내지 성명 미상의 Mr. Powell과 Mr. S. A. Beck, Homer B. Hulbert, F. A. McKenzie, William A. Noble, George L. Shaw, Allen, Walker, '펭킨 여사' 및 '켄소' 등이 포함된다.

아홉째, 이 서한집에는 간찰 이외에 ①「대한민국대어태평양회의지요구(大韓民國對於太平洋會議之要求)」 ②(全秉薰 起草)'한국2천만공민대표모등청원(韓國二千萬公民代表某等請願)', ③(신형호-이승만의) 한글타자기 개발 관련 문건, ④안창호(교장)의 인성학교(仁成學校) 졸업식 초청장, ⑤(이상재 등의) 「경고해외각단체서(敬告海外團體書)」, ⑥「호항한인물산장려회취지서(湖港韓人物產獎勵會趣旨書)」 등 문건이 수록되어 있다. 이 문건들은 한국 독립운동사 연구에 크게 도움이 되는 자료라고 볼 수 있다. 특히 ③은 신형호 등 이승만 주변의 인물들이 1922년에 한글 타자기를 발명했을 가능성을 보여주는 자료로서 주목을 요한다.

이상과 같이 이 서한집은 여러 면으로 이승만과 한국독립운동사 연구에 필수적인 정보를 제공하기 때문에 역사학적으로 무비(無比)의 가치가 있다고 말할 수 있다. 그렇다고 이 서한집이 이승만과 한국독립운동사 연구자들의 궁금증을 완전히 해소시켜주는 것이 아님은 물론이다. 예컨대, 이 서한집에는 내용 파악이 거의 불가능한 간찰이 더러 포함되어 있다. 그리고 이승만이 미국 유학시절에 그의 가족, 특히 초취(初娶) 부인 박승선(朴承善)과 주고받은 간찰이 하나도 없다. 한인기독학원, 한인기독교회, 동지식산회사 등에 관련된 문건도 거의 없다. 이러한 점은 이 서한집의 한계성이라고 말할 수 있다.

이승만은 이 서한집에 수록된 동문 간찰 이외에 대량의 영문 간찰과 전문(電文), 그리고 일기를 남겼다. 이 가운데 연세대 현대한국학연구소에 소장되어 있는 이승만의 영문 전문은 『우남이승만문서: 전문편 *The Syngman Rhee Telegrams*』 전4권 (Seoul: JoongAng Ilbo and the Institute for Modern Korean Studies, Yonsei University, 2000)으로 이미 편찬·발간되었으며 나머지 자료들은 2008년 이후에 정리·출간될 예정이다.

주

1. "Mrs. Rhee's Diary, 1950"라는 가제(假題)가 붙어있는 이승만 문서의 June 27, 1950자 기록.
2. 李仁秀, 「雩南史料 發刊에 부쳐—雩南史料의 傳受·保管 및 移管 경위—」, 雩南李承晩文書編纂委員會 編, 『梨花莊所藏 雩南李承晩文書 東文篇』(중앙일보사. 현대한국학연구소, 1998), 第一卷, 8쪽.
3. '우남간찰' 가운데 金鉉九가 李承晩에게 보낸 부속간찰(I-13)이 포함되어 있으며, '수납간찰' 가운데 李承晩이 朴容萬에게 보낸 부속간찰(II-190)과 李承晩이 李鍾寬에게 보낸 부속간찰(II-300)이 포함되어 있다.
4. '수납간찰' 가운데에는 白純이 李承晩에게 보낸 간찰(II-202)안에 金爀·李章寧이 李承晩에게 보낸 부속간찰이 포함되어 있다.
5. '수납간찰' 중에는 金立이 李東輝에게 보낸 간찰 3통(II-9, 313)과 李正根이 金鉉九에게 보낸 간찰 1통(II-131) 이외에 國務員→盧伯麟, 李東輝→盧伯麟, 盧伯麟→李東輝總理·國務員 (II-178), 韓吉洙→張基永(II-304) 간찰 각 1통의 부속간찰이 포함되어 있다.
6. 이승만의 한성감옥 영어생활에 관해서는 유영익, 『젊은 날의 이승만—한성감옥생활(1899~1904)과 옥중잡기 연구—』(연세대학교 출판부, 2002), 5~102쪽 참조.
7. 이승만의 대미 처녀외교에 관해서는 유영익, 『이승만의 삶과 꿈—대통령이 되

기까지—』(중앙일보사, 1996), 39~45쪽 참조. 이승만이 민영환/한규설 앞으로 보낸 한글 간찰은 2부가 있다 그 가운데 하나는 『우남이승만문서: 동문편』에 수록되어있고 다른 하나는 이화장에 소장되어 있다.

8. 유영익, 『이승만의 삶과 꿈』, 78~107쪽 참조.
9. 유영익, 「3·1운동 후 서재필의 신대한(新大韓) 건국구상—필라델피아 대한인총대표회의 의사록 및 대한민국임시정부 각원들에게 보낸 공한 분석—」, 김용덕 등 편, 『서재필과 그 시대』(서재필기념회, 2003), 325~343쪽; 고정휴, 『이승만과 한국독립운동』(연세대학교 출판부, 2004), 101~137쪽 참조.
10. 고정휴, 위의 책, 73~98, 213~222쪽; Byung Yool Ban, "Korean Nationalist Activities in the Russian Far East and North Chientao (1905~1921)," unpublished Ph.D. dissertation, University of Hawaii, August 1996, 438~474쪽; 윤대원, 「대한민국임시정부의 조직·운영과 독립방략의 분화(1919~1930)」, 서울대학교 대학원 박사학위논문, 1999년 2월, 50~128쪽 참조.
11. 이승만과 박용만간의 알륵·대립에 관해서는 유영익, 『이승만의 삶과 꿈』, 126~133쪽 참조.
12. 송헌주 해임사건에 관해서는, 이상훈, 「김규식의 구미위원부 활동 (1919~1920)」, 한림대 대학원 석사학위논문, (1995. 12) 참조.
13. 이승만의 상해 재임기간 정치행보에 관해서는, 한시준, 「이승만과 대한민국임시정부」, 유영익 편, 『이승만 연구—독립운동과 대한민국 건국—』(연세대학교 출판부, 2000), 184~195쪽; 윤대원, 위의 논문, 129~135쪽 참조.
14. 워싱턴군축회의 전후 이승만의 활동에 관해서는, 방선주, 「1921~22년의 워싱턴회의와 재미한인의 독립청원운동」, 국사편찬위원회 편, 『한민족독립운동사』 6 : 『열강과 한국독립운동』 (국사편찬위원회, 1989), 217~222쪽; 고정휴, 앞의 책, 389~424쪽 참조.
15. 이승만이 상해의 임시의정원에 의해 탄핵·면직되는 과정에 관해서는, 한시준, 앞의 논문, 쪽 195~212; 윤대원, 앞의 논문, 235~291쪽 참조.
16. 고정휴, 앞의 책, 139~140쪽 참조.
17. 동지회, 동지촌, 동지식산회사 및 흥업구락부에 관해서는, 홍선표, 「이승만의 통일운동—1930년 하와이 동지미포대회를 전후로—」, 『한국독립운동사연구』 11 (1997), 262~277쪽; 김도형, 「1930년대 초반 하와이 한인사회의 동향」, 『한국근현대사연구』 9(1998. 12), 204~207쪽; 정병준, 「이승만의 독립노선과 정부수립운동」, 서울대학교 대학원 박사학위논문, 2001, 133~155쪽; 고정휴, 앞의 책, 177~187쪽; 고정휴, 「대한인동지회 회원 분석—1930년대 하와이 '會籍'을 중심으로—」, 『한국민족운동사연구』 40(2004. 9), 163~191쪽; 김상태, 「1920~1930년대 동우회·흥업구락부 연구」, 『한국사론』 28(1991), 209~236쪽 참조.

18. 이승만의 제네바 외교활동에 관해서는 유영익, 『이승만의 삶과 꿈』, 174~181쪽 참조. 이 무렵 임시정부의 입장에 관해서는 신용하, 『백범 김구의 사상과 독립운동』(서울대학교출판부, 2003), 180~192쪽; 김희곤, 『대한민국임시정부 연구』(지식산업사, 2004), 335~348쪽 참조.
19. 1940년부터 1945년까지 이승만과 김구간의 관계에 관해서는 신용하, 앞의 책, 192~238쪽 참조.
20. 이승만과 한길수의 관계에 관해서는 유영익, 『이승만의 삶과 꿈』, 198~205쪽; 고정휴, 「하와이 중한민중동맹단(1938~1945) 연구」, 『한국근현대사연구』 34(2005), 174~188쪽 참조.
21. 이승만과 재미한족연합위원회간의 관계에 관해서는, 홍선표, 「재미한족연합위원회 연구(1941~1945)」, 한양대학교 대학원 박사학위논문, 2002년 2월, 151~193쪽 참조.

〈부록 1〉

이승만 간찰 교신인들의 발신지·수신지 및 기초 인적 사항

이름	발신지(수신지)	교신 당시 소속 단체와 직책 혹은 직업
姜永韶(1886- ?)	San Francisco	대한인국민회 중앙총회 서기, 신한민보사 임원
姜鏞訖(1903-1972)	New York	뉴욕대학교 영문학과 교수
郭林大(1885-1971)	San Francisco	대한인국민회 중앙총회 총무
金麟	서울	이승만의 한성감옥 동지. 서울YMCA 부총무, 奉天 일본영사관 정탐(1920)
金聲權(1875-1960)	Dinuba, C	대한인국민회 收錢委員
金星基(?- 1933)	Maui, HI	『태평양잡지』 재무 겸 발행인(1923. 7월 ~9월호)
김승률	Honolulu	직물상인
金承濟	South Bend, IN	蔘商
金永燮(1888-1959)	Des Moins, IA ; New York	미국 감리회 4년총회 한국 감리교 평신도 總代 ; (New York)Korean Church and Institute 주관목사
金永遇	Honolulu ; Detroit	대한인국민회 하와이 지방총회장(1919), 『태평양잡지/주보』 주필 겸 편집담당
金元容(1896-1976)	Honolulu	재미한족연합위원회 議事部 위원
金元贊	Honolulu	한인기독학원 학생의 보호자

이름	발신지(수신지)	교신 당시 소속 단체와 직책 혹은 직업
金利濟	Honolulu	동지회 중앙부장(1939.6), 중한민중동맹단 위원(1941)
김정윤	Honolulu	상인
金廷鎭(金平, 1884-1968)	Reedley, CA	勞動社會改進黨 조직(1919.12), 김형순과 함께 '김형제 상회' 설립(1920), 재미한족연합위원회 집행부 위원장(1941)
金鉉九(1889-1967)	Washington, D.C.	『신한민보』 주필(1919); 구미위원부 위원(1926-1929)
金衡珣(1886-1977)	Chandler, AZ	사업가(김정진과 함께 '김형제 상회' 조직·경영)
金鴻機	Chicago	유학생, 『三一申報』 발기인
나가신나	遠東	?이승만의 遠東 통신원
南宮炎(1988-1961)	Washington D.C.	구미위원부 위원, 외교위원회 협찬부 경제부 위원(1942)
盧伯麟(1875-1926)	Willows, CA; Shanghai	호국독립군과 한인비행사양성소 창설(1920.2); 임정 군무총장, 국무총리
都瑞山	Kealia, Island of Hawaii	?
明東	Denver, CO; Kansas City, KS; Pueblo, CO; Rock Springs, WY; New York	(시카고)韓人自由團(The League of Freedom) 임원
朴基鴻(1885- ?)	Honolulu	국민회 하와이 지방총회 헌장기초위원, 한인학교 교사
朴相夏	遠東(호놀룰루 거주)	한인 자유단 단원, 동지회 회원
朴性儁	北滿	新民府 中央幹部
朴永魯	Philadelphia	한국홍보국 서기(서재필의 비서)

이름	발신지(수신지)	교신 당시 소속 단체와 직책 혹은 직업
朴容萬(1880-1928)	Hastings, NE : Sheridan, Wyo.: San Francisco	네브라스카 소년병학교 교장 ; 『신한국보』 주필
朴寅陽	Honolulu	한인여자기숙학교 학생의 부친
박, 존 에스(Park, John S.)	Honolulu	湖港민병포대 1소대 조직책
박주범	Honolulu	한인기독학원 학생의 남편
朴處厚(1883- ?)	Vladivostok	연해주 대한국민의회의 외교원(1919), 블라디보스톡 주둔 미군사령부와 미군 적십자사 출입(1920.3)
박태현	Superior, WY	노동(석탄 광부)
邦化重	Chicago	하와이 감리교회 목사(1920경)
白樂觀	Chicago	?
白純	上海	全露韓族會 파리 강화회의 대표(1919.1), 대한민국 임시정부 군무부 임원
白一圭(1881-1962)	San Francisco	『신한민보』 주필(1918-1934) ; 대한인국민회 중앙총회장(1919.4-?)
徐載弼(1863-1951)	Philadelphia ; Washingotn D.C.	'한국홍보국' 국장 ; 구미위원부 임시위원장
孫昌希(? -1956)	Honolulu	국민회 하와이지방총회 부회장
宋憲澍(1880-1965)	Honolulu ; Washington,D.C.	한인감리교회 담임목사 ; 구미위원부 위원(掌財)
承龍煥	Los Angeles ; Honolulu	『신한민보』 편집인 겸 발행인(1920.5~1921.9), 하와이 천도교 대표
申圭植(1880-1922)	上海	대한민국임시정부 법무총장 ; 국무총리대리 겸 외무총장
신마실나(Syn, Marcella)	Washington, D.C.	Korea Relief Society 직원

이름	발신지(수신지)	교신 당시 소속 단체와 직책 혹은 직업
申聖九	New York	뉴욕 한인회장, 金憲植과 함께 新韓會 조직(1918)
申翼熙(1892-1956)	上海	대한민국임시정부 국무원 비서장; 법무차장
申衡浩	Chicago; Washington,D.C.	申圭植의 조카; 구미위원부 위원, 동지회 회원
安東源	Des Moines, IA	미국 감리회 4년총회 한국 감리교 평신도 總代
안득준	Mount Blemens, MI	자영업(음식점)
安承華	New York	상인
安瑛烈	Dinuba, CA	구미위원부 다뉴바 지방위원
安在鴻(1891-1965)	서울	『조선일보』 주필; 신간회 발기인
安正洙	New York	Harnmi Trading Co. 사장; 구미위원부 뉴욕 지방위원
安昌浩(1878-1938)	Los Angeles; 上海	대한인국민회 중앙총회장; 대한민국임시정부 내무총장(국무총리 서리), 노동국 총판
安玄卿(1881-1957)	Honolulu; 上海; Washington, D.C.	대한인국민회 하와이 지방총회장; 대한민국 임시의정원 의원; 이승만 임시대통령 상해 통신원; 동지회 창립 멤버
延秉昊(1894-1963)	上海	안창호·여운형 등과 時事策進會 조직(1922); 대한민국 임시의정원 의원
廉世雨	Los Angeles	?
吳基善	仁川; Honolulu; Des Moines, IA	吳天錫의 부친. 감리교 인천지방 감리사; 미국 감리회4년총회 한국 목사 總代
吳漢秀	Chicago	?

이름	발신지(수신지)	교신 당시 소속 단체와 직책 혹은 직업
禹一	South Bend, IN	饌館 경영주
禹興泰	Pueblo, CO	푸에블로 애국적금위원 ; 동지회회원
유계상	(Detroit)	한인대동구락부 조직(1920)
兪星濬(1860-1934)	서울	兪吉濬의 동생 ; 대한제국 농상공부 회계국장(1895) ; 한성감옥 被囚(1902-1904)
兪億兼(1895-1947)	'太平洋 船上'	유길준의 아들 ; 연희전문학교 법학 교수, 학감(1923-) 및 부교장(1934-)
柳寅旭(常沂)	上海	이승만의 內地 통신원
尹敬天	Glasgow, England	유학생
尹繼常	Honolulu	한인기독교회 권사 겸 속장
尹炳球(1877-1949)	San Francisco	대한인국민회 중앙총회장(1920-1921)
尹承烈	Pueblo, CO	?
尹秉熙	Los Angeles	?
尹致暎(1898-2001)	Washington, D.C.; Princeton, N.J.	『태평양잡지』 주필 겸 한인기독학원 '교수'(1924), 동지회 간사 겸 재무(1924) ; 프린스턴대 학생(1925-1927) ; 구미위원부 위원(1929)
尹海(1888- ?)	Paris	노령 대한국민의회 파리강화회의 대표
李敬善(1837-1912)	서울	이승만의 부친
李光洙(1892-1950)	上海	독립신문사 사장 겸 편집국장
李大爲(1878-1928)	Washington, D.C.	구미위원부 위원(掌財) ; 샌프란시스코 한인감리교회 목사 ; 대한인국민회 북미지방 총회장

이름	발신지(수신지)	교신 당시 소속 단체와 직책 혹은 직업
李東寧(1869-1940)	上海	임시의정원 초대의장; 대한민국임시정부 내무총장, 국무총리 겸 대통령 직무대행(1924)
李東輝(1873-1935)	上海	대한민국임시정부 국무총리
이맥이	Honolulu	?
이명구	Ramsay, MT	?
李復源(? -1950)	Rye, NY	유학생
李鳳秀	New York	동지회 뉴욕支會長
李薩音(1892-1966)	San Francisco	노동사회개진당 당수; 다뉴바-리들리 장로교회 목사; 동지회 지회장
李相卨(1870-1917)	New York	제2회 헤이그 만국평화회의 고종황제 특사
李商在(1850-1927)	北京	北京에서 개최된 1922년 세계기독교청년연맹대회(WSCF) 한국 YMCA대표단 단장; 新幹會 회장
李舜基(1882-1943)	Reedley, Cal.	올림픽 수영 금메달리스트 Sam Lee의 부친. 노동사회개진당 창립멤버(1919), 사업가(건포도 생산), 동지회 북미총회 창립멤버
리영규	Honolulu	?
李容稷(1894-1950납북)	Washington, D.C.	숭실학교 졸업(1911), 도미(1914), 죠지 워싱턴대 석사(1922); 구미위원부 서기, 호놀룰루 한인기독교회 목사(1930); 동지회 중앙이사부 이사장(1930-1931); 1935년에 귀국

이름	발신지(수신지)	교신 당시 소속 단체와 직책 혹은 직업
李元淳(1890-1991)	Honolulu	대한인동지회 회장(1929-43); 대한민국임시정부 駐美財務行署委員(1930-43); 대한민국임시정부 워싱턴 주재 구미위원(1943-45)
李裕弼(1885-1945)	上海	대한민국임시정부 내무부 비서국장(1919); 임시의정원 의원
李殷求	Honolulu	국민회 하와이지방총회 대표의원
李仁成	New York	대한인국민회 뉴욕 지방회 임원
李逸	South Bend, IN	Oriental Inn Cafe 경영주
이존배	?	북간도 출신 유학생
李鍾寬	Honolulu	목사, 대한인국민회 하와이 지방총회장; 동지회 창립 멤버
李址鎔(1870-?1928)	서울	대한제국 법부대신(1904.2.11~7. 15)
李昌奎	Honolulu	하와이 僑民團 총무(1922~1923)
이창수	Kansas City, MO	?
李青天(1888-1957)	重慶	대한민국임시정부 광복군 총사령
이태영	Burham, IL	?
이필은	Honolulu	?
李喜儆(1890-1941)	上海	대한민국임시정부 외무차장 겸 외무총장 대리; 대한적십자사 본부 회장
林超	New York	구미위원부 뉴욕 지방위원
張基永(1904-1981)	Indianapolis, IN	Chan's Restaurant—Importer and Manufacturer 경영주; 구미위원부 위원

이름	발신지(수신지)	교신 당시 소속 단체와 직책 혹은 직업
張德秀(1894-1947)	New York	동아일보사 부사장 겸 주미특파원; 콜럼비아대 유학(1923-1928), 북미유학생회 부회장
장봉기	Honolulu	?
張鵬	上海	기독교 장로, 대한민국 임시의정원 의원-의장; 이승만의 상해 통신원
鄭元根	Honolulu	국민회 하와이지방총회 임원(법무원)
鄭翰景(1890-1985)	Washington, D.C.	저술가; 구미위원부 위원
鄭七萬	Honolulu	?
趙明鎬	三馬河	?
曺誠煥	Los Angeles	구미위원부 나성지방 위원; 『민언』 출판인
趙素昂(1887-1958)	上海; 杭州	대한민국임시정부 외무총장
趙琬九(1881-1954)	上海	대한민국 임시정부 내무차장; 임시의정원 의원
趙鏞夏(1882-1937)	Washington D.C.	趙素昂의 친형; 박용만과 더불어 대조선독립군단 조직(?1915); 대조선독립단 창립멤버(1919); 『태평양시사』 사장(1919)
曺宜煥	Ogden, UT	?
趙鍾振	Colorado주	국민회 시카고지방회 임원(학무원)
朱榮翰	Los Angeles	구미위원부 나성지방 위원부 재무; 『민언』 발행인
주철조	London	?

이름	발신지(수신지)	교신 당시 소속 단체와 직책 혹은 직업
天目	?	여관 경영주
千世憲(1881-1945)	New York	대한인국민회 중앙총회 뉴욕지방회장; 구미위원부 뉴욕收錢委員. 챱수이 식당 운영
崔謹愚	Paris	유학생
崔能益(1889-?)	Chicago	崔能鎭의 친형; 대한인국민회 시카고 지방회장; Korea Mission 전도사; 盧伯麟의 윌로우스 '비행사양성소' 사업 참여(1920); 조선의용대 미주후원회 지원(1941)
최션주	Honolulu	대한인국민회 하와이 지방총회 재무; 동지회 회원
崔延楫	?Washington D.C.	?
崔鎭河(1890- ?)	San Francisco	대한인국민회 북미지방총회장(1921-1924, 1935-1937); 구미위원부 캘리포니아주 시찰원
河春植	Oahu, Hawaii	?
海里	Los Angeles	신민회 회원
韓圭卨(1848-1930)	서울	대한제국 참정대신(1905)
韓吉洙(1900-1973)	Honolulu	中韓民衆同盟團 워싱턴 대표, 재미한족연합위원회 국방공작봉사원(1941-1942)
許政(1896-1988)	New York	大東公司 사장; 『三一申報』 사장

이름	발신지(수신지)	교신 당시 소속 단체와 직책 혹은 직업
玄楯(1878-1968)	上海; Washington D.C.	대한민국임시정부 내무차장; 구미위원부 임시위원장
洪焉(1880-1951)	Valparaiso, Chile; Lima, Peru	흥사단 창립 멤버(1913); 대한인국민회 중앙총회 부회장(1919); 구미위원부 華僑위원(중국인 請捐委員); 『신한민보』 주필(1940-1943, 1945-1949)
洪鎮(震)(1877-1946)	上海	대한민국 임시의정원 의장, 對태평양회의 외교후원회 간사장
黃烋(1873-1946)	Chicago	대한인국민회 시카고 지방회간부; 구미위원회 지방위원
歐美委員部	Washington, D.C.	
國務員	上海	
스티븐스빌 교포	Stevensville, MT	
新大韓新聞社	上海	
新民府	北滿	
布哇韓人統一促成會	Honolulu	1928년 2월 16일 결성
하와이 미이미교회	제일예배당 재직회 Honolulu, HI	
힐로 부아구제회	Hilo, HI	대표: 최혜림(1929), 최덕아(1930), 초애나·정마타(1931), 안득은·백인숙(1935), 백인숙·박엘리사벳(1937)
H.K.R.	Wüzburg, Germany	

〈참고 문헌〉

고정휴.『이승만과 한국독립운동』. 학술총서 8, 연세대학교 출판부, 2004.

국가보훈처 편.『독립유공자 공훈록』. 전14권. 국가보훈처, 1986-2000.

김원용 지음. 손보기 엮음.『재미한인 50년사』. 혜안, 2004.

「대한민국임시정부 각원·의정원 명단과 약력」. 한국근현대사학회 편.『대한민국임시정부수립 80주년 기념논문집』(국가보훈처, 1999) 하,「부록」.

방선주.『재미한민의 독립운동』. 춘천 : 한림대학교 아시아문화연구소, 1989.

유영익.『이승만의 삶과 꿈』. 중앙일보사, 1996.

유영익.『젊은 날의 이승만』. 연세대학교 출판부, 2002.

이덕희.『하와이 이민 100년 : 그들은 어떻게 살았나?』. 중앙M&B, 2003.

한국정신문화연구원 편.『한국민족문화대백과사전』. 한국정신문화연구원, 1989.

홍선표.「재미한족연합위원회 연구」. 한양대학교 대학원 박사학위논문, 2002.2.

〈부록 2〉

이승만 간찰 날짜순 총목록※

1. 한성감옥 피수(被囚)기간(1899~1904)=23통

1904년 8월 이전. 李承晩→李敬善. I: #54~57 (16, 149~152)=4
1904년 8월 이전. 閔泳煥→李敬善. III: #31 (18, 428~429)=1
1904년 8월 이전. 李址鎔→李敬善. III: #89~95 (18, 566~572)=7
1904년 8월 이전. 韓圭卨→李承晩. II: #376~385 (18, 281~296)=10
1903. 음5. 16. 兪星濬→李承晩. II: #258 (17, 371~373)=1

2. 도미(渡美)외교 및 유학시절(1904~1910)=6통

1905. 8. 9. 李承晩→?閔泳煥/韓圭卨. I: #21 (16, 37~42)=1
1905. 12. 30. 李承晩→李敬善. I: #58 (16, 153)=1
1907. 12. 5. 邦化重→?李承晩. II: #196 (17, 75~77)=1
?1908. ?8. 李相卨→李承晩. II: #278 (17, 476)=1
1910. 1. 12. 玄采→李承晩. II: #395 (18, 337)=1
?1910. 6. 19. 趙明鎬→李承晩. II: #336 (18, 187)=1

3. 하와이 정착 전후(1912~1918)=30통

?1912 9. 30.~11. 13. 朴容萬→李承晩. II: #187~190 (17, 51~55)=4
1912. 10. 15. 鄭七萬→李承晩. II: #335 (18, 182~186)=1
1912. 11. 10. 李承晩→鄭七萬. I: #92 (16, 248)=1
〈附〉 1912. 11. 25. 李承晩→朴容萬. I: #190 (17, 58)=1
?1913 10. 31. 尹炳球→李承晩. II: #261 (17, 382~385)=1
?1916 9. 3. 이필은→李承晩. II: #302 (17, 554)=1

1916. 9. 14. 河春植→?李承晩. II : #374 (18, 275)=1
1916. 10. 26. 鄭元根→李承晩. II : #334 (18, 181)=1
1917. 12. 27. 吳基善→李承晩. II : #250 (17, 360~362)=1
?1918 4. 18.~5. 8 尹秉熙→李承晩. II : #262~263 (17, 386~388)=2
1918. 5. 31. 安時逸→李承晩. II : #225 (17, 230)=1
1918. 7. 2. 都瑞山→李承晩. II : #180 (17, 34)=1
?1918 7. 17. 金麟→李承晩. II : #7 (16, 328~335)=1
?1918 7. 26. 金星基→李承晩. II : #11 (16, 360)=1
?1918 7. 28.~1920. 7. 3. 최선쥬→李承晩. II : #368~370 (18, 268~270)=3
〈附〉 1918. 8. 2.~?8. 5 李承晩→최선주. #369~370 (18, 268~269)=1
?1918 8. 20.~9. 18. 承龍煥→李承晩. I : #210~212 (17, 141~153)=3
〈附〉 李承晩→承龍煥. 1918. 9. 27. I : #212 (17, 154~155)=1
?1918 10. 7. 朴基鴻→李承晩. II : #184 (17, 45~46)=1
1918. 10. 19. 김두한→황청일·리병운. III : #6 (18, 364~365)=1
1918. 11. 8. 하와이 미이미교회 제일예배당 재직회→?이승만. II : #373 (18, 274)=1
?1918 11. 18. 宋憲澍→李承晩. II : #209 (17, 140)=1

4. 3·1운동 발발 전후(1918~1919)=14통

1918. 12. 16.~4. 1 安昌浩→李承晩. II : #227~229 (17, 234~240)=3
1919. 4. 27.~5. 8 李承晩→玄楯. I : #103~105 (16, 270~287)=3
1919. 7. 11. 李承晩→安玄卿.
〈附〉 附屬 書簡(追伸). I : #44 (16, 103~111)=2
1919. 8. 6. 李鍾寬→李承晩. II : #297 (17, 542~544)=1
1919. 8. 12. 姜永韶→?李承晩. II : #6, 315~316)=1
1919. 9. 5. 李承晩→金永遇. I : #11 (16, 22~23)=1
1919. 9. 5. (同日字) 李大爲→白一圭. III : #74~75 (18, 546~547)=2
?1919 9. 5. 金聲權→?李承晩. II : #10 (16, 359)=1

5-1. 대한민국임시정부 임시대통령 재임 초기(1919. 9~1920. 12) =193통

1919. 9. 8. 崔能益→李承晩. II: #368 (18, 266~267)=1

1919. 9. 8~9. 19. 崔能益→金奎植/宋憲澍·金奎植. II: #128, 129 (18, 631~633)=2

1919. 9. 9~9. 13 千世憲→李大爲. III: #125~126 (18, 626~629)=1

1919. 9. 11. (同日字) 李大爲→白一圭/千世憲(각 2통). III: #76~79 (18, 548~551)=4

?1919. 9. 16. 宋憲澍→千世憲. III: #46 (18, 469)=1

1919. 9. 22. 廉世雨→宋憲澍. III: #61 (18, 489~492)=1

1919. 10. 25. 安昌浩→李承晩. II: #230 (17, 241~243)=1

1919. 10. 25~1920. 8. 22. 朴永魯→金奎植. III: #33~37 (18, 430~443, 447)=5

1919. 11. 5. 스티븐스빌 교포→歐美委員部. III: #47 (18, 470~471)=1

1919. 11. 11.~11. 16. 盧伯麟→宋憲澍. III: #20~22 (18, 392~397)=3

1919. 11. 26. 盧伯麟→金奎植. III: #22~24 (18, 398~402)=2

?1919. 11. 13. 宋憲澍→盧伯麟. III: #45 (18, 468)=1

1919. 11. 25. 徐五星→金鴻機. III: #43 (18, 460~467)=1

1919. 11. 29. 李東輝→?李承晩. II: #272 (17, 454~462)=1

1919. 12. 1.~1920. 1. 31. 尹秉熙→李承晩. II: #264~265 (17, 389~392)=2

1919. 12. 3.~1920. 8. 28. 安玄卿→李承晩. II: #231~248 (17, 244~348)=18

1919. 12. 5. 新大韓新聞社→李承晩. II: #213 (17, 156)=1

1919. 12. 6. 金衡珣→李承晩. II: #173 (17, 1~5)=1

1919. 12. 16. 白樂觀→李承晩. II: #199 (17, 85~88)=1

1919. 12. 16. 千世憲→李承晩. II: #366 (18, 262~263)=1

1919. 12. 17. 孫昌希→李承晩. II: #206 (17, 133~134)=1

1919. 12. 23.~1920. 2. 28. 金星基→李承晩. II: #12~15 (16, 360~371)=4

1919. 12. 24.~1920. 3. 12. 玄楯→李承晩. II: #392~394 (18, 309~336)=3

1919. 12. 30. 李承晩→申圭植. I: #29 (16, 53)=1

1919. 12. 30.~1920. 1. 5. 明東→?申衡浩. III: #26~27 (18, 407~416)=2

1920. 1. 2. 明東→李承晩. II: #181 (17, 35~36)=1

1920. 1. 6. 千世憲→金奎植. III : #127 (18, 630)=1

1920. 1. 19. 尹海→李承晩. II : #269 (17, 451)=1

1920. 1. 22. 孫貞道→李承晩. II : #205 (17, 124~132)=1

1920. 1. 22.~?. 李承晩→安玄卿. I : #45~49 (16, 112~129)=3

1920. 1. 26. 金秉祚→李承晩. II : #8 (16, 336~342)=1

1920. 1. 27. 朴處厚→李承晩. II : #195 (17, 69~75)=1

1920. 1. 28. 李承晩→李東輝. I : #61 (16, 159~166)=1

1920. 1. 29. 李鍾寬→李承晩. II : #298 (17, 545~546)=1

1920. 1. 31. 尹秉熙→?李承晩. II : #265 (17, 391~392)=1

1920. 2. 4. 김인규→李承晩. II : #36 (16, 417)=1

1920. 2. 7. 盧伯麟→李承晩. II : #176 (17, 13~15)=1

?1920 2. 9. 黃烋→李承晩. II : #396 (18, 338~339)=1

1920. 2. 10. 徐五星→李薩音. III : #44 (16, 167~172)=1

?1920 2. 12. 青誠煥→李承晩. II : #337 (18, 188~191)=1

1920. 2. 13.~3. 6. 李承晩→安玄卿. I : #47~48 (16, 117~126)=2

1920. 2. 18. 李承晩→安昌浩. I : #43 (16, 99~102)=1

1920. 2. 21. 李殷求→李承晩. II : #296 (17, 540~541)=1

1920. 2. 22. 黃烋→李承晩. II : #397 (18, 340)=1

1920. 2. 23. 朴永魯→?金奎植. III : #34 (18, 431~437)=1

1920. 2. 23. 리영규→?李承晩. II : #289 (17, 510~518)=1

1920. 2. 24. 李承晩→李薩音. I : #62 (16, 173)=1

1920. 2. 28. 李承晩→孫貞道. I : #28 (16, 50~52)=1

1920. 2. 29. 李承晩→黃烋. I : #110 (16, 305)=1

1920. 3. 3. 金奎植→朴永魯. III : #3 (18, 358~359)=1

1920. 3. 4. 朴永魯→郭林大. III : #32 (18, 445~446)=1

1920. 3. 4. 崔延楫→李承晩. II : #372 (18, 271~273)=1

1920. 3. 5. 盧伯麟→李承晩. II : #177 (17, 16~19)=1

1920. 3. 5. 黃烋→李承晩. II : #398 (18, 341)=1

1920. 3. 5. 明東→金奎植.宋憲澍. III : #25 (18, 403~406)=1

1920. 3. 6. 李承晚→金秉祚. I: #7 (16, 13~18)=1
1920. 3. 7. 白南七→李承晚. II: #200 (17, 89~90)=1
1920. 3. 8.~?. 유계상→李承晚. II: #260 (17, 376~381)=1
1920. 3. 9. 郭林大→?金奎植. III: #1 (18, 349~355)=1
1920. 3. 12. 이맥이→李承晚. II: #273 (17, 463)=1
1920. 3. 14. 李舜基→李承晚. II: #280 (17, 480~485)=1
1920. 3. 25.~9. 21. 張鵬→李承晚. II: #307~318 (18, 1~107)=12
〈附〉 金立→李東輝, 1920. 7. 19. II: #313 (18, 65~67)=1
1920. 4. 22.~?5. 14. 吳基善→李承晚. II: #251~254 (17, 363~367)=4
1920. 4. 24.~7. 22. 金永燮→李承晚. II: #22~25 (16, 382~389)=4
1920. ?5. 1. 安東源→李承晚. II: #223 (17, 227~228)=1
1920. 5. 22. 盧伯麟→李承晚. II: #178 (17, 20~33)=1
〈附〉 國務員→盧伯麟, ?1920 ?4. 13=1
李東輝→盧伯麟, 1920. 4. 13=1
盧伯麟→李東輝·國務員, 1920. 5. 19=1
1920. 6. 14. 李容稷→李承晚. II: #290 (17, 519~522)=1
1920. 6. 27. 장봉기→李承晚. II: #306 (17, 562~563)=1
1920. 6. 31. 李承晚→李商在. I: #64 (16, 176~179)=1
1920. 7. 3. 최션주→李承晚. II: #371 (18, 270)=1
?1920. 7. 4. 曺誠煥→李承晚. II: #338 (18, 193~196, 192)=1
?1920. 7. 4. 趙素昻→李承晚. II: #339 (18, 197)=1
?1920. 7. 6.~8. 18. 金永遇→李承晚. II: #29~36 (16, 400~415)=7
1920. 7. 8. 禹一→金奎植. III: #63 (18, 495~496)=1
1920. 7. 12. 金奎植→禹一. III: #4 (18, 360~361)=1
1920. 7. 16. 李容稷→李承晚. II: #291 (17, 523~526)=1
1920. 7. 22. 李承晚→?李容稷. I: #76 (16, 209~211)=1
1920. 7. 22. 李承晚→盧伯麟. I: #20 (16, 35~36)=1
?1920. 7. 24. 海里→李承晚. II: #375 (18, 276~277, 280, 279, 278)=1
1920. 7. 31. 黃烋→李承晚. II: #399 (18, 342~343)=1

1920. 8. 4. 金奎植→최선주. III: ♯5 (18, 362~363)=1
1920. 8. 4. 明東→李承晩. II: ♯182 (17, 37~41)=1
1920. 8. 4. 徐丙浩→金奎植. III: ♯40 (18, 453~454)=1
1920. 8. 5.~8. 24. 李舜基→李承晩. II: ♯281 (17, 486~500)=2
?1920. 8. 5. 유계상→李承晩. II: ♯257 (17, 370)=1
1920. 8. 7. 李容稷→李承晩. II: ♯292 (17, 527~529)=1
1920. 8. 7. 金秉祚→李承晩. II: ♯9 (16, 343~358)=1
〈附〉 金立→李東輝, 1920. 7. 17=1
金立→李東輝, 1920. 7. 19=1
1920. 8. 7. 金鴻機→李承晩. II: ♯174 (17, 6)=1
1920. 8. 9. 李東輝→金奎植. III: ♯80 (18, 552)=1
1920. 8. 9. 安瑛烈→李承晩. II: ♯226 (17, 231~233)=1
1920. 8. 10. 朴相夏→李承晩. II: ♯185 (17, 47~49)=1
1920. 8. 11. 盧伯麟→李承晩. II: ♯179 (17, 32~33)=1
1920. 8. 12. 崔謹愚→李承晩. II: ♯367 (18, 264~265)=1
1920. 8. 14. 李薩音→李承晩. II: ♯276 (17, 470~474)=1
1920. 8. 16. 徐丙浩→金奎植. III: ♯41 (18, 455~457)=1
1920. 8. 17. 李承晩→張鵬. I: ♯80 (16, 219~220)=1
1920. 8. 17. 黃烋→金奎植. III: ♯138 (18, 651)=1
1920. 8. 17. 李鍾寬→李承晩. II: ♯299 (17, 547~548)=1
1920. 8. 19. 李承晩→張鵬. I: ♯81 (16, 221~222)=1
1920. 8. 23. 朱榮翰→李承晩. II: ♯365 (18, 261)=1
1920. 8. 25. 李容稷→李承晩. II: ♯293 (17, 530~532)=1
1920. 8. 25. 明東→李承晩. II: ♯183 (17, 42~44)=1
1920. 8. 26. 李東寧→?李承晩. II: ♯271 (17, 453)=1
1920. 8. 29. 李逸→金奎植. III: ♯87 (18, 562~563)=1
1920. 8. 30. 徐丙浩→金奎植. III: ♯42 (18, 458~459)=1
1920초~1920. 8. 31. 李承晩→玄楯. I: ♯107~108 (16, 291~303)=2
1920. 9. 10. 姜永韶→?李承晩. II: ♯2 (16, 317~318)=1

1920. 9. 14. 朴相夏→李承晩. II: ♯186 (17, 50)=1

1920. 9. 18. 李承晩→孫秉熙. I: ♯27 (16, 49)=1

1920. 9. 18. 李承晩→崔謹愚. I: ♯101 (16, 268)=1

1920. 9. 20. 李善玉→金奎植. III: ♯84 (18, 558)=1

1920. 9. 22. 徐載弼→李承晩. II: ♯203 (17, 106~116)=1

1920. 9. 30. 李薩音→李承晩. II: ♯277 (17, 475)=1

1920. 9. 30.~10. 15. 李承晩→張鵬. I: ♯82~83 (16, 223~227)=2

1920. 9. 30. 李承晩→國務員. I: ♯3 (16, 9)=1

1920. 9. 30. 李承晩→李東寧. I: ♯59 (16, 154)=1

1920. 10. 8. 李承晩→金秉祚. I: ♯8 (16, 19)=1

1920. 10. 12. 李承晩→李薩音. I: ♯63 (16, 174~175)=1

1920. 12. 2. 이창수→李容稷. III: ♯108 (18, 597)=1

1920. ?. 10. 明東→?申衡浩. III: ♯29 (18, 423~425)=1

?1920. ?. ?. 李承晩→?朴相夏. I: ♯22 (16, 43)=1

1920. ?. ?. 明東→申衡浩. III: ♯28 (18, 417~422)=1

?1920. ?. ?. 申衡浩→李承晩. I: ♯216 (17, 210)=1

5-2. 대한민국임시정부 임시대통령 상해 재임기(1920. 12~1921. 5)=20통

1921. 1. 8. (同日) 李承晩→朴容萬. I: ♯23~24 (16, 44~45)=2

1921. 1. 24. 李仁成→玄楯. III: ♯86 (18, 561)=1

1921. 1. 25.~3. 24. 玄楯→李仁成/朱榮翰/曺宜煥. III: ♯133, 134, 135 (18, 643~645)=3

1921. 1. 29. 李光洙→李承晩. II: ♯270 (17, 452)=1

1921. 2. 7. 박태현→玄楯. III: ♯38 (18, 448~449)=1

1921. 2. 14. 李鍾寬→李承晩. II: ♯300 (17, 547~548)=1

〈附〉 李承晩→李鍾寬. 1921. 2. ?. I: ♯300 (17, ?548)=1

1921. 2. 30. 鄭翰景→崔鎭河. III: ♯116 (18, 611)=1

1921. 3. 7. 金永燮→李承晩. II: ♯26 (16, 390~391)=1

1921. 3. 12. 李鳳秀→玄楯. III : #83 (18, 557)=1

1921. 3. 18. 曺宜煥→玄楯. III : #121 (18, 619)=1

1921? 4. 18. 李承晩→南亨祐. I : #19 (16, 34)=1

?1921. 4. 21. 申衡浩→李承晩. II : #217 (17, 211~212)=1

1921. 5. 7. 신마실나→李承晩. II : #214 (17, 157)=1

1921. ?5. ?17. 趙素昻→李承晩. II : #340 (18, 198)=1

1921. 5. 18. 趙琬九→李承晩. II : #361 (18, 251~254)=1

1921. 5. 19. 李承晩→趙琬九. I : #99 (16, 263~264)=1

5-3. 대한민국임시정부 임시대통령으로서 워싱턴 군축회의 참가 전후(1921. 6.~1922. 2)=95통

1921. 6. 8.~1922. 10. 3. 張鵬→李承晩. II : #319~333 (18, 108~180)=15

〈附〉 1922. 7. 7. 〈仁成學校 (校長 : 安昌浩) 卒業式 招請狀〉 1922. 7. 4 (18, 150)

1921. 6. 9. 禹興泰→조오흥. III : #65 (18, 497)=1

1921. 6. 14. 崔鎭河→鄭翰景. III : #130 (18, 634~635)=1

?1921. 6. 15.~6. 29. 林超→?鄭翰景/徐載弼. III : #110, 111 (18, 600~601)=2

1921. 6. 17.~6. 21. 鄭翰景→林超/崔鎭河. III : #117, 118 (18, 612~615)=2

1921. 6. 21. 趙琬九→李承晩. II : #362 (18, 255~258)=1

1921. 6. 23. 崔鎭河→鄭翰景. III : #131 (18, 636~640)=1

〈附〉 朴永魯→崔鎭河. 1921. 6. 14. (18, 639~640)=1

1921. 7. 1. 徐載弼→李承晩. II : #204 (17, 117~123)=1

1921. 7. 6.~9. 30. 李承晩→申圭植. I : #30 (16, 54~66)=2

1921. 7. 16.~1923. 2. 19. 李承晩→張鵬. I : #84~89 (16, 228~245)=6

1921. 7. 29.~12. 30. 李承晩→李商在. II : #65~66 (16, 180~187)=2

1921. 7. 30. 李承晩→趙琬九. I : #100 (16, 265~267)=1

1921. 8. 4.~12. 19. 李承晩→申翼熙. I : #32 (16, 67~69)=2

1921. 9. 17. 李承晩→전익서. I : #91 (16, 247)=1

1921. 11. 23. 李始榮→李承晩. II : #283 (17, 501)=1

1921. 11. 24. 申翼熙→李承晚. II : 215 (17, 158~159, 16, 70~77)=1

〈附〉(全秉薰 起草)『韓國二千萬公民代表某等請願』(16, 70~77)

*1921. 11. ?. 洪鎭→李承晚. !! (17, 203~209)=1

〈附〉〈大韓民國對於太平洋會議之要求〉(17, 160~202)

1921. 12. 1. 許政→李容稷. III : #132 (18, 641~642)=1

1921. 12. 26. 李承晚→李裕弼. I : #77 (16, 212~214)=1

1921. 12. 29.~1922. 2. 9. 白純→李承晚. II : #201~202 (17, 91~104)=1

〈附〉金赫·李章寧→李承晚. II : #202 (17, 103~104)=1

1921. 12. 30. 李承晚→洪鎭. I : #109 (16, 304)=1

1921. 12. 金 爀→申圭植. III : #19 (18, 387~391)=1

1921. 12. 李承晚→李始榮. I : #71 (16, 201)=1

1922. 1. 3.~1. 4. 尹承烈→宋憲澍/徐載弼. III : #72~71 (18, 506~518)=2

1922. 1. 4.~1. 19. 洪焉→歐美委員部. III : #136~137 (18, 646~650)=2

1922. 1. 5. 明東→?鄭翰景. III : #30 (18, 426~427)=1

1922. 1. 20. 曺誠煥→鄭翰景. III : #119 (18, 616~617)=1

1922. 1. 30.~3. 5. 金承濟→鄭翰景. III : #7~11 (18, 366~374)=6

1922. 2. 2. 주철조→歐美委員部. III : #123 (18, 622~623)=1

1922. 2. 8. 박, 존 에스→?李承晚. II : #197 (17, 78)=1

1922. 2. 12.~8. 19. 金永燮→李承晚. II : #27~28 (16, 393)=2

1922. 2. 20. 安正洙→鄭翰景. III : #59 (18, 486~487)=1

?1922. 2. 24. ?金承濟→李承晚. II : #21 (16, 380~381)=1

?1922. 4. 7. 黃烋→李承晚. II : #400 (18, 344~345)=1

1922. 4. 13. 李商在→李承晚. II : #279 (17, 477~479)=1

1922? 4. 15. 李承晚→?金鴻機. I : #18 (16, 33)=1

?1922. 4. 16. 이명구→?申衡浩. III : #81 (18, 553~555)=1

1922. 4. 20. 尹敬天→李容稷. III : #68 (18, 504~505)=1

1922. 4. 21. 李承晚→?金星基. I : #9 (16, 21)=1

1922. 4. 26.~7. 11. 申衡浩→李承晚. II : #218~220 (17, 213~222)=3

〈附〉申衡浩→李承晚. 1922. 5. 2.(한글타자기 개발 관련) II : #219 (17, 214~220)

1922. 4. 28. 李承晩→?白純. I : #26 (16, 48)=1

?1922. 4. 28. 李承晩→?金鉉九. I : #13 (16, 25)=1

1922. 5. 6. 李承晩→金甲洙. I : #4 (16, 1~2)=1

?1922 5. 16. 신성구→歐美委員部. III : #48 (18, 472)=1

?1922. 5. 18.~1922. 8. 18. 禹興泰→李承晩. II : #255 (17, 369)=2

?1922. 6. 2. 李承晩→禹興泰. I : #50 (16, 130)=1

1922. 7. 4. 曺誠煥→申衡浩. III : #120 (18, 618)=1

1922. 7. 12. 안득준→南宮炎. III : #60 (18, 488)=1

1922. 7. 18. 金星基→李承晩. II : #16 (16, 372~373)=1

1922. 7. 18. 趙鍾振→李承晩. II : #364 (18, 260)=1

1922. 8. 3. 李承晩→李喜儆. I : #78 (16, 217)=1

1922. 8. 8. 李承晩→金星基. I : #10 (16, 20)=1

1922. 8. 15. 金廷鎭→李承晩. II : #39 (16, 420~422)=1

1922. 8. 19. 李承晩→安・金兩友. I : #41 (16, 97)=1

1922. 8. 22. 金廷鎭→申衡浩. III : #18 (18, 386)=1

1922. 8. 23. 禹興泰→申衡浩. III : #64 (18, 498~499)=1

1922. 8. 25. 金永燮→申衡浩. III : #14 (18, 379~380)=1

1922. 8. ?. 申衡浩→金廷鎭. III : #49 (18, 473)=1

5-4. 대한민국임시정부 임시대통령직 탄핵・면직 전후(1922. 9.~1925. 4)=83통

1922. 9. 7.~1923. 4. 7. 尹承烈→歐美委員部(2)/申衡浩. III : #69~70, 73 (18, 519~535)=3

1922. 9. 12.~10. 3. 張鵬→李承晩. II : #332~333 (18, 176~180)=2

1922. 9. 12.~12. 28. 張鵬→申衡浩(3)/南宮[炎]. III : #112~114, 115 (18, 602~608, 610)=4

1922. 9. 20. 이태영→申衡浩. III : #109 (18, 598~599)=1

1922. 10. 4. 安瑛烈→申衡浩. III : #58 (18, 485)=1

1922. 10. 5. 金承濟→?鄭翰景. III : #12 (18, 375~377)=1

1922. 10. 10.~1923. 2. 28. 申衡浩→安瑛烈/金廷鎭/李昌奎(4)/吳漢秀/윤성렬.

III: ♯50, 51, 52, 53, 54, 55, 56, 57 (18, 474~484)=8

1922. 10. 28. 李容稙→尹承烈. III: ♯85 (18, 559~560)=1

1922. 11. 13.~1923. 3. 25. 李承晩→申衡浩. I: ♯34~40. (16, 78~96)=7

〈附〉〈敬告海外各團體書〉, 1923. 1. I: ♯35 (16, 81~82)

〈附〉〈湖港韓人物產奬勵會趣旨書〉, 1923. 3. 25. I: ♯40 (16, 93~96)

1922. 11. 17.~1923. 6. 李昌奎→申衡浩. III: ♯96~107 (18, 573~596)=12

1922. 11. 30. 白南七→?申衡浩. III: ♯39 (18, 450~452)=1

1922. 12. 27.~1925. 3. 25. 李始榮→李承晩. II: ♯284~288 (17, 502~509)=1

1922. ?. 6. 金承濟→?鄭翰景. III: ♯13 (18, 378)=1

?1922 이존배→歐美委員部. III: ♯88 (18, 564~565)=1

1923. 1. 19. ?吳漢秀→申衡浩. III: ♯62 (18, 493~494)=1

1923. 2. 24. 李復源→申衡浩. III: ♯82 (18, 556)=1

1923. 3. 6.~3. 17. 李承晩→毆美委員部. I: ♯1~2 (16, 3~8)=2

1923. ?3.~1925. 4. 7. 李承晩→李商在. I: ♯67~70. (16, 188~200)=4

1923. 4. 3.~4. 11. 申衡浩→李承晩. II: ♯211~222 (17, 223~226)=2

1923. 5. 15.~10.22. 金永燮→申衡浩. III: ♯15~17 (18, 381~385)=3

1923. 8. 20. 劉熙贊→申衡浩. III: ♯67 (18, 503)=1

1923? 9. 4. 天目→?申衡浩. III: ♯124 (18, 624~625)=1

1924. 1. 4.~1925. 3. 8. 李承晩→趙素昻. I: ♯93~96 (16, 249~256)=4

?1924. 1. 13.~1926. 11. 5. 趙素昻→李承晩. II: ♯341~350 (18, 199~228~229. ?231)=10

1924. 1. 15.~1925. 4. 22. 李承晩→李始榮. I: ♯72~75 (16, 202~208)=4

1924. 8. 9.~1925. 4. 7. 李承晩→李商在. I: ♯68~70 (16, 193~200)=3

1924. 9. 5. 李承晩→李東寧. I: ♯60 (16, 155~158)=1

1925. 3. 22. 延秉昊→李承晩. II: ♯249 (17, 349~359)=1

1925. 4. 1. 朴殷植→李承晩. II: ♯191 (17, 59~61)=1

6. 동지회 조직 · 확장기 (1925~1936)=177통

1925. 4. 7. 李承晩→安在鴻. I: ♯42 (16, 98)=1

1925. 4. 15. 李承晩→?金九. I : ♯5 (16, 10)=1
1926. 4. 15. 新民府 金 爀·金佐鎭·朴性儁→李承晩. II : ♯40 (16, 423~426)=1
1926. 10. 21. 박주범→李承晩. II : ♯193 (17, 63)=1
?1926. 12. 1.~1927. 1. 13. 김승률→李承晩. II : ♯18~20 (16, 376~379)=3
?1927. 1. 4.~1928. 7. 4. 金鉉九→李承晩. II : ♯41~172 (16, 427~778)=131
〈附〉 李正根→金鉉九 1927. 11. 19. II : ♯131 (16, 656~661)=1
?1927. 1. 7.~1928. 1. 8. 尹致暎→李承晩. II : ♯267~268 (17, 395~450)=2
1927. 1. 20. 李承晩→趙素昂. I : ♯97 (16, 257~260)=1
1927. ?1. ?.~1932. 12. 26. 趙素昂→李承晩. II : ♯351~356 (18, 230~243)=6
?1927. 2. 10. 朴贊翊→李承晩. II : ♯194 (17, 64~68)=1
1927. 3. 20.~1928. 2. ?. 李承晩→尹致暎. II : ♯51~53 (16, 131~148)=4
1927. 6. 12. 李承晩→?朴贊翊. I : ♯25 (16, 46~47)=1
1927. 6. 20. 張德秀→李承晩. II : ♯305 (17, 561)=1
1927. 6. 29. 李承晩→張鵬. I : ♯90 (16, 246)=1
1927. 8. 18. 兪億兼→金鉉九. III : ♯66 (18, 500~502)=1
?1927 ?. ?~1928. 3. 22. 李承晩→金鉉九. I : ♯14~17 (16, 27~32)=4
1928. 1. 5.~1. 6. 李鳳秀→李承晩. II : ♯274~275 (17, 464~469)=2
1928. 2. 3.~7. 4. 許政→李承晩. II : ♯386~391 (18, 297~308)=6
1928. 3. 18. 李承晩→布蛙 韓人統一促成會. I : ♯102 (16, 269)=1
1928. 3. 22. 김정윤→李承晩. II : ♯38 (16, 418~419)=1
1928. 8. 22. 宋鎭禹→李承晩. II : ♯208 (17, 137~139)=1
?1928. 8. 23. 金性洙→李承晩. II : ♯17 (16, 374~375)=1
1928. 8. 28. 白寬洙→李承晩. II : ♯198 (17, 79~84)=1
1928. 11. 20. 金九→李承晩. II : ♯4 (16, 320~323)=1
1933. 12. 20. 힐로 부아구제회→이승만. II : ♯401 (18, 346)=1
1935. 11. 25. 宋秉祚→李承晩. II : ♯207 (17, 135~136)=1

7. 중일전쟁 및 태평양전쟁기(1937~1945)=12통

1937. 8. 2.~10. 1. 金九→李承晩. II: #5~6 (16, 324~327)=2

1939. 6. 25. 金九→金利濟. III: #2 (18, 356~357)=1

1939. 8. 30. 李承晩→金九. I: #6 (16, 11~12)=1

?1939.~?1941. 張基永→李承晩. II: #303~304 (17, 555~560)=2

〈附〉 韓吉洙→張基永, 1941. ?. ?. II: #304 (17, 560)=1

?1940. 10. 9.~12. 12. 李元淳→李承晩. II: #294~295 (17, 533~539)=2

1941. 9. 21. 李承晩→張基永. I: #79 (16, 218)=1

1943. 6. 28. 李承晩→金元容. I: #12 (16, 24)=1

1945. 11. 2. 李青天→李承晩. II: #301 (17, 552~553)=1

8. 기타(날짜 혹은 수신자 미상 간찰들)=12통

1923. 3. 26. 李承晩→ ?. I: #111 (16, 307)

?.?.?. 강용흘→이승만. II: #3 (16, 319)

?. 7. 30. 金元贊→李承晩. II: #36 (16, 416)

?.?.?. 나가신나→?이승만. II: #175 (17, 7~12)

?. 9. 12. 朴寅陽→李承晩. II: #192 (17, 62)

?. 3. 18. 安承華→李承晩. II: #224 (17, 229)

?. 3. 22.~?. 趙素昻→李承晩. II: #357~360 (18, 245~250)=4

?. 10. 15. 趙鏞夏→李承晩. II: #363 (18, 259)

?. 1. 13. H.K.R.→李承晩. II: #402 (18, 347)

주

1. 이 목록에 보이는 의문표는 날짜나 발신인/수신인이 확인되지 않았음을 뜻함.
2. 원문의 '김성기'는 金星基로, '승영환'은 承龍煥으로 간주하였음.

범 례

1. 『李承晩 東文 書翰集』은 연세대학교 현대한국학연구소가 1998년에 영인 출판한 『雩南李承晩文書: 東文篇』(전18권) 제16·17·19권의 '東文(한글·국한문·한문) 簡札' 666통을 淨書·飜譯·校註한 다음 입력하여 출판한 것이다.
2. 이 서한집에서는 총 666통의 서한을 이승만이 보낸 발송서한(116통), 이승만이 받은 수납서한(403통), 제3자간에 주고받은 기타서한(147통)으로 구분한 다음, 상권에는 발송서한과 기타서한을, 중권과 하권에는 수납서한을 수록하였다.
3. 이 서한집의 상권에는 서한집의 총목차를 수록하고, 중권과 하권에는 각 권의 목차만을 수록하였다.
4. 목차에서는 발신·수신인의 성명을 서한에 나타난 그대로 기입하였다. 단 발신·수신인의 성명이 아호·이명·별명으로 처리된 경우 원래의 성명을 적어주고 이어 ( )안에 아호·이명·별명을 수록하였다.
5. 초서체 서한은 탈초·번역한 다음 입력하고, 국한문 및 국문체의 서한은 서한 원문 그대로 입력하는 것을 원칙으로 하였다.
6. 각 서한의 첫머리에 발신·수신인의 성명과 발신 연월일을 적은 다음, 이어 ( )안에 원문 확인이 가능하도록 그 서한이 들어있는 영인본의 권수와 쪽수를 수록하였다.
7. 활자 크기는 본문과 [ ](본문주)는 10.5p로, 메모는 8.5p로, 번역

문에서 ( )안의 한자는 9.5p로 처리하였다. 서한 원문에서 협주와 편자주는 7p 2行으로 처리하되, 원문 협주는 괄호 없이 2行으로 처리하고, 편자주는 ( )안에 2行으로 처리하였다. 또 서한 원문에서 특별히 큰 글자를 사용하여 강조한 경우 본문에서 10.5p 이상으로 처리하였다.

8. 본문에서 인명·지명·용어 등이 잘못 쓰인 경우, [ ]에서 바로잡았다. 단 각 서한 안에서 인명·지명·용어 등이 잘못 쓰인 경우, 맨 앞의 사례에 대해서만 [ ](본문주)로 바로잡고, 이어 나오는 오류는 그대로 두었다.
9. 판독과 해독이 불가능한 단어는 □로 처리하였다.
10. 색인에서는 인명·지명·기타 용어 등을 한글표기법에 따라 처리하였다. 예, 리살음→이살음, 디방렬→지방열, 킨사씨트→캔사스씨티, 모스카우→모스크바 등.

李承晩 東文 書翰集 上

발송 서한

기타 서한

李承晩 東文 書翰集 中

수납 서한

李承晩 東文 書翰集 下

수납 서한

발송 서한

1. 李承晩 → 歐美委員部 1923. 3. 6. (16, 3~7)

Rhee, S. M. 3-6-23.

委員部 僉中

上海 最近來信 玆錄送 覽焉

內地敬告文 已由此團 繹刊分傳矣 而委部亦不可視爲尋常 望須通牒于各地方 使之特開共同會 另議在美韓僑合一之策 如何々々 且聲言內地同胞 願吾在外者 合力於維持現狀 凡我在外者 曷不盡力殫誠哉云云 則似有萬一之效矣 諒處 如何々々

弟於此處 另行奮鬪 速得若干金額 以濟華府急計耳 爲此姑閣 並頌僉安

五年 三月 六日 李承晩 弟 頓首

上海通信畧記

所謂國民代表會 則初也 俄領數三人 與上海幾個人唱導 數年其數增加 而昨年十三議員 亦暗助其成立 及其成立 則破壞政府者之數過半 故所謂中立派與十三議員 居中調和 接洽新叅之代表 鼓吹承認舊政府機關 而改造其組織 果得其數 居三分二

然則創造派之尹海・元世勳・韓亨[馨]權等 憤安昌浩之背約與籠絡手段 拒絶其國民代表會之經費 故所謂政府改造派之代表者在於進退 而操縱其人物之安昌浩・金九・李東寧・洪鎭(震)諸友亦當挾板之勢者 擬操縱其代表會 承認舊機關 隨而變制度遞人物終當押收韓亨[馨]權之金錢計也 韓也知其計而退出 辭絶寄金 故多數代表 陷於進退維谷之境 殆若無顔色也

至於變制替人之事 亦不如意也 至於叅代表會者 與唱導代表會與贊助代表會之重要人物 亦爲落心 不復叅與於獨立運動云耳 無

定見之吾人社會 炎凉與飜覆 誠難形言也

論該會 則派別 以人物爲表準 則安昌浩・尹海・金東三・申肅四派也 安派多西道人 尹派多俄領及北道人 金派多慶尙・全羅道人 申派以北京軍事統一會[議]餘黨及天道敎人也

其中黨爭之尤甚者 則上海共產黨 與일쿠스키共產黨之相爭也 上海共產黨 金立・尹海之派也 일쿠스키派 則金萬謙・呂運亨・崔昌植・梁濾・玄楯等 是也 其爭點 則在乎金錢分食問題也

其會議議事日程則

一. 宣誓及宣言

二. 各地方報告

三. 時局問題 舊機關承認改造或否認新造

四. 獨立大方針 軍事・外交・財政・敎育・經濟・勞動

五. 國號及年號

六. 憲法起草委員會

七. 過去問題調查 委任統治問題 自由市問題 金立四十萬元問題 虎林密山兵變問題(共產黨事件) 西間島統義府問題(梁起鐸被打事) 北間島軍政署與國民軍交火問題等

八. 機關組織問題

九. 其他新事件等

該會之最大慾 則成完全之機關後 即交涉于俄國 領收百四十元[千] 又得礦山採掘權 與森林斫伐權之事也 然或云不遠有分裂之勢云耳

該會之分裂或統一 暫付于度外 以內部言之 則政府家屋 賃金未拂 威信墜落 甚至於議政院議員衣服 盡爲典當 未能入院出席 如是以去 則政府雖欲立 而威信未立 政府縱欲存 而實力未妥 誠爲悚然處也

以上 係上海來信中抄出

二月 初十日 卽最近通信也

今에 內地에셔 海外 各 團體에 敬告書를 接ᄒᆞᄆᆡ 吾人은 感愧俱極홈을 不禁ᄒᆞᆫ지라. 其命意를 遵守ᄒᆞ야 萬의 一이라도 報答ᄒᆞᄂᆞᆫ 거시 吾人의 義務이니 爲先 現狀維持策에 對ᄒᆞ야 財力으로 誠忠을 各盡홀지라.

昨年에 美洲 各處에셔 擔保金을 依數 畢納ᄒᆞᆫ 이는 今年에 特히 輕減ᄒᆞ야 每人에 一元 五十戔 以上으로 歐美委員部에 逐朔納送홀지며 昨年에 或 登錄에 不參ᄒᆞ엿거나 叅加는 ᄒᆞ고 擔保金을 辦納치 못ᄒᆞᆫ 이는 昨年例를 依ᄒᆞ야 二元 以上으로 每月 送納ᄒᆞ야 上海와 華府에 緊重ᄒᆞᆫ 事務를 繼續 進行케 홀지니 此가 卽內地忠愛同胞의 明命이라 ᄒᆞ노라.

年 月 日. 臨時大統領 李承晩

今年에 每月에 一元이라던지 一元 五十戔이라던지 諒處
昨年에 二元 五十戔으로 ᄒᆞ엿거던 그ᄃᆡ로 쓰시오.

[譯文]

Rhee, S. M. 3-6-23.

위원부 첨중(委員部 僉中)

상해에서 최근에 도착한 서신을 여기 적어 보내니 보십시오.

「내지경고문(內地敬告文)」은 이미 이 단체에서 번역 간행하여 나누어 보냈으니 위원부에서도 예사롭게 보아서는 안될 것입니다. 바라건대 각 지방에 통첩하여 특별히 공동회(共同會)를 개최하고 재미한교(在美韓僑)의 합일책(合一策)을 논의하게 하는 것이 어떻겠습니까? 또 성언(聲言)하기를 “내지의 동포들은 해외에 있는 우리들이 협력하여 현상(現狀) 유지하기를 원하고 있으니 해외에 있는 우리들 모두가 어찌 힘과 정성을 다하지 않을 수 있겠는가?” 운운한다면 다소나마 효과가 있을 듯하니 잘 살펴서 조처하심이 어떻겠습니까?

제(弟)는 이곳에서 별도로 분투하여 빨리 약간의 금액을 얻는대로 워싱턴의 다급함을 구제할 생각입니다. 이만 줄이고 아울러 여러분의 평안하심을 빕니다.

5년 3월 6일 이승만 제(弟) 돈수(頓首)

상해통신 약기(上海通信 畧記)

이른바 국민대표회(國民代表會)는 처음에 아령(俄領)에 있는 두서너 사람이 상해에 있는 몇 사람과 더불어 창도한 것이다. 몇 해 만에 그 수가 증가하였고 작년에 13의원(議員)도 음으로 그 성립을 도왔다. 그러나 정작 성립이 되고 보니 정부를 파괴하려는 자가 과반수를 넘었다. 그 때문에 이른바 중립파와 13의원이 중간에서 조정하고 새로 참여한 대표들을 친밀하게 대하여 구(舊) 정부기관을 승인하도록 고취하고 그 조직을 개편하여 실제로 그 숫자가 3분의 2를 차지하게 되었다.

그렇게 되니 창조파(創造派)의 윤해(尹海)・원세훈(元世勳)・한형권(韓馨權) 등은 안창호(安昌浩)의 배신과 그의 농락하는 수단을 분히 여겨 국민대표회의 경비 부담을 거절했다. 그 때문에 이른바 정부 개조파(改造派)의 대표들은 난처하게 되었다. 그런데 그 사람들을 조종하던 안창호・김구(金九)・이동녕(李東寧)・홍진(洪震) 등 제우(諸友)가 후원하는 형세에 있게 된 것은 그 대표회를 조종하여 구 정부기관을 승인하게 하고, 따라서 제도를 바꾸고 인물을 교체하여 마침내 한형권의 돈을 빼앗고자 하는 계책을 지녔기 때문이었다. 한형권도 그 계책을 알아차리고 물러나와서 기부금을 사절하였기 때문에 다수의 대표는 진퇴유곡의 처지에 빠져 자못 얼굴을 둘 곳이 없을 지경이다.

제도를 바꾸고 사람을 교체하는 일 등에 있어서도 뜻대로 되지 않을 듯하였다. 그러자 심지어 대표회에 참가했던 자나 대표회를 창도했던 자나 대표회를 찬조했던 중요 인물들까지도 낙심하여 다시는 독립운동에 참여하지 않겠다고 말하고 있다. 정견(定見)이 없는 우리 사회의 염량세태(炎凉世態)와 인심번복(人心飜覆)은 참으로 형언하기 어렵다.

그 회(會)를 논하자면 파별(派別)이오, 인물로써 표준을 삼는다면 안창호·윤해·김동삼(金東三)·신숙(申肅)의 4파이다. 안창호파는 서도인(西道人)이 많고, 윤해파는 아령(俄領)과 북도인(北道人)이 많으며, 김동삼파는 경상도와 전라도 사람이 많고, 신숙파는 북경군사통일회의(北京軍事統一會議)의 여당(餘黨)과 천도교인(天道教人)들이다.

그 중에서 당쟁이 가장 심한 것은 상해공산당(上海共產黨)과 이르쿠츠크공산당의 상쟁이다. 상해공산당의 김립(金立)은 윤해의 파이고, 이르쿠츠크파는 김만겸(金萬謙)·여운형(呂運亨)·최창식(崔昌植)·양헌(梁憲)·현순(玄楯) 등이다. 그들이 다투는 것은 돈을 나눠먹는 문제 때문이다.

그 회의의 의사 일정은

1. 선서 및 선언
2. 각 지방 보고
3. 시국문제, 구기관의 승인 개조 혹 부인 신조(新造)
4. 독립대방침: 군사·외교·재정·교육·경제·노동
5. 국호 및 연호
6. 헌법기초위원회(憲法起草委員會)
7. 과거문제조사: 위임통치 문제(委任統治問題), 자유시 문제(自由市問題), 김립 40만원문제, 호림 밀산 병변 문제(虎林密山兵變問題, 공산당 사건), 서간도 통의부 문제(西間島統義府問題, 양기탁 피타사〈梁起鐸 被打事〉), 북간도 군정서(北間島軍政署)와 국민군 교화 문제(國民軍交火問題, 교화는 교전〈交戰〉의 뜻) 등

8. 기관조직문제

9. 기타 신사건(新事件) 등

그 회의 가장 큰 목적은 하나의 완전한 기관을 만든 뒤에 아국(俄國)과 교섭하여 140만원의 화폐를 받아내고 아울러 광산의 채굴권과 삼림의 작벌권을 얻으려는 것이다. 그러나 혹자는 말하기를 불원간에 분열이 있을 것이라고 한다.

그 회의 분열이나 통일은 잠시 도외(度外)로 접어두고 내부의 일로 말하자면 정부가 세들어 있는 가옥의 집세도 내지 못하여 위신이 추락하였고, 심지어 의정원 의원(議政院議員)의 의복까지 모두 전당(典當) 잡혀 의정원에 출석하지도 못한다 한다. 이대로 가다가는 정부를 세우려 해도 위신이 서지 못할 것이고, 위신이 서지 못하면 정부를 유지하려고 해도 실력이 따르지 못할 터이니 참으로 등골이 오싹함을 느끼는 바이다.

이상은 상해에서 온 서신 중에서 가려낸 것입니다.
2월 초 10일, 즉 최근에 받은 통신입니다.

2. 李承晩 → 歐美委員部 1923. 3. 17. (16, 8)

委員部 僉兄 照

今에 此處에셔는 內地敬告書를 依ᄒᆞ야 共同會의 決議로 各 私團을 革罷ᄒᆞ고 政府機關下에셔 統一ᄒᆞ자는 意로 發起文을 印刷ᄒᆞ야 布哇(하와이) 韓人의 聯名으로 各 處에 分送ᄒᆞ려는 中이니 委員部에셔도 亦 此意로 歐美 各 地와 上海에라도 通信ᄒᆞ야 四方에셔 同一ᄒᆞᆫ 提議가 並發케 ᄒᆞ는 거시 甚好耳.

並此姑留.

五年 三月 十七日 晩 弟 頓首

3. 李承晚→國務員 1920. 9. 30. (16, 9)

近依美洲各英紙報道 可知內地暴[爆]發彈使用 及以獨立名目勒討財政等事之有害無益也 明矣 此非徒減傷外國之同情 並致損失內國之民心 決非獨立宣言之本意 反成宣傳大事之障碍

爲今之計 莫如忍耐觀機 內以團結忠愛民志 外以宣傳正義人道 姑俟大勢之變 並聲一擧之爲上策也 望須諸公 益加深思遠慮 設法勸止之焉 專此仰佈

二年 九月 三十日 弟 李承晚 謹

[譯文]

요사이 미주의 각 영자신문 보도에 의하면, 내지에서 폭발탄을 사용하고 독립자금 명목으로 강제로 돈을 징수하고 있음을 알 수 있습니다. 이러한 일들이 유해무익(有害無益)하다는 것은 분명한 일입니다. 이는 외국의 동정을 떨어뜨릴 뿐만 아니라 내국의 민심도 잃게 만드는 것입니다. 결단코 독립 선언의 본 뜻이 아니며 오히려 선전의 대사(大事)에 장애만 될 뿐입니다.

지금의 계책으로서는 인내하고 기회를 살피면서 안으로 충애로운 국민의 마음을 단결시키고 밖으로 정의와 인도를 선전하면서 대세가 바뀌기를 기다렸다가 한 목소리로 단번에 일어서는 것이 상책입니다. 바라건대 제공들은 더욱 심사(深思) 원려(遠慮)하여 법을 만들어서라도 제지하십시오. 오로지 이 일로 올립니다.

2년 9월 30일 제 이승만 근(謹)

4. 李承晚→金甲洙 1922. 5. 6. (16, 1~2)

金甲洙 氏升

四月 十三日 李兄書는 昨日 接見이며 其答意를 玆에 錄送ᄒᆞ니 卽時 暗号로 繹出ᄒᆞ야 轉付ᄒᆞ여 쥬시오. 李가 孤危中에 深入ᄒᆞ야

如彼히 受苦ᄒᆞ며 如彼히 成功ᄒᆞᆷ은 甚히 感謝 沒量이외다.

其中에 華府(워싱턴)와 滬府(상해〈上海〉)에셔 以書以電으로 隨時通涉ᄒᆞ여 달나ᄂᆞᆫ 要求에 對ᄒᆞ야는 果然 難處ᄒᆞᆫ 거시 華滬 兩府가 다 吾人 自由地가 안이ᄆᆡ 李友所去處와 直接 通信키 不能ᄒᆞᆷ은 李友도 素所明知어ᄂᆞᆯ 今에 此는 專然 不知ᄒᆞᄂᆞᆫ 양으로 言ᄒᆞᆫ則 甚히 難ᄒᆞ외다.

又況 고보고(Kopogo, 대한민국 임시정부)도 經濟 困況에 朝不保暮의 境遇에 處ᄒᆞ엿고 委員部 亦然ᄒᆞ니 設或 自由 任便ᄒᆞᆫ다 ᄒᆞᆯ지라도 目今 情便으로는 莫可奈何외다.

遠東 一部分 人士들은 傳言ᄒᆞ기를 某友를 我가 該處로 派送ᄒᆞ고 財政도 不給ᄒᆞ며 中路 停止ᄒᆞ라 ᄒᆞ니 不可라고 云々ᄒᆞᆫ다 ᄒᆞ니 此亦 事實은 안이라. 弟 可能力만 有ᄒᆞ면 多少間 得付ᄒᆞᆯ 터이나 莫可奈何인 此 苦衷을 詳陳ᄒᆞ여 쥬시오.

四年 五月 六日 李承晩 肅

5. 李承晩→?金 九 1925. 4. 15. (16, 10)

屢因素印書 則兄與共輸心傾膽 每切願言 卽蒙先施 尤切感荷

示中深謀遠慮 莫非吾人應行之大計 而絶非赤手空拳者 所能奏功者也 必先得金錢以後 乃能進行 而顧金錢從何而來耶 弟所難能者 卽此一題也 惟兄諒此苦衷 更勿以財政一事提及焉

此頌旅安

七年 四月 十五日 李承晩 拜謝

[譯文]

여러 차례 조소앙의 서신을 통하여 형이 함께 심력을 다 기울이고 있음을 알았습니다. 매양 말씀 나누기를 바랬는데 먼저 서신을 주시니 더욱 감사하외다.

보여주신 심모(深謀) 원려(遠慮)는 우리들이 응당 시행해야 할 대계(大計)가 분명하나 적수공권(赤手空拳)으로는 절대로 주효하지 못할 것들입니다. 반드시 먼저 금전을 마련한 연후에라야 추진할 수 있는데, 돌이켜 보건대 금전이 어디에서 생기겠습니까? 제(弟)가 능하지 못한 일이 바로 이 문제입니다. 형께서는 이러한 고충을 헤아려 다시는 재정에 관한 일로 말씀하지 말아주셨으면 고맙겠습니다.

객지에서 편안하심을 빕니다.

7년 4월 15일 이승만 배사(拜謝)

6. 李承晩→金 九 1939. 8. 30. (16, 11~12)

一九三九, 八月 三十日 答

白凡 仁兄 台鑒

云々 向者 華城(워싱턴)에서 中國公使 胡適博士에게 金九先生의 活動을 좀 알면 宣傳ᄒᆞ겟다 ᄒᆞ엿더니 電報로 무른 모양이외다.

韓人 及 華人은 世界大勢에 對ᄒᆞ야 何如是 其蒙昧耶아.

(一) 宣傳 一事로 論ᄒᆞ여도 日人은 三十年前에붓터 一年 百萬元을 美國에만 費ᄒᆞ며 今回 中日戰事 以來로 三百五十萬元 이上을 費ᄒᆞ야 美人의 同情을 百分之一을 가지고도 物資上 必要는 다 엇어가ᄂᆞᆫᄃᆡ 中人은 九十九分을 가지고도 軍物 軍需를 不得ᄒᆞ니 非他라 宣傳 不足ᄒᆞᆫ 緣故임니다. 美國은 民衆이 戰和를 決定ᄒᆞᄂᆞ니 몃 百萬元을 드려 各 新聞上에 날마다 日人의 蠻行을 알녀쥬면 政府와 國會를 억지로라도 식혀 政策을 變更케 ᄒᆞᆯ 터인ᄃᆡ 아직도 茫然不知ᄒᆞ니 奈何오. 中人이 아모리 血戰苦鬪ᄒᆞᆯ지라도 第三國의 援助가 안이면 終局은 第二朝鮮을 難免일 거심니다. 有力ᄒᆞᆫ 宣傳家로 全國에 聯絡을 ᄆᆡ져셔 效力 잇ᄂᆞᆫ 宣傳을 ᄒᆞᄂᆞᆫ 거시니 장기셕(蔣介石)氏에게 勸告ᄒᆡ 보시오.

(二) 外交宣傳보다 勇戰이 爲先이니 軍物을 得送ᄒᆞ라ᄂᆞᆫ 거 이곳 形便을 全然 不知ᄒᆞ신 거심니다. 宣傳으로 우리의 ᄒᆞᄂᆞᆫ 거슬 알녀쥬어야 도음을 엇지 도모지 韓人들이 잇ᄂᆞᆫ지 업ᄂᆞᆫ지도 모르ᄂᆞᆫ 人에게 도음을 밧을 슈 업슬 거시외다.

(三) 同志會 主張ᄒᆞᄂᆞᆫ 거슬 各 團體가 否認이라 ᄒᆞ심은 不可ᄒᆞ외다. 吾人의 境遇에 革命 大運動의 一方式이니 이 方式으로 相當ᄒᆞᆫ 程度에 到達ᄒᆞᆫ 後에야 何所不爲으로릿가. 暴力으로만 主張히야 된다 ᄒᆞ면 知其一이오 未知其二라 ᄒᆞᆷ니다.

蔽一言ᄒᆞ고 今番에 華府와 紐育(뉴욕)에서 軍器廠에 或 舊式 廢棄ᄒᆞᆫ 軍物이라도 좀 求得ᄒᆞ려 ᄒᆞ여 보앗스나 遠東에셔 韓人들이 何等의 可能性이 잇ᄂᆞᆫ 거슬 알아야 ᄒᆞᆫ다 ᄒᆞᆷ니다. 然則 何時에 何處에셔던지 들을 만[ᄒᆞᆫ] 事實이 잇거던 眞狀을 錄送ᄒᆞ시오. 此處에셔 宣傳ᄒᆞᆫ다ᄂᆞᆫ 거시 美洲에 在ᄒᆞᆫ 吾人 一二個人의 所關인 쥴로 아실 거시 안이외다.

一九三九年 八月 三十日 晩 弟 頓首

7. 李承晩 → 金秉祚 1920. 3. 6. (16, 13~18)

金秉祚 氏前

大喞을 我 獨立宣布文에셔 見ᄒᆞ고 兄은 我 三十三先導中에셔 我 榮譽的 民族된 職分을 다ᄒᆞ엿스니 今日 殉國이라도 千秋에 偉大ᄒᆞᆫ 功業을 成就ᄒᆞ엿다ᄂᆞᆫ 感想을 我도 其後進이 되여 在我ᄒᆞᆫ 職을 盡ᄒᆞᆯ 日이 有ᄒᆞ기를 望ᄒᆞ엿소이다.

今에 尊函을 得ᄒᆞ야 情論ᄒᆞ신 諸件을 詳悉ᄒᆞ미 快如面話ᄒᆞ외다. 弟을 相助爲理코져 ᄒᆞ신다 ᄒᆞᆷ은 尤極銘感이라. 隨機另圖ᄒᆞ야 從速히 此을 成就ᄒᆞ기을 切望々々이외다.

示中 外交와 戰備 必要ᄂᆞᆫ 我 獨立에 最大ᄒᆞᆫ 事이라. 今에 東西

에 散在ᄒᆞᆫ 吾人의 專力ᄒᆞᆯ 바이 此 二件에 不逾ᄒᆞ거ᄂᆞᆯ 或曰 戰爭이 最要ᄒᆞ니 外交가 何當이냐 ᄒᆞ야 互相 歧異之見으로 合同에 損害을 貽ᄒᆞ여 或은 政府을 確立ᄒᆞ야 統一을 完成ᄒᆞᆷ이 可ᄒᆞ다 ᄒᆞ야 經費와 時日을 多費ᄒᆞ면셔라도 此을 成ᄒᆞᆷ이 最先務라 ᄒᆞᄂᆞᆫ지라. 此說도 亦非不然이나 以弟所料로ᄂᆞᆫ 以上 各事을 並行共進ᄒᆞᆷ이 可ᄒᆞ다 ᄒᆞ나니 各々 其所長ᄃᆡ로 責任을 分掌ᄒᆞ고 肢體가 相隨相助ᄒᆞᆷ과 如히 實力을 準備ᄒᆞᄂᆞᆫ 거시 可ᄒᆞᆯ듯 ᄒᆞ외다.

內地에셔ᄂᆞᆫ 敢死勇進ᄒᆞᆷ으로 示威反抗運動을 如一히 継續ᄒᆞᆯ 슈밧게 업나니 我 同族의 血骨을 敵의 蹂躪無餘ᄒᆞᆷ을 엇지 忍思 忍言ᄒᆞᆯ ᄇᆡ리요만은 萬世福樂의 基原될 自由을 無價値ᄒᆞ게 得ᄒᆞ기을 不可望이오 亦非所願이라. 故로 今日 忠義同胞의 生命犧牲ᄒᆞᆷ을 勢所難免이라. 但 感謝ᄒᆞᆯ 바ᄂᆞᆫ 上天이 鑑照ᄒᆞ시와 世界에 公義와 正論이 去益激發ᄒᆞ니 內地에셔 흘이ᄂᆞᆫ 一点 義血도 虛地로 歸ᄒᆞᆷ이 無ᄒᆞ다 ᄒᆞ겟소이다.

遠東 各 處에 散在ᄒᆞᆫ 同胞ᄂᆞᆫ 各々 實地上 準備을 經營ᄒᆞᆯ지라. 此ᄂᆞᆫ 秘密을 恪守ᄒᆞ야 新聞이나 言論上에 提起치 말지니 此ᄂᆞᆫ 無他라. 元來 義事ᄂᆞᆫ 當秘密이오. 且 吾人은 以弱敵强ᄒᆞᄂᆞᆫ 處地에 隱密히 準備치 아니ᄒᆞ면 敵으로 ᄒᆞ여금 防禦之策을 完全케 ᄒᆞᆷ이라. 故로 吾人은 待其無備ᄒᆞ여 出其不意ᄒᆞᆷ이 勝算이라 ᄒᆞ겟고 ᄯᅩᄒᆞᆫ 準備ᄂᆞᆫ 다 하엿다 ᄒᆞᆯ지라도 兵器가 無ᄒᆞ면 赤手赴敵이 萬難成功이며 且或 兵器가 有ᄒᆞ다 ᄒᆞᆯ지라도 時機을 得지 못ᄒᆞ면 亦難收效이니 故로 準備을[를] 차리며 內外相應ᄒᆞ야 時會을 姑俟ᄒᆞᆷ이 可ᄒᆞᆫ지라. 且 時會가 早晩間事也라.

歐美로 言ᄒᆞ면 內地 形便을 擧ᄒᆞ야 宣傳事에 有力ᄒᆞᆯ지니 此ᄂᆞᆫ 英美가 我을 爲ᄒᆞ야 出兵決戰ᄒᆞ기을 望ᄒᆞᆷ이 아니라 英美가 各々 自己의 關係로 因ᄒᆞ야 彼 日本으로 去益決裂ᄒᆞᄂᆞᆫ ᄇᆡ라. 況今 中露 兩國이 與日開仗ᄒᆞᆯ 形勢도 不無ᄒᆞᆫ즉 東洋에 風雲이 大起ᄒᆞᄂᆞᆫ

날은 我의 時機가 來ᄒᆞᄂᆞᆫ 日이라. 其時에ᄂᆞᆫ 承認도 可得이오 金錢也 兵器也도 可圖也라. 內外 東西가 響應 並進ᄒᆞᆯ지니 此가 卽 吾人의 成功ᄒᆞᄂᆞᆫ 日이라 하오.

然則 今에 上海셔나 海蔘威[에]셔ᄂᆞᆫ 政府을 設立ᄒᆞ고 憲法統一 等 立法 行政 各事로 討論 爭辨이나 ᄒᆞ거나 大小 團體가 互相 分立ᄒᆞ여 權限 名位 等節로 說去說來ᄒᆞᆷ이 大事에 大效益은 少ᄒᆞᆯ 줄로 認ᄒᆞᄂᆞ이다. 他人의 租界內에셔 行號 施令ᄒᆞ려ᄂᆞᆫ 거시 그다지 榮光이 아니오. 彼此 論辨ᄒᆞᄂᆞᆫ 中에셔 各國人이 吾의 團合되지 못ᄒᆞᆷ을 指笑ᄒᆞᆯ지라. 故로 有形無跡ᄒᆞᆫ 政府機關을 上海에 置ᄒᆞ야 東西와 內外에 聯絡 通涉ᄒᆞᄂᆞᆫᄃᆡ 專力ᄒᆞ여 中央点을 ᄉᆞᆷ고, 모든 部分의 일을 彼此 紹介ᄒᆞ야 身이 臂을 使ᄒᆞᆷ과 臂가 指을 使ᄒᆞᆷ과 如히 ᄒᆞ면 此가 卽 政府요 此가 卽 民國社會 안니온잇가.

以上 所陳은 弟 思料에 잇슨지 오릐되 或 異論을 起ᄒᆞᆫ다ᄂᆞᆫ 誤解을 招ᄒᆞᆯ가 恐ᄒᆞ야 姑不發說이나 兄은 內地와 遠東에 形便을 잘 아시니 此에 對ᄒᆞ야 不然ᄒᆞᆫ 거시 잇스면 直言無諱로 詳示ᄒᆞ시오. 種々 書字로 錄示ᄒᆞ시오.

道體旅安ᄒᆞ심을 切祝々々 謹謝.

民國 二年 三月 六日

金秉祚 大兄 親鑑

8. 李承晚 → 金秉祚 1920. 10. 8. (16, 19)

金秉祚 大兄 回展

八月七日來書及胎稿 俱依領詳悉藉探 貴邊近況 深感遠念之殷耳

當此草創時機 我諸人隔在東西 信書無以盡言 情誼無以通暢 因致誤聞誤解 彼此似有齟齬狀態 誠屬難免 惟望抵滬之日 得與諸公吐盡肝膽 期與同進同退 其於大事 幸何如哉

編輯費之難判 反不如不聞也 亦奈何々々

二年 十月 八日 弟 李承晩 謹謝

[譯文]

김병조(金秉祚) 대형(大兄) 회전(回展)

8월 7일자 서신과 동봉한 문건은 모두 받아서 살펴 보았습니다. 인하여 귀변(貴邊)의 근황도 알았고 멀리서 염려해 주심에 대하여 감사드립니다.

이렇듯 초창기를 당하여 우리 여러 사람이 동서로 멀리 떨어져 있으니 서신으로 다 말할 수도 없고 정의(情誼)를 시원스레 풀 수도 없습니다. 그로 인해 오문(誤聞)과 오해를 일으켜 피차간에 어긋나는 모습이 있는 것 같음을 면하기 어려웠습니다. 오직 바라건대 상해에 도착할 때에 제공과 더불어 간담(肝膽)을 토로하고 동진 동퇴(同進同退)하기로 기약한다면 대사(大事)를 이룸에 얼마나 다행한 일이겠습니까?

편집비를 마련하지 못한 일은 되려 듣지 않는 것만 못하외다. 어찌합니까?

2년 10월 8일 제 이승만 근사(謹謝)

9. 李承晩→?金星基 1922. 4. 21. (16, 21)

四月 卄一日 答

貰屋新接 事多困艱

民團이 三月內로 三千元을 擔保ᄒᆞ고 何如是違反耶

郭來弘事 皆已歸正耳

民團總財務 昨年半年月給條 委員部에 請要ᄒᆞᆷ은 當有公式答而恐難通過耳

金永燮君事는 布哇셔 若無錢以送其旅資 則須以書直接通知 使

勿希冀 可也

릴리하基址는 姑未詳知其內容 無以斷言 合資會社入金이 幾何며 何以爲定耶 並探示之焉

徐博士辭免事 已經公布耳

活版는 尙今無用 而金錢何以出送耶

裁判費는 已託同志員許 借幾百元 而財報只云用于某條 七十五元不足以用經費 亦應然矣 而視吾人及上海情形也

贊成會 若願我親書勸勉 則令其任員 請我裁書焉

[譯文]

4월 21일 답

셋집으로 새로 옮기니 곤란한 일이 많습니다.

민단에서 3월내로 3천원을 담보하고 어찌 이렇게 위반할 수가 있습니까?

곽래홍(郭來弘)의 일은 모두 잘 해결되었습니다.

민단의 총재무가 작년의 반년 월급조를 위원부에 청구했습니다. 당연히 공식 답변이 있어야 하겠으나 통과되기는 어려울 듯합니다.

김영섭(金永燮)군의 일은 하와이에서 만일 돈이 없어 그 여비를 부쳐오지 않았다면 모름지기 서신으로써 직접 통지하여 그로 하여금 바라지 않도록 하는 것이 옳습니다.

릴리하기지(基址, 부지〈敷地〉)는 그 내용을 상세히 알지 못하니 단언하기는 어렵습니다. 합자회사(合資會社)의 입금이 얼마이며 어떻게 하기로 결정되었습니까? 자세히 탐문하여 가르쳐 주시기 바랍니다.

서박사(徐博士)가 사직한 일은 이미 공포했습니다.

활판(活版)은 아직까지 써 본 일이 없는데 돈은 어떻게 지출하여 보내겠습니까?

재판비용(裁判費用)은 이미 동지회(同志會) 회원들에게 몇 백원을 빌려달라고 부탁했으나 재정보고에는 다만 모조(某條)에 썼다고만

하십시오. 75원으로는 경비에 쓰기도 응당 부족할 터이니 우리들과 상해의 형편을 알 수 있습니다.

찬성회(贊成會)에서 만일 내가 친히 서신을 보내서 권면해 주기를 바란다면 그 임원으로 하여금 나에게 서신을 써 달라고 청하게 하십시오.

10. 李承晩→金星基 1922. 8. 8. (16, 20)

答

편지 밧아 파이아(Paia) 부인회 돈 一百元을 接受이며 ᄒᆡ 금ᄋᆡᆨ을 츌판ᄉᆞ에 긴용ᄒᆞ겟스나 만일 부인회에셔 이 돈을 위원부에 쓰ᄂᆞᆫ 거슬 원ᄒᆞ거던 곳 긔별ᄒᆞ시오 그ᄃᆡ로 ᄒᆞ리다.

형의 ᄉᆞ졍은 말치 안어도 아오. 三十元을 送ᄒᆞ니 情領 緊用ᄒᆞ시오.

호항(湖港, 호놀룰루)셔 근일에 밧은 통지금 업소. 엇지ᄒᆞ면 ᄒᆞᆫ번 만날 듯ᄒᆞ오.

四년 八月 八日 答

11. 李承晩→金永遇 1919. 9. 5. (16, 22~23)

私函 金永遇 氏에게

間阻悵仰이외다. 李從[鍾]寬氏에게 長書로 錄送ᄒᆞᄂᆞᆫ 글은 兄도 ᄒᆞᆷᄭᅴ 보실 줄 밋ᄉᆞ오며 此는 弟의 形便을 畧論코져 ᄒᆞ야 兄에게로 另送ᄒᆞ오니 李友와 從容히 閱覽ᄒᆞ신 後 答函ᄒᆞ야 쥬시오.

此處에 財政上 事務를 專數히 委員部로 擔負식힘은 體面에도 良好ᄒᆞ고 事爲上에도 便宜ᄒᆞᆷ을 爲ᄒᆞᆷ이나 目今 弟의 形便으로 觀ᄒᆞ면 此處 委員部를 經由ᄒᆞ야 支撥ᄒᆞᄂᆞᆫ 通常額 以外에 緊急히 應

用홀 條件이 不無홀 터인딕 此를 準備홈이 都無ᄒᆞ고 보면 束手無策홀 歎이 不無홀지라. 그럼으로 吾兄과 總會長으로 從容히 面議ᄒᆞ야 某々 同志와 合力ᄒᆞ시고 弟의 私々 運動費로 多少間 求得홀 슈 잇스면 此는 弟가 直接으로 擔責ᄒᆞ고 個人上 財政報單을 種々 裁ᄒᆞ오리다. 設令 弟가 不時로 上海로 가게 되던지 或 意外에 緊切ᄒᆞᆫ 事件이 有ᄒᆞ면 公式으로 支撥ᄒᆞ기를 기다리지 안코 便宜 行動홀 必要가 有홀지니 此를 對ᄒᆞ야 豫備가 有ᄒᆞᆫ 거시 良好ᄒᆞ겟기로 玆에 仰託ᄒᆞ오니 부딕 々々 外人에 耳目에 勿掛ᄒᆞ시고 我 心服되ᄂᆞᆫ 某々 同志中으로 協商ᄒᆞ야 周旋ᄒᆞ시기를 切望々々ᄒᆞᄂᆞᆫ이다.

貴處로 가ᄂᆞᆫ 書信이 種々 傳播되여 秘密ᄒᆞᆫ 通信이라ᄂᆞᆫ 事緣도 他處로 達ᄒᆞ야 轉聞ᄒᆞᄂᆞᆫ 거시 有ᄒᆞ니 此를 甚히 端束ᄒᆞ시오. 謹拜上.

民國 元年 九月 五日 晩 弟 頓首

12. 이승만→김원용 1943. 6. 28. (16, 24)

김원용 씨 보시오.

기간 호항(湖港, 호놀룰루)에 안착되엿다ᄂᆞᆫ 보도는 신문상에 보아 알엇소이다.

지금에 특별히 두어자로 설명코져 ᄒᆞᄂᆞᆫ 바는 하와이 현상유지에 딕ᄒᆞᆫ 문제임니다. 라셩(羅城, 로스엔젤레스)련합에 모々 인사들이 위원부를 장악ᄒᆞ려다 여의치 못홈으로 공긔적으로 공격ᄒᆞ다가 민즁에 공분을 일희켜 미쥬(美洲)에셔는 련합의 명사도 보유치 못ᄒᆞ게 된 바 하와이는 현상을 유지ᄒᆞᄂᆞᆫ 거시 필요홈으로 지금껏 침묵ᄒᆞ고 호항련합회에셔 확실ᄒᆞᆫ 립장을 취ᄒᆞ기를 기다려 왓스나 아직도 무슨 동졍이 업고 리원슌(李元淳)씨의 팃도가 심히 모호히셔 필경은 량방(兩方)에셔 다 불만을 품게 되는 고로 정한경(鄭翰景) 박ᄉᆞ가 일간 오면 다시 의론히 보려니와 지금 우리 형편은 어름어름히셔 더 끌고 나갈 슈 업는 터임으로 ᄉᆡᆼ각다 못ᄒᆞ야 형의게 즉졉으로 이 ᄉᆞ실을 아시게 ᄒᆞ여 속히 명확ᄒᆞᆫ 작뎡 잇기를 바람니다.

귀 련합회에셔 라셩련합회와 합중이 되여 가지고는 현상을 유지ᄒᆞᆯ 슈 업겟고 즁립 ᄐᆡ도를 가지고는 어려울 거십니다. 여러분과 상의ᄒᆞ시오. 잘 작뎡되기만 바람니다.

一九四三년 六월 二十八일 리승만 비

13. 李承晩→?金鉉九 ?1922. 4. 28. (16, 25)

附 : 金鉉九→李承晩(발신일 불명)

四月 念八日 答

頃惠尙慰

以兄忍耐沉默 如是聲言其所爲 可見世事之皆有限度也 今已知彼 則宜議制彼策 苟欲制彼 必先謀自强之道 弟已決計 爲其先導 惟限[恨]各地知彼者之不肯合同 此誠吾人之一大弱点也 然弟已決計於此 則諸人之合同與否 固屬無關 兄須諒處焉 書不盡言 望知友存諒

順頌旅安

Young Men's Christian Association of
the University of California Stiles Hall, Berkeley, California

Very much longer.
With best wishes and sincerest regards, I beg to remain,

Very sincerely yours,

Henry Kim*

[譯文]

4월 28일 답

접때 보내준 서찰은 아직도 위안이 되고 있습니다.

형의 인내와 침묵으로 이렇듯 그의 하는 바를 성언(聲言)하는 것을 보면 세상 일이란 모두 한도가 있음을 알 수 있습니다. 이제 이미 그를 알았으니 마땅히 그를 제재할 방도를 의논해야 하겠습니다. 진실로 그를 제재하려고 한다면 반드시 먼저 자신을 강하게 하는 도리를 꾀해야 하겠지오. 제(弟)는 이미 그 선봉이 되기로 마음을 굳혔습니다. 다만 각지에서 그를 아는 사람들이 합동을 하려 하지 않으려는 것이 한스러운데 이는 참으로 우리들의 큰 약점입니다. 그러나 제가 이미 여기에 마음을 굳혔으니 모든 사람들의 합동 여부는 사실 별로 상관이 없다 하겠습니다. 형은 모름지기 헤아려 조처하십시오. 편지에 다 말할 수 없으니 지우(知友, 지기지우〈知己之友〉)는 양해하시기 바랍니다.

여안(旅安)을 아울러 빕니다.

*당신의 행복과 안녕을 기원하면서,

당신의

김 현구 올림

[주소] 캘리포니아, 버클리, 스타일즈 홀, 캘리포니아 대학교 YMCA

14. 李承晩 → 金鉉九 ?1927. (16, 27)

答

二月 念五・念八 兩日函 卽接詳悉 今因同志村緊急事 再明發行 而畧於二週後 歸港計耳

趙素卬例是絶對同志 實爲我遠東之最要人物 且朴贊翊・趙琬九・尹琦燮・閔忠植 皆可任人也

聯絡遠東各團之計 弟已屢試 而非金無可爲也 盖該處形便如此 非金無以爲援故也 云々

[譯文]

답

2월 25, 28 양일의 서신은 잘 받아 보았습니다. 이제 동지촌(同志村)의 긴급한 일로 인하여 모레 출발하여 약 2주 뒤에 호놀룰루로 돌아갈 계획입니다.

조소앙(趙素昻)은 일례로 절대적인 동지이며 실로 우리 원동(遠東)의 가장 중요한 인물입니다. 또 박찬익(朴贊翊)·조완구(趙琬九)·윤기섭(尹琦燮)·민충식(閔忠植) 등은 모두 쓸만한 사람들입니다.

원동의 각 단체와 연락을 취할 계책을 제는 이미 여러번 시험해 보았으나 돈이 없으면 아무 일도 할 수 없습니다. 대체로 그곳 형편이 이와 같으므로 돈이 아니면 끌어들일 수 없기 때문입니다. 운운(云云).

15. 李承晩 → 金鉉九 1927. 9. 4. (16, 28)

近間 經濟難復 何如爲地憧々

統一論 非不知爲夢想而已 而吾族生存之策 在於合同 雖百試無效 試之又試 可也 況今在內在外 無不覺悟我弱点 而俱曰統一 此誠吾人之幸也 必另力贊成 是爲在我之道

且統一說 縱有損於同志會 吾人決不可以是稍加輕重 又況同志會目的 在於統一 豈有受損之理哉 苟有不然之点 更詳示之 若何 新幹會 亦似以統一爲標目 吾必示以相助之意

太平洋雜誌 姑無刊行道 甚悶々々 云々

九年 九月 四日 晩 弟 答

[譯文]

근간에 경제가 회복되지 않아 어떻게 할 것인지 마음이 뒤숭숭합니다. 통일론(統一論)이 몽상일 뿐이라는 것을 모르는 바는 아닙니다. 그러나 우리 민족이 생존할 계책은 합동에 있으니 백 번을 시도하여 성과가 없더라도 거듭 시도해 봄이 옳은 일입니다. 하물며 지금은 국내외를 막론하고 우리의 약점을 깨닫고 모두 통일을 말하고 있으니 이는 참으로 우리들에게 다행한 일이라 하겠습니다. 반드시 특별히 찬성하는 것이 우리들의 도리일 것입니다.

또 통일설(統一說)이 비록 동지회(同志會)에 불이익이 있다 하더라도 우리들은 결코 이 일로 조금이나마 경중(輕重)을 더해서는 안될 것입니다. 더구나 동지회의 목적이 통일에 있는데 어찌 손실을 볼 까닭이 있겠습니까? 참으로 그렇지 않은 점이 있다면 다시 상세히 교시하심이 어떻겠습니까? 신간회(新幹會)도 역시 통일로 목표를 삼고 있는 듯하니 나는 반드시 서로 돕는 뜻을 보일 것입니다.

『태평양잡지(太平洋雜誌)』는 아직 간행할 도리가 없으니 매우 민망한 일이외다. 운운(云云).

9년 9월 4일 만제(晩弟) 답(答)

16. 李承晚 → ?金鉉九 1928. 3. 9. (16, 29～30)

三函俱來 並領悉

金良洙君之寄書 聯續登載于民報云 而弟因忙未得一覽 俄見崔昌德君探問 則原稿本意 未知何在 而姑無別般發展之意見云々耳 第金君係我絶對同志也 則有何疑慮哉 我同志間 或有相疑相駁之弊 此誠吾人側之一大弱点也 爲之歎々不已也

世界戰爭之說 恐無實據也 不過爲一時風聞而已 設有大戰之如十年前者 於我何關 吾人尙今百無一備 縱有千載一時之會 終無所補

蓋同志會主義 維欲精神的物質的之準備也 而遲延歲月 尙此望塵不及 紐城運動 縱有聲勢廣張 而其實地 則毫無一助於歐部 到處皆然 徒說奚爲

新幹會之設於海外 非不好也 而恐因之有損於事 莫如先通在內數友 遵其意行之 亦不晩矣 民團及夫人會 非不欲出力相助 而其於衆心 漸至冷淡 不應何

弟今力疲身困 無人在傍相助 孤手難鳴 有計莫展 各處逐日來書皆要求金錢 嗚呼 金錢本非恒河之沙 我從何得來耶 所謂諸般事業因以受損 各該任務者 隨以窮 不能自存 竟致怨聲四起 層節百出事業終不展一籌 人格終不値一戔 勢至於此 盜虛名費歲月 豈不自愧而自悚耶

我非不知歐部關係之重且大也 而察目下情形 終難持久也 空手坐困 兄亦難堪 莫如早一日閉門停務 以俟後日 更圖之之爲愈也

兄或南宮君 可得漸次來此 相助於營業及學院 一以植吾人之根基 一以圖來頭之資本也 處此進退維谷之時 四顧無援 百計沒策各地諸同志之難堪情形 誠不願聞不忍聞也 不得已念及於此 故略陳其槪 望勿提及他耳 惟兄深諒示明 如日之餘 心擾腰痛 姑不盡言 惟祝閤節寧吉

十年 三月 九日 晩弟 頓首

[譯文]

세 통의 편지가 같이 와서 다 잘 보았습니다. 김양수(金良洙)군이 보낸 기사가 연속 민보(民報)에 게재되었다고 하나 제(弟)는 일이 바빠서 한번도 읽어보지 못했습니다. 얼마 전에 최창덕(崔昌德)군을 만나서 내용을 알아보게 했더니 원고의 본 뜻이 어디에 있는지 알 수 없으나 별반 발전된 의견은 없었다고 했습니다. 그러나 김군은 우리의 절대적인 동지인만큼 무슨 의려(疑慮)가 있겠습니까? 우리 동지간에 혹 서로 의심하거나 서로 공박하는 폐단이 있는데, 이는 참으로 우리 측의 큰 약점이며 그 점을 탄식하여 마지 않는 바입니다.

세계대전설(世界大戰說)은 아마도 실제 근거가 있는 말이 아니고 일시의 풍문에 지나지 않을 뿐인 듯하외다. 설사 십년 전과 같은 대전이 일어난다 하더라도 우리에게 무슨 상관이 있겠습니까? 우리는 아직까지 백에서 하나도 준비된 것이 없으니, 비록 천재일시(千載一時)의 기회가 온다 하더라도 결국 도움될 것이 없을 것입니다.

대체로 동지회(同志會)의 취지는 정신적·물질적 준비를 갖추려는 것입니다. 그러나 세월만 허송하고 아직껏 성과를 기대할 수 없으며 뉴욕에서의 운동도 비록 성세(聲勢)를 확장한 바는 있으나 그 실지는 추호도 구미위원부(歐美委員部)에 도움이 되지 못했습니다. 가는 곳마다 모두 그러하니 말만 늘어 놓아봤자 무엇이 되겠습니까?

신간회(新幹會)를 해외에 설치하는 일은 좋지 않은 것은 아니나 혹 그로 인하여 일에 지장을 초래하지나 않을까 염려됩니다. 먼저 국내에 있는 몇 사람에게 통지하여 그들의 뜻에 따라 시행하더라도 늦지 않을 것입니다. 민단(民團)과 부인회(婦人會)에서도 힘을 내어 돕고 싶어 하지만 대중들의 마음이 점차 냉담해져 응하지 않고 있으니 어찌하겠습니까?

제(弟)는 지금 힘은 부치고 몸은 고단한데 누구 하나 곁에서 도와주는 이가 없습니다. 고장난명(孤掌難鳴)과 같은 처지에 뜻이 있다 해도 펼 수가 없습니다. 그리고 각 처에서 날마다 오는 서신은 모두가 돈을 요구합니다. 오호(嗚呼)라 금전이 본래 갠지스강의 모래가 아닐진대 난들 어디에서 얻어 온단 말입니까? 이른바 제반 사업은 이로 인해 지장을 받고 일을 맡은 자는 각기 이로 인해 궁하여져 자기 보존도 못하게 되었습니다. 마침내는 원성이 사방에서 일고 충절이 백출하여 사업은 한 가지의 꾀도 낼 수 없고 인격은 한 푼의 가치도 없게 되었습니다. 사세가 이 지경에 이르렀는데 허명만 띠고 세월을 허비하자니 어찌 스스로 부끄럽고 송구하지 않겠습니까?

내가 구미위원부의 관계가 중차대하다는 것을 모르는 바는 아니나 목하의 정형을 살펴보면 오래 유지하기는 어려울 것 같습니다. 빈 손으로 곤궁을 지키자니 형 역시 난감하겠지요. 하루라도 빨리 문을 닫고 업무를 중단했다가 후일을 기다려 다시 도모하는 것이 좋을 것 같습니다.

형이나 남궁(南宮)군이 차차로 이곳에 와서 영업과 학원 일을 도와준다면 한편 우리들의 기초를 닦고 다른 한편 내두(來頭)의 자본도 도모할 수 있을 것입니다. 이렇듯 진퇴유곡(進退維谷)의 시기에 처하여 사고무원(四顧無援)이요, 백계몰책(百計沒策)이니, 각지에 있는 여러 동지들의 난감한 정상을 듣고 싶지도 않고 차마 듣지도 못하겠습니다. 부득이 생각이 이에 미처 그 대략을 말하게 되었으니, 바라건대 다른 사람에게는 말씀하지 말아 주십시오. 오직 형이 깊이 헤아려 알려 주십시오. 나머지는 마음이 흔들리고 허리도 아파 이만 줄입니다.

합절(閤節)의 평안과 복낙을 빕니다.

10년 3월 9일 만제(晩弟) 돈수(頓首)

17. 李承晚→金鉉九 1928. 3. 22. (16, 31~32)

今此處情形 亦復如是 歐部支存之責 尤爲茫然 莫如姑爲閉門停務 一般緊要文字 付送于此 兄亦來布 與共周旋 以備他日 只可々々

弟決不開戰 尙此對各團 宣言退步 任令自由活動 民團敎會及學院 一並犧牲 許令民衆 從公議斷行 以示我樂與僉同之意 將於日間以此意公式宣言計耳 吾人側 尤有反對者 而我決願左右之 使兩邊人 協意行之 其於統一成功與否 我不願負其責也 學院今難継續 數

日間 不得已公布情形 以閉門停學計耳 時勢所使 不可無如是之擧 大行布哇韓人開放之手腕 使各自由決行 諸分子若能融合爲一則好矣 雖不能及此 我不更任其罪矣

但同志會 原非布哇地方運動 而乃內外吾人共同之擧 則姑不可輕易停止 若在布各團 合而爲一 則我亦犧牲布哇同志會 而歐美及其他地之活動 不在此例也

際此時 若得吾兄或尹君 此在相議 則何幸如之哉 歎之也耳

三月 念 二日 晩弟 頓首

[譯文]

지금은 이곳의 형편도 다시 이와 같으니 구미위원부(歐美委員部)를 존속시킬 책임이 더욱 망연합니다. 우선은 문을 닫고 사무를 중단하는 것만 같지 못하겠습니다. 일반 긴요한 문자는 이곳으로 부쳐보내고 형도 하와이로 와서 함께 주선하면서 후일에 대비하는 것이 좋겠습니다.

제(弟)는 결코 전단(戰端)을 열지는 않겠습니다. 오히려 각 단체에 대하여 퇴보를 선언하고 임의로 자유 활동을 하도록 하였으며, 민단과 교회, 그리고 학원도 아울러 희생하여 민중으로 하여금 공론에 따라 행동하여 우리가 기꺼이 남들과 어울리려 한다는 뜻을 보이도록 하였습니다. 앞으로 불원간에 이러한 뜻을 공식 선언할 계획입니다. 우리 쪽에는 더욱 반대자가 많으나 나는 기어코 우리가 주동이 되어 양쪽 사람으로 하여금 협력하여 나가도록 하겠습니다. 그러나 통일이 성공할지 여부에 대해서 나는 그 책임을 지기를 바라지는 않습니다. 학원도 이제는 계속하기 어려우니 수 일간에 부득이 형편을 공개하고 문을 닫고 수업을 중단할 요량입니다. 시세가 시키는 바이니 이러한 거조가 없을 수 없습니다. 하와이의 한인(韓人)을 개방하는 조치를 크게 행하여 각자 자유로이 결행하도록 하려는 것입니다. 여러 분자가 제발 융합하여 하나가 되었으면 좋겠습니다. 비록 그렇게 되지 않는다 하더라도 나는 다시는 그 죄를 떠맡지는 않으렵니다.

다만 동지회(同志會)는 원래 하와이지방에 국한한 운동이 아니고 우리들 국내외의 공동의 사업인 만큼 아직은 쉽사리 중지할 수 없습니다. 만일 포와에 있는 각 단체가 통합하여 하나가 된다면 나도 하와이의 동지회를 희생하겠습니다. 그러나 구미와 기타 지방의 활동에 있어서는 이 예에 따를 수 없습니다.

이러한 때를 당하여 형이나 윤군(尹君, 윤치영〈尹致暎〉)을 얻어 이곳에서 함께 상의해 나갈 수 있으면 얼마나 다행이겠습니까. 그저 탄식할 뿐입니다.

3월 22일 만제(晩弟) 돈수(頓首)

18. 李承晩→?金鴻機 ?1922. 4. 15. (16, 33)

四月 十五日 答

委員部 新員充數事 方在交涉中이니 今難改論이고 洪友는 當留念이고 民團事 已與申友畧言之矣 不須更贅이며 機關報事는 吾切望其完成 而東西各地分立自存의 態意는 卒難如願이니 須卽合同以後 乃可之云耳

[譯文]

4월 15일 답

구미위원부(歐美委員部)에 새로운 인원을 보충하는 일은 방금 교섭 중이니 지금은 다시 논의하기 어려우나 홍우(洪友)는 유념하겠고, 민단(民團)의 일은 이미 신우(申友)와 대략을 말하였으니 더 말할 것이 없으며, 기관보(機關報)의 일은 나는 그 일을 완수하기를 간절히 바라고 있지만 동서 각지에서 분립하여 자하겠다는 태도는 마침내 소원대로 되기가 어려운 일이니 모름지기 합동이 되어야만 옳다고 여기는 바이다.

19. 李承晩 → 南亨祐(瘦石) ?1921. 4. 18. (16, 34)

敬啓者 卽接晩湖兄函 知桂園兄回申 約於今日上午十時 團會於協平里矣 須伊時光臨 耑此爲祝 台祺

四月 十八日 弟 李承晩

瘦石先生 台鑑

[譯文]

공손히 아뢸 일은 방금 만호(晩湖, 김규식〈金奎植〉) 형의 서신을 받아보고 계원(桂園, 노백린〈盧伯麟〉) 형의 회신으로 인하여 금일 오전 10시에 협평리(協平里)에서 만나기로 약속했음을 알았습니다. 모름지기 그때에 광림하십시오. 이만 줄이고 선생의 행운을 빕니다.

4월 18일 제(弟) 이승만

수석(瘦石, 남형우〈南亨祐〉) 선생 태감(台監)

20. 李承晩 → 盧伯麟 1920. 7. 22. (16, 35～36)

桑港埠頭之別 尙今依然 如見日昨 電示依領 感荷耳

弟抵此後 主持人民和同團結之論 屢々試之 似有可望 幸也

公債票一事 各地人民 協力於大發賣 亦爲欣幸處也

問議事 間與各地同志 再三提論 人多歡迎 而但所乏者 黃金也 黃金不多 大事無以着手 縱得吾兄駕此 而恐難成效 因此之故 未克仰邀 將緩圖以聞計耳 云々

二年 七月 卄二日 雩南 弟 謹上

桂園盧伯麟 仁兄

[譯文]

샌프란시스코 부두에서의 작별이 아직도 눈에 선하여 마치 어제 일 같습니다. 보내주신 전신은 잘 받았고 또한 감사합니다.

제(弟)는 이곳에 온 뒤로 주로 인민의 화합과 단결이라는 주제를 가지고 여러 차례 시험해 보았는데 가망이 있을 것 같아 다행입니다.

공채표(公債票)에 관한 일은 각지의 인민이 대발매(大發賣)에 협력해 주고 있으니 기쁘고 다행한 일입니다.

문의하신 일은 그동안 각지의 동지들과 재삼 논의해 보았습니다. 환영하는 사람들이 많았으나 다만 부족한 것은 돈입니다. 돈이 없으면 큰 일을 착수할 수가 없습니다. 비록 형께서 여기에 오신다 해도 성과를 거두기는 어려울 듯합니다. 그렇기 때문에 청하지 못하고 있습니다. 천천히 도모해 보고서 말씀드릴 생각입니다. 운운(云云).

2년 7월 22일 우남(雩南) 제(弟) 근상(謹上)

계원(桂園) 노백린(盧伯麟) 인형(仁兄)

21. 이승만 → 민영환(閔泳煥) 1905. 8. 9. (16, 37～42)

1234 D St. N. W.
Washington D. C.
Aug. 9th 1905

일젼 보ᄂᆡᆫ 거슨 아직 못 갓슬 터이오며 윤(尹, 윤병구〈尹炳求〉)이 칠월 삼십일일에 이곳에 이르럿ᄂᆞᆫᄃᆡ ᄉᆡᆼ(生)은 그 젼에 미리 졔손(Jaisohn Philip, 서재필〈徐載弼〉)의게 가셔 자고 밤에 의론ᄒᆞ야 엇지ᄒᆞ면 됴흘 쥴을 ᄃᆡ강 질뎡(質定)ᄒᆞᆫ 후 미리 와셔 윤을 기다리다가 오후에 졍거쟝에셔 다리고 와셔 ᄒᆡᆼ장(行裝) 차려 가지고 졔손에게 갓치 간즉 몬져 의론ᄒᆞᆫᄃᆡ로 글을 지어 법학ᄉᆞ의게 보히고 교정ᄒᆞ야 다 졍셔로 ᄇᆡᆨ여노은지라. 대강 다시 의론ᄒᆞᆫ 후 다시 이리로 와셔 례복을 작만ᄒᆞᄆᆡ 맛참 샹항(桑港, 샌프란시스코) 등디에셔 한인들이 금젼 일ᄇᆡᆨ원을 졔게로 거두어 보ᄂᆡ엿기 물건 쟉만ᄒᆞ여 가지고 김윤정(金潤晶)다려 인ᄉᆞ 편지 ᄒᆞᆫ 쟝 ᄒᆞ여 달나 ᄒᆞᆫ즉 잘 안이ᄒᆞ여 쥬기로 곳 ᄯᅥ나셔 뉘유욕을 가니 이곳슨 대통령의 졍ᄌᆞ이 갓갑고 ᄯᅩᄒᆞᆫ ᄶᅩᆫ스(Jones, George H.)가 자긔집에셔 미리 기다리며 찬조ᄒᆞ고져 ᄒᆞᄂᆞᆫ지라. 밤에 들어가셔 의론ᄒᆞ고 그 잇흔날 ᄯᅥ나 오이스터ᄲᅦ이(Oyster Bay)에 가니 하오 여셧시 반이 된지라. 샹등여관을 물어 들어간즉 그 잇흔날은 곳 일아(日俄) 량국 ᄉᆞ신을 졉견ᄒᆞᄂᆞᆫ 날인즉 ᄌᆞ연 분쥬ᄒᆞᆫ지라.

가ᄂᆞᆫᄃᆡ로 즉시 보고져 ᄒᆞ엿스나 례복을 간슈ᄒᆞᆫ 힝쟝이 지톄ᄒᆞ기로 밤 여덜시 후에야 마차를 불너터[타]고 통령의 셔긔 쳐소를 가니 셔긔 Loeb은 츌입ᄒᆞ고 Barns가 잇ᄂᆞᆫ지라. 나와셔 영졉ᄒᆞ기로 들어간즉 발셔 알고 잇ᄂᆞᆫ지라. 명쳡(名帖)을 보히고 미국군대(美國軍大) Taft의 편지를 보힌즉 밧은 후 밧치려 온 글을 보면 ᄉᆞ연을 셜명ᄒᆞ여 통령ᄭᅴ 고ᄒᆞ겟노라 ᄒᆞ기로 보힌즉 ᄃᆡ답이 여관에 가셔 기다리시면 통령ᄭᅴ 말ᄉᆞᆷᄒᆞᆫ 후 오ᄂᆞᆯ밤이나 ᄅᆡ일 아ᄎᆞᆷ에 알게 ᄒᆞ겟노라 ᄒᆞ기로 감ᄉᆞᄒᆞ다 ᄒᆞ고 와셔 기다리더니 잇흔날 아ᄎᆞᆷ 열ᄒᆞᆫ시 져음에 ᄒᆞᆫ 신문샤원이 와셔 말ᄒᆞ되 통령이 이 일을 공관으로 달ᄒᆞ여 오라고 ᄒᆞᆯ듯 ᄒᆞ다ᄂᆞᆫ 말을 들엇노라 ᄒᆞᄂᆞᆫ지라. ᄆᆞ음에 막막ᄒᆞ나 더 기다리더니 뎐화로 부르기 간즉 통령ᄭᅴ셔 ᄌᆞ긔 ᄉᆞ제(私第)로 금일 오후 세 시 반에 오라 ᄒᆞ시니 세 시에 ᄯᅥ나면 됴ᄒᆞᆯ 듯ᄒᆞ다 ᄒᆞ기로 감ᄉᆞᄒᆞ다 ᄒᆞ고 나온즉 각 쳐 신문샤원들은 발셔 알고 질거히 치하ᄒᆞᄂᆞᆫ지라.

원ᄅᆡ 윤이 포와(布哇, 하와이)셔 Taft를 졉견ᄒᆞᆯ ᄯᅢ에 씨가 윤을 종용히 잇글고 은근히 말ᄒᆞᆫ 후 긴ᄒᆞᆫ 편지를 통령ᄭᅴ 쥰지라. 그곳

각 신문샤에셔 ᄉᆞ연을 알고져 ᄒᆞ다가 향일 신문에 말ᄒᆞᆫ 바 이십 년 후에 독립을 회복ᄒᆞ겟다ᄂᆞᆫ 말로 각 쳐에 젼보ᄒᆞ고 ᄌᆞ긔ᄭᅵ리 신문에 ᄂᆡ며 젼파ᄒᆞᆫ지라. 대기 이는 소위 한일협약이라 ᄒᆞᄂᆞᆫ 즁에 한을 보호ᄒᆞᆫ다ᄂᆞᆫ 귀졀이 잇ᄂᆞᆫ 고로 일인이 번역ᄒᆞ기를 보호국이라 ᄒᆞᆫ 고로 각 국이 다 알기를 한은 일의 보호국이 되엿다 ᄒᆞ야 맛나ᄂᆞᆫ 사ᄅᆞᆷ마다 다 이ᄃᆡ로 말ᄒᆞ던 배라. 이번에 이거슬 셜명ᄒᆞ여 이나라 사ᄅᆞᆷ은 다 알기를 한이 독립을 지텡코져 ᄒᆞᄂᆞᆫ 쥴로 알게 되엿스니 한 가지 셩취ᄒᆞᆫ 거시오며 긔왕에 이러케 알던 터인 고로 이십년 후에 독립을 회복ᄒᆞ련다ᄂᆞᆫ 말을 지어ᄂᆡᆫ 거시라. 급기 이 소문이 젼파되ᄆᆡ 젼국이 다 알고 자세ᄒᆞᆫ 소문을 탐지ᄒᆞ려 각 신문샤원이 도쳐에 ᄯᅡ라다니며 뭇ᄂᆞᆫ 거슬 다 ᄃᆡ답 안이ᄒᆞ고 잇다가 급기 오이스터쎄이에 이르ᄂᆞᆫ 날에 다토워 와셔 윤이냐 이냐 ᄒᆞ고 ᄉᆞ연을 물으며 세 쥬일 동안을 이곳셔 고ᄃᆡᄒᆞ엿노라 ᄒᆞᄂᆞᆫ지라. 대강 ᄃᆡ답ᄒᆞᆫ즉 그 시로 동셔남북 각 신문에 젼파되며 다 찬조ᄒᆞ여 말ᄒᆞ기를 우리 ᄇᆡᆨ셩ᄭᅵ리 공번된 원을 인연ᄒᆞ야 왓노라 ᄒᆞᄂᆞᆫ 고로 더욱 찬셩ᄒᆞ고져 ᄒᆞᆷ이라. 각기 의견으로 찬셩ᄒᆞ며 의견을 셜명들 ᄒᆞ다가 급기 통령이 즉시 맛ᄂᆞᆫ다 ᄒᆞᆫ즉 더욱 흥긔ᄒᆞ야 모르ᄂᆞᆫ 이들도 모도 인ᄉᆞᄒᆞ고 권쟝ᄒᆞᄂᆞᆫ지라.

오후 세시에 통령에 집에 이르니 하인이 나와 인도ᄒᆞᄂᆞᆫ지라. 문압헤셔 마차를 나려 문에 종을 울니니 하인이 나와 명쳡을 밧아 들여가더니 이윽고 나와 인도ᄒᆞ여 협실(夾室)로 들어갈세 각 방에셔 기다리ᄂᆞᆫ 손님은 여러힌ᄃᆡ 통령은 다른 방에셔 손님과 담화ᄒᆞ며 손님의 온 차례로 맛져 슈의ᄒᆞ고 보ᄂᆡ며 ᄯᅩ ᄒᆞᆫ편으로 영졉ᄒᆞ여 들여 ᄉᆡ로 오ᄂᆞᆫ 이가 ᄯᅩᄒᆞᆫ 긋치지 안ᄂᆞᆫᄃᆡ 다 문무관 복쟝을 갓초고 공ᄉᆞ의 갓 쓴 이도 잇스니 일인(日人)은 안이오 다 아라ᄉᆞ(俄羅斯) ᄉᆞ신(使臣)들이 분명ᄒᆞ더라.

우리는 부인 방으로 ᄯᅡ로 들어가 안져 기다릴 ᄉᆡ 하인이 나와

젼ᄒᆞᄂᆞᆫ 말이 통령ᄭᅴ셔 방쟝(方將) 아라ᄉᆞ ᄉᆞ신들을 밧으시기에 ᄭᅳᆺ치 나지 못ᄒᆞᆫ 고로 좀 지톄되니 기다리시고 용셔ᄒᆞ시오 ᄒᆞᄂᆞᆫ지라. 관계치 안음을 말ᄒᆞ고 기다릴 ᄉᆡ 문밧게셔는 각 ᄉᆡᆨ 복장ᄒᆞᆫ 무리가 일변 이르며 일변 가더라.

이윽고 하인이 와셔 다른 방으로 인도ᄒᆞ여 가니 이는 몬져 온 손님들이 기다리다가 차례로 보고 몬져 도라갓스ᄆᆡ 부억 잇ᄂᆞᆫ 방이라. 젹은 듯ᄒᆞ야 통령이 구셕방에셔 밧그로 향ᄒᆞ야 밧게셔 기다리ᄂᆞᆫ ᄉᆞ신들다려 잠간 기다리라고 친히 일으고 ᄲᆞᆯ니 거러 우리 잇ᄂᆞᆫ 방으로 들어오며 손을 ᄂᆡ여 밀고 와셔 흔들며 ᄒᆞᄂᆞᆫ 말이 Gentlemen, I am very pleased to receive you. 손님을 뵈옵기 반가워함네다 하ᄂᆞᆫ 말 이 말을 맛치며 엽헤 곳 안즈니 엇지 총망(悤忙)히 구ᄂᆞᆫ지 말ᄒᆞᆯ 결을이 별로 업ᄂᆞᆫ지라. 우리가 머리 숙이고 읍ᄒᆞ니 무릅 압헤 교위를 놋코 안즈라 ᄒᆞᄂᆞᆫ지라. 셋시 마조 안져 윤이 말ᄒᆞ기를 우리는 하와이 우리 인민의 글을 가지고 밧치려 왓노라 ᄒᆞ고 내여 쥰즉 곳 밧아들고 보ᄂᆞᆫ 동안에 우리는 감안히 안졋더니 다 보고 말이 Gentlemen, I want you to understand. 손님들이 내 형편을 알어듯기 바라오 함이라 내가 일아(日俄)를 쳥ᄒᆞ야 평화 의론ᄒᆞ기만 권ᄒᆞᆷ이오 다른 간예ᄂᆞᆫ 못ᄒᆞ겟ᄂᆞᆫᄃᆡ 이 일이 대단 즁대ᄒᆞ여 내가 ᄉᆞ々로히 밧을 슈 업고 ᄉᆞ실인즉 내가 다 보앗스며 손님을 다 맛앗슨즉 나의 권리가 방한(防限) 잇ᄂᆞᆫ 쥴을 알기 바라노라 ᄒᆞᄂᆞᆫ지라. 내 말이 우리가 먼 디방에셔 각하의 공평ᄒᆞᆫ ᄃᆡ졉을 구ᄒᆞ러 왓노라 Square deal이 이 대통령의 뎨일 뎡칙으로 들어난 말 ᄒᆞᆫ즉 웃스며 고ᄀᆡ를 졈치고 ᄡᆞᆨ 그런 쥴을 아노라고 ᄃᆡ답ᄒᆞ기로 내 말이 우리 온 거슨 통령을 권ᄒᆞ야 이 담판에 구타여 간셥ᄒᆞ소셔 ᄒᆞᆷ이 안이오. 다만 언제던지 긔회잇ᄂᆞᆫᄃᆡ로 한미약됴(韓美約條)를 인연ᄒᆞ여 불상ᄒᆞᆫ 나라의 위ᄐᆡᄒᆞᆷ을 건져쥬기 바람이로라 ᄒᆞᆫ즉 공관을 아ᄂᆞ냐 ᄒᆞᄂᆞᆫ지라 이는 졍령 공관에셔의 부훈칙을 인연ᄒᆞ야 져희(沮戲)ᄒᆞᆫ 말이 잇셧ᄂᆞᆫ 듯 ᄒᆞᆸ데다 우리 ᄃᆡ답이 공관에셔도

다 아는 배라. 다만 이 일을 우리 빅셩끼리 전국 관민의 뜻슬 밧아 힝홈인 고로 공관에셔 간셥홈이 긴요치 안을 쥴로 알앗노이다 훈즉 디답이 청국셔도 Protest(반디호는 말)를 공관으로 보닉엿슨즉 이것도 맛당히 그러할 거시라 호고 즁대한 스건이라고 직삼 말호기로 우리가 공관으로 보닉여 보겟다고 말호고 일어셧는디 그간 다른 말은 별 뜻 업고 다 이러호며 곳 도라나온즉 즁간에 각 신보샤원들이 모혀 뭇기로 대강 셜명훈즉 다 잘된 쥴로 넉이며 각 신문에 잘들 말호엿스니 여긔끼지는 이만치 다힝이 업는지라 뜻밧게 지나갓스며

당초 윤이 건너올 쒸에 소문이 굉쟝훈즉 일스(日使)가 미외대(美外大)를 보고 윤이라 호는 한인이 온다 호니 무숨 공문이 잇고 오누냐 물은즉 외대의 답이 나도 신문에만 보앗지 모르노라 훈즉 무숨 통긔(通寄)가 이 정부에 미리 잇셧누냐 훈지라. 외디 답이 업셧노라 호여 그 말이 신문에 낫스니 지금 통령이 알아 교셥을 붓치려는 자리에 스스 편지를 밧어가지고는 무숨 말을 홀 슈 업고 만일 공관으로 오면 밧아 넘겨 쥬고 쏘훈 자긔의 원호는 뜻슬 표호여 말호고져 호는 뜻슬 은근히 우리게 보혓스며 신문에 난 말을 볼진디 통령의 싱각이 한미약됴로 인연호야 좀 돕는 거조가 잇셔야 홀 터이니 공관으로만 오면 호겟다고 호엿단 말을 신문샤원들이 탐지호여 넨지라. 이 나라 민졍이 대단 달으며 우리 공관에셔 의례히 보닐 거시라 호며 속히 와슁톤으로 가기를 권호더라. 그 시로 늬우욕에 와셔 쳘로를 타고 밤을 도아 아참에 와슁톤에 이르러 본즉 각 신문에 모도 나고 발셔 와슁톤에 왓다고 낫스니 이는 지금 우리나라 형편에 안져 몃 천원 몃 만원을 각 신문에 쥬어가면셔도 이러케 될 슈 업는 일이라. 초목짓흔 무리라도 흥긔 나는 무음이 업지 못홀러라.

즉시 공관에 가셔 김윤졍에게 그 글을 보히고 쏘훈 각 신문에

난 말을 보힌즉 져도 얼골빗치 변ᄒᆞ며 엇지 말ᄒᆞᆯ지를 모르ᄂᆞᆫ지라. 내 말이 이 일을 우리가 긔왕 의론ᄒᆞ던 바이오 ᄯᅩ 그ᄃᆡ가 긔왕 날다려 말ᄒᆞ기를 내가 신ᄐᆡ무(申泰茂)의 자리를 가지면 목이 ᄯᅥ러져도 ᄒᆞ겟다고 ᄒᆞ엿더니 지금 하ᄂᆞ님이 대한을 도오시노라고 ᄯᅳᆺᄃᆡ로 되엿고 ᄯᅩᄒᆞᆫ 이거시 그ᄃᆡ 알기에도 곳 셩의와 합ᄒᆞ며 민졍이 이러ᄒᆞ며 ᄯᅩᄒᆞᆫ 우리 졍부 졔공들도 다 원ᄒᆞᄂᆞᆫ 바이라. 이 글 가온ᄃᆡ 조금도 어ᄃᆡ 거리ᄭᅵᆯ 말이 업스며 ᄯᅩᄒᆞᆫ 대통령이 ᄒᆞ라 ᄒᆞᄂᆞᆫ 거시니 이는 다만 우리 말만 들을 거시 안이라 신문에 여일히 들어난 배요. ᄯᅩᄒᆞᆫ 이 쳥원 밧치ᄂᆞᆫ ᄇᆡᆨ셩이 본국에 잇ᄂᆞᆫ 재안이오 미국안에 잇ᄂᆞᆫ 쟈들이라. 미국에 잇ᄂᆞᆫ 한국 공ᄉᆞ가 미국에 잇ᄂᆞᆫ 한국 ᄇᆡᆨ셩들의 쳥원을 안이들을 슈 업고 ᄯᅩᄒᆞᆫ 이 일이 셜령 권리 밧게 일이라 ᄒᆞ여도 미국 군부대신이 샹관업ᄂᆞᆫ ᄉᆞᄅᆞᆷ이로되 통령의게 편지ᄶ지 ᄒᆞ여 쥬ᄂᆞᆫᄃᆡ 한국 신민되여셔 엇지 이ᄶᆡ 월급이나 벼ᄉᆞᆯ을 도라볼 슈 잇ᄂᆞᆫ냐 ᄒᆞ며 별 말 다ᄒᆞ고 길〻이 ᄯᅱ며 달ᄂᆡ고 을너도 종시 ᄒᆞᄂᆞᆫ 슈 업고 아조 쥭이라 ᄒᆞ며 계집이 나와셔 무슈 발악ᄒᆞᄆᆡ 발셔 신문에 나기를 한국 공ᄉᆞ가 시힝치 안ᄂᆞᆫ다 ᄒᆞᄂᆞᆫ지라.

나의 분ᄒᆞᆫ ᄆᆞᄋᆞᆷ으로는 각 신문샤원을 쳥ᄒᆞ야 공관에 들녀안치고 일쟝 연셜ᄒᆞᆫ 후 공관을 파쇄(破碎)ᄒᆞ며 년놈을 ᄇᆡ를 갈나 우리 대한 ᄇᆡᆨ셩의 츙분(忠憤)ᄒᆞᆫ ᄆᆞᄋᆞᆷ을 셰샹에 들어ᄂᆡ고져 ᄒᆞ여 옴쥭〻〻ᄒᆞ다가 여러히 말니며 더 보아셔 ᄒᆞ자ᄒᆞ기로 간신히 참기에 과연 어려운 지경을 당ᄒᆞ엿ᄂᆞᆫᄃᆡ 지금은 당초에 공관에 우리를 들이지 안이ᄒᆞ니 파쇄 거조ᄒᆞ기 젼에는 다른 슈 업고 Needham과 다른 몃〻 친구의게 만지쟝셔를 ᄒᆞ여 보ᄂᆡ엿스나 모도 분ᄒᆞ게는 넉이되 김가〻 필경 졍부 훈칙이 잇셔 못ᄒᆞᆫ다 ᄒᆞ면 ᄂᆞᆷ이 무ᄉᆞᆷ 말을 하오릿가. 오호 통ᄶᅵ라. 이러케 망ᄒᆞᄂᆞᆫ 나라도 잇소.

님군과 신하와 ᄇᆡᆨ셩이 다 ᄒᆞ고 십허도 못ᄒᆞ고 안즌 거슬 우리

이 ᄇᆡᆨ셩들이 사탕슈〻밧혜 농ᄉᆞᄒᆞ여셔 먹고ᄉᆞᄂᆞᆫ 돈을 ᄉᆞ오ᄇᆡᆨ원식 모아 외국 관민이 일례로 찬조ᄒᆞ여 이만치 만들어 노은 일인 바 우리나라 독립을 보젼ᄒᆞ쟈ᄂᆞᆫ 일인ᄃᆡ 소위 공ᄉᆞ는 독립 업셔지기를 원ᄒᆞᄂᆞᆫ 일이오닛가. 통령의 말이 청국도 ᄒᆡᆼᄒᆞᆫ 일이니 ᄒᆞ라 ᄒᆞᄂᆞᆫ 거슬 세상에다 낫타ᄂᆡ엿는ᄃᆡ 엇지ᄒᆞ여 정부에셔 말닌다 ᄒᆞ겟소. 이 일 ᄒᆞᄂᆞᆫ ᄇᆡᆨ셩이 비록 역젹이나 강도라도 이 일에 아모 말 업고 아모 뜻 업고 나라 보젼ᄒᆞ자 ᄒᆞᄂᆞᆫ 뜻시면 일본이나 아라ᄉᆞ 놈 안이고는 다 도울 배어날 함울며 이 놈이 엇지ᄒᆞ여 독립보젼ᄒᆞᆫ다ᄂᆞᆫ 일에 이러틋 원슈로 넉입ᄂᆡᄭᆞ. 실로 우리나라의 원슈는 일인이나 아인(俄人)이 안이오 실로 월급에 팔녀다니ᄂᆞᆫ 놈들이 우리의 데일 원슈라 ᄒᆞᆸ네다. 이는 우리의 말이 안이오 이 나라 사ᄅᆞᆷ들이 ᄊᆞᆼ을 치며 ᄒᆞᄂᆞᆫ 말이고 ᄯᅩ한 놈들의 말이 이러ᄒᆞᆷ으로 너의 나라는 일본이 와서 ᄆᆞᆷᄃᆡ로 ᄒᆞ여야 ᄎᆞᆷ 복이라 ᄒᆞᆸ네다. 김가를 시각으로 갈거나 소환이라도 식일 슈 업스면 내가 물고 뜻기라도 ᄒᆞᆯ 터이며 긔가 올으면 눈에 보히ᄂᆞᆫ 거시 업소이다.

22. 李承晩→?朴相夏 ?1920. (16, 43)

再

第此處 必有能通英文英語 又有相當資格者 專力於外交及宣傳等事 此甚緊切 望須與金鴻機・鄭台源・李春湖諸君相議 卽與伴行 來此若何 此地諸友 已有議決 而苦無其人 奈何〻〻

[譯文]

재차(再次)

다만 이곳에는 반드시 영문과 영어에 능통한 사람이 있어야 하겠고, 또 상당한 자격을 갖춘 사람이 외교와 선전 등의 일에 전력해야 하겠는데, 이는 매우 긴절한 일입니다. 바라건대 김홍기(金鴻機)・

정태원(鄭台源) · 이춘호(李春湖) 군들과 상의하여 즉시 동행하여 이곳으로 오는 것이 어떻겠습니까? 이곳의 여러 친구들과는 이미 의결이 되었으나 진실로 그럴 만한 사람이 없으니 어찌하겠습니까?

23. 李承晩 → 朴容萬 1921. 1. 8. (16, 44)

又醒 賢弟 親展

自我抵滬 地近人遐之感 無時暫懈 屢託裵君 替伸此區々願見之懷 並囑李友喜儆 見君力陳微衷 望愛弟勿視爲平凡焉

顧我兩人平昔之情誼 固何如哉 同胞之屬望於吾兩人者 又復何如哉 而況內地國民 推託吾人以重任也 則曷不欲携手並進 極盡誠忠 庶慰衆人之厚望 並遂平素之至意哉 一若分別門戶 各樹旗幟 竟成兩不相能之勢 則於國於身 無裨益矣

切望賢弟特加三思 得與一次面歡 君若有意來此 卽當得呈旅資以便往返 見書之日 冀卽示惠焉 順頌旅安

民國 三年 一月 八日 雩南 愚兄 謹

[譯文]

우성(又醒) 현제(賢弟) 친전(親展)

내가 상해에 도착하면서부터 땅은 가까워졌으나 사람은 멀어졌다는 느낌을 잠시도 잊어본 적이 없었네. 그러기에 누차 배군(裵君, 배병헌〈裵炳憲〉)에게 부탁하여 이 구구(區區)히 보고 싶은 마음을 대신 전하게 하였고, 아울러 이우 희경(李友喜儆)에게 부탁하여 군을 만나면 나의 미충(微衷)을 힘써 여쭈게 하였다네. 바라건대 애제(愛弟)는 평범히 여기지 말게나.

생각건대 우리 두 사람의 옛날 정의(情誼)는 사실 어떠했으며 동포들이 우리 두 사람에게서 기대했던 바는 또 어떠했던가. 하물며 내지의 국민들이 우리 두 사람에게 무거운 소임을 맡겨 주었으니, 어찌 손을 잡고 함께 나아가 충성을 극히 다하여 중인들의 두터운 소망에 보답하고 평소의 지극한 뜻을 이루지 않을 수 있겠는가? 그러나 만일 한번 문호를 달리 하고 각각 따로 기치를 세워 마침내 둘이 서로 화합할 수 없는 형세를 이룬다면 국가에나 일신으로나 도움됨이 없을 것일세.

간절히 바라건대 현제는 특별히 여러 번 생각을 더하여 한번 만나보세나. 군이 만일 이곳에 올 의향이 있다면 즉시 여비를 마련하여 왕래에 편의를 보아주겠네. 이 서신을 보는 즉시 답장을 바라네. 덧붙여 여안(旅安)을 비네.

민국 3년 1월 8일 우남(雩南) 우형(愚兄) 근(謹)

24. 李承晩→?朴贊翊 1927. 6. 12. (16, 46~47)

日聞東報 風塵漸迫江蘇 切爲在滬諸友願聞之懷 無時或弛 卽者拜承大函 恰慰紆菀

挽近 統一說 無處不起 必有多少之效果 而深察吾人之心理 尙恐未備也 東省三團聯結 誠喜報之最喜報也 莫非吾兄勞悴奮鬪之效成 何勝道哉

安朴兩人 與弟握手之說 誠是無據 不須長提 弟與彼 縱無纖芥之睚眦 而弟不無爲公之心 奚肯與共進退哉

至於弟所以菀々久居於此 實非慾借棲一枝之安 果係無前 請試思之 弟若東渡 與中俄兩領同胞 共甘苦 則依歸何所 吾人尙無完成組織 惟互相疑忌之 阻撓之 弟以空手 投入其中 無從藉手 將未免進退維谷矣 且弟若離此 則美布吾人之事業 將未免某派之壞破乃已矣 以弟孤立無援 一籌莫施 有何裨益於事哉 所以久蟄於太洋孤島中 惟望吾人組織完成 則行止任自 隨機爲之也

年前布僑之收送若干金額于上海者 非私力私團所能及 乃因衆心以漢城係統要親之耳 然而近年來 所謂係統 已歸烏有 則僑布吾人更不欲與問 皆曰美布吾人 專力於外交宣傳等事 以俟滬局之頓定云々 事勢如此 弟雖欲爲遠東同志之後援 而末由遂誠 諒恕切仰々々

爲祝旅中萬衛

九年 六月 十二日 雩弟 頓首

[譯文]

일간에 동방의 소식을 듣건대 풍파가 점점 강소성(江蘇省)을 핍박하고 있다 하니 상해에 있는 여러분들에 대한 궁금한 생각이 그칠 사이가 없습니다. 그러던 차에 마침 대함(大函)을 받고 보니 족히 답답하고 얽힌 마음에 위안이 됩니다.

근래에 통일설(統一說)이 일어나지 않는 곳이 없으니 틀림없이 다소의 효과는 있을 것입니다. 그러나 우리들의 심리를 깊이 살펴보면 아직도 미비한 점이 있는 듯합니다. 동삼성(東三省)의 세 단체가 연합한다는 일은 참으로 기쁜 소식 중에서도 가장 기쁜 소식입니다. 모두가 형께서 노력하고 분투하신 결과인 만큼 그 고마움을 어찌 다 말하오리까?

안・박(安朴, 안창호〈安昌浩〉, 박용만〈朴容萬〉) 양인과 제(弟)가 손을 잡았다는 말은 참으로 근거없는 것이니 길게 말씀드릴 것이 없습니다. 제는 저들과 털끝 만큼의 원한도 없으나 제에게도 공(公)을 위하는 마음이 없지 않은데 어찌 그들과 더불어 진퇴를 같이 하려 하겠습니까?

제가 답답하리만치 이곳에 오래 머무르는 까닭에 대하여는 실로 생활의 안정을 누리려는 것이 아니니 과연 앞뒤가 맞지 않는 말이라 하겠습니다. 청컨대 한번 생각해 보십시오. 제가 만일 동쪽으로 건너가서 중국과 아령(俄領) 두 지역의 동포들과 고락을 함께 한다면 의지하고 돌아갈 곳이 어디에 있겠습니까? 우리들은 아직도 조직을 완성하지 못한 채 다만 서로 시기하고 방해하고만 있습니다. 그런데 제가 빈 손으로 그 속에 들어가서 손쓸 곳조차 없게 되면 장차 진퇴유곡(進退維谷)을 면치 못하게 될 것입니다. 또 제가 만일 이곳을 떠난다면 미주와 하와이에서의 우리들의 사업은 앞으로 모파(某派)가 파괴하고 말 것입니다. 제가 고립무원(孤立無援)하여 한 계책도 써보지 못한다면 일에 무슨 도움이 있겠습니까? 그렇기 때문에 태평양 속의 외딴 섬 속에 오래 칩거하면서 오직 우리들의 조직이 완성되면 행동을 자유로이 하여 사기(事機)에 따라 움직이고 싶을 뿐인 것입니다.

연전에 하와이 교포가 약간의 돈을 거두어 상해에 보낸 것은 개인의 힘이나 사사로운 단체에서 능히 할 수 있는 일이 아니고 대중의 마음이 한성(漢城)의 계통을 중하고 친하게 여겼기 때문입니다. 그런데 근래에 이른바 한성의 계통은 이미 온데 간데가 없이 되고 말았습니다. 그래서 하와이에 있는 우리들은 다시는 참견하지 않으려 하며, 모두 말하기를 "미주와 하와이에 있는 우리들은 외교와 선전 등의 일에 전력하면서 상해 정국이 정돈되기를 기다리자. 운운" 합니다. 사세가 이러하니 제가 비록 원동(遠東)에 있는 동지를 후원하고 싶다한들 성의를 다할 길이 없습니다. 헤아리시고 용서하시기를 간절히 바랍니다.

객중(客中)에 만중(萬重)하시기를 빕니다.

9년 6월 20일 우남제(雩南弟) 돈수(頓首)

25. 李承晚→?白 純 1922. 4. 28. (16, 48)

四年 四月 念八日 答

閱月巡歷各地 今纔歸來定棲云々

今日吾人之到處最難解者 金錢問題也 而苟非人和 縱有巨款 適足以爲吾人自戕之資 若人心合一 則金錢亦自其中出矣 故曰吾人

最先務者 在人和而已

弟渡布時 幸得夫人會歡心 援助於先生所報之軍務 約爲之源々送金若干矣 而厥后遠東來信 互相矛盾 莫衷一是 加之以所送金額竟爲中間消耗已盡 旅館事 亦係無據云々 該會聞此 不肯更送金錢弟亦無以力勸 竟置不問也

韓國事 非韓人之血 無以成功 是獨立之精神也 吾人自相流血則反爲害於獨立 何如則並全韓以對外敵耶

在閣諸公之苦衷 弟非不諒解 而彼反對者之經營 在於破壞 且委員部數員 亦不願送金于上海 弟獨堅執力辨 並欲團會 美布人心以維持爲最要策耳

[譯文]

4년 4월 28일 답(答)

몇 달 동안 각지를 순력하고 이제야 돌아와서 거처를 정했습니다. 오늘날 우리들이 도처에서 가장 해결하기 어려운 것은 금전문제입니다. 그러나 진실로 인화(人和)를 못이룬다면 비록 거금이 있다 하더라도 이는 우리들 스스로를 해치는 바탕이 되기에 알맞습니다. 사람들의 마음이 하나로 합친다면 돈이란 그 속에서 생기기 마련입니다. 그러므로 우리들이 가장 먼저 힘쓸 일은 오직 인화에 있을 뿐이라고 말할 수 있습니다.

제(弟)가 하와이로 건너왔을 때 다행히 부인회(夫人會)의 환심(歡心)을 얻었기에 선생께서 알려온 군무(軍務)에 원조를 하였고 계속해서 약간씩 돈을 보내겠다고 약속을 한 것입니다. 그 뒤에 원동에서 들려오는 소식은 서로 모순이 되어 어느 것이 옳은 일인지 짐작하기가 어려웠습니다. 게다가 그 동안 보낸 돈도 필경에는 중간에서 소진되어 버렸으며 여관(旅館)의 일도 근거가 없다고 합니다. 부인회에서는 이말들을 듣고는 다시는 돈을 부치려 하지 않았고, 제(弟) 역시 더는 권할 수 없어 결국은 그만두어 버린 것입니다.

한국의 일은 한국 사람의 피가 아니고서는 성공할 수 없습니다. 이것이 바로 독립정신(獨立精神)인 것입니다. 우리들이 서로간에 피를 흘리는 것은 도리어 독립에 해가 됩니다. 어떻게 하면 모든 한국인을 아울러서 외적에게 대항하게 할 수 있을까요?

내각에 계신 제공(諸公)의 고충을 제가 이해 못하는 것은 아니나 저들 반대자들이 노리는 것은 파괴에 있습니다. 또 위원부(委員部)의 몇몇 사람도 상해로 돈을 보내는 것을 원치 않고 있습니다. 나 혼자 굳게 고집하여 역설하고 아울러 단결을 도모하고 있는 처지입니다. 미국과 하와이의 인심을 유지하는 것이 가장 중요한 계책입니다.

26. 李承晩 → 孫秉熙 1920. 9. 18. (16, 49)

我 民族의 自由와 民國의 獨立을 爲ᄒᆞ야 盡忠盡誠ᄒᆞ심은 二千萬衆이 誰不銘肺感泣이오릿가.

元年 三月 以後로 世論이 大變ᄒᆞ야 我韓에 對ᄒᆞᆫ 同情이 逐漸增長ᄒᆞᆷ으로 今에 英美國人이 各其 國內에셔 我 獨立을 爲ᄒᆞ야 行ᄒᆞᄂᆞᆫ 運動이 多ᄒᆞ외다. 敵의 對外形勢는 去益孤危ᄒᆞᄂᆞ이 此 千載一時의 會를 當ᄒᆞ야 吾人은 完全히 成功ᄒᆞᄂᆞᆫ 最後 一刻ᄶᆞ지 有進無退ᄒᆞᆯ ᄯᆞ름이외다.

此時에 閣下는 益加自護ᄒᆞ시와 光復大事에 携手並進키를 晨夕暗禱ᄒᆞᄂᆞ이다. 臨風寄語에 惟望入照也 敬上.

民國 二年 九月 十八日 弟 李承晩㊞ 暫寓布哇 謹

孫先生 秉熙 親鑒

27. 李承晩→孫貞道 1920. 2. 28. (16, 50~52)

孫貞道 氏에게

貳年 正月 二十二日 尊函은 詳悉感荷오며 政府의 各 項事가 着々 進行되다 ᄒᆞ심은 聞甚喜幸이외다. 示中 數件에 對ᄒᆞ야 仰答코져 ᄒᆞ오니 一은 弟의 東渡ᄒᆞᆯ 事이오 一은 美洲 僑民 統轄이외다.

東渡事는 弟도 慇懃히 周旋ᄒᆞ여 보앗ᄉᆞ오며 飛也似渡去ᄒᆞ야 貴處 諸公으로 面會 決議코져 ᄒᆞᆫ지 已久이나 旅券 一事가 甚難ᄒᆞᆫ지라. 弟의 本名으로 旅券을 圖得키 難ᄒᆞᆯ 뿐 不啻라, 得ᄒᆞ여도 日領의 署印을 得ᄒᆞ여야 ᄒᆞᆫ다 ᄒᆞ니 此는 吾人의 所願이 안이고 假名으로 得ᄒᆞᆫ다 ᄒᆞᆯ진ᄃᆡ 此는 美國의 法律을 犯ᄒᆞᆷ이라. 所謂 大統領으로 他國의 犯法者로 行世ᄒᆞ야 日後에도 其 損害를 難免이기로 周旋之方을 求ᄒᆞᄂᆞᆫ 바이외다.

兼ᄒᆞ야 內地 同胞의 所望 所願은 在外ᄒᆞᆫ 吾人이 或은 外交로 或은 軍事上 準備로 同聲 響應ᄒᆞ기를 苦待ᄒᆞᄂᆞᆫ 바이라. 此를 不爲ᄒᆞ고 他國人 租界內에셔 크게 政府 名義로 行号施令이나 ᄒᆞ고 안졋스면 大事에 有濟ᄒᆞᆯ지 未知라. 彼此의 優劣이 別無ᄒᆞᆯ지니 旣爲閣員 諸公과 議政院 諸位가 凡事를 圓滿히 處判ᄒᆞ시ᄂᆞᆫ 바에 如弟者는 此處에셔 隨時 通信으로 內外 應從ᄒᆞ야 行ᄒᆞ다가 好機會가 有ᄒᆞᆯ 時에 一時並進ᄒᆞᆷ이 上策으로 認ᄒᆞᄂᆞ이다. 然ᄒᆞ나 今日이라도 周旋만 圓滿히 될 슈 잇스면 곳 東渡ᄒᆞ려 ᄒᆞᄂᆞ이다.

美洲 僑民 管轄이니

此 問題에 對ᄒᆞ야는 吾兄이 誤解ᄒᆞ신 듯ᄒᆞ외다. 兄이 遠東에 在ᄒᆞ야 美洲事를 主張ᄒᆞ시려면 到底히 不能ᄒᆞᆫ 事이오. 弟가 此處에셔 遠東事를 直接 治轄ᄒᆞ려면 亦 不能ᄒᆞᆫ 事勢이기로 遠東事는 總理의 委託ᄒᆞ엿스며 美洲事는 弟에게 委任ᄒᆞ시라 ᄒᆞᆫ 거시외다.

弟는 直接으로 僑民을 管轄ᄒᆞ려 홈이 안이오 委員部를 設立ᄒᆞ야 政府의 代表 資格으로 主張케 홈이니 此는 卽 各國이 其 公使를 派送ᄒᆞ야 政府를 代表ᄒᆞᆫ 資格으로 行ᄒᆞ게 홈이니 此가 卽 各國의 通例오 ᄯᅩᄒᆞᆫ 國事의 最便宜ᄒᆞᆫ 方法이외다.

歐美의 外交事가 大妨害를 受ᄒᆞᆫ 거슨 上海셔 所謂 政府頭領이라ᄂᆞᆫ 者는 便同 度外人으로 視之ᄒᆞ야 公債票를 發行ᄒᆞ라고 從由[縱臾]ᄒᆞ고 一邊으로 國民會를 聯絡ᄒᆞ야 此를 沮戲ᄒᆞ다가 更히 公債票를 勿施ᄒᆞ라 ᄒᆞ며 國民會가 政府代表라 自稱ᄒᆞ야 凡事를 主管ᄒᆞᆫ다 ᄒᆞ여 甚至於 布哇(하와이)에 風波를 起ᄒᆞ야 各國 新聞에 聽聞이 駭然ᄒᆞᆯ ᄲᅮᆫ더러 美國務省에 電告ᄭᅡ지 來ᄒᆞ엿다고 採探ᄒᆞ기에 至ᄒᆞᆫ즉 國事에 大害요 財政이 不入ᄒᆞ야 外交도 廢止ᄒᆞᆯ 境遇에 處ᄒᆞ엿소이다.

若 中央總會가 終與之 布哇人民을 强制로 壓迫ᄒᆞ야 財政을 委員部로는 보ᄂᆡ지 말고 中會로 보ᄂᆡ게 ᄒᆞ고져 ᄒᆞᆯ진ᄃᆡ 이 風波가 何境에 至ᄒᆞᆯ 거슬 豫料키 難ᄒᆞ외다. 然ᄒᆞ나 外交事는 幾個 野心者들의 紛爭이나 黨派關係를 因ᄒᆞ야 廢止ᄒᆞᆯ 슈 업스니 弟는 어ᄃᆡᄭᅡ지던지 此를 継續ᄒᆞ기에 何如ᄒᆞᆫ 方法이던지 必要ᄒᆞᆫᄃᆡ로 行[ᄒᆞᆯ] ᄲᅮᆫ이외다.

布哇도 勿論이고 美洲로만 論ᄒᆞᆯ지라도 多數人이 公正ᄒᆞᆫ 主義로 所謂 大統領의 말과 委員部의 行ᄒᆞᄂᆞᆫ 바를 服從ᄒᆞ려 ᄒᆞᄂᆞ니 萬若 桑港(샌프란시스코) 諸人의 報道만 推信ᄒᆞ시고 一向 如是히 行ᄒᆞ시면 美洲內에셔도 人心이 激動되여 衝突이 層生ᄒᆞᄂᆞᆫ 날에는 弟의 意見이 可ᄒᆞ던 쥴로 아시오리다. 時短座擾ᄒᆞ야 惟此謹謝ᄒᆞ오며 吾兄道體 受恩多福ᄒᆞ심을 祝ᄒᆞᄂᆞ이다.

民國 二年 二月 二十八日 雩南 弟 頓首

28. 李承晩 → 申圭植(檉) 1919. 12. 30. (16, 53)

申檉 The Portland

歲暮天寒 客愁尤切於他時也 吾兄愼節 近更何如耶 貴處諸位先生之勤勞國事 在內同胞之爲國盡忠 雖此遠外 晨夕不能忘也

來月旬望間 似見美上下議院 爲我韓通過議案 此亦承認之一大進步也

民國 元年 十二月 三十日 晩弟 拜

第聞上海 近有我政府改造改選等說云 若果 則誠萬々不可也 弟決不欲以權位等名 問有所爭辨者也 而當初執政官總裁云者 卽大統領同稱也 又有何改造等之爲裁 夾楮俯覽可悉 卽望吾兄以此意堅執不許 俾免貽害於大事 謹上

[譯文]

신정(申檉) The Portland

한 해가 저물어가고 날씨는 차가우니 나그네의 시름이 다른 때보다 더욱 간절하구려.

오형(吾兄)의 병환은 요사이 어떠하십니까? 그곳 여러 선생들께서 국사에 수고하시고 내지의 동포들이 나라를 위하여 충성을 하고 계시니 비록 멀리 해외에 있으나 조석으로 잊을 수가 없습니다.

다음달 열흘에서 보름 사이에 미국 상하 의원에서 우리 한국을 위하여 의안을 통과시켜 줄듯 합니다. 이 역시 승인받는 데에 또 하나의 큰 진전이라 하겠습니다.

민국 원년 12월 30일 만 제(晩弟) 배

다만 듣건대 상해에서는 요사이 우리 정부를 개조(改造) 또는 개선(改選)하자는 등의 논의가 있다 합니다. 만일 이 말이 사실이라면 참으로 만만 불가한 일입니다. 제(弟)는 결코 권세나 지위 등의 일로 이 판국에 다투어 논쟁하고 싶은 생각은 없습니다. 다만 당초에 집정관총재(執政官總裁)라 말한 것은 바로 대통령과 똑같은 호칭입니다. 또 무슨 개조 등을 한다는 말입니까? 동봉한 쪽지를 보시면 잘 아시게 될 것입니다. 바라건대 형께서는 이러한 의지를 굳게 가지시고 허락하지 마시어 큰 일에 폐해를 끼치는 일이 없도록 하시기 바랍니다. 삼가 올립니다.

29. 李承晚 → 申圭植(睨觀) 1921. 7. 6. (16, 54~63)

睨觀(申圭植) 仁兄 閣下

明日에 船便이 有ᄒᆞ다 ᄒᆞ기로 緊急事件을 爲先 錄呈ᄒᆞ노이다.

去五月 二十七日 夜半에 컬럼비아船에 上ᄒᆞ야 明曉에 發行ᄒᆞ야 六月 四日에 呂宋(루손)에 達ᄒᆞ야 上海에 電報ᄒᆞ엿으며 十五日에 그릐닛스테船을 乘ᄒᆞ고 三十一日 早朝에 湖港(호놀룰루)에 下陸ᄒᆞ엿는대 船中에셔 書字를 豫備ᄒᆞ엿다가 登陸ᄒᆞ는ᄃᆡ로 滄南(張鵬)兄에게 付送ᄒᆞᆫ 것이 呂宋과 湖港에 各 一次인대 다 入照된지 願聞이외다.

現今 金錢 困況은 各 國人이 다 同然한지라. 此로 因ᄒᆞ야 各事業이 다 困難을 當ᄒᆞ는 中 布哇(하와이)僑民團이 成立된 後로 組織體은 變更이되 人心이 姑未定ᄒᆞ야 前 國民會와 其所謂 中立者들과 反對派들리 互相 觀望ᄒᆞ는 中에셔 더욱 財政이 不入ᄒᆞ며 兼ᄒᆞ야 旣往에 國民會長으로 委員部의 布哇都視察로 定ᄒᆞ고 各地方에 地方委員을 選定ᄒᆞ야 公債金을 收捧케 ᄒᆞ엿는ᄃᆡ 內務部令으로 僑民團을 設立ᄒᆞᆫ 後로 此에 對ᄒᆞ야 如何을[ᄒᆞᆫ] 措處도 無ᄒᆞ고 公債金 募集에도 便同 主張無人인 모양이며 前日에 所謂

反對라 中立이라 ᄒᆞ던 者들은 國民會人들이 ᄂᆡ던 財政으로 自己들이 일ᄒᆞ고져 ᄒᆞ며 國民會人들은 言ᄒᆞ되 既往에 合同인 바에는 彼等도 金錢을 ᄂᆡ여야 된다 ᄒᆞ야 如是히 相持ᄒᆞᄂᆞᆫ 中에셔 收入이 零星ᄒᆞ매 今年 正月 以後로 委員部에 付送ᄒᆞᆫ 金이 都無ᄒᆞ다 ᄒᆞᄂᆞᆫ 지라.

況 上海와 華城(워싱턴)에셔 布哇 僑民을 管轄ᄒᆞ려면 令出多門에 人民이 向背를 莫知할지라. 故로 前日에 面議ᄒᆞᆫ 바와 如히 美布墨(미주·하와이·멕시코)을 總히 委員部로 達ᄒᆞ야 治理케 ᄒᆞᆷ이 可ᄒᆞᆫ지라. 急히 此에 對ᄒᆞᆫ 公文를 政府에셔 發佈ᄒᆞ야 內外 人民을 知悉케 ᄒᆞ여야 되겟스니 大統領의 敎令으로던지 內部總長 訓諭로던지 速히 公佈ᄒᆞ시오.

來布哇後 各地 代表人等으로 政府擁護策의 必要를 說明ᄒᆞᄆᆡ 一心 應從ᄒᆞ야 同志會를 組織ᄒᆞ기로 贊許ᄒᆞ엿ᄂᆞᆫ대 政府를 破壞ᄒᆞ려는 者들과 아조 分立ᄒᆞ야 奮勵 制禦ᄒᆞ기를 決心ᄒᆞ고 遠東 各處에셔도 爲此ᄒᆞᆫ 團體들과 聯絡ᄒᆞ기를 願ᄒᆞᄂᆞ니다.

政府現狀維持費에 對ᄒᆞ야는 布哇에셔 젹어도 正[一]萬元은 每年에 擔當ᄒᆞ기로 作定이고 政府 擁護할 忠心이 더욱 奮發ᄒᆞ니 此를 善爲勸奬ᄒᆞ기를 務ᄒᆞ여야 될지라.

軍政署의 名으로 政府 擁護ᄒᆞ는 主旨를 明白히 聲明ᄒᆞ야 文字를 發送ᄒᆞ면 救濟도 尤爲容易ᄒᆞ겟고 政府統一策에도 有助할지니 隱溪(백순〈白純〉)先生과 相議ᄒᆞ시와 速히 發文케 ᄒᆞ시오. 此處 小數人이 文字를 發行ᄒᆞ야 無據之說로 宣傳ᄒᆞ기를 朴容萬이 軍政署를 主張이며 軍政署는 政府를 反對라 함으로 人心이 炫亂함이외다.

向者에 國務院에 送한 바 大統領函이라ᄂᆞᆫ 글을 印刷 公佈ᄒᆞ신다던니 엿[엇]지 되엿는지 速히 發刊ᄒᆞ야 內外에 分傳ᄒᆞ는 것이 似好耳라.

向者에 弟가 去滬할 시에 布哇夫人救濟會에셔 金貨 五百元을 弟에게로 付送한 것을 晩時不及ᄒᆞ야 推尋치 못ᄒᆞ엿음으로 更이 五百元을 鳩聚ᄒᆞ야 夫人會에셔 合一千元을 張鵬兄ᄭᅴ로 電送ᄒᆞ엿으니 隱溪先生ᄭᅴ로 ᄒᆞ야 軍政署에 送ᄒᆞ시오. 夫人會에셔는 一心으로 募集ᄒᆞ야 收入되는대로 連續히 交送할 터이나 但 軍政署에셔 對政府狀態의 如何함을 不知ᄒᆞ야 多少間 疑点이 不無ᄒᆞ오니 以上所陳과 如히 文字를 發行케 ᄒᆞ시오.

僑民團에셔는 政府로 美貨 三百元을 日昨에 付送ᄒᆞ엿다 ᄒᆞ며 美洲 던유바地方에셔 美貨 七百五十元을 委員部로 達ᄒᆞ야 財務總長의 名으로 送納ᄒᆞ엿다 ᄒᆞ며 此處에셔도 另力周施ᄒᆞ는 中이외다. 金錢이 收入되는대로 多少間 即時 領收證을 보닉며 諭意를 表示ᄒᆞ시고 勸奬될 만한 事實를 擧ᄒᆞ야 種々 文字라도 通知ᄒᆞ여야 되오리다.

上海에셔 大統領 모르게 發行한 公債票事에 對ᄒᆞ야 其間에 幾何를 發行인지 모르나 ᄒᆞ엿고 幾何가 餘存ᄒᆞᆫ 것을 昭詳 報告ᄒᆞ라 ᄒᆞ야 從速히 錄送ᄒᆞ심을 務望이며 政府預[豫]算額으로도 幾何가 收入되엿ᄂᆞᆫ듸 何處에셔 何名目으로 收入된 것과 何條로 支撥ᄒᆞᆫ 것을 種々 錄示ᄒᆞ시오. 公佈는 아니할지라도 詳知ᄒᆞ여야 事務上 障碍가 無ᄒᆞᆫ 法이외다.

所謂 委任統治問題에 對ᄒᆞ야는 攻擊이 ᄉᆡᆼ긴 後로 區々히 辨明하는 狀態를 보히기 不肯이며 彼輩와 不欲與之較長短ᄒᆞ야 置之度外ᄒᆞ고 지닉으며 此 問題가 發生된 後 鄭漢[翰]景君이 即時 公佈ᄒᆞ야 自己의 主論임을 說明ᄒᆞ엿다 ᄒᆞ는 것을 弟가 答ᄒᆞ되 我도 署名ᄒᆞ엿으니 共功同罪의 責이 不無한지라, 不須論辨이라 ᄒᆞ엿으나 其實인즉 弟도 病中에셔 其 文字를 見ᄒᆞ고 署名ᄒᆞᆫ 것 ᄲᅮᆫ이고 他 關係는 不知ᄒᆞ는 바라. 今에 鄭君의 書를 見한즉 此 言論이 弟가 渡美ᄒᆞ기 前에 發生되야 鄭君의 電報로 桑港(샌프란시스코)國

民會 中央總會의 同意를 得ᄒᆞ야 가지고 前後之次 公文를 送ᄒᆞ엿다ᄂᆞᆫᄃᆡ 弟는 一九一九年 正月 十五日에 自布抵美ᄒᆞ엿으니 其 文字를 較計ᄒᆞ건대 弟가 華城에 到達키 前에 된 것이고 弟는 二月 二十五日에 署名한 文字밧게 他 文字는 不知이며 桑港에셔도 此事를 得聞치 못ᄒᆞᆫ지라. 鄭君의 書를 玆에 並送ᄒᆞ오니 詳覽ᄒᆞ시오. 向日 島山(安昌浩)의 所論과는 差異가 有ᄒᆞ외다.

玄楯은 華京(워싱턴)에셔 近 五千元을 攬用ᄒᆞ엿다ᄂᆞᆫ대 不得已ᄒᆞ야 布哇로 渡來함은 金錢을 圖得ᄒᆞᆯ 수 잇슬가 바람이라. 然이나 此處에셔 玄을 金錢으로 助給할 者 無ᄒᆞ며 但 撫摩ᄒᆞ야 此處에셔 教會 事務나 보고 잇게 할가 ᄒᆞ야 委員部에셔 發送ᄒᆞᆫ 바 玄의 討罪文을 公佈치 안코 도로혀 玄을 歡迎ᄒᆞ엿다ᄂᆞᆫ대 玄이 初次에는 自過를 聲言ᄒᆞ고 從此로 謹愼做去ᄒᆞ기를 說明ᄒᆞᆷ으로 弟의 抵布ᄒᆞ기를 姑俟ᄒᆞ더니 彼 反對者들의 言을 甘聽ᄒᆞ고 大統領 聲討文을 發刊 分傳ᄒᆞᆫ지라. 人心이 大激忿되여 危險ᄒᆞᆫ 境遇에 至ᄒᆞ엿다ᄂᆞᆫ대 弟가 抵湖ᄒᆞ야 避身 潛跡ᄒᆞ고 잇ᄂᆞᆫ 玄을 四方으로 探問ᄒᆞ야 招來ᄒᆞ여다가 婉辭로 解喩ᄒᆞ고 更히 合同參事ᄒᆞ라 ᄒᆞ엿으나 彼輩들의 嗾囑으로 其 範圍를 脫免키 難ᄒᆞ게 된지라. 其同謀 黃君 某은 玄을 符同ᄒᆞ야 政府를 反對한다는 理由로 僑民團에셔 其所帶職任를 罷免ᄒᆞ엿고 玄은 何處에 隱伏한지 未知라 ᄒᆞ며 徐載弼博士는 自己와 反對되ᄂᆞᆫ 者를 布哇셔 厚待 斗護ᄒᆞᆫ다고 섭々히 넉이ᄂᆞᆫ 意를 說明한지라. 反對者들의 聲勢를 助長ᄒᆞᄂᆞᆫ 이보다 撫摩ᄒᆞ야 國事에 損害가 적게 ᄒᆞ자는 것은 思惟치 못ᄒᆞᆷ이니 此를 解喩ᄒᆞ려 ᄒᆞᄂᆞ니다.

徐載弼氏는 自己의 宣傳事와 月報事務를 歐美委員部에 管報을 不受ᄒᆞ고 獨立性質로 세우며 委員部는 第二오 月報가 最要이니 每年에 美貨 正萬六千元을 美布韓人들리 直接으로 捐助ᄒᆞ여 쥬어야 ᄒᆞ겟다 ᄒᆞ고 임의 計畫을 聲明한지라. 弟에게와 閔兄에게

送書ᄒᆞ야 每名 一年 四元式 捐助할 人員 四千名을 어더달나 ᄒᆞ니 聞者 皆 鼻笑ᄒᆞ는지라. 政府도 勿論이고 委員도 不顧이며 徐氏의 事務만 爲ᄒᆞ야 捐金ᄒᆞ라 不然이면 都不干涉ᄒᆞ겟다 함은 果然 誤計라. 弟는 善爲解慰ᄒᆞ겟스나 每年에 一萬六千元을 捐給ᄒᆞ야 自由事業으로 ᄒᆞ게 아니ᄒᆞ면 獨立運動에 都不干涉이라 ᄒᆞ면 此는 莫可奈何외다.

內地에 頻數히 通信ᄒᆞ시오. 內地消息을 種々 得聞ᄒᆞ시는대로 錄送ᄒᆞ야 意見과 情形을 詳知케 ᄒᆞ시오.

時間이 促急ᄒᆞ야 各幅 못ᄒᆞ니 國務院 諸公과 輪覽ᄒᆞ시며 我政府의 統一策을 佈告ᄒᆞ야 使內外地 人民으로 合同케 ᄒᆞ시오. 美布는 普通 人心이 同一ᄒᆞ외다.

三年 七月 十六日 雩南 弟 謹

追 錄

貴處에셔 宣傳事業에 有用할 만한 可合人이 有ᄒᆞ야 上海에 前往 服役코져 ᄒᆞ는 其家族이 此에 在홈으로 每朔 若干金을 得ᄒᆞ야 付送ᄒᆞ여야 生活ᄒᆞ겟고 自己도 月給 名目으로 定算이 有ᄒᆞ여야 되겟다 ᄒᆞ니 此亦事實이라. 相議ᄒᆞ신 後 示明ᄒᆞ시오.

以上 書函을 玆에 同封

所謂 委任統治에 對ᄒᆞᆫ 鄭漢[翰]景君의 公牘과 鄭君의 說明書며 其繹文

玄楯의 事에 因ᄒᆞ야 委員部에셔와 顧問이 美國務省에 送ᄒᆞᆫ 書와 其繹文

玄楯의 辭任書와 此에 對ᄒᆞᆫ 顧問의 報告 及 其繹文

玄의 辭免에 對ᄒᆞ야는 顧問으로 ᄒᆞ여금 請願이 無效라고 答送ᄒᆞ라 ᄒᆞ엿소.

30. 李承晩 → 申圭植(晲觀) 1921. 9. 30. (16, 65~66)

Shin Kiusic

晲觀(申圭植) 仁兄 鑒

日昨에 電報ᄒᆞᆫ 바와 如히 前 美國 上議員 타머쓰 C. S. Thomas氏를 法律顧問으로 充差되얏ᄂᆞᆫ대 此ᄂᆞᆫ 吾人의 一大幸事로 認ᄒᆞ옵이다.

氏ᄂᆞᆫ 윌슨의 政黨으로 昨年ᄭᅡ지 코로래도洲를 代表ᄒᆞ야 上議院에 在ᄒᆞ엿스며 年前에 윌슨大統領이 德國에 對ᄒᆞ야 宣戰ᄒᆞ기를 靳止할 時에 民主黨[?共和黨] Republican Party가 攻擊ᄒᆞ되 德人이 Belgium國의 獨立權을 無視ᄒᆞ고 肆行占據ᄒᆞ되 美政府에셔 救援치 안히 ᄒᆞ니 義理가 안히라 ᄒᆞᄂᆞᆫ지라. 타마쓰氏가 自己政黨 Democratic Party를 保護ᄒᆞ야 答ᄒᆞ되 年前에 루스벨트 Republican 領首로 大統領으로 在할 時에 日人이 韓國獨立權을 蔑視ᄒᆞ고 侵犯ᄒᆞᄂᆞᆫ 것을 何故로 反抗치 못ᄒᆞ얏나냐 ᄒᆞ고 其時에 韓國 情形을 다 내여 公布ᄒᆞ라 ᄒᆞ고 國務院에 請要ᄒᆞ야 公文을 特別히 國會錄에 号外로 發行 傳播ᄒᆞ던 人이라. 自己의 政黨關係로 如是히 함이나 韓國事에 本來 冷淡치 안헛고 ᄯᅩᄒᆞᆫ 再昨年에 美上議院에셔 아일랜드問題를 提出ᄒᆞ야 聲援ᄒᆞ자 할 時에 타마쓰氏가 韓國事도 同一히 對遇ᄒᆞ자고 動議ᄒᆞᆫ지라. 此도 亦 政黨關係로 行ᄒᆞᆷ이니 特別 我韓을 爲ᄒᆞᆷ은 안히나 우리의 親友이오 同情者라 할지라.

現今 大統領과도 情誼가 協好ᄒᆞ며 美代表中 라지 · 우룻 兩人과 莫逆이며 國務卿 휴씨와도 親ᄒᆞ고 ᄯᅩᄒᆞᆫ 前 國務卿으로 잇다가 今番 中國大使의 顧問인 랜싱과 切親ᄒᆞ며 且 美大使團中 언더웃氏ᄂᆞᆫ 八年前에 共和黨이 大統領 后[候]補者로 薦望에 入ᄒᆞ엿던 人이라. 타마쓰氏가 極히 友好ᄒᆞᄂᆞᆫ 바라. 此人이 我國事를

代表케 됨이 甚幸이외다.

再昨日에 토마쓰氏가 언더웃과 從容 相論ᄒᆞ엿ᄂᆞᆫ대 韓國問題를 美代表團에게 提出ᄒᆞ야 韓國代表로 說明權을 得ᄒᆞ게 ᄒᆞ기로 內定이니 大會席에셔 엇디 될 것은 姑難豫度이나 美大使[表]團에 說明權은 得ᄒᆞ엿나니 此가 爲先 大幸이외다.

今에 韓國代表에게 參加權을 달라고 請求ᄒᆞᄂᆞᆫ 文字를 送할야 ᄂᆞᆫ대 當初에ᄂᆞᆫ 我 代表團의 名으로 送ᄒᆞ려 ᄒᆞ엿스나 언더웃氏의 勸告를 依ᄒᆞ야 타마쓰와 ᄯᅩ푸 兩人의 名으로 送할야 ᄒᆞᄂᆞ니 此ᄂᆞᆫ 外交上 体面을 보자ᄂᆞᆫ 主意외다.

以上과 如히 爲先 初計는 充分히 進ᄒᆞ엿ᄂᆞᆫ대 此를 因ᄒᆞ여 가지고 宣傳을 大々的으로 着手ᄒᆞ여야 되겟스나 此가 다 金錢問題이외다. 目今에 家屋 ᄒᆞ나도 貰ᄂᆡ지 못ᄒᆞ고 잇스니 此ᄂᆞᆫ 金錢所致라. 空手空拳으로 大事를 當ᄒᆞ야 莫知何爲외다.

以上 通信은 姑勿通知ᄒᆞ시오. 아직 公布ᄒᆞ지 말자고 決定이외다.

惟此謹上.

民國 三年 九月 三十日 雩南 弟 謹

政府에도 財政 難堪의 情況을 一時 不忘이나 當場 事勢가 切迫ᄒᆞᆫ즉 措手莫及이외다. 內地에도 上海 形便을 通知ᄒᆞ엿스나 敵警의 端束이 水洩不通의 勢를 成ᄒᆞ엿다 ᄒᆞ니 亦茫然耳.

31. 李承晚 → 申翼熙 1921. 8. 4. (16, 67~68)

再 海公(申翼熙)에게 고
政府에 送ᄒᆞᄂᆞᆫ 函

徐載弼 博士의 兩函을 譯送ᄒᆞ니 國務會席에 浪[朗]讀ᄒᆞ던지 或 個人間 同志에게 轉覽ᄒᆞ던지 ᄒᆞᆫ 後 付炳[丙]ᄒᆞ시오.

前書에 已陳ᄒᆞᆫ 바와 如히 內地에셔 財[政]을 幾十萬元 圖得ᄒᆞ

여야 如是히 莫大흔 機會를 坐失치 안켓소이다.

徐氏로 代表를 擇任흐던지 委員部와 協同흐야 凡事를 周旋흐게 흐던지 皆未爲不可이며 但 財政이 有흔 後에야 生意이고 不然이면 束手無策이겟소이다. 布哇셔 今에 極力 周旋을 흐나 事力不逮흐는 거슨 無可奈何이니 內地에 專囑흐야 派人成事케 흐시오.

徐氏를 代表로 任命흐는 거슨 上海셔 흐시려는지 弟로 흐여금 西式에 合흐게 政府 名義로 흐라는지 此는 願흐시는디로 從速히 通知흐야 晩不及時之歎이 無흐게 흐시오.

徐氏의 要흐는 바는 政府에서 自己에게 委任흐야 法律師 僱聘흐는 權을 달나 흐나 此는 委員部와 統領과 協議 決定흐라는 거시 似好耳.

上海셔도 此 機會에 代表 二三人이 渡來흐는 거시 甚好흐겟는디 財政을 變通흐는디로 妥定흐시며 此도 速히 決定되는 거시 可흐외다.

李喜儆이 法京(프랑스 파리)에 가셔 病臥라고 金錢을 付送흐라고 電報가 來흐엿스나 此를 엇지홀 지 未知외다. 李君으로 美京大會에나 往參흐라 흐는 거시 何如홀넌지오.

十月 十五日에 各國 新聞代表會를 本港에셔 開흐는디 此가 甚히 緊重흔지라. 徐載弼·鄭漢[翰]景 兩人을 派送흐야 來參케 흐려 흐나 徐氏는 未可必이고 鄭君은 可能흐외다.

遠東에셔도 此 新聞會에 個人으로라도 來參홀 人員이 有흐거던 卽時 準備흐시오.

此處에셔 外國으로 送흐는 電信은 十字식이 안이오 十五字식을 一字로 計算흔다 흐니 貴處에셔 十五字식 흐여 보시오.

向日에 上海電을 接흐고 此處에셔 金貨 二百五十元을 보닌 거시 도로 回來흔 고로 今에 合흐야 三百元을 晛觀(申圭植)兄의 名으

로 郵付ᄒᆞ니 推尋ᄒᆞ야 政府에 充用ᄒᆞ던지 俱樂部나 或 他 運動費로 用ᄒᆞ던지 公議ᄃᆡ로 ᄒᆞ시며 領証은 閔牧師瓚[燦]鎬게로 ᄒᆞ시오. 此는 此處 同志會所送이외다.

彼 所謂 獨立團과 更히 風波가 起ᄒᆞ야 甚히 不美ᄒᆞᆷ니다. 無慮케 되기를 望ᄒᆞᄂᆞᆫ 즁이며 民心은 크게 激昻되엿소이다.

八月 四日 雩弟(雩南弟) 謹

32. 李承晩 → 申翼熙(海公) 1921. 12. 19. (16, 69)

海公(申翼熙) 愛兄

十一月 二十四日 函 及 貽送ᄒᆞ신 公民請願文은 數日前에 接承이며 請願文은 隨機緊用ᄒᆞ도록 ᄒᆞ려 ᄒᆞ니 全秉薰君과 其他 發起諸友에게 謝悃을 代佈ᄒᆞ여 쥬시오.

金晉鏞이 廣州로셔 中韓協會의 公佈書類를 送來ᄒᆞ엿기 亦依願分送ᄒᆞ려 ᄒᆞ며 最緊ᄒᆞᆫ 文字는 內地에셔 列名請願ᄒᆞᆫ 거시라. 此에 對ᄒᆞᆫ 說明은 晛觀(신규식〈申圭植〉)書 並付ᄒᆞ리니 輪覽ᄒᆞ시며 但 守密이 爲要의다.

現下 委員部와 內定ᄒᆞ려ᄂᆞᆫ 거ᄉᆞᆫ 此處에 費用을 輕減ᄒᆞ야 每朔美貨 正[一]千元을 政府로 送ᄒᆞ려 ᄒᆞ니 大會 經費로 所負條만淸帳ᄒᆞ고[며]는 漸次 就緖될 터이외다. 委員部 豫算表는 日間 修整 付送計耳. 弟는 眼疾로 入院 治療타가 近日은 差可ᄒᆞ외다. 謹祝新禧.

三年 十二月 二十九日 弟 雩南 謹

33. 李承晩 → 申衡浩(天兒) 1922. 11. 13. (16, 78~80)

Rhee, Syngman 11-13-22.

天兒(申衡浩) 仁兄 升

昨에 上海電을 接ᄒᆞᆫ즉 經費를 送ᄒᆞ라고 督促ᄒᆞ엿스니 今에 更히 組閣ᄒᆞ엿다ᄂᆞᆫ 자리에 頓不顧見홈이 道理도 안이고 衆心을 撫摩ᄒᆞ기에도 難ᄒᆞ리니 多數ᄒᆞᆫ 金額은 못ᄒᆞᆯ지라도 數三百元이라도 得送ᄒᆞᄂᆞᆫ 거시 塞責은 되리니 幾百元間 電付ᄒᆞᄂᆞᆫ 거시 可ᄒᆞ겟소. 昨年 三一節에 다뉴바서 募集ᄒᆞᆫ 條가 尙在委部ᄒᆞ니 此는 當報之款이라. 卽時 付送ᄒᆞ야 該處 諸人의 藉口之端을 免케 ᄒᆞ시오. 此意로 今에 電報ᄒᆞ니 到卽行焉ᄒᆞ시오.

華府(워싱턴)를 離ᄒᆞᆫ 後 委員部 財政報單을 一次도 接見치 못ᄒᆞ엿스니 何故인지 甚히 悶沓ᄒᆞ오.

委員部 維持策은 甚히 茫然ᄒᆞᆫᄃᆡ 美洲에셔 收入額이 幾何에 至ᄒᆞᄂᆞᆫ지 未知이나 布哇만 專恃ᄒᆞ고 坐待ᄒᆞ다가ᄂᆞᆫ 狼狽를 當ᄒᆞ리니 深諒處之焉ᄒᆞ시오.

某 分子가 今에 委員部와 合同을 運動ᄒᆞᆫ다니 此를 極히 愼之ᄒᆞ시오. 此等說로 開端ᄒᆞ여 가지고 將次 各國人界에 吾人의 分爭ᄒᆞᄂᆞᆫ 形色을 表示ᄒᆞ려ᄂᆞᆫ 結果에 不過ᄒᆞᆯ 거시오. 彼의 目的인즉 獨掌ᄒᆞ던지 破壞ᄒᆞ던지 ᄒᆞ자ᄂᆞᆫᄃᆡ 在ᄒᆞ니 彼가 專局을 獨管ᄒᆞ게 되기ᄭᅡ지는 百方으로 阻戲ᄒᆞᆯ 거시 燎若觀火ᄒᆞᆫ지라. 今에라도 果然 合同코져 ᄒᆞ면 國民의 義務를 行ᄒᆞ야 誠意로 合ᄒᆞ고져 ᄒᆞᄂᆞᆫ 證據를 表ᄒᆞ여야 된다 ᄒᆞ고 拒絶ᄒᆞ시오.

此處 經濟形便은 去益切迫ᄒᆞ야 金永琦君이 文字로 督促ᄒᆞ다 못ᄒᆞ야 日前에 하와이를 向ᄒᆞ엿ᄂᆞᆫᄃᆡ 委員部와 民團事를 專爲홈인ᄃᆡ 臨發에 現存이 幾何인지 華府로 送ᄒᆞ라 ᄒᆞ엿스나 都無ᄒᆞ다 ᄒᆞ니 奈何오.

事勢至此에 雜誌 經費로 每朔 二三十元外에는 無奈何이며 此도 雜誌가 前一二号와 同히 나고는 亦難이기로 他兄에게 書示ᄒᆞ엿소.

我의 寄宿이 沒策이니 委員部에셔 每朔 一百元만 得送ᄒᆞ여야 되겟소.

四年 十一月 十三日 晩 頓首

34. 李承晩 → 申衡浩(天兒) 1923. 2. 18.

附 : 敬告海外各團體書(1923. 1) (16, 81~82)

Rhee, Syngman. 2-18-23.

天兒兄 覽 夾書 想必由內地來到貴所 而尙爲未果付送一字耳

其間困苦 何以堪過耶 切々爲慮 金永琦友 纔於再昨 左右借貸 乃貳百元付送耳 此胎送文 詳覽可悉 而繹以英文 示돌乎 且以國文繹出 分傳各地 如何々々 甚爲緊切耳

五年 二月 十八日 晩生 謹

敬告海外各團體書

己未革命 倐屆五禩 積尸爲山 功遲一簣 滿目禾黍之悲 痛心父兄之讐 吾等縄縲餘生 欲晋未晋 望府院於天涯 愧周粟之尙口 夙慕諸公 數十年來 秉公仗義 奮不顧身 先祖國之仇 而後私怨 排物欲之邪 而復天良 夫復天良者 能復國 排物欲者 能排敵 肆我閭巷父老 中夜焚香 禱厥成功 獄中枯骨 白日昇臺 瞑目就死 奈之何 風傳怪詫 日耳不祥 曰地方分幟 曰黑河屠殘 曰公款橫收 曰集黨鬪私 此直亡國之事 而非光復之人也 噫 果有匪人在外 典同胞而分贓 藉光復而圖私者乎 不炊之突 無烟自生 三傳之虎 無人不懼 吾等屢遭浩劫 灰心孔多 任是非於自外 無偏私於其間 本不欲關之 然爲民族事 故不忍不關 雖不欲道之 爲國家事 故不敢不道 謹佈赤衷 敬有進者

一曰 痛除地方畛域

二曰 非法不義之徒 嚴査懲判

三曰 解散私團 依條理合力進行

四曰 扶護旣成政府 不宜妄事自搖

使此四者 實現於外 則萬死不怕 當竭力擁戴之 如反之 則在內二千萬 非諸公所敢問者 顒望諸公 勤悔補過 毋使我等合流 幷汚寸心 隔海書不戩意

大韓民國 五年 一月 日

李商在 崔南善

吳世昌 韓龍雲 等啓

朴泳孝 姜 邁

海外韓人各團體 輪照

[譯文]

Rhee, Syngman. 2-18-23.

천아(天兒, 신형호〈申衡浩〉) 형 보시오. 쪽지는 필시 내지에서 그 곳으로 보내온 것일 터인데 아직까지 한 통의 서신도 보내지 못하였소

그 동안 고통스러움을 어떻게 감내하였습니까? 절절(切切)히 걱정이 되었습니다. 김영기우(金永琦友)에게는 엊그제에야 이리저리 빌려서 2백원을 부쳐 보냈습니다. 여기에 동봉하여 보낸 글을 상세히 살펴보시고 영문으로 번역하여 돌푸(Dolph, Fred A.)씨에게 보이고 또 국문으로 번역하여 각 지로 나누어 전달하는 것이 어떻겠습니까? 매우 긴절한 일입니다.

5년 2월 18일 만생(晩生) 근(謹)

경고해외각단체서(해외의 각 단체에 경고〈敬告〉하는 글)

기미혁명(3·1 운동)이 어느덧 다섯 해가 되었습니다. 시체는 산같이

쌓였으나 공(功)은 한 삼태기의 흙으로 어그러졌으니, (『書經』, 爲山九仞功虧一簣. 산을 높이 만들더라도 한 삼태기의 흙이 모자라면 헛된 수고에 그침) 눈에 가득한 것은 망국의 슬픔이요 가슴을 메이는 것은 부형(父兄)의 원한입니다. 우리들 사슬에 얽매인 잔생(殘生)들은 나아가고 싶어도 나아가지 못하고 하늘 끝에서 부원(府院, 행정부와 입법원)을 바라보며 부끄럽게도 주속(周粟, 주나라 곡식)을 아직까지 먹고 있습니다.

그러나 일찍부터 여러분들은 수 십년래로 공심(公心)을 지키고 정의에 의지하여 분연히 자신을 돌보지 않으며, 조국의 복수를 앞에 하고 사원(私怨)을 뒤로 하며, 물욕의 사념(邪念)을 배제하고 천심(天心)을 회복하여 왔습니다.

무릇 천심을 회복하는 사람이라야 능히 나라를 회복할 수 있고 물욕을 배제하는 자라야 능히 적을 물리칠 수 있는 것입니다. 이에 우리 여항(閭巷)의 부로(父老)들은 한밤중에 향불을 피우며 성공하기를 빌었고 옥중(獄中)의 고골(枯骨)들은 대낮에 단두대에 올라 눈을 감고 죽음의 길로 나갔던 것입니다.

그런데 어찌하여 풍문에는 괴이한 말만 나돌아 보고 듣기에 상서롭지 못하기만 합니까? 이를테면 각기 지방으로 분열되었다느니 흑하(黑河)에서 학살을 하였다느니 공금을 횡령했다느니 집단적으로 사투(私鬪)를 벌렸다느니 하는데, 이는 바로 나라를 망치는 일로서 광복을 바라는 사람의 짓이 아닌 것입니다.

아! 참으로 못된 사람이 해외에 있으면서 동포를 저당잡히고 장물을 나누어 먹으며 광복을 빙자하고 사리를 도모하는 자가 있단 말입니까? 아니 땐 굴뚝에서 연기날 리가 없으며 시장에 호랑이가 나왔다고 세 번 외치면 모두가 사실로 믿어서 놀라고 두려워하지 않을 사람이 없습니다.

우리들은 여러 차례 크나 큰 난리를 만난 터라서 마음이 벌써 타버렸습니다. 따라서 시비를 분외(分外)에 맡기고 그 사이에 편사(偏私)됨이 없는지라 본래 관여하지 않으려 하였습니다. 그러나 민족을 위한 일이기 때문에 관여하지 않을 수 없고, 말하지 않으려 해도 국가를 위한 일이기 때문에 말하지 않을 수 없어 삼가 적심(赤心)을 펴고 말씀드리는 것입니다.

1. 지방별로 분열하는 것을 통렬히 배제할 것
2. 비법(非法)·불의(不義)의 무리를 엄히 조사하여 처벌할 것
3. 사적인 단체를 해산시키고 합리적으로 힘을 모아 추진할 것
4. 이미 성립된 정부를 부호(扶護)하고 쓸데 없는 일로 동요하지 말 것

이 네 가지를 밖에서 실현한다면 만번 죽어도 두렵지 않을 것이니 의당 힘을 다하여 옹호하고 떠받들 것입니다. 만일 이에 반한다면 내지에 있는 2천만은 여러분이 참견할 바가 못될 것입니다. 크게 바라거니와 여러분은 부지런히 뉘우치고 허물을 고쳐 우리들로 하여금 거기에 합류하게 하고 아울러 촌심(寸心)을 더럽히지 않게 하기를 바라는 바입니다.

바다가 가로막혀 글월에 뜻을 다 담을 수 없습니다.

대한민국 5년 1월 일

이상재(李商在) 최남선(崔南善)
오세창(吳世昌) 한용운(韓龍雲)
박영효(朴泳孝) 강 매(姜 邁) 등은 아룁니다.

해외 한인 각 단체 윤조(海外韓人各團體 輪照)

35. 李承晚→申衡浩(天阿) 1923. 2. 26. (16, 83~87)

Rhee, S. 2-26-23.

天阿(申衡浩) 愛兄 回照

二月 六日函은 昨晚에 來ᄒᆞ야 詳悉이외다. 兄我間에 何等 說話나 文字가 來往ᄒᆞ던지 決코 是非나 曲直를 辨論ᄒᆞ려 홈이 안

이오. 或 彼此間에 誤解가 有홀가 慮ᄒᆞ야 直接으로 明確히 說罷코져 홈이니 此意를 勿忘ᄒᆞ시오.

向者에 李昌奎에게 送ᄒᆞᆫ 名函은 我에게 直接으로 送ᄒᆞᆫ 바와 無異ᄒᆞ니 待人論評홈으로 知홈은 안이나 書中所論 各事가 出於誤解기로 卽時 逐條說明ᄒᆞ야 解惑코져 ᄒᆞ다가 更思之ᄒᆞ고 後日面討未晩이라 ᄒᆞ엿소이다.

今에 來函中 所言으로 論ᄒᆞ여도 亦 誤會가 有ᄒᆞ외다. 너의들이 부즈런히 일ᄒᆞ야 돈을 거더드리면 몰으되 불연이면 나는 모른다 ᄒᆞ니 이거시 감정을 일희키ᄂᆞᆫ 말솜이 안임닛가 ᄒᆞᆫ 말은 亦 弟의 本意가 안이외다. 平凡히 論ᄒᆞ면 職任을 授ᄒᆞᆫ 자이 職任을 受ᄒᆞᆫ 자에게 切迫ᄒᆞᆫ 時를 當ᄒᆞ야 走馬加鞭으로 勸喩홈이니 感情說로 視홀 바도 안이오. 又는 誰某를 勿論ᄒᆞ고 韓人들의 責任心이 薄弱ᄒᆞ야 在我之道를 各盡홀 心은 無ᄒᆞ고 輒曰 此가 某個人 或 某團體의 事業이니 事業主가 依例히 經費를 支供ᄒᆞ리라ᄂᆞᆫ 覺性으로 坐待ᄒᆞᄂᆞ니 布哇(하와이)에 經歷으로도 昭然ᄒᆞᆫ지라. 華府(워싱턴)에 諸友가 此處에셔 收入될 金額을 待ᄒᆞ고 잇스면 장차 失敗ᄒᆞ겟기로 直說無諱ᄒᆞᆫ 거시라. 엇지 感情不平談이리요.

此處 財政困難을 思ᄒᆞ시고 督促지 안이ᄒᆞ엿다 홈은 布哇 各事業에 對ᄒᆞᆫ 厚意이나 從今以後로는 徐々 督促이 有ᄒᆞ여야 ᄒᆞ겟스니 形便을 들어 民團으로 送書ᄒᆞ시오. 不然이면 我가 此處 學校만 知ᄒᆞ고 民團은 不知라. 敎會만 重ᄒᆞ고 政府는 不爲ᄒᆞᆫ다 華府만 重ᄒᆞ고 上海는 輕ᄒᆞ다 布哇만 緊ᄒᆞ고 韓人評論을 不顧라 ᄒᆞᄂᆞᆫ 此等說이 內外에 流行ᄒᆞᄂᆞᆫ딕 痴聾瘖啞와 如히 在ᄒᆞᆫ 此漢은 感想이 無홀가. 盖 吾人의 最重 最要히 知ᄒᆞᄂᆞᆫ 바는 委員部인딕 學校와 敎會와 民團을 다 廢止ᄒᆞ고라도 委員部에 財政만 送ᄒᆞ자 ᄒᆞ면 可홀 듯ᄒᆞ나 此等 各種 事業에 一이라도 停止되면 其 金錢이 委員部나 他事業에 收入되ᄂᆞᆫ 거시 안이오. 卽時 彼 反對者 等

이 該事를 着手ᄒᆞ여 金錢을 督刷ᄒᆞ리니 此 所謂 網蟹俱失이라. 將以何物로 委員部를 支供耶아. 故로 更爲破産之境에 至ᄒᆞᆫ 以上 諸業을 拯救ᄒᆞ노라고 布哇 同胞는 平生之力을 盡ᄒᆞ야 僅히 支度ᄒᆞ나 前道가 尙茫然耳.

今에 兄은 我가 華府로 來ᄒᆞ기를 待ᄒᆞ야 辭退ᄒᆞ련다ᄂᆞᆫ 意를 表示ᄒᆞ시니 此는 平日 所望과 大不相同ᄒᆞ외다. 此艱虞之時를 當ᄒᆞ야 弟의 信賴ᄒᆞᄂᆞᆫ 兄 一人이 更히 退去라 ᄒᆞ면 我는 誰與共之리요. 從速히 渡美ᄒᆞ야 다만 幾個人이라도 同志를 綜合ᄒᆞ야 委員部를 鞏固ᄒᆞ려ᄂᆞᆫ 計畫이니 吾兄은 退去退來 等說로 亂我心曲ᄒᆞ지 마시오.

今番 內地敬告書를 各處에 多數히 宣傳ᄒᆞ시오.

美以美敎會에셔 玄楯을 地方牧使로 用ᄒᆞ기 爲ᄒᆞ야 請來ᄒᆞᄂᆞᆫᄃᆡ 昨再日船에 來着耳. 姑閣.

民國 五年 二月 二十六日 雩南 弟 頓首

今에 民團을 委員部下에 置ᄒᆞ게 ᄒᆞᆷ은 委員部 統一策의 一大進步라. 行政上에도 有助ᄒᆞ겟고 財政에도 多補ᄒᆞ러니와 將次 美洲에도 如此히 運動ᄒᆞ야 各地 團體를 漸次로 委員部 管轄下에 置ᄒᆞ기를 周旋ᄒᆞᆯ지라. 今回에 內地에셔 公佈ᄒᆞᆫ 文字가 亦 此事에 有效ᄒᆞᆯ 거시외다.

兄은 此人의 境遇를 試思之ᄒᆞ시오. 東西 各 地에셔 돈 보닋라고 督促이 星火와 如ᄒᆞ다가 ᄒᆞ나도 酬應치 못ᄒᆞᆫ즉 怨聲이 四至ᄒᆞ야 (以下缺)

36. 李承晩→申衡浩(하늘나라신) 1923. 3. 9. (16, 88)

하늘나라신(申衡浩) 兄 回照

惠函과 繹稿는 俱感荷외다. 收入中으로 事務所貰를 豫備홈은 來頭를 爲ᄒᆞᄂᆞᆫ 規模이니 未有不可이며 此處는 收入이 零星ᄒᆞ야 甚히 悶沓홈으로 弟가 內地敬告書를 因ᄒᆞ야 衆心을 警醒ᄒᆞ려ᄂᆞᆫ 運動中이니 華府에셔도 歐美委員部 名으로 歐美 各地에 發文ᄒᆞ야 內地 同胞의 命意ᄃᆡ로 現狀維持策에 盡力ᄒᆞ라 ᄒᆞ며 且 聯盟會 大審院에 請願ᄒᆞᆯ 事로도 甚重要ᄒᆞᆫ 關係를 說明ᄒᆞ시오. 他事는 南宮兄의 答書中 詳覽ᄒᆞ시오. 좀 더 지나면 此處에도 經濟形便이 環循될 希望이 不無ᄒᆞ니 忍耐過去ᄒᆞ시오.

耑此姑留.

五年 三月 九日 雩南 弟 頓首

37. 李承晩 → 申衡浩(天阿) 1923. 3. 25. (16, 89)

Rhee, S. 3-15-23.

天阿(申衡浩) 兄 心照 南宮兄과 並覽ᄒᆞ시오.

今日 所入이 계우 一百五十元이기로 隨所存ᄒᆞ야 明日에 電付ᄒᆞ라 ᄒᆞ엿스나 美洲에셔 何如ᄒᆞᆫ지 月終이 近ᄒᆞᆷ이 極爲關慮외다. 今日은 主日인ᄃᆡ 와히아와農庄에 聯合會를 붓치고 勸說ᄒᆞᆯ 主意로 前往ᄒᆞ니 此에 或 效果가 有ᄒᆞᆯ넌지 第試之耳. 財務總長이 更히 辭免ᄒᆞᆫ다 ᄒᆞ얏기 不受라 ᄒᆞ야 答送ᄒᆞ엿소.

臨發怱々. 姑閣.

五年 三月 念五日 晩 弟 頓首

38. 李承晩 → 申衡浩(天兒) 1923. 3. 26. (16, 90~92)

天兒(申衡浩) 愛兄 閣下

三月望 惠函은 卽接讀이며 昨日에 民團에셔 貳百元을 電付矣니 月終에 切迫이나 免홀 줄 望ᄒᆞ오. 昨晩에 紐育發 聯合通信을 據ᄒᆞ건ᄃᆡ 東洋拓植會社가 韓國開[拓]事務를 爲ᄒᆞ야 美國銀行家들과 契約ᄒᆞ고 貳千萬元 借款을 得ᄒᆞᆫ다 ᄒᆞ엿스니 此는 日人이 韓[國]을 久非囊中物로 知ᄒᆞ고 美財政家에게 典執ᄒᆞ야 經濟上 束縛을 加ᄒᆞ고져 홈이라. 委員部에셔 卽時 宣言ᄒᆞ야 其 不可의 理由를 說明ᄒᆞᆫ 後 吾人은 日後에라도 日本이 韓國 名義로 負債ᄒᆞᆫ 거슨 擔任치 안는다고 新聞上에 發布ᄒᆞ는 거시 似好이니 돌푸(Dolph, Fred A.)와 議處ᄒᆞ시오. 敬告書 更繹ᄒᆞᆫ 거슨 잘 ᄒᆞ엿스니 此處에도 幾張式 分傳홈이 何如홀넌지 諒爲之ᄒᆞ시오.

布哇(하와이)에는 地方委員이라 ᄒᆞ는 이가 거의 다 民團 地方團長임으로 別로히 問題될 거시 無ᄒᆞ며 直接 通信을 地方民團長이라고 記送ᄒᆞ는 거시 似好일 듯ᄒᆞ나 諸 任員과 先議ᄒᆞ고 團長인 金永琦로 詳報ᄒᆞ라 ᄒᆞ리니 姑俟之ᄒᆞ시오.

美洲에 擔保金額과 또ᄒᆞᆫ 其 繼續홀 策에 對ᄒᆞ야는 前書에 已詳述矣니 不必更提이며 尊意를 依ᄒᆞ야 一元이나 或 一元半式으로 ᄒᆞ라 ᄒᆞ고 今年도 更히 繼續ᄒᆞ여야 되겟다는 意로 敎喩를 草ᄒᆞ야 前函에 並封ᄒᆞ엿스니 或 矛盾됨이 無ᄒᆞ거던 卽出 發送ᄒᆞ여 보시오.

速히 華府(워싱턴)로 發程ᄒᆞ려 ᄒᆞ는ᄃᆡ 旅費 一事가 亦 一問題외다. 南宮과 諸友에게 未得各幅ᄒᆞ니 代佈를 切仰々々耳

五年 三月 念六日 雩南 弟 謝

39. 李承晩→?申衡浩 1923. 3. 26. 附: 호항한인물산장려회취지서(1923. 3. 25) (16, 93~96)

現今 美布(미주·하와이)에 人心을 警醒치 안코는 束手沒策이기로 內地進行을 應ᄒᆞ야 物產獎勵와 日貨排斥問題로 活動을 此地에셔 着手ᄒᆞ며 國際聯盟會 請要事로 奮力ᄒᆞᄂᆞᆫ 中이니 委部에셔 通信이나 或 他方面으로나 美布에 加鞭ᄒᆞ시오.

五年 三月 念六日 雩南 頓首

發起書 草件也

호항한인물산쟝려회취지셔(湖港韓人物產獎勵會趣旨書)

대한의 정치뎍 독립은 시간문데요 그 시간이 속히 오게 ᄒᆞ기는 한인이 ᄒᆞ기에 달녓도다.

물산쟝려는 한인의 정치뎍 독립의 그 시긔를 속히 오게 ᄒᆞᄂᆞᆫ 긔계인ᄃᆡ 그 긔계를 한인이 리용ᄒᆞ지 못ᄒᆞ면 한인의 슈즁에 오릭 잇지 안을 것이니 그 후에는 정치뎍 독립을 회복ᄒᆞᆫ들 엇더케 유지ᄒᆞ리오.

한인의 먹고 입고 쓰ᄂᆞᆫ 것을 적국의 은힝쇼와 긔계챵을 의뢰ᄒᆞ고 먹고 입고 쓰ᄂᆞᆫ 물건이 업시 살만ᄒᆞᆫ 한인이 생기기 젼에는 될 수 업슬지라.

적국이 우리의 먹고 입고 쓸 물건을 갓다주고 그 ᄃᆡ신에 가져가ᄂᆞᆫ 금젼이 미명하에 一년에 평균히 一원식만 칠지라도 二千만원이니 이것만 ᄒᆞ여도 몃 ᄒᆡ만에 한국의 혈믹을 다 말닐 터이니 독립을 ᄒᆡ가(奚暇)에 생각인들 ᄒᆞ리오.

현금 ᄂᆡ디동포가 물산쟝려회를 죠직ᄒᆞ야 우리의 먹고 입고 쓰ᄂᆞᆫ 것을 우리의 손으로 만들어 ᄒᆞ자 ᄒᆞᄂᆞᆫ 목뎍으로 젼국이 일심ᄒᆞ야 대활동 ᄒᆞᄂᆞᆫ지라.

본항에셔 금월 十九일 하오 二시반에 교민총단회관에셔 공동회를 열고 만쟝일치로 일화비쳑회와 물산쟝려회를 죠직ᄒᆞ야 ᄒᆡ

외 슈 백만 한인이 이에 합동ᄒᆞ기를 발긔ᄒᆞᄂᆞᆫ 바—취지가 대강 여좌ᄒᆞ니

一. 우리 본국 물산과 우리의 졔조물을 가급뎍으로 ᄉᆞ용ᄒᆞ야 우리의 공업을 회복홈

二. 우리의 샹업을 ᄂᆡ디와 외양에 발뎐식히기를 힘쓰자 홈

三. 우리 ᄌᆞ손으로 ᄒᆞ여금 자본가의 경제뎍 노예를 면케 홈

四. 우리 자본가들을 보호ᄒᆞ야 남의 자본가들과 경징홀 셰력을 만들자 홈

五. 영업상 모든 회사와 죠직톄가 생겨셔 젹국의 회사와 죠직톄로 더브러 경징홀 긔회를 만들자 홈

六. 경제상 실력으로 국민의 단결심을 공고케 함

七. 젹국으로 ᄒᆞ여금 대한을 졈령ᄒᆞᄂᆞᆫ 것이 져의 경제샹으로도 크게 ᄒᆡ되ᄂᆞᆫ 줄을 ᄭᆡ닷게 홈

八. 우리의 경제력을 회복ᄒᆞ야 각국이 우리와 즉졉으로 통샹 교셥ᄒᆞ기를 요구케 홀지니 샹션·은ᄒᆡᆼ 등 모든 련락이 차례로 열닐지라

ᄒᆡ외 우리 일반 동포는 ᄉᆞ쇼ᄒᆞᆫ 리ᄒᆡ의 분징을 쉬고 공동ᄒᆞᆫ 공의와 공익의 합심병력(合心併力)ᄒᆞ야 각 ᄀᆡ인의 리익을 희생홈으로 국가의 부강을 도모ᄒᆞ며 잠시 관계를 ᄂᆡ져 바리고 영구ᄒᆞᆫ 복리를 경영홀지니 이에 ᄃᆡᄒᆞ야 의려ᄒᆞ지 말지며 쥬져ᄒᆞ지 말지어다.

죠리

一. 각 ᄀᆡ인이나 각 단톄나 각々 자원으로 이 목뎍을 실ᄒᆡᆼᄒᆞ기를 결심홈

二. 각々 동포의게 권면ᄒᆞ야 자각셩이 생겨셔 동일ᄒᆞᆫ 결심을 취홀지며

三. 혹 부득이ᄒᆞᆫ 경우를 인연ᄒᆞ야 이 목뎍을 ᄒᆡᆼ치 못ᄒᆞᄂᆞᆫ 사ᄅᆞᆷ이 잇슬지라도 용납ᄒᆞ야 보호홀지언뎡 강제로 손ᄒᆡ를 ᄭᅵ치

거나 시비로 화긔를 손샹치 말지며

四. 동포 거류ᄒᆞᄂᆞᆫ 곳마다 이 목뎍으로 공동회를 열고 자원 동맹을 밧아 셩명을 긔록ᄒᆞ야 본소로 보ᄂᆡ여 각ᄃᆡ에 광포케 ᄒᆞᆷ

五. 이 목뎍에 도을 만ᄒᆞᆫ 물산이나 혹 계획이 잇스면 신문에 공포ᄒᆞ야 서로 도읍게 ᄒᆞᆷ

대한민국 五年 三月 二十五日

호항한인물산쟝려회 취지셔 발긔인 등

김봉셔 리창규 안영찬 황룡익 김셩봉 림승록 리민산
안현경 최홍위
김흥복 박치삼 리슌보 차신호 박셕보 젼익쥬 박쥬범
젼경쥰 쟝경년
민한옥 리구용 임평슌 김긔도 로희챵 김만슈 백낙현
박셩군 신셩일
김영긔 진셩찬 리치형 김ᄋᆡ로 안슉자 오ᄋᆡ마 리나김
젼은셥 리졈복
송경신 리마구렛 김ᄒᆡ나 권낙열 박엘니사벳
김엘니사벳 졍윤필 신용ᄒᆡ
류춘관 곽ᄅᆡ홍 김샹의 최응범 로셩일 리영의 김광ᄌᆡ

40. 李承晩→安·金 兩友 1922. 8. 19. (16, 97)

安·金 兩友升

旅費로 金 四百元은 昨日에 南宮炎게로 來到ᄒᆞ엿스며 貴電을 昨夕에 接ᄒᆞ야 並히 感謝々々ᄒᆞ오. 到布(布哇) 日字는 海上에셔 電通ᄒᆞ려니와 多人이 出迎치 말기를 切望々々ᄒᆞ오. 數日間 發程ᄒᆞ야 數處를 經ᄒᆞ야 直行ᄒᆞᆯ 터이외다.

四年 八月 十九日 李承晩 謹

41. 李承晩 → 安在鴻 1925. 4. 7. (16, 98)

1925 File 20

安在鴻 仁兄 心照

囊函 望其趁卽入照耳 處此千辛萬艱之中 晨夕爲國勞憔 能無損節否 在此自由安樂之地者 未始不神馳想往也

我同志會之成立 已於前函槪陳 而海外各地同胞 除一二分子外無不誠心歡迎 方合資結社 共圖奬勵物產 期收成效 此卽經濟政治兩方 並行不悖之策也 須於內地各處 亦分設同志會 逐漸擴張之 則大業之成 捷如影響矣 另圖如何

餘只祝文祺

六年 四月 七日 李承晩 頓首

[譯文]

저번의 서신은 진작 받아보셨으리라 믿습니다. 이렇듯 천신(千辛) 만간(萬艱) 중에 처하여 조석으로 나라를 위해 노고하시는데 혹 몸이 불편하지는 않으신지요? 이처럼 자유롭고 안락한 곳에 있으면서도 마음이 쓰이며 정신이 달려가지 않을 때가 없습니다.

우리 동지회(同志會)의 결성에 대해서는 이미 저번 서신에서 대략 말씀드렸습니다. 해외 각지의 동포들이 몇몇 사람을 제외하고는 모두가 충심으로 환영하고 있습니다. 바야흐로 합자(合資)하여 회사를 설립하고 다 함께 물산(物產)을 장려하여 소기의 성과를 거두기를 도모하고 있습니다. 이는 바로 경제와 정치의 양면을 병행하여 착오가 없게 하려는 방책인 것입니다. 모름지기 내지의 각 지방에도 동지회를 분설(分設)하여 점차 확장해 나간다면 대업의 성취가 영향을 받아 빨라질 것입니다. 특별히 한번 도모해 보시는 것이 어떻겠습니까?

문기(文祺) 강녕하시기를 빕니다.

6년 4월 7일 이승만 돈수(頓首)

42. 李承晩→安昌浩 1920. 2. 18. (16, 99~102)

安昌浩 氏에게

去十月 二十五日 賜緘을 今月初에 接承ᄒᆞ야 歡若面話ᄒᆞ오며 民國 大事에 晝宵로 勤勞ᄒᆞ시ᄂᆞᆫ 情形은 不見如覩ᄒᆞ야 常々 貢慮不已오며 其 結果로 圓滿ᄒᆞᆫ 成蹟을 收ᄒᆞ시게 되옴을 祝賀ᄒᆞᄂᆞ이다. 吾兄은 政府 閣員 諸位와 日夕 面會ᄒᆞ시리니 意見交換에 十分 融通ᄒᆞᆫ 樂을 得ᄒᆞ실지라. 弟는 健羨不已외다.

소위 總裁니 統領이니 ᄒᆞᄂᆞᆫ 名号의 區別로 因ᄒᆞ야 多少間 歧議가 有ᄒᆞᆫ 모양인ᄃᆡ 弟는 漢城에셔 宣布ᄒᆞᆫᄃᆡ[로] 統領이 卽 總裁라 行ᄒᆞ여 온 거시고 厥後에 在滬 諸兄ᄭᅴ셔 統領으로 行ᄒᆞ자 ᄒᆞ엿다 ᄒᆞ오니 此亦 同一ᄒᆞᆫ 意思가 안이오닛가. 此에 對ᄒᆞ야 層節이 毫無ᄒᆞ겟ᄂᆞᆫᄃᆡ 論議가 如是히 不一ᄒᆞᆷ은 訝惑ᄒᆞ외다. 漢城과 上海에셔 ᄒᆞ신 거시 다 合同ᄒᆞ야 進行ᄒᆞᄂᆞᆫ 바에야 何必 區以別之ᄒᆞ오릿가. 吾兄도 內地에셔 宣布ᄒᆞᆫᄃᆡ로 遵行ᄒᆞ시기를 堅執ᄒᆞ시니 弟는 此를 甚히 智慧롭게 아ᄂᆞ이다. 然ᄒᆞ나 弟는 政府 諸公의 勸告ᄒᆞ신ᄃᆡ로 大統領으로 行ᄒᆞ오리다.

愛國金 公債票에 對ᄒᆞ야는 往事를 不須提論이고 今에 措處ᄒᆞᆯ 方策을 講求코져 ᄒᆞᆫ 지 已久이나 甚히 難處ᄒᆞ외다. 愛國金 收集을 廢止ᄒᆞ지 못ᄒᆞᆯ 事機라 ᄒᆞ시니 公債票를 廢止ᄒᆞ여야 될 터인ᄃᆡ 旣爲多少間 內外國人에게 發賣ᄒᆞᆫ 거슬 停止ᄒᆞ면 捐助와도 不同ᄒᆞ야 政府의 信仰을 失ᄒᆞᆯ지니 此는 我 一般人民의 願치 안ᄂᆞᆫ 바요. 且今에는 多大ᄒᆞᆫ 效力이 無ᄒᆞᆫ 듯ᄒᆞ나 早晩間에 好機會가 有

홀 時에는 著效가 有홀지니 此를 爲ᄒᆞ야 基礎를 세움이라. 今에 居然히 廢止키 難ᄒᆞ며 且 公債를 外國人에게만 發行이라 ᄒᆞ시나 弟는 當初에 外國人에게만 行ᄒᆞᆫ다고 말솜ᄒᆞᆫ 젹도 업셧고 本來 此等 債票는 內外國人을 勿論ᄒᆞ고 捐助 一例로 用ᄒᆞᄂᆞᆫ 者이라. 今以二之ᄒᆞ기도 亦難ᄒᆞ외다. 且今에 該 公債票에 一面으로ᄂᆞᆫ 總裁라고 ᄒᆞ고 又 一面으로ᄂᆞᆫ 統領이라 ᄒᆞᆫ 거시 不可ᄒᆞ니 改正ᄒᆞ던지 停止ᄒᆞ던지 ᄒᆞ라 ᄒᆞ시ᄂᆞᆫ 거슨 亦 法律上 關係로 因ᄒᆞ야 遵行키 不能ᄒᆞ외다.

歐美에 財政委員을 另置ᄒᆞ신다 홈에 對ᄒᆞ야는 極히 力勸ᄒᆞ시와 此處 委員部로 兼任케 ᄒᆞ셔야 國事에 有益홀 理由가 一二에 止치 안ᄉᆞ오니 吾兄이 此에 對ᄒᆞ야 善爲說明ᄒᆞ시옵소셔.

布哇(하와이)國民會에셔와 國民 多數가 誠力을 다ᄒᆞ야 政府 代表機關 되ᄂᆞᆫ 本部를 밧치려 ᄒᆞᄂᆞᆫ 거슬 中央總會에셔 威力으로 某々 少數人의 阻戲를 贊成ᄒᆞ야 風波를 釀成ᄒᆞ기에 至ᄒᆞ며 畢竟 各國人界에 聽聞이 駭然ᄒᆞ게 되엿스니 此를 尋常 看去키 不能ᄒᆞᆫ지라. 그럼으로 本部에셔도 相當ᄒᆞᆫ 方法으로 嚴正히 措處ᄒᆞ려 ᄒᆞ오니 吾兄ᄭᅴ셔도 中央會 當局 諸氏을 勸諭ᄒᆞ시와 尤極決裂ᄒᆞᆫ 弊端이 無케 ᄒᆞ심을 切望々々 ᄒᆞᄂᆞ이다.

向者에 徐友載弼이 吾兄ᄭᅴ 致書ᄒᆞ야 弟와 協贊ᄒᆞ라 ᄒᆞ엿다ᄂᆞᆫ 傳說을 聞ᄒᆞ고 甚히 未安ᄒᆞ엿소이다. 弟는 當初에 吾兄과 不合ᄒᆞᆫ 意見도 無ᄒᆞ엿거니와 徐友에게 對ᄒᆞ야 說及ᄒᆞᆫ 젹이 初無ᄒᆞ외다. 吾兄ᄭᅴ 直接으로 仰告ᄒᆞ기 不難인ᄃᆡ 因人成事키를 圖ᄒᆞ엿ᄉᆞ오릿가. 凡事를 다 親히 書示ᄒᆞ시면 弟도 隨時仰讀ᄒᆞ리니 民國 大事를 爲ᄒᆞ야 吾人의 意見이 通暢ᄒᆞ도록 書字로라도 煩數히 往復ᄒᆞᄂᆞᆫ 거시 甚히 緊切ᄒᆞ외다.

爲此時促 謹拜謝上.

民國 二年 二月 十八日 雩南 弟 頓首

43. 李承晩 → 安玄卿 1919. 7. 11.
附 : 부속서한 (16, 103~111)

To Mr. H. K. Ahn 第三號

六월 十六일 혜셔 ᄌᆞ셰히 보앗스며 일젼에 젼보 회답ᄒᆞᆫ 거슨 보앗슬듯 ᄒᆞ외다.

ᄂᆡ가 대통령의 디위(地位)로 각국에 공함을 발숑ᄒᆞᆫ 이후로 국졔상 톄통(體統)을 보아야 ᄒᆞ겟기로 이곳 ᄉᆞ무쇼를 ᄯᅡ로 ᄂᆡ여 신문에 말ᄂᆡ기와 다른 ᄉᆞ회샹 일은 ᄂᆡ가 외면으로 상관치 안코 국졔샹 관계와 공ᄎᆡ증셔 ᄂᆡᄂᆞᆫ 일과 졍부 대관(大關) 교셥 등ᄉᆞ(交涉等事)에만 젼력ᄒᆞ기로 ᄒᆞᆫ 고로 셔ᄌᆡ필(徐載弼)씨로 ᄒᆞ야곰 ᄆᆡ쥬일일 이차식 와셔 보게 ᄒᆞ고 나ᄂᆞᆫ 혹 밤에나 죵용히 ᄉᆞ무쇼에 드려다 보기 외에ᄂᆞᆫ 아죠 남이 된 모양인 고로 ᄒᆞ로 밧비 공관 쳐쇼를 뎡ᄒᆞ려고 쥬션 듕인ᄃᆡ 당쵸에ᄂᆞᆫ 五六千원 가치 되ᄂᆞᆫ 가옥을 ᄉᆞ려 ᄒᆞ엿더니 ᄂᆞᆷ들의 말이 집을 ᄉᆞ면 모양을 안이볼 슈 업고 집갑시 二만원 ᄂᆡ외를 쥬지 못흐면 못된다 ᄒᆞᄂᆞᆫ 고로 멧 千元 쥬고 ᄆᆡ삭 부어 갑ᄒᆞ려 ᄒᆞᄂᆞᆫ 즁이외다.

지금붓허ᄂᆞᆫ 졍부 모든 ᄉᆞ무와 외교를 여긔셔 쥬장인즉 법경(法京, 프랑스 파리)에 우리 평화대ᄉᆞ와 영국 경셩과 셔ᄉᆞ(瑞士, 스위스)국 경셩에도 다 운동이 잇셔야 ᄒᆞᆯ 터인ᄃᆡ 이것을 다 여긔셔 쥬장ᄒᆞ야 ᄌᆡ졍을 다 뒤ᄃᆡ야 ᄒᆞᆯ 터인 고로 ᄒᆞ로 밧비 한인의 공ᄎᆡ증셔를 발ᄒᆡᆼᄒᆞ려 ᄒᆞ니 하와이셔 이것을 젼력ᄒᆞ시오. 대통령의 션언셔를 발숑ᄒᆞ기로 쥰비 듕이니 이것을 발숑ᄒᆞᆫ 후에ᄂᆞᆫ 차ᄎᆞ 다른 것으로 련쇽 발숑ᄒᆞᄂᆞᆫ 예산이며 하와이 ᄌᆡ졍은 결단코 다른 ᄃᆡ로 보ᄂᆡ셔 못될 터이니 지금은 이것을 아죠 공포ᄒᆞ시오. 이곳 ᄉᆞ무쇼 경비로 ᄆᆡ샤 三百원 ᄆᆡ삭 상항(桑港, 샌프란시스코)국민회에서 가져오던 것도 지금ᄭᅡ지는 그만두라고 ᄒᆞ겟고 더긔셔는 ᄌᆡ정이 업셔셔 좌우간 못ᄒᆞᆯ 모양이라 ᄒᆞ오. 향ᄌᆞ(向者)에 호항(湖港, 호놀룰루)에셔 누가 편지ᄒᆞ고 즁앙총회는 업시ᄒᆞ고 졍부로 다 련락ᄒᆞ게 ᄒᆞ자 ᄒᆞ기로 그 회답으로 나는 말ᄒᆞ기를 그것이 여러 의견의 합동될 것이면 나도 찬숑ᄒᆞᆫ다는 듯을 셜명ᄒᆞ엿스나 지금 형편으로 말ᄒᆞ면 즁앙총회가 잇셔도 관계치 안코 업셔도 관계치 안으며 졍부에셔는 무ᄉᆞᆷ 단톄를 물론ᄒᆞ고 다 동일히 ᄃᆡ우ᄒᆞ야 대쇼(大小)를 불계(不計)ᄒᆞ고 졍부를 복죵치 안는 ᄌᆞ는 다 역당(逆黨)으로 인증ᄒᆞᆯ ᄯᅡ름이니 쇼위 독립단도 다 이러케 될 것 ᄲᅮᆫ이외다. 지금 형편ᄃᆡ로 볼진ᄃᆡ 즁앙총회는 그져 두어 인민의 사회상 승질로 질셔를 직히여 일들ᄒᆞ게 ᄒᆞ되 졍부에 ᄃᆡᄒᆞᆫ ᄎᆡᆨ임은 각각 즉졉으로 밧치고 다른 장ᄋᆡ(障礙)가 업게 ᄒᆞ는 것이 무방ᄒᆞᆯ 듯ᄒᆞ오.

폐일언ᄒᆞ고 지금에 급ᄒᆞᆫ 일은 원동(遠東)에 사ᄅᆞᆷ을 파숑ᄒᆞ야 형편도 삷히고 상ᄒᆡ·간도·ᄒᆡ삼위 등디에 교통을 열고 안는 것이 필요ᄒᆞᆫᄃᆡ 형이 가게 된다니 다ᄒᆡᆼ이라. ᄒᆡᆼ할 일을 이 아ᄅᆡ 멧 가지 긔록ᄒᆞ니 ᄌᆞ셰히 쥬의ᄒᆞ시오.

一. 통신이나 편지를 보낼 ᄯᆡ에는 글을 써셔 미국 ᄇᆡ 오는 ᄯᅢ를 기다려셔 편지가 그 ᄇᆡ에 올 슈 잇게 붓치며 편지는 ᄂᆡ게 즉졉으로 붓치지 말고 Mr. Wm Knowles Cooper Y.M.C.A. Washington, D.C. U.S.A.에게던지 Mr. Judson King, Munsey Bldgs, Washington, D.C.에게던지 봉투를 써셔 그 속에 ᄂᆡ게 오는 편지를 넛코 그 안에 영어로 젹어셔 ᄂᆡ게로 젼ᄒᆞ야 달라고 ᄒᆞ면 곳 올 터이니 그러케도 ᄒᆞ고 혹은 상ᄒᆡ긔독청년회관에나 *Millard's Review*라는 잡지사에 가셔 내 말을 Mr. Powell이라는 치[친]구던지 그러치 안으면 본국 경셩천[청]년회 총무로 잇던 Mr. Gillett 질렛트씨를 찻던지 ᄒᆞ야 미쥬에 오는 션교ᄉᆞ나 친구의 편으로 붓치게 ᄒᆞ시오.

젼보로 통신ᄒᆞᆯ 것은 간혹 우리나라 말로도 ᄒᆞ고 영어로도 ᄒᆞ며 A.B.C. Code라 ᄒᆞᄂᆞᆫ 암호ᄎᆡᆨ이 잇ᄂᆞᆫᄃᆡ 그것으로도 ᄒᆞ며 여지ᄎᆡᆨ(?輿地冊) ᄒᆞᆫ 권을 보ᄂᆡ니 아모도 알이지 말고 이것을 감쵸아 두고 통졍(通情)ᄒᆞᆯ 만ᄒᆞᆫ ᄉᆞᄅᆞᆷ을 맛나셔 그 ᄉᆞᄅᆞᆷ에게 보히고 젼보를 보아 달나 ᄒᆞ던지 써달나 ᄒᆞ던지 ᄒᆞ되 ᄂᆡ게셔 가ᄂᆞᆫ 젼보ᄂᆞᆫ 영어나 한어나 A.B.C.로 말 안니되ᄂᆞᆫ 것슨 뎌ᄎᆡᆨ을 가지고 차져셔 그 글ᄌᆞᄇᆞᆺ허 아ᄅᆡ로 세여 가다가 뎨十一字로 시힝ᄒᆞᆯ지니 가령 ᄂᆡ가 뎐보에 말ᄒᆞ기를 Semimonthly Mollusk라 ᄒᆞᆯ진ᄃᆡ 이 ᄎᆡᆨ 一七八章에 Semimonthly라ᄂᆞᆫ 글ᄌᆞ에셔 아ᄅᆡ로 뎨十一ᄌᆞ를 보면 Send라 ᄒᆞᄂᆞᆫ ᄌᆞ가 그것이오. ᄯᅩ 그담 ᄌᆞᄂᆞᆫ 뎨一二九장에 Mollusk라ᄂᆞᆫ ᄌᆞ를 차져셔 아ᄅᆡ로 十一字를 세여 가면 Money라ᄂᆞᆫ ᄌᆞ가 잇스니 합ᄒᆞ면 Send money 돈 보ᄂᆞ라ᄂᆞᆫ 말이외다. 이것으로 젼보를 교셥ᄒᆞ게 ᄒᆞ며 다만 이 ᄎᆡᆨ 상하 량편으로 왼쥴 밧게 잇ᄂᆞᆫ 字ᄂᆞᆫ 치지 말기로 ᄒᆞ시오.

거긔 가셔 놈보기에는 실졍(實情)이 업시 온듯시 ᄒᆞ며 ᄂᆡ졍(內情)을 쇼상히 탐지ᄒᆞ야 누구는 어ᄃᆡ 잇셔 무엇ᄒᆞ며 쥬의가 엇더ᄒᆞᆫ 것과 누구는 ᄯᅩ 엇더케 마음을 먹ᄂᆞᆫ 거슬 다 상고ᄒᆞᆫ 후에 그 즁에 입이 무겁고 통졍ᄒᆞᆯ 만ᄒᆞᆫ ᄉᆞᄅᆞᆷ을 ᄇᆞᆺ들고 실졍을 말ᄒᆞ시오. 그 ᄂᆡ각원 즁에도 누구ᄂᆞᆫ 엇더ᄒᆞ고 아모는 엇더ᄒᆞᆫ 거슬 몬져 알아보어 통졍ᄒᆞ되 리동휘(李東輝)·리동령(李東寧) 량씨ᄂᆞᆫ 그 즁에도 ᄂᆡ가 만히 밋ᄂᆞᆫ 친구이니 차져 의론ᄒᆞ며 상ᄒᆡ청년회관에 련락되ᄂᆞᆫ 장두철(張斗轍)이 비록 청년이나 나와 친근ᄒᆞᆫ 사ᄅᆞᆷ이니 교통ᄒᆞ여 보고 ᄉᆞᆫ졍도(孫貞道)씨ᄂᆞᆫ 밋을 만ᄒᆞᆫ 친구요 현슌(玄楯)씨ᄂᆞᆫ 죠흔 친구나 든々치가 못ᄒᆞ야 염여시럽고 신셩(申檉, 申圭植)씨ᄂᆞᆫ 맛ᄂᆞᆯ 슈만 잇스면 죠흐며 안창호(安昌浩)·박용만(朴容萬)·로ᄇᆡᆨ린(盧伯麟) 졔씨도 다 맛ᄂᆞᆯ 슈만 잇거던 다 잘 교셥ᄒᆞ시요. ᄉᆞᆫ졍도씨를 보거던 四월 망간(望間)에 ᄉᆞᆫ졍도·박영효(朴泳孝) 량씨의 일홈으로 젼보흔 것은 반가히 밧앗다 ᄒᆞ시오.

그이들을 맛나셔 의론홀 것은 쳣지 국치 五百萬元 증셔를 발힝ᄒᆞ야 미국에 발미홀야는딕 우리 국회에셔 집졍춍지에게 젼권을 맛기고 ᄯᅩ흔 춍지로 림시 탁지딕신셔리(臨時度支大臣署理)를 튁졍(擇定)ᄒᆞ야 그 일을 맛게 ᄒᆞ는 권리를 쥬어야 될지니 몬져 젼보로 영어를 쇼상히 말 만들어 五百萬元 증셔를 대한민쥬국 일홈으로 五個年 限ᄒᆞ고 百의 六分 변리(邊利)를 뎡ᄒᆞ야 증권을 닉라고 내에게 젼보ᄒᆞ고 그 젼보 뒤에는 춍리대신 리동휘라던지 탁지딕신 리시영(李始榮)이라던지 국회에셔 의결흔 쥴로 만들어 내게로 보닉고 그 뒤에는 곳 공식으로 글을 ᄡᅧ셔 인장을 ᄶᅵᆨ던지 렬명(列名)ᄒᆞ던지 ᄒᆞ야 우편으로 보닐 슈 잇스면 ᄒᆞ고 그럿치 안으면 인편으로라도 보닉오.

만쥬·히삼위·본국 등지에 교셥을 열 슈 잇는딕로 열고 진졍을 좀 어드며 닉디(內地) 통신을 홀 [슈] 잇거던 미쥬에셔 우리가 ᄒᆞ는 일과 희망 잇는 것을 좀 알게 ᄒᆞ야 쥬시오. 외양(外樣)으로는 졍부와 간셥 없이 사힝(私行)으로 단니는 것 갓치 닉용은 원동시찰 겸 통신원으로 졍부의 칙임을 가지고 가는 것이니 증셔를 깁히 간슈ᄒᆞ얏다가 통졍홀 ᄉᆞ룸에게 닉여 보히시오. 안씨가 셔진필 박ᄉᆞ를 리용ᄒᆞ기 위ᄒᆞ야 무슴 졍부 칙임을 맛긴다 ᄒᆞ기 쉬우니 잘 삷히시오. ᄒᆞᆫ번 닉디에셔 졍부 죠직ᄒᆞ야 노은 것은 늘 시힝ᄒᆞ야 가야지 그러치 안으면 외인에게 신앙도 없어지고 일 맛튼 ᄉᆞ룸이 일도 홀 슈 없으며 셔양 각국의 일은 여긔셔 쥬쟝홀여니와 원동 일은 거긔셔 밧허보아도 됴흐나 다만 닉에게 좀 의론은 좀 ᄒᆞ여 쥬어야 ᄒᆞ겟다고 ᄒᆞ여 쥬시오.

통신에 ᄆᆡ양 젼보나 편지 셔두(序頭)에 호슈(号數)를 막여셔 긔록ᄒᆞ시오.

一九一九년 七월 十一일 리승만

To Mr. H. K. Ahn 第三号 暗号電報

一. 이 동봉훈 칙으로 쥰힝(遵行) 바릭 다시 보오.

二. 영어로 보통 ᄒᆞᄂᆞᆫ 말은 약간 쓰되 A.B.C. Code Book이라ᄂᆞᆫ 칙을 엇어셔 비밀히 안히 ᄒᆞ야도 관계치 안을 말은 이것으로 쓰ᄂᆞᆫ 것이 죠흐니 이ᄂᆞᆫ 열어 ᄌᆞ로 쓸 말을 ᄒᆞᆫ 두 자로 셜명ᄒᆞᆯ 슈 잇ᄂᆞᆫ ᄶᅢ닭이라. 젼보국에셔 이 칙을 다 아ᄂᆞ니 남 알이지 안을 말은 이것으로 말며

三. 됴션말로 쓰ᄂᆞᆫ 것이 뎨일 경쳡(輕捷)ᄒᆞ고 편리ᄒᆞ나 혹 즁간에셔 일인이 젼보를 밧으면 한어 아ᄂᆞᆫ 사ᄅᆞᆷ을 식혀셔 알아볼 터인 고로 이것으로도 아죠 비밀ᄒᆞᆫ 것을 말 것이며 만일 젼보국에셔 이것이 무ᄉᆞᆷ 글이냐고 뭇거던 비밀ᄒᆞᆫ 암호라 ᄒᆞᆯ 것이오 죠션말이라도 알게 말으시오.

이상 뎨一條에 말ᄒᆞᆫ 바 이 칙으로 시힝ᄒᆞᆯ 것은 ᄆᆡ양 뎨十一ᄌᆞ로 알게 ᄒᆞ리니 내 젼보에 무ᄉᆞᆷ 글ᄌᆞ던지 영어나 국어나 ABC Code Book에 잇ᄂᆞᆫ ᄌᆞ이면 그ᄃᆡ로 보고 무슨 ᄌᆞ던지 말을 알 슈 업ᄂᆞᆫ 것은 이 칙을 들쳐셔 차져 가지고 그 ᄌᆞ붓허 셰어셔 뎨十一ᄌᆞ로 시힝ᄒᆞ게 ᄒᆞ시오. ᄆᆡ쟝(每張) 량편(兩便) 머리 쥴 밧게 잇ᄂᆞᆫ 것은 치지 말고 왼쥴로만 시힝홉세다. 만일 이 칙에 업ᄂᆞᆫ 글ᄌᆞ가 잇거던 그 글ᄌᆞᄃᆡ로 쓰고 비칙(秘册)에 잇ᄂᆞᆫ 글ᄌᆞ만 ᄲᅡᆸ아셔 번역ᄒᆞ겟쇼이다.

혹 갓흔 글ᄌᆞ가 한 쥴에 잇거던 ᄆᆡᆫ 첫ᄌᆞ ᄒᆞ나만 치고 그 밋헤 잇ᄂᆞᆫ 갓흔 글ᄌᆞᄂᆞᆫ 치지 말 것.

젼보를 암호ᄒᆞᆯ 거슨 그러ᄒᆞ거니와 편지에도 암호가 잇셔야 ᄒᆞᆯ 지니 편지에 암호는 이ᄃᆡ로 ᄒᆞ시오.

一. 국문편지나 영문편지나 암호는 ᄆᆡ양 첫 쥴 첫ᄌᆡ ᄌᆞ를 치고 그 다음은 ᄆᆡ양 다섯ᄌᆡ ᄌᆞ식 쳐셔 말을 만들지니 이 아릭 본보기를 보아 모본(模本)ᄒᆞᆯ 거시며

二. 첫 귀졀에 말을 다 맛치고서 귀졀을 ᄯᅡ로 시작ᄒᆞᆯ ᄯᆡ에는 처음과 갓치 ᄆᆡ양 첫 ᄌᆞ를 의례히 치고 그 다음붓허 ᄆᆡ 다섯ᄌᆞ식 세기를 젼과 갓치 ᄒᆞᆯ 거시며

三. 외양으로 보히ᄂᆞᆫ 말을 아모죠록 동이 잘 닷케 ᄒᆞ야 남이 보아도 의심을 안이ᄂᆡ도록 ᄒᆞᆯ 거시며

四. 편지에 보통 문안(問安)ᄒᆞᄂᆞᆫ 말이나 혹 ᄂᆞᆷ이 보아도 관계 업슬 말은 암호로 말고 보통말로 ᄒᆞ야 ᄂᆞᆷ이 의심안토록 ᄒᆞ고 암호 쓸 ᄯᆡ에는 ᄆᆡ양 편지 ᄒᆞᆫ 뒤에 년월일을 박고 ᄭᅳᆺ헤 미진ᄒᆞᆫ 말을 달아셔 ᄒᆞᄂᆞᆫ 모양으로 ᄒᆞ던지 혹 셩명 쓰기 젼에 ᄒᆞᆫ 즁즘 ᄯᅦ여셔 츄후에 ᄒᆞᄂᆞᆫ 말 모양으로 ᄒᆞ리니 이런 거슨 의례히 암호ᄌᆞ로 알아볼 거시며

五. 통상(通常) 다섯 ᄌᆞ식 암호 넛ᄂᆞᆫ 거스로 시ᄒᆡᆼᄒᆞ면 몃번 후에 혹이 ᄂᆞᆷ이 아라볼 렴려가 잇스니 죵々 슈효(數爻)를 늘이고 쥴이고 ᄒᆞᄂᆞᆫ 거시 죠흘지라. 그럼으로 다섯 ᄌᆞ로 얼마간 ᄒᆞ다가 여러번 ᄒᆞᆫ 후에 혹 밧고ᄂᆞᆫ 거시 죠흘 쥴로 알겟거던 그 젼번 편지에 미리 알녀쥬어 가령 여섯 ᄌᆞ식을 쓰고져 ᄒᆞᆯ진ᄃᆡ 말ᄒᆞ기를 이 다음 편지는 쵸六일(初六日)에 ᄒᆞ겟소이다 ᄒᆞ던지 이후 편지는 여섯 가지를 긔별ᄒᆞ오리다 ᄒᆞ던지 무슨 의미 업ᄂᆞᆫ 말로 슈ᄌᆞ(數字)를 붓쳐셔 말ᄒᆞ면 그 편지 밧ᄂᆞᆫ 사ᄅᆞᆷ은 의례히 아라듯고 기억ᄒᆞ엿다가 그후 편지붓허는 그 말ᄒᆞᆫ 슈ᄌᆞᄃᆡ로 글ᄌᆞ를 세여셔 보게 마련ᄒᆞᆯ지니

이상 국문편지에 규칙을 영문편지에나 한문편지에 통용 五ᄌᆞ식 ᄒᆞᄂᆞᆫ 암호편지 모본

오ᄅᆡ 작별ᄒᆞᆫ 후 쇼식 몰나 궁금ᄒᆞ외다. 나는 잘 잇소이다. 무ᄉᆞᆷ 일은 엇더케 됨ᄂᆡ가…

여불비(餘不備) 운々…

년월일 아모 ᄇᆡ상

ᄅᆡ년에는 셰월이 죠하셔 三四월 장々일에 남산우에 이리뎌리 ᄇᆡ회(徘回)ᄒᆞᄂᆞᆫ 안목(眼目)이 죵남산(終南山) ᄉᆞ방에 좀 ᄒᆞᆯ가 우리는 심샹(尋常)히 ᄀᆡᆨ즁(客中)에 ᄒᆡ를 보내기로 죵ᄉᆞ(從事)ᄒᆞ다가 늙고 말지니 진실로 가통(可痛) 가련ᄒᆞᆫ ᄉᆞ졍이라 이러ᄒᆞ다가 공 업시 죽고 말가오.

속뜻슨 ᄅᆡ월 三일에 ᄇᆡ목ᄉᆞ가 상ᄒᆡ로 가니 통졍(通情)ᄒᆞ시오.

영어통신암호

My dear so & so,

I have not heard from you so long, etc....(Whatever one may say in public may be all said here.)

Yours truly -

and so forth.

P.S.

Where is the man known in Seoul as Mr. Yongwha whose father is Kim Songkiu and whose brother Choonsan also in Seoul. Please tell him that I wrote him and asked him not to have his old brother go to Chemulpo and buy London hat for me.

Where is Mr. Kim Choonsan. Tell him to go [to] London.*

[譯文]

* 친애하는 누구 누구에게.

오랜만입니다… (보통 공개적으로 하는 말을 여기에 모두 적으십시오).

누구 누구 올림

추신(追伸)

용화라는 사람이 서울 어디에 살고 있습니까? 이 사람의 아버지는 김송규이며, 그의 형 춘산도 서울에 있습니다. 그 사람에게

제가 편지를 보냈으며, 그의 형이 제물포(濟物浦)에 가서 저에게 줄 런던 모자를 사지 말도록 전해 주십시오.

김춘산씨는 어디 있습니까? 그에게 런던으로 가라고 전해 주십시오.

[부속 서한]

Mrs. G. W. Stearn, or

Mr. G. W. Stearn,	1424 Massachusettes Ave. N.W. Washington, D.C.
Miss Nodie Gold,	1808 Massachusettes, N.W. Washington, D.C.
Mr. Fred A. Dolph,	908 Continental Trust Building, 14th and H. Sts., N.W. Washington, D.C.
Mr. Albert Wilcox,	321 Shepherd St. N. W. Washington, D.C.
Mrs. L. M. Nolan,	1808 Massachusettes Avenue, N.W. Washington, D.C.

만쥬 · 셔빅리아 · 히삼위 등지에로 갈 통신길을 열어 노아야 ᄒᆞ겟소.

여긔 적은 일흠을 아모 거시나 돌녀가셔 편지봉투에 써셔 편지를 너셔 부치며 그 속에 넛는 편지에는 닉 일흠도 쓰지 말고 다른 일흠도 쓰지 말며 다만 즉졉으로 ᄒᆞᄂᆞᆫ 모양으로 ᄒᆞ야 보닉션 내게로 올지니 이는 영어편지가 이러ᄒᆞ려니와 국문편지는 이번호로 ᄒᆞ고 속에는 혹 아ᄌᆞ씨 젼상셔라던지 혹 아모기 보아라 ᄒᆞ던지 ᄒᆞ고 여긔셔 가는 편지도 또 그와 갓치 ᄒᆞ오리다.

44. 李承晩→安玄卿 第7号 1920. 1. 22. (16, 112~115)

安玄卿 氏에게 第七號 同封 二百元 銀行票

第十号書 詳悉이며 向者 玄楯氏게로 七百元 付送ᄒᆞᆫ 中 三百元 推尋이라 ᄒᆞ니 幸이며 每次 都合 領證만 要ᄒᆞ고 報單은 不必要ᄒᆞ니 終後에 統合報告가 爲好이며

初次에 付送ᄒᆞᆫ 二百元은 電局에셔 姑未推來이고 其後 電報로 正百元(일빅원) 보닌 것도 不傳이라고 昨日에 通信이 來ᄒᆞ엿스나 還推치 못ᄒᆞ엿스니 從此로 郵便으로 付金ᄒᆞᆷ이 爲可. 玆에 二百元을 銀行票로 付送ᄒᆞ니 推用ᄒᆞ시오.

布哇(하와이)셔 金聲基 及 他友가 代議會로 連ᄒᆞ야 助給ᄒᆞ러 ᄒᆞᆫ다더니 何如ᄒᆞᆫ 結果가 有ᄒᆞᆫ지 姑未到.

兄은 姑留滬ᄒᆞ야 民團과 如ᄒᆞᆫ 機關으로 連ᄒᆞ야 各處 聯絡을 結ᄒᆞ며 通信路를 開ᄒᆞᆷ이 大緊ᄒᆞ외다. 獨立이 一早[朝]一夕에 成功되여도 此가 必要ᄒᆞ고 一二年 歲月을 要ᄒᆞ여도 此가 緊切ᄒᆞ니 內外 聲氣相通을 周旋ᄒᆞ시오. 此에도 財政을 須ᄒᆞᆫ다 ᄒᆞ나 內地와 交通만 잘 되면 財政家들이 極力 相助ᄒᆞ리다. 貴處에셔 爲先 志士와 同志를 從容히 相從ᄒᆞ야 連結ᄒᆞ며 金嘉鎭氏와 我의 紹介로 面話ᄒᆞ고 回示ᄒᆞ오. 此處에셔도 有志人士가 各地에셔 互相 通涉ᄒᆞ야 東西와 內外에 大團結을 秘密히 圖ᄒᆞᄂᆞ니 此와 相通 有ᄒᆞ도록 ᄒᆞ시오.

目今 我의 猶豫ᄒᆞᄂᆞᆫ 바는 執政官이니 統領이니 ᄒᆞᄂᆞᆫ 名号 一事인ᄃᆡ 閣員 諸氏는 擧皆曰 統領으로 行ᄒᆞ고 執政으로 行치 말나 ᄒᆞᄂᆞᆫ지라. 當初 事實로 言ᄒᆞ면 內地에셔 組織ᄒᆞᆫ 바 執政官이라 ᄒᆞᆫ 거시 卽 統領이라 ᄒᆞᆷ인ᄃᆡ 上海에셔 一部分이 固執ᄒᆞ야 曰 執政官이라 ᄒᆞᆷ은 卽 總務라 ᄒᆞᆷ인ᄃᆡ 李博士가 自稱 大統領ᄒᆞ엿스니 其 形便을 爲ᄒᆞ야 大統領으로 改選ᄒᆞ자 ᄒᆞ야셔 改造 等說로

說去說來가 頻繁히 됨이라.

我 內地同胞가 如是히 選定ᄒᆞ고 公佈ᄭᆞ지 ᄒᆞ엿슨즉 其 被囚者와 在逃者가 다 我 在外人들의 合心으로 此를 執行키를 專望ᄒᆞᆫ지라. 在滬 諸氏는 彼此 合一ᄒᆞ야 此를 代表로 國民大會를 設ᄒᆞ고 內地에셔 被選된 評政官 諸氏中 參席ᄒᆞᆯ 슈 잇ᄂᆞᆫ 人員은 擧皆 請來ᄒᆞ여다가 評政ᄒᆞᄂᆞᆫ 權限을 任ᄒᆞ고 上海 議政院은 곳 國民大會로 改稱ᄒᆞ던지 或 如前히 두던지 立法部 資格으로 內地 國民大會를 代表ᄒᆞᆫ 양으로 만들면 各地 各人이 無非合一되여 秩序가 整頓될 듯ᄒᆞᆫᄃᆡ 無端ᄒᆞᆫ 問題를 提出ᄒᆞ야 執政官이 統領이니 안이니 홈으로 如是히 張荒[皇]홈은 外로 我 組織力의 不完홈을 示ᄒᆞ며 內로 我 忠義之士를 落心케 ᄒᆞᆯ 慮가 不無ᄒᆞ니 此가 甚히 悶迫ᄒᆞᆫ 일이외다.

萬若 今에 我가 宣言ᄒᆞ되 我는 大統領이오 執政官이 안이라 ᄒᆞᆯ진ᄃᆡ 內地에 忠義之士의 犧牲ᄒᆞᆫ 目的을 背反ᄒᆞᄂᆞᆫ 뜻도 不無ᄒᆞ거니와 或人은 應當 評論ᄒᆞ기를 我가 大統領의 名号를 執政官보다 낫게 넉인다 事實보다 名稱을 重히 넉이ᄂᆞᆫ 者이 될 거시오. 萬若 執政官으로 行ᄒᆞᆯ 거시오 大統領은 안이라 ᄒᆞᆯ진ᄃᆡ 此는 當初에 選擧ᄒᆞᆫ 人員들의 實情도 안이오 兼ᄒᆞ야 各國에 通牒ᄒᆞᆫ 바와도 矛盾이 됨이라.

故로 我의 切望ᄒᆞᄂᆞᆫ 바는 上海와 內地와 海蔘威 等地 各處人願을 依ᄒᆞ야 擧皆 合同ᄒᆞᆫ 양으로 執政官이라 統領이라 ᄒᆞᄂᆞᆫ 거슬 通用ᄒᆞ야 遵行홈이 似好之외다. 且 我는 當初븟허 執政官이 統領으로 알앗고 ᄯᅩᄒᆞᆫ 이거시 事實인 바 證據도 自在ᄒᆞ니 엇지 自欺以欺人이리요. 國漢文으로는 執政官이라 ᄒᆞ엿고 英文으로는 President라 ᄒᆞ엿스니 이는 곳 統領이라ᄂᆞᆫ 뜻시외다. 이거슬 在美某地 小部分은 評曰 李博士는 名号를 或此 或彼로 不一其端이라 ᄒᆞ나 事實은 안이외다. 上海에 閣員 諸氏와 議政院 僉員이 同一

히 願ᄒᆞ시면 我는 於此 於彼에 固執지 안코 應從ᄒᆞᆯ 터이나 如許ᄒᆞᆫ 事情은 詳知케 ᄒᆞ고져 ᄒᆞᆷ이외다.

現金에 ᄯᅩ 問題되ᄂᆞᆫ 事는 上海셔 歐美委員部 外에 財務官을 特히 設置ᄒᆞᆫ다 ᄒᆞ니 此는 決코 不可ᄒᆞᆫ지라. 若 如是히 되면 一大弊源을 成ᄒᆞ야 장차 爭端이 不息ᄒᆞᆯ ᄲᅮᆫ 不啻라. 구타혀 如是히 ᄒᆞᆯ 理由가 都無ᄒᆞ니 委員部로 ᄒᆞ여금 預先 報告ᄒᆞ고 財政 出納을 上海셔 預算ᄒᆞᄂᆞᆫᄃᆡ로 支撥케 ᄒᆞ고 其餘는 上海로 直付送ᄒᆞᄂᆞᆫ 거시 未有不可ᄒᆞ외다.

國際聯盟會는 吾人이 自初로 希望을 두고 起事ᄒᆞᆫ 바ㅣ 안이오 今에 該會 組織된 것을 보아도 吾人의 所願이 안이라. 不必公然 反對이나 實로 內容은 美國 々會의 主意와 吾人의 目的이 相合ᄒᆞᄂᆞᆫ 바ㅣ 라.

外交上 希望은 美國 人心이 排日이 漸加ᄒᆞ야 我가 到處에 遊說ᄒᆞᄂᆞᆫᄃᆡ로 歡迎을 受ᄒᆞ며 好機會 大有ᄒᆞ외다.

公債票는 本來 債負ᄒᆞᄂᆞᆫ 것과 不同ᄒᆞ야 外國人이나 內國人이나 捐金 一例로 購入ᄒᆞᄂᆞᆫ 거시니 國債와 如히 誤解ᄒᆞᆯ 거시 안이고 至今에 廢止ᄒᆞᆯ 슈 업ᄂᆞᆫ 거시외다.

民國 二年 一月 二十二日

45. 李承晩 → 安玄卿 第8号 1920. 2. 13. (16, 116)

安玄卿 氏에게 第八號

金貨 三百元 郵付矣러니 趁時 領受되기 切望. 玄楯氏가 中國 宣敎師大會에 願參이라 ᄒᆞ니 旅費가 幾何나 될넌지 成不成을 未可知나 其 額數를 願知耳. 此後 財政을 難得이니 布哇(하와이)로 歸來ᄒᆞᄂᆞᆫ 거시 似好耳.

同封ᄒᆞᄂᆞᆫ 書는 李東寧・李時永[始榮]・申奎[圭]植・申益喜[翼

熙]·玄楯氏로 轉覽 若何.

布哇學校事 甚關慮라 ᄒᆞ엿스며 內地 婦人愛國會 所送 正千元金은 委員部로 補用케 ᄒᆞ엿다 ᄒᆞ엿스며 兄의 十號書 後에 十一号는 無ᄒᆞ고 今에 十二号가 來ᄒᆞ엿스니 前書는 或 流失인지 云々.

民國 二年 二月 十三日 知名 弟 頓首

46. 李承晩 → 安玄卿 1920. 2. 13. (16, 117~125)

安玄卿 氏의게

元早 寄緘은 詳悉이며 我ᄂᆞᆫ 其 所謂 統領이라 總裁라 ᄒᆞᄂᆞᆫ 名稱을 更不掛論코져 ᄒᆞ엿스나 不得已ᄒᆞ야 玆에 數字로 說明ᄒᆞ거니와 今에 一般 人民이 我 獨立大事에 專力ᄒᆞᆯ 此時에 統領이나 總裁나 ᄒᆞᄂᆞᆫ 區別이 何等 大關係가 有ᄒᆞ관ᄃᆡ 尙今토록 如是히 文字와 電報로 頻繁히 往復ᄒᆞᄂᆞᆫ지 實로 可歎々々이외다.

當初에 漢城에셔 國漢文으로 執政官總裁라 ᄒᆞ고 英文으로 President라 ᄒᆞ엿ᄂᆞᆫᄃᆡ 統領이 아니라ᄂᆞᆫ 이ᄂᆞᆫ 誰며 其 證據ᄂᆞᆫ 何오. 且 上海셔 旣往에 何如ᄒᆞᆫ 主意로 ᄒᆞ엿던지 政府를 改造ᄒᆞ야 統領이라 ᄒᆞ엿다니 卽 漢城에셔 ᄒᆞᆫ 바와 本意ᄂᆞᆫ 同一ᄒᆞᆫ지라. 或 統領이라 或 總裁라 ᄒᆞ기로 何經緯에 不合이며 何法律에 違反이기에 獨히 統領이라고만 ᄒᆞ고 執政官總裁라고ᄂᆞᆫ 못ᄒᆞ라ᄂᆞᆫ 必要가 무엇이뇨.

旣往에 改造이라 改選이라ᄂᆞᆫ 言論이 發生ᄒᆞ기 前에 所謂 公債票를 國漢文으로ᄂᆞᆫ 總裁라 ᄒᆞ고 英文으로ᄂᆞᆫ 統領이라 ᄒᆞ엿스니 卽 內地에 意思와 上海의 意旨를 다 包含ᄒᆞ엿거ᄂᆞᆯ 今에 公債票를 改正ᄒᆞ야 統領으로만 ᄒᆞ고 總裁라고ᄂᆞᆫ 말나 ᄒᆞ니 此ᄂᆞᆫ 兒孩遊戱 等事에 無異ᄒᆞ다 ᄒᆞᆯ지라. 各國人 法律所在에 早[朝]夕變改가

萬難ᄒᆞ니 此도 聽從키 不能ᄒᆞ고 ᄯᅩᄒᆞᆫ 安昌浩氏ᄂᆞᆫ 上海에셔 何人이던지 我에게 무삼 惡意를 가지고 我에게 貽害코져 홈이리오만은 我로 言ᄒᆞ면 內地 人民의 十死九生ᄒᆞ며 行ᄒᆞᆫ 뜻을 아조 拒絶ᄒᆞᄂᆞᆫ 態度를 보히기 願치 아니홈이니 此ᄂᆞᆫ 卽 安島山(安昌浩)의 意와 同一ᄒᆞᆫ지라. 엇지 上海 諸位 同志의 盛意를 無視코져 홈이리오.

今日에 고보고(Kopogo, 대한민국 임시정부)로 答電ᄒᆞ고 總[統]領으로 行ᄒᆞ마 ᄒᆞ엿스니 此後에 此事로 因ᄒᆞ야 更히 言論이 有ᄒᆞ면 此ᄂᆞᆫ 決코 公心에셔 吐ᄒᆞ거ᄂᆞ 忠愛에 基홈이 안이로 認홀지라. 此意를 諸位 閣員긔 詳細히 說明ᄒᆞ여 쥬오.

日前에 上海 고보고셔 來ᄒᆞᆫ 電報에 曰 個人上 意見不合이나 疑忌 等事로 大事에 損害를 ᄭᅵ치지 말자 ᄒᆞᆫ지라. 此ᄂᆞᆫ 我가 甚히 未安ᄒᆞ게 듯ᄂᆞ니 我ᄂᆞᆫ 當初븟터 上海 諸公과 前嫌이 初無ᄒᆞ야 相信 相倚ᄒᆞᄂᆞᆫ 誠衷으로 遠東事를 다 處斷ᄒᆞ쇼셔 ᄒᆞ엿고 可及的으로 極力 助成코져 ᄒᆞᄂᆞᆫ 바이고 設令 私分上 不合意홈이 有ᄒᆞ기로 此를 因ᄒᆞ야 國事에 損害를 貽홀 者ㅣ 안이라. 此後로ᄂᆞᆫ 我가 上海 諸公中 誰氏에게 對ᄒᆞ여셔든지 絲毫라도 未洽点이 有ᄒᆞᆫ 쥴 思議치 말라 ᄒᆞ시오.

向者에 某處로 轉聞ᄒᆞᆫ즉 徐載弼博士가 安先生島山에게 致書勸告ᄒᆞ되 李博士와 協贊ᄒᆞ라 ᄒᆞ엿ᄂᆞᆫᄃᆡ 安先生은 我가 徐氏를 囑託ᄒᆞ야 如此ᄒᆞᆫ 書를 得送ᄒᆞᆫ 줄로 認ᄒᆞᄂᆞᆫ 모양이라 ᄒᆞ니 此ᄂᆞᆫ 誤傳인 듯ᄒᆞ나 安島山을 面會時에 從容히 詳陳ᄒᆞ야 我ᄂᆞᆫ 此等書가 간 쥴도 初不知요 且或 所憾이 有ᄒᆞ면 安兄에게 直接으로 相通치 못ᄒᆞ고 他人의 仲裁를 得ᄒᆞ야 代述ᄒᆞ리오. 此亦 事實이 안이외다.

目下에 最重最急事ᄂᆞᆫ 桑港(샌프란시스코)과 布哇(하와이)問題라. 昨年에 我가 布哇셔 渡美ᄒᆞᆫ 以後로 桑港國民會에셔ᄒᆞᆫ 我의 一動 一靜을

探悉훈 거슨 我가 或 他 團軆를 組織홀가 慮홈이라. 及其 필라덜피아大會를 發起ᄒᆞᄆᆡ 某々人等은 各處로 往來ᄒᆞ며 大會에 往參치 말라고 ᄒᆞ기에 至ᄒᆞ엿고 開會훈 후 徐載弼博士가 獨立團을 組織ᄒᆞ자 ᄒᆞ다가 桑港國民會 代表들의 交涉훈 結果로 停止ᄒᆞ고 國民會와 合ᄒᆞ야 일ᄒᆞ기로 決定ᄒᆞ엿ᄂᆞᆫᄃᆡ 彼 少數人은 此가 我의 發論이라고 慇懃히 慍意를 抱ᄒᆞ며 我가 華盛頓(하와이)에 事務所를 開훈 以後로 桑港셔 二人을 布哇로 派送ᄒᆞ야 提議ᄒᆞ되 美布(미주·하와이) 兩地에셔 財政을 合ᄒᆞ야 政府를 管理ᄒᆞ자 ᄒᆞ다가 布哇에셔 不應ᄒᆞᄂᆞᆫ 故로 一人은 回還ᄒᆞ고 一人은 姑留ᄒᆞ다가 今年 布哇國民會 大議會에 二十代表가 會集ᄒᆞ야 會務를 處理ᄒᆞ고 閉會 歸家훈 지 一週만에 獨立團 人員 若干名과 美以美教會內 幾人으로 合ᄒᆞ야 承龍煥을 ᄂᆡ세우고 中央總會의 命令으로 國民會를 解散ᄒᆞ라 ᄒᆞ엿다고 져의ᄭᅵ리 任員을 改選훈다 ᄒᆞ고 强制로 會館을 佔領ᄒᆞ며 緊要文簿와 印章을 奪取ᄒᆞ여 가다가 被捉되여 强徒[盜]로 몰려 裁判中이며 各島에셔ᄂᆞᆫ 三十名 代表가 湖港에 來到ᄒᆞ야 彼此 爭鬪ᄒᆞᄂᆞᆫ 모양이라. 嗚呼라 韓人之事를 將何以處之耶.

大韓國民會가 年來로 在外韓人의 團體로 政府資格을 가지고 國事에 有助홈이 多大ᄒᆞ엿스ᄆᆡ 至於 平和會代表 派送에도 國民會 名義로 行홈이 適當훈지라. 伊時에 美洲 各城 幾個 團體가 有ᄒᆞ야 國民會를 反抗ᄒᆞ엿스나 吾人은 此를 一々勸告ᄒᆞ야 國民會와 合同ᄒᆞ기를 專務ᄒᆞ엿거니와 及其 民團을 設立ᄒᆞ고 政府를 組織ᄒᆞ야 世界에 宣佈ᄒᆞ고 此로 因ᄒᆞ야 國民의 代表機關으로 列國間에 認証을 得코져 ᄒᆞᄂᆞᆫ 바에 政府 主權되ᄂᆞᆫ 機關을 置之局外ᄒᆞ고 如前히 民會의 管轄을 政府機關 以上에 置 公私를 混雜ᄒᆞ며 國體를 損傷ᄒᆞ리오. 華盛頓城에 委員部를 設立ᄒᆞ야 政府의 代表資格으로 歐美의 我國事를 處理케 ᄒᆞ고져 홈이라. 外交上 事務도 我를 도아 ᄒᆞ려니와 我 國民에 對훈 行政 等節에도 고보고를 代

ᄒᆞ야 辦理케 ᄒᆞ려 홈이라. 然ᄒᆞᄂᆞ 中央總會에셔는 此를 絶對的으로 反對ᄒᆞ야 百方으로 阻戲ᄒᆞ다가 及其 金奎植氏가 親히 前往ᄒᆞ야 其 引導諸人으로 面議ᄒᆞ고 從容 處事키 爲ᄒᆞ야 約束을 定ᄒᆞ엿ᄂᆞ니 中央會는 愛國金과 公債票를 主張ᄒᆞ야 美洲內에셔만 收錢ᄒᆞ야 每朔 三千元式 本 事務所로 보닉되 六朔만 如是히 ᄒᆞᆯ 것이오. 布哇는 勿侵ᄒᆞᆫ다 ᄒᆞ엿ᄂᆞ니 此는 歐美外交 經費가 每朔 六千元 內外라. 三千元은 中央總會가 美洲에셔 收入ᄒᆞᆯ 것이며 其餘는 委員部가 布哇와 直接 交涉ᄒᆞ야 求用ᄒᆞ자는 豫算이라. 此 相約을 定ᄒᆞᆫ지 未久에 中央會가 命令을 나려 布哇國民會를 解散ᄒᆞ라 ᄒᆞ고 某々 反對者를 聯絡ᄒᆞ야 會館을 强制로 佔據ᄒᆞ고 緊要文薄와 印章을 强奪ᄒᆞ여 가다가 被囚ᄒᆞ야 强徒 罪名으로 裁判ᄒᆞ게 되고 보니 此는 無他라. 布哇의 助力을 委員部로 直接 오는 것을 막아 中央會로 獨掌ᄒᆞ자는 主意에 不過ᄒᆞᆫ지라. 此를 不日內로 善爲措處치 못ᄒᆞ면 布哇는 乃至紛爭 紛爭에 各國人 聽聞을 駭然케 ᄒᆞᆯ 것이오 美洲에셔는 各 不合히 아든 團体가 激動되여 四面이 幷起ᄒᆞᆯ지니 此를 誰의 能力으로 整頓식히리오. 고보고셔 不時로 歐美事를 此處에 委任ᄒᆞ야 統一ᄒᆞ게 ᄒᆞ면 곳 解決ᄒᆞᆯ 슈 잇거니와 不然이면 美布 情形은 去々益甚ᄒᆞᆯ지라. 此에 對ᄒᆞ야 極히 注意ᄒᆞ시라고 閣員 諸氏에게 詳細히 陳述ᄒᆞ시오.

로국(露國) 쏠쉬빅기는 稍稍 得勝ᄒᆞ는 모양인ᄃᆡ 歐美에 人心이 該 政府를 認証ᄒᆞ자는 言論이 有力ᄒᆞ여 가는 中 國務院의셔 日昨에 各 新聞에 通信으로 發行케 ᄒᆞᆫ 것은 韓兵 二千名이 露領에셔 쏠쉬빅기의 軍物을 得ᄒᆞ야 韓北으로 渡入ᄒᆞ야 日人을 攻擊홈으로 日軍이 退去라 ᄒᆞ는 通信을 發送ᄒᆞᆫ지라. 吾人은 含默ᄒᆞ고 此에 對ᄒᆞ야 如何한 公佈가 無ᄒᆞ니 此는 其 後報를 待홈이외다. 此를 某々 閣員 諸公씌 보히시오.

民國 二年 二月 十三日

47. 李承晩→安玄卿 第9号 1920. 3. 6. (16, 126)

安玄卿 氏에게 第九号

고보고(Kopogo, 대한민국 임시정부)셔 來혼 電報에 徐氏로 財務를 定흠이 何如오 ᄒᆞ기로 委員部로 兼任ᄒᆞ라고 ᄒᆞ엿소.

兄은 고보고에 公薦되엿다 ᄒᆞ니 姑留ᄒᆞ야 見其來頭ᄒᆞᄂᆞᆫ 거시 似好.

本國과 聯絡홀 거슨 財政이 無ᄒᆞ야 難ᄒᆞ오. 內地로 財政을 求ᄒᆞ야 보시오.

柳常祈氏 速히 回來ᄒᆞ라 ᄒᆞ시고 張斗轍은 多受人疑ᄒᆞ니 此를 破開혼 後 布哇(하와이)로 送ᄒᆞ시오.

書字를 同封ᄒᆞ니 張友에게 傳ᄒᆞ시오.

二年 三月 六日 華盛頓(위싱턴) 留

暗号로 我를 來滬ᄒᆞ라 ᄒᆞ나 該處 形便을 詳示ᄒᆞ시오.

48. 李承晩→?安玄卿 ?1920. (16, 127~129)

위원부 관계

대통령이 구미에 외교 방침과 행정상 긔관으로 위원부를 죠직ᄒᆞ고 사람을 택ᄒᆞ야 권리를 맛겻으니 그 위원부에 들어가는 사람은 누구던지 대통령과 합동ᄒᆞ여야 일홀 것이오 합동홀 슈 업스면 대통령다려 사면ᄒᆞ라 홀 슈 업스니 자긔가 사면ᄒᆞᄂᆞᆫ 것이 톄면이오 도리오 통리(通理)로다.

송씨가 이번에 해면당혼 것은 이번 포와(布哇, 하와이) 일로만 관계가 안이오 사세 부득이혼 경위를 인연ᄒᆞ야 생각혼지 오래다가 필경 대사에 관계를 인연ᄒᆞ야 해면식힌 것이라. 一개 민단상 일과 갓지 안이ᄒᆞ야 권리 맛긴 이가 도로 해임식히면 사톄(事體)를 도라보아셔라도 죵용히 물너가 안저셔 국사에 방해를 붓치지 안는 것이 올겟거날 지재지삼(至再至三) 사직을 권면ᄒᆞ되 완거(頑拒)ᄒᆞᆫ 태도로 대답 ᄒᆞᆫ 마대[디] 업시 졸디(猝地)에 작별도 안이ᄒᆞ고 도망ᄒᆞᄂᆞᆫ 사람 모양으로 비밀히 배에 올나 미쥬로 향ᄒᆞ며 글을 신문사에 븟혀셔 패려(悖戾)ᄒᆞᆫ 언사로 항거ᄒᆞᄂᆞᆫ 뜻을 표ᄒᆞ고 미쥬로 가셔 엄연히 위원부에 안져 재정을 독촉ᄒᆞ야 각 쳐에 글을 보니며 사면에 쥬촉(嗾囑)하야 글과 뎐보로 다시 위원 책임 인임(因任)ᄒᆞ기를 도모ᄒᆞ며 一변으로는 각 쳐에 말을 돌여 풍파를 일희힐 긔미가 보히ᄂᆞᆫ지라. 이것을 그져 무마ᄒᆞ여 노코는 장차 국사를 바로잡기 어려울 터인 고로 송씨 인임을 결단코 허락지 않을 터이오. 모든 시비는 우리가 듯기를 자담ᄒᆞᄂᆞᆫ 바ㅣ 외다.

포와국민회

위원부에셔 一정ᄒᆞᆫ 죠례를 뎡ᄒᆞ고 미쥬와 멕시코와 포와에 균一히 행ᄒᆞ려 ᄒᆞ야 미쥬에는 다 잘 죠쳐되엿거날 대통령이 포와 국민회를 편벽되히 도아셔 공채발매권을 국민회에 위탁ᄒᆞ고 위원부 죠례를 변경ᄒᆞ엿스미 이 영향으로 인연ᄒᆞ야 미쥬ᄭᅡ지도 번복되리라 ᄒᆞᄂᆞᆫ 풍셜이 사방에 젼파되여 허무ᄒᆞᆫ 말노 인심을 션동ᄒᆞᄂᆞᆫ 자 잇스니 이것은 사리도 몰으ᄂᆞᆫ 자들이 남의 션동의 흔들닌 것 ᄲᅮᆫ이라. 그 사실을 말ᄒᆞ건ᄃᆡ 국민회에셔 젼권 맛흔 것이 무엇이며 위원부 죠례를 변경ᄒᆞᆫ 것이 무엇이며 대통령이 쳔편(擅便)ᄒᆞᆫ 것이 무엇이뇨.

국민회 춍회장으로도 서찰을 만든 것은 형편에 필요ᄒᆞᆷ을 인연ᄒᆞ야 송헌쥬씨가 와싱톤에 뎐보ᄒᆞ고 위원장의 허락을 밧아 반포ᄒᆞᆫ 것이니 국민 춍회장으로 위원부 도시찰 내는 것이 국민회에 젼권을 준 것이라 ᄒᆞ지 못ᄒᆞᆯ지니 이는 다름 안이라. 지졍을 각 디방 형편대로 도시찰로 달ᄒᆞ야 보닉던지 와싱톤으로 즉졉 보닉던지 취편(取便)ᄒᆞ게 ᄒᆞ엿고 위원부 죠례와 위원부 지휘안에셔 행하게 ᄒᆞᆫ 것이라. 이것으로 인연ᄒᆞ야 국민회에셔 슈장(?修章)ᄒᆞ엿다고 말ᄒᆞᆯ 슈 업스며

죠례로 말ᄒᆞ면 변경ᄒᆞᆫ 것이 다먼 부인 十五원과 남자 四十원을 부인 二十원과 남자 五十원으로 만들엇나니 이것은 이럿게 안이ᄒᆞ면 공채표를 발ᄆᆡᄒᆞ기 어려운 사실을 인연ᄒᆞᆷ이라. 이것은 위원장이 허락을 맛하셔 반포ᄒᆞᆫ 것이니 이것으로 인연ᄒᆞ야 크게 시비될 ᄭᅡ닭은 업는 것이며

송헌쥬씨가 포와에셔 각 디방 슌행을 정지ᄒᆞᆫ 것은 각 디방 인민의 송씨를 ᄃᆡᄒᆞᆫ 환영심이 츙분치 못ᄒᆞᆷ으로 송씨의 슌행이 일에 방해될지언졍 리가 젹은 것을 오아후 몃 디방 슌행 결과로 ᄭᆡ달은지라. 일에 유익지 못ᄒᆞ고 숀해 잇을 것을 행ᄒᆞᆯ 필요가 업ᄂᆞᆫ 고로 정지ᄒᆞᆫ 것이라. 이것이 위원부 죠례를 폐지라 ᄒᆞᄂᆞᆫ 것은 사실이 안이라.

죵쇽히 새 위원이 피임되여 그대를 채울 터이니 모든 디방위원이나 미포(美布, 미주·하와이)에 각 단톄나 개인을 물론ᄒᆞ고 이런 사실을 쇼상히 알아셔 남의 말에 션동을 밧음으로 국사에 방해를 씻치지 마는 것이 가ᄒᆞ도다.

당쵸에 정부에 츙셩ᄒᆞᄂᆞᆫ 백셩은 위원부 단톄를 정부ᄃᆡ표로 밧친 것 ᄲᅮᆫ이오 위원부 안에 잇는 개인을 실졍의로 밧드ᄂᆞᆫ 것이 안이니 송씨 해임 여부에 대ᄒᆞ야 달은 의론이 업슴이 가ᄒᆞ도다.

현금 포와 형편으로는 각 단톄와 각 인민이 다 츙애ᄒᆞᆫ 목뎍으로 우리 독립되기만 위ᄒᆞ야 젼에 모든 생각을 다 바리고 단합쥬의로 정부를 밧치며 위원부를 밧쳐셔 국토 광복에 도음이 되자는 것 ᄲᅮᆫ이니 미쥬에 모든 단톄와 개인이 ᄯᅩᄒᆞᆫ 이와 갓히 쥬의ᄒᆞ야 헛되히 시비나 션동을 일삼지 말지어다.

49. 李承晩 → 禹興泰 ?1922. 6. 2. (16, 130)

五月 十八日 답은 금조(今朝)에 와셔 ᄌᆞ세히 보앗스며 ᄀᆡ왕 조안도 와셔 구경ᄒᆞ게 ᄒᆞᄂᆞᆫ 것이 죠흘 듯ᄒᆞ다ᄂᆞᆫ 말을 듯고 그 친구에게 말ᄒᆞᆫ즉 그리ᄒᆞᄂᆞᆫ 것이 죠켓다 ᄒᆞ야 위션 오ᄂᆞᆫ 경비를 보ᄂᆡ자 ᄒᆞ기로 이에 편지를 써셔 그 친구로 ᄒᆞ여금 붓치게 ᄒᆞ니 잘 츄심(推尋)되기 바라오. 영틱이가 셥々ᄒᆞ나 ᄂᆡ게 무ᄉᆞᆷ 도리가 업고 ᄯᅩᄒᆞᆫ 남ᄌᆞᄂᆞᆫ 일후에라도 ᄀᆡ회가 만히 잇슬 터이니 후일을 기다리라 ᄒᆞᆯ 밧게 슈 업소. 속히 만나 반가히 담화ᄒᆞᆯ 차로 이만 근치오.

六月 二日

50. 李承晩 → 尹致暎 1927. 3. 20. (16, 131～139)

隔歲阻信ᄒᆞ야 極히 悶沓ᄒᆞ던 차 一月 七日 函을 日前에 接見ᄒᆞᆫ 고로 稽謝至此ᄒᆞ엿스니 海諒ᄒᆞ시오. 歲前因事 卽往湖港(호놀룰루)矣라가 日간에 急報를 接ᄒᆞ고 荷哇(하와이)島로 渡去러니 惠函이 同志村에 來得ᄒᆞᆫ 고로 開見ᄒᆞ고 滿楮情話를 再三 味閱ᄒᆞᆫ 後 今에 湖港으로 歸去ᄒᆞᄂᆞᆫ 太平洋 舟中에셔 燈下에 報答ᄒᆞᆷ니다.

令戚氏의 異域 夭逝는 聞說 悲傷難禁커던 兄의 熱愛之地에 尤極何爲哉아. 因ᄒᆞ야 沈病入院ᄒᆞ야 跨月醫治云ᄒᆞ시니 曷其不然가. 遠外在ᄒᆞᆫ 吾人은 茫然不知ᄒᆞ엿스니 其間에 一次 探問치도 못ᄒᆞᆫ 거슬 深히 恨歎ᄒᆞᆷ니다. 오직 善加調護ᄒᆞ야 無至失攝ᄒᆞ시오.

同志會는 如前히 進行ᄒᆞ나 兄이 離布後로는 主張無人임을 因ᄒᆞ야 大發展이 못되고 今에는 專務ᄒᆞᄂᆞᆫ 任員이 必要ᄒᆞᆷ을 覺悟ᄒᆞ고 我 靑年界 有望ᄒᆞᆫ 金成九君으로 同志會와 殖產會社 事務를 兼帶케 ᄒᆞ고 雜誌 發行을 着手中이니 從此로 活動力이 生ᄒᆞᆯ듯

ᄒᆞ외다.

弟에게 對ᄒᆞ야 過濫ᄒᆞᆫ 褒讚은 不敢當이며 但 吾族 大業에 至ᄒᆞ야는 呼吸을 繼ᄒᆞᆯ 時ᄭᆞ지 奮鬪勇進ᄒᆞ려 ᄒᆞ니 兄의 愛護聲援ᄒᆞᆷ은 卽 天賜로 知ᄒᆞᆷ니다. 但 智能과 物資力의 不贍ᄒᆞᆷ을 因ᄒᆞ야 ᄆᆡ양 顔縮 氣喪ᄒᆞᆷ을 自歎ᄒᆞᆯ ᄲᅮᆫ이외다.

朝鮮報之爲我後援은 小無疑點이나. 彼 反對者는 財力과 人員이 有ᄒᆞ야 常々 做謀活動ᄒᆞ며 吾人은 好機會를 置ᄒᆞ고 等閒看過ᄒᆞᄆᆡ 三傳市虎人皆信(거짓말도 처음엔 믿지 않으나 거듭 말하면 결국은 믿게됨)이니 十伐之木(열 번 찍어 안넘어 가는 나무 없음)을 難免이라. 在外吾人이 常々 寄書通信 等으로 聯絡ᄒᆞᆷ이 似好之耳.

本國 學術會가 果然 二月會의 精神이면 其 詳報를 願聞이라. 緊着히 聯絡ᄒᆞᆯ 方針이 何在오. 『太平洋雜誌』는 近者에 各 島에셔 繼刊을 請要ᄒᆞᆯ ᄲᅮᆫ 不啻라. 非此면 光復運動을 無以進行이기로 更히 專力ᄒᆞ려 ᄒᆞ며 活板部를 市內에 別設ᄒᆞ기로 經營中이고 方今은 閔牧師가 multigraph(소형윤전등사)로 印刷中이니 未幾에 發送될 듯ᄒᆞ고 華府(워싱턴)로 移設ᄒᆞᆯ 것도 硏究ᄒᆞ여 보앗스나 鑄字活板을 移去ᄒᆞ려면 運搬費도 多大ᄒᆞᆯ 거시고 ᄯᅩᄒᆞᆫ 印刷費도 華府가 此處보다 倍蓰ᄒᆞ겟스며 多數人이 此地에 在ᄒᆞ니 依然히 湖港에셔 發行ᄒᆞᆷ이 無防[妨]일 듯ᄒᆞ며 兄이 若能渡來ᄒᆞ야 雜誌와 會務를 主張ᄒᆞᆯ 슈 잇스면 幸莫大焉이라. 然ᄒᆞ나 營業에 妨害가 될가 ᄒᆞ야 强請치 못ᄒᆞ며 萬一 될 슈만 잇스면 萬幸이겟소이다.

許憲君은 在布吾人이 本國 新聞을 見ᄒᆞ고 其 聲名을 知ᄒᆞ엿스며 及其 來此ᄒᆞᆫ 後에는 禮遇ᄒᆞ려ᄂᆞᆫ 好意로 歡迎ᄒᆞ엿스나 弟는 荷哇島에 在ᄒᆞ야 相面도 못ᄒᆞ엿스며 德原에 在ᄒᆞ야 多情ᄒᆞᆫ 言辭로 致書ᄒᆞ엿기로 回答ᄒᆞ엿소이다.

衷曲을 無諱히 傾心輸膽ᄒᆞᆷ이 親友의 道理요 兼ᄒᆞ야 大事에 與共進退ᄒᆞ려면 더욱 必要ᄒᆞᆫ 거시니 情實ᄃᆡ로 吐盡ᄒᆞ기를 躊躇치

마시오.

紀念會 代表 請來事에 對ᄒᆞ야는 経濟 困難으로 實行이 姑無望ᄒᆞ니 崔友渡來는 似無望이외다.

同志會 規則과 政綱 改良에 對ᄒᆞ야 或 意思 七條件을 明細示及ᄒᆞ시오. 參考改良ᄒᆞ오리다. 規則은 歸港ᄒᆞᄂᆞᆫᄃᆡ로 得送ᄒᆞ오리다.

興士團 規則도 付送ᄒᆞ오리다.

同志會 所屬 土地는 合 九百五十에커이며 힐로에商店은 雖小나 長進之望이 有ᄒᆞ외다. 幾年內에 吾人의 銀行을 湖港에 設立홈이 先務로 知홉니다. 殖產會社 股金은 아직 零星ᄒᆞ야 二萬三千元에 不過ᄒᆞ나 私財로는 弟의 基地를 典執ᄒᆞ고 十五萬원 되는 新基地와 建築을 買入ᄒᆞ려 ᄒᆞ니 將來는 付之於天홉니다.

會社 主權을 名義로는 獨斷이 안이나 事實로는 獨斷이ᄆᆡ 此에 對ᄒᆞ야는 或 反對者의 乘間ᄒᆞᆯ 慮가 無ᄒᆞ외다.

金우평·李치홍 兩友는 其 才德과 品格을 兄이 如是히 稱道ᄒᆞ시니 同志會 入會를 無慮히 許施홉니다.

寫眞은 所存이 無ᄒᆞ고 但 印刻ᄒᆞᆫ 大本이 有ᄒᆞ니 姑爲留納ᄒᆞ시오. 日後 一本을 得送ᄒᆞ오리가.

九年 三月 二十日 晩 弟 在舟中 夜久 畧草

51. 李承晩 → 尹致暎 1928. 1. 22. (16, 140)

時移歲新ᄒᆞᆫᄃᆡ 旅履清吉 本宅安候 種々得聆耶. 時常願言.

間由歐部及他友便ᄒᆞ야 同志會運動에 兄의 無限勞力홈은 連續得聞ᄒᆞ고 感佩不已ᄒᆞ며 今에 紐城支部之設이 如是히 圓滿케 됨은 誠是望外라. 若非兄之竭誠盡悴ᄒᆞᆫ 功이면 安得如此大成耶아. 從此로 我 大業의 逐漸發展됨을 더욱 屈指可期이니 爲切感賀이며 餘在夾錄 留不備.

民國 十年 元月 二十二日 晩 弟 謹

[譯文]

시절은 바뀌고 해는 새로워졌는데 여중(旅中) 체리(體履)는 청길(淸吉)하고 본댁(本宅)의 안부는 자주 듣고 있습니까? 항상 생각이 됩니다.

그간 구미위원부와 다른 친구를 통하여 동지회 운동에 형이 무한한 노력을 경주하고 있음을 연속 듣고 감사하여 마지 않았습니다. 지금 뉴욕 지부 설립이 이토록 원만하게 된 것은 참으로 예상 밖입니다. 만일 형의 갈성진췌(竭誠盡悴)한 공로가 아니었다면 어떻게 이렇게 큰 성공을 이룰 수 있었겠습니까? 이제부터는 우리 대업이 점차 발전될 것을 손꼽아 기대할 수 있을 것입니다. 간절한 감사를 드리며 나머지는 동봉한 쪽지에 있으니 갖추지 않겠습니다.

민국 10년 정월 22일 만제(晩弟) 근(謹)

52. 李承晩 → 尹致暎 1928. 2. (16, 141~148)

久阻之餘에 大函을 得하야 耿結之懷를 慰解함이 快如面話이며 其間에 民族을 위하야 前後 勞力惱神함은 美東 各地에 來信을 見할지라도 稱[歎]이 藉々하니 此心 款佩는 尤難形喩라. 張德秀·尹弘燮·金度演 諸友의게도 時間 잇는대로 致書伸謝하려니와 近間에 腰痛이 更發하야 長時 書役이 極難하니 爲先 此情을 陳述하고 款曲히 稱謝하여 쥬시요. 如是히 有名望한 引導者를 得함은 我會에 莫大한 幸福이요 大業에 逾常한 發展이라. 從此로 全部 機關을 委任함도 可하고 政綱과 方針에 對하여도 主義와 精神의 恨[限]度內에서 文字와 句語를 參照 改良함도 未爲不可이니 小毫라도 怪訝 躊躇할 바이 無하외다.

其問議에 對한 前函이 何處에 浮沈된지 未知이나 終是[始] 接見치 못함이 遺感[憾]이며 今에 逐條 答破키 위하야 玆에 畧陳합니다.

一. 革命的 獨立運動을 贊成하나뇨 暴力도 쓰우나뇨 하난 問題에 對하야 一言으로 說罷[破]하자면 我 獨立은 吾族의 血戰으로 終局을 完成할 줄로 信합니다. 但 革命 二字에 至하야는 疑点이 不無하니 盖 我國이 日本에 征服한 領地가 안이요 吾族이 日皇을 服事한 臣民이 안이며 堂々한 獨立國 自由民으로 我 同盟國인 日本이 恃强背約하고 我의 疆土를 勒点[占]하엿슴으로 吾人은 此를 恢復하려 함이니 革命이라 謂함이 不適當한지라. 譬컨대 世界大戰爭 時에 法人이 白耳義에 入하야 德人을 驅出하고 [更]히 白國을 佔據하엿스면 白人이 法人과 相戰하엿슬지니 此를 엇지 革命戰이라 하리요. 故로 革命이라 함은 不適當한 듯합니다. 然하나 此는 一時 說明뿐이요 問題에 關한 것슨 안이며

暴力도 쓰우나뇨 함에 對하야는 疑議가 無할지니 盖 暴力이라는 것슨 弱者가 小規模로 用하면 世人이 非法이라 不義라 하야 其 弱者로 自殘 自戕에 墜케 하되 强者가 大規模로 用하난 時에는 公戰이라 義戰이라 하야 暴力으로 視치 안이 하나니 此가 卽 現世에 通例라. 國際戰爭에도 互相間 宣戰討罪하야 非法 無道한 行動을 自國은 不犯이라고 宣言宣戰하거든 況 吾人은 勢均力敵한 處地도 안인대 正義와 人道에 違反되난 行動으로 名正理順케 되기를 難望이라. 故로 我會는 小規模的 暴力을 停止하고 內로는 養精畜銳하야 後日를 準備하며 外로는 非暴力을 主張하야 三一精神을 發揮함이 良策일지라. 今에 幾十 幾百人의 爆藥 炸彈 等으로 示威 恐愡함이 一時 聳聽 快치 안음은 안이나 幾百萬의 組

織的 行動으로 公然 聲明하고 一時並起하면 敵이 莫可奈何오. 世人의 同情과 援助가 繼至할 거십니다.

二. 小弱國과 소비엣과도 聯絡하려나뇨 하난 問題에는 此가 吾人의 惟一한 對外運動인데 曷不力圖리요. 國際聯盟會에도 代表를 派遣한 지 已久이나 終不如意함은 一曰 吾人의 組織不完이라. 若 組織만 完全하면 此等 經費를 何患不足이리요만은 各 小團體가 互相 猜疑紛爭하난 中에서 威信이 墜落하고 經濟가 沒策하야 一籌莫伸키에 至한지라. 設令 甲黨이 代表를 隣國에 派送하야 交涉이 爛熟하기에 至하면 乙黨이 潛入其後하야 百計 阻戱함으로 畢竟은 事業만 失敗될 쑨 不啻라. 內慕[幕]의 弱点과 醜態를 世人耳目에 露出하고 마나니 此가 年來로 在外吾人의 經驗이라. 故로 物質과 精神 兩方으로 民衆團結을 完成함이 我 光複[復]事業에 第一步로 認함니다.

三. 共產·社會 等化에도 贊成하나뇨 하난 問題에도 諸 同志의 高見과 別로 差異가 無한 줄로 암니다. 飢死에 至한 者 珍味를 何待리요. 我 獨立運動은 吾族 生存策에 惟一한 大計라. 此에 援助될 거시 有하면 何者를 勿論하고 肝腦塗地토록 贊成하려든 況 共產·社會 等化는 大衆 世人의 公益을 主張하난 美名이 有하니 尤何疑忌리요. 但 其中에 顧慮치 안을 슈 업난 点이 有하니 其 理由가 如下

一曰 在外吾人이 各々 其 處地와 環境을 參考치 안을 수 업난 形便(英米에 在한 者 不宜公然聲援)

二曰 世界的 主義가 國家나 民族的 主義보다 尤勝 尤大하난 言論이라. 事有先後本末하니 我의 自體維持가 先이요 本이라. 我의 生存策으로 先立한 後에 世界公益을 可與共圖이러이와 若 我不能自存이면 全世界로 極樂園을 成한들 於

我에 何補리요.

三曰 以上 各 主義의 風潮에 波動되여 有無產이라 有無識이라 하난 階級 等 區別로 吾族을 互相 分離케 함은 卽獨立運動을 妨害함이니 此를 다- 停止하야 包容함과 扶護함으로 先히 民族大團結을 成하야 吾族의 生命인 獨立을 完成한 後에는 吾人의 判斷力과 自決權으로 擇優 從長하난 거시 未晩일가 하고 同時에 一邊으로 交際上 連絡을 開함은 今에도 急務임니다. 然하나 此도 吾人의 團結이 되여야 能히 東西 部分을 可立하야 表面으로는 政策이 殊異하고 內容으로는 脈絡相通하야 互相 相應할 거심니다.

以上은 다 諸友의 問議에 對한 說明이니 矯正할 條件이 有하거든 指明하시요.

宣誓紙는 畧 一百片을 依示郵付이니 더 要求할 시에는 示及하시요.

我 政綱과 方針에 階級과 派黨과 地方 等 區別를 打破라 함은 本來 階級과 派黨을 打破하자는 宣戰無味가 안이요. 但 我 同志는 此를 區別치 말자는 意思이니 無他라. 今에 吾人이 此를 打破하려다가는 簫墻之內에 爭鬩이 不息하리니 奚暇에 合同爲一하야 大業을 共圖하리요. 故로 此等 區別을 姑捨不問하고 同舟並濟을 謀하자는 뜻시니 原文이 未詳하면 改正하야 此意를 表明함이 尤好일가 합니다.

李友의 名을 濟字로만 用케 함이 不甚關系[係]하니 隨機自爲키를 許하며 李員의 誠意를 極히 感謝타 하시요.

地方會 名稱은 昨年에 本部에서 能히 改定하여 本港도 會長副會長으로 稱하니 不再論이며

各 支會의 建議案은 非但 歡迎이라 必要할 줄로 知함니다. 建議와 報告가 안이면 本部에서 엇지 各地 情形을 視察하고 關系

[係] 되난 事件을 處理하리요. 故로 何時던지 主義와 精神만 一致하야 綱領 範圍를 反치 안이 하면 各 支會가 恐無裁酌할 것이오. 但 東部에서 各 支會間에 關系[係]되난 問題와 內外 全體에 關한 重大事件을 裁斷하난 權威을 操할 다름이니 貴 地方 諸位 同志는 此等 小節目에 조곰도 拘碍가 無할 쥴노 知함니다. 種々 諸友의 高明한 意見을 提出하도록 하시요.

拾年 二月 日 同志

53. 李承晚 → 李敬善 1904년 8월 이전. (16, 149)

同居人所託耳 大韓日報價半元 爲先出送 令分傳兒 每日來傳若何 郵票價合計者也 俄者 山漢帶去一元 下納否

卽 子 承晚 上書

[譯文]

동거인의 부탁입니다.『대한일보(大韓日報)』값(구독료인 듯) 반원(半元)을 우선 보내오니 배달원을 시켜 매일 배달하게 하는 것이 어떻겠습니까? 이것은 우표 값까지 합산한 금액입니다. 아까 산한(山漢, 이태산〈李泰山〉, 이승만의 아들, 본명 이봉수〈李鳳秀〉)이 가지고 간 1원은 받으셨습니까?

즉일 자 승만 상서(上書)

54. 李承晚 → 李敬善 1904년 8월 이전. (16, 150)

山兒册及今者下書 皆伏奉 而漢報 似於入來時 爲門巡檢所讀 尙未入手耳 此革甲 李玄錫所忘置者也 待有便 命送若何 山漢 又與兒輩爭 故今猛打止之 而甚難制也 甚爲關慮也 餘不備白

卽 子 承晚 上書

[譯文]

산아(山兒, 이태산<李泰山>, 이승만의 아들, 본명 이봉수<李鳳秀>)의 책과 이번에 내려주신 편지는 모두 받았습니다. 『대한일보(大韓日報)』는 아마 들여올 때에 문을 지키는 순검(巡檢)이 보느라 그런지 아직 받지 못했습니다. 이 가죽지갑은 이현석(李玄錫)이 잊어버리고 두고 간 것입니다. 인편(人便)을 기다려서 보내주시는 것이 어떻겠습니까? 산한(山漢, 이태산)이 또 아이들과 다투고 있기 때문에 호되게 때려서 말렸으나 매우 다루기가 어려웠습니다. 심히 걱정이 됩니다. 이만 갖추지 않고 아룁니다.

즉일 자 승만 상서

55. 李承晩→李敬善 1904년 8월 이전. (16, 151)

俄自鄭淳萬處送來二元銀 且有書曰 驪州伊[?利]川等地教人四員合送 今晩 將回歸云 故玆以書言謝耳 速爲下投 若何々々 餘不備白

卽 子 承晩 上書

[譯文]

아까 정순만(鄭淳萬)이 돈 2원을 보내왔고, 또 편지에 이르기를 여주(驪州) · 이천(伊川, ?이천<利川>) 등지의 교인(教人) 네 사람이 합해서 보내는 것이며 오늘 밤에 돌아간다 하였습니다. 이에 몇 자 적어 감사의 뜻을 밝혔사오니 속히 전해 주심이 어떻겠습니까? 갖추지 않고 사룁니다.

즉일 자 승만 상서

56. 李承晚 →?李敬善 ?1904. (16, 152)

今番 赦典消息正緊 未知將如何 而若果不遠 則似或不問輕重矣

日前上達事 決無難得之慮 伏望以此意 下書于明秀洞 下詢其意若何 此係秋冬事 則今不甚急 而廣探東農及韓尹諸家之可合土地在何處 爲何人所關等節 下示若何

[譯文]

이번의 사면령 소식은 상당히 확실성이 있으나 장차 어떻게 될지는 아직 알 수 없습니다. 만일 참으로 멀지 않았다면 혹 형량의 경중을 따지지 않을 것도 같습니다.

일전에 아뢰었던 일은 결코 얻기 어려운 염려는 없습니다. 엎드려 바라옵건대 이러한 취지로 명수동(明秀洞)에 편지를 보내셔서 그쪽 의사가 어떠한지 물어보시는 것이 어떻겠습니까? 이는 추동간(秋冬間)의 일이니 지금은 그리 급하지 않습니다마는 동농(東農, 김가진〈金嘉鎭〉)과 한(韓), 윤(尹) 제가(諸家)의 가합(可合)한 토지가 어디에 있고 누가 관계하고 있는지 등을 널리 탐문하셔서 알려주시는 것이 어떻겠습니까?

57. 李承晚 → 李敬善 1905. 12. 30. (16, 153)

Min Yung Whan is dead. Who will support our home?*

父主前 上書

十一月 十日 最後 下書와 桂洞家事 會計單은 並히 伏承 伏慰오며 論文幅에 概言ᄒᆞ엿ᄉᆞ온즉 不須更達이옵고 每日 奔走ᄒᆞ와 東西 驅馳ᄒᆞ오며 聖誕日에 泰山(이태산〈李泰山〉)所在處 一夫人이 二元銀을 送ᄒᆞ고 數[三] 韓人들과 朝飯을 同食ᄒᆞ라 ᄒᆞ야 三四人이 會食

ᄒᆞ엿ᄉᆞ오며 泰山은 是日에 各人 所餽食物 戱俱 等이 甚多ᄒᆞ여 踴躍 度日ᄒᆞ다 ᄒᆞ오니 幸이오며 工夫는 如一ᄒᆞ옵고 但 典台(민영환〈閔泳煥〉)가 辭世ᄒᆞ엿슨즉 柴粮을 何以支過ᄒᆞ시는지 伏悶ᄒᆞ오며 兪主事는 事固如是云ᄒᆞ오니 更竣爲之ᄒᆞ오려니와 無非悶沓ᄒᆞ와이다. 國旗 十餘幅을 製送ᄒᆞ라고 子婦에게 付託ᄒᆞᆫ 것 都不來오니 何故오며 陰陽曆 一張 下送ᄒᆞ시옵소셔.

餘不備白.

一千九百五年 十二月 三十日

子 承晩 上書

[譯文]

* 민영환공이 작고하셨으니 누가 우리집을 돌볼 것인가?

58. 李承晩 → 李東寧(石吾) 1920. 9. 30. (16, 154)

石吾 兄 親鑒

八月二十五日賜函 及數日前電示 俱依來 感荷々々

弟旣於華京發行時定計東行 抵此後 因布哇及委員部所關事 致費若干時日 更因船便難得 尙此遲(留) 而近日則 金晩湖兄 欲與弟伴行計 於數週間來此 弟當俟之 仍致遷延時日 甚庸莵々耳

惟望握歡在邇 餘在夾楮 順祝旅安 謹上

三年 九月 三十日 雩南 弟 謹

[譯文]

석오(石吾, 이동녕〈李東寧〉) 형(兄) 친감(親鑒)

8월 25일에 보내주신 서신과 수 일전의 전보는 모두 잘 도착했습니다. 거듭 감사합니다.

제(弟)는 이미 워싱턴을 출발할 때의 계획대로 동쪽으로 향하였습니다. 이곳에 도착한 뒤에는 하와이와 위원부에 관계되는 일로 인하여 약간의 시일을 보냈고 다시 선편을 얻기가 어려워 또 지체하였습니다. 근일에는 김만호(金晩湖, 김규식〈金奎植〉)형이 제와 동행할 요량으로 몇 주일 사이에 이곳으로 오겠다고 합니다. 제가 마땅히 기다려야 하나 이내 시일을 천연(遷延)하게 되니 매우 답답합니다.

오직 손잡고 기뻐할 날이 가까운 시일 내에 있게 되기를 바랄 뿐입니다. 못다한 말은 쪽지에 있습니다. 덧붙여 여안(旅安)을 빌면서 삼가 올립니다.

2년 9월 30일 우남 제 근(謹)

59. 李承晩→李東寧(石吾) 1924. 9. 5. (16, 155～158)

石吾(李東寧) 仁兄 親鑑

去六月 晦次에 國院公電을 接ᄒᆞᆫ즉 所謂 國民代表會 分子가 議政院에 插入ᄒᆞ야 更히 現狀變動을 謀ᄒᆞᄂᆞᆫ 듯ᄒᆞ기로 卽時 書與電으로 其 不可ᄒᆞᆫ 關係를 述ᄒᆞ야 裁答矣러니 今에 更히 貴 公電을 得ᄒᆞᆫ즉 總理로 統領代理ᄒᆞ자ᄂᆞᆫ 安件을 兄이 贊同ᄒᆞ시ᄂᆞᆫ 것 갓ᄒᆞ니 訝惑難解ᄒᆞᆫ 点이 不無ᄒᆞ외다.

盖 吾人이 自初로 漢城政府를 執守ᄒᆞ여 온 거슨 係[系]統을 勿失ᄒᆞ여 現狀을 維持ᄒᆞ려 ᄒᆞᆷ이라. 萬一 在滬 各 分子로 變改ᄒᆯ 門을 一開ᄒᆞ면 翻覆이 無常ᄒᆞ며 紛爭이 尤烈ᄒᆯ 쥴을 兄은 深察ᄒᆞ셧슬 터인ᄃᆡ 今에 統領代理 一事에 對ᄒᆞ야 該 分子와 同意ᄒᆞ신다면 此는 誠是意外라 ᄒᆞᆷ니다.

兄이 彼 反對分子와 表裏가 되여 兄의 信望을 全部 犧牲ᄒᆞ고 彼의 利用이 되고져 ᄒᆞ실 理는 萬無ᄒᆞ며 ᄯᅩᄒᆞᆫ 此로 因ᄒᆞ야 兄의 位地를 鞏固케 ᄒᆞ기를 圖ᄒᆞ실 理도 尤爲萬無ᄒᆞᆫᄃᆡ 何를 爲ᄒᆞ야 代

理計畫을 贊同ᄒᆞ시ᄂᆞᆫ지 實로 抑測키 難ᄒᆞᆷ니다.

統領이 在他ᄒᆞ야 政府行政上 障碍가 됩니ᄭᅡ. 過去 五六年에 弟는 統領의 職權을 國務院에 任ᄒᆞ야 重要 案件에 對ᄒᆞ야 統領의 決裁를 要ᄒᆞᆫ 外에는 다 便宜行事케 ᄒᆞ엿고 兼ᄒᆞ야 兄이 首揆에 任을 受ᄒᆞ시기 前에 弟가 公牘으로 現狀維持策 下에셔 庶務를 國院 公決로 進行ᄒᆞ시라고 兄씌 委託ᄒᆞ엿슨즉 統領代理의 名義가 안이라고 拘碍處이 無ᄒᆞᆫ지라.

設令 兄으로 統領을 代理케 ᄒᆞ면 彼 創造 改造 等 分子가 다 兄의 政令 下에셔 다 甘心歸順ᄒᆞ야 合同悅服ᄒᆞᆯ 터입니ᄭᅡ. 若 不然ᄒᆞ야 兄이 代理되ᄂᆞᆫ 其 翌日에 旋卽 逐出ᄒᆞ려 ᄒᆞ면 兄이 能히 彼의 陰謀와 籠絡을 對抗ᄒᆞ고 現狀을 保守ᄒᆞ겟ᄂᆞ뇨.

況今에 在內在外가 吾人의 年來로 百折不屈ᄒᆞ고 係統을 確守ᄒᆞ여 온 誠心을 感服ᄒᆞ여 煽動者의 野心을 切憎ᄒᆞᄂᆞ니 兄은 맛당히 우리 忠愛同胞의 愛戴擁護ᄒᆞᄂᆞᆫ 힘을 信賴ᄒᆞ고 確立不搖ᄒᆞ야 民心을 收拾ᄒᆞ여 國務院의 威信을 尊崇케 ᄒᆞ심이 良策이라 ᄒᆞᆷ니다.

今日이 何時오. 吾人이 決코 前顧後瞻ᄒᆞ야 彌縫姑息의 手段이나 同床殊夢의 貫習이나 八方美人의 色態로 時局을 整理ᄒᆞ며 衆心을 合一ᄒᆞ려면 此는 緣木求魚와 如ᄒᆞ니 畢竟은 公私 兩失의 歎을 未免ᄒᆞᆯ지라. 吾人은 此等 政客들을 拒絶ᄒᆞ고 忠厚正大로 模範을 作ᄒᆞ야 凡事에 信義로 標準을 立ᄒᆞᄂᆞᆫ 거시 可ᄒᆞᆷ니다.

兄我間에 書信上으로라도 頻數 交通ᄒᆞᆷ이 光復大業에 關係緊切ᄒᆞ거ᄂᆞᆯ 累次 書與電을 一次도 惠覆이 無ᄒᆞ니 甚히 悶沓ᄒᆞᆷ니다. 公體로나 私分으로나 豈容如是리요.

總祈鈞安.

民國 六年 九月 五日 雩南 弟 頓首

60. 李承晩→李東輝 1920. 1. 28. (16, 159~166)

大韓民國 元年 十一月 二十九日에 付投ᄒᆞ신 大緘은 數日前에 接承ᄒᆞ오니 欣喜私忱이 實難形達이외다. 面分上으로는 吾兄을 熟親타고 弟가 自負키 難ᄒᆞ오나 心靈上으로는 平生之交로 許ᄒᆞᆫ지 已久외다.

此時에 我 忠愛民族이 國家大事를 兄我 兩人과 幾個 同志에게 許與ᄒᆞ엿슨즉 吾人은 各々 其 資格의 合不合은 勿論이고 情私의 願不願도 莫問이며 但 鞠躬盡悴[瘁]ᄒᆞ야 死而後已라 ᄒᆞᆯ지라.

貴處에 鬩墻之歎이 不息이라 ᄒᆞ시미 聞甚臆塞이외다. 美洲에도 此弊가 不無ᄒᆞ야 大事에 貽害ᄒᆞ나 內地 同族은 不然ᄒᆞᆷ을 感佩오며 此를 調停식힐 者는 我 引導者의 責任을 擔負ᄒᆞᆫ 幾個人에 在ᄒᆞᆫᄃᆡ 吾 兩人이 爲先 合同ᄒᆞ야 並行不悖ᄒᆞ면 某々 諸友가 亦隨而從之ᄒᆞᆯ지니 一般同胞는 無不歸從矣라. 外로 我 民族의 團合力을 表示ᄒᆞ며 內로 我 國民의 希望心을 奬勵ᄒᆞᆯ지라. 吾人이 此時 此勢에 此를 不爲ᄒᆞ면 千秋에 誤國 誤民ᄒᆞᆫ 罪를 難免이외다.

惠書中 陳述ᄒᆞ신 바 二三件을 仰答ᄒᆞ리니

一曰 漢城政府問題라. 其 所謂 改造 承認 等說에 對ᄒᆞ야 弟는 訝惑을 未解ᄒᆞᄂᆞ니 何者오. 我 在外人이 各 處에 政府를 組織ᄒᆞ고 名位를 定ᄒᆞ엿슬지라도 及其 內地에셔 組織ᄶᅡ로 組織ᄒᆞ고 世界에 公佈ᄶᅡ지 ᄒᆞᆫ 바에는 依例히 一體로 遵行ᄒᆞᆯ 것 ᄲᅮᆫ인ᄃᆡ 엇던ᄒᆞᆫ 部分의 發論으로던지 統領이라 總裁라 ᄒᆞᄂᆞᆫ 名詞로 如是히 說去說來됨은 思料키 甚難ᄒᆞ외다.

一說은 云ᄒᆞ되 本來 執政官總裁라 ᄒᆞᆷ은 總務를 稱ᄒᆞᆷ이오 統領이 안이어ᄂᆞᆯ 李某가 自稱 大統領이라 ᄒᆞ엿기로 其 體面을 爲ᄒᆞ야 上海셔 更히 選擧ᄒᆞ야 統領을 삼았다 ᄒᆞᄂᆞ니 此는 事實이 안이라. 當初에 內地에셔 總裁라 ᄒᆞᆫ 거시 卽 統領이라 ᄒᆞᆷ이—英文으로 President라. 此를 漢城에셔 內地 聯合通信으로 各國 新聞上

에 公佈되엿거늘 在外ᄒᆞᆫ 一部分人이 實情도 不知ᄒᆞ고 如是히 執言ᄒᆞᆷ도 不可ᄒᆞ고 設令 此가 事實이기로 其 名号에 何等 大關係가 有ᄒᆞ야 如是ᄒᆞᆫ 層節을 生ᄒᆞ오릿가. 吾 兩人은 名号나 權位를 介意ᄒᆞᄂᆞᆫ 者이 안이오 大事에 有益ᄒᆞᆷ만 圖ᄒᆞᄂᆞᆫ 바이니 不必煩述이고 其措處之方을 思ᄒᆞ건ᄃᆡ 旣爲此等說이 發ᄒᆞ엿슨즉 漢城政府와 上海政府를 合一ᄒᆞ야 統領이니 總裁니 ᄒᆞᄂᆞᆫ 名詞를 通用ᄒᆞ고 議政院은 內地 國民大會를 代表ᄒᆞᆫ 樣으로 立法部가 되여 現今 行ᄒᆞᄂᆞᆫᄃᆡ로 繼續ᄒᆞ면 一邊으로 內地 同胞의 旨意를 違反치 안이ᄒᆞ며 一邊으로 上海 改造를 無視치 안임이라. 合同主意로 一擧兩便이니 十分 圓滿ᄒᆞᆫ지라. 重大ᄒᆞᆫ 層節이 無ᄒᆞ거던 如是히 執行ᄒᆞ심이 何如 ᄒᆞᆯ넌지오.

憲法을 尊重히 ᄒᆞ라 ᄒᆞ심은 如戒키 不難ᄒᆞ오나 我政府 憲法은 姑未得見이외다.

二. 大政方針을 問ᄒᆞ신 바 吾人이 當初에 平和會나 國際聯盟會에 希望을 屬ᄒᆞᆫ 바는 無ᄒᆞᆫ지라. 今에도 聯盟會를 慇懃히 反對ᄒᆞ야 美國 上議員 諸友로 運動ᄒᆞᄂᆞᆫ 바이나 外交上 應行事에 對ᄒᆞ야는 遺憾이 無ᄒᆞ기를 圖ᄒᆞᆷ이라. 我의 萬歲獨立을 엇지 不勞而得ᄒᆞ리요. 早晩間 吾人이 最後手段을 用ᄒᆞᆫ 後에야 國土를 恢復ᄒᆞᆯ 슈도 잇고 恢復ᄒᆞᆫᄃᆡ도 完全ᄒᆞᆫ 基礎가 立ᄒᆞᆯ지라. 此에는 兄我가 異見이 都無ᄒᆞ외다.

然ᄒᆞ나 最後運動에는 準備가 無ᄒᆞ고 될 슈 업ᄂᆞ니 吾兄과 柳東說 及 諸友가 遠東에셔 此를 準備ᄒᆞ신 바 弟는 此處에셔 美國人心을 鼓動ᄒᆞ려 ᄒᆞᆷ이 美國人으로 ᄒᆞ여금 我를 爲ᄒᆞ야 出力ᄒᆞ기를 望ᄒᆞᆷ이 안이오. 但 美人의 排日相[狀]態가 隨時增加ᄒᆞᆫ즉 彼의 排日熱이 極度에 達ᄒᆞ면 吾人은 金錢도 可得이오 他 緊用物도 可得이라. 此를 得ᄒᆞ면 內勢外機를 應ᄒᆞ야 着手ᄒᆞ게 될지니 弟는 如是ᄒᆞᆫ 愚見으로 此에 在ᄒᆞ외다. 此際에 吾人이 危險事를 行ᄒᆞᆷ은

大事에 無益이고 如前히 示威運動으로 繼續ᄒᆞ면 各國 新聞界에셔 訪事員을 派送ᄒᆞ야 實情을 廣布ᄒᆞ겟소이다. 近日에도 一人은 上海로셔 京城에 往ᄒᆞ엿고 又 一人은 此處에셔 發行ᄒᆞ엿소이다.

三. 財政 一事로 言ᄒᆞ면 公債票라 ᄒᆞᄂᆞᆫ 거시 當初에 國債와 不同ᄒᆞ야 內外國人이 一體로 捐助와 갓치 寄付ᄒᆞᄂᆞᆫ 바이니 此로 因ᄒᆞ야 巨大ᄒᆞᆫ 金額을 得지 못ᄒᆞ엿스나 外人에게는 好機會를 待ᄒᆞᄂᆞᆫ 中이외다.

行政上 責任을 遠東事는 吾兄이 李東寧·李始榮 及 諸位 閣員으로 協議處判ᄒᆞ시고 歐美事에는 弟로 ᄒᆞ여금 擔任케 ᄒᆞ여야 各國人 交涉上에도 圓滿ᄒᆞᆫ 結果를 收ᄒᆞ려니와 我 同胞를 統一ᄒᆞ기에도 便宜ᄒᆞ겟고 不然이면 財務官을 ᄯᅡ로 定ᄒᆞ시거나 他 團體로 分掌케 ᄒᆞ시면 難便ᄒᆞᆫ 事端이 不少ᄒᆞ겟ᄉᆞ외다. 並祝 吾兄 爲國 自重自護 不盡所懷上.

民國 二年 元月 二十八日 弟 李承晩 拜謝

61. 李承晩 → 李薩音 1920. 2. 24. (16, 173)

李薩音

屢欲裁書矣 而每因時促座擾 竟未得如計耳 今午 與金宋兩友相議後 如是專佈 望於非久間 得與從容面話切望也 若或不然 則定於三月二十一日及二十五日間 期日面會 若何々々 此五六日間 弟因演說會 遊歷 Dem[n]ber 及 Colorado Springs 等地計耳 兄須尋訪西邊各地後 轉到該處 屆期相遇 甚幸々々耳 爲此謹上.

民國 二年 二月 二十四日 弟 李承晩 頓首

[譯文]

이살음(李薩音)

누차 편지를 쓰려 했으나 그 때마다 시간은 촉박하고 주위는 시끄러워 뜻대로 되지 않았습니다. 오늘 낮에 김(金)·송(宋) 두 친구와 상의한 뒤에 이렇게 말씀드립니다. 가까운 시일 내에 조용히 만나서 이야기를 좀 나눴으면 합니다. 만일 그럴 수 없으시다면 3월 21일에서 25일 사이에 날짜를 정하여 만나주심이 어떻겠습니까? 이 5, 6일 동안 제(弟)는 연설회 때문에 Denver 및 Colorado Springs 등지를 순력(巡歷)할 계획입니다. 형께서는 서부 각 지를 방문하신 뒤에 그 곳으로 오셔서 그 기간 동안에 만나주시면 매우 다행이겠습니다. 이만 줄입니다.

민국 2년 2월 24일 제 이승만 돈수(頓首)

62. 李承晚→李薩音 1920. 10. 12. (16, 174~175)

李薩音 愛兄 回展

九月晦答은 詳鑒이며 石吾兄電은 幾日前 接得ᄒᆞ엿소.

在滬諸友의 現行 各事를 察ᄒᆞ건ᄃᆡ 此時 此勢에 處ᄒᆞ야 何忍如是오. 在美吾人之所謂引導者로 見ᄒᆞ야도 甚히 落望處이 多ᄒᆞᆫ지라. 人與我俱如是 何可望有同舟並濟之日乎이 甚歎々々耳라. 寫字機는 數次 書託于明友矣러니 近聞 則明以某事落心 不知所在處云 而姑未詳 第更試之焉.

內地炸彈使用等 近耗甚庸關慮也 非徒爲外交上損失同情而已 並因內國民心之終歸離散故也 望以是多費深思焉.

二年 十月 十二日 雩南 弟 拜

[譯文]

이살음(李薩音) 애형(愛兄) 회전(回展)

9월 그믐날 주신 답서는 자세히 보았으며 석오(石吾, 이동녕〈李東寧〉) 형의 전보는 며칠 전에 받아 보았습니다.

상해에 있는 제우(諸友)들이 현재 행하고 있는 갖가지 일들을 살펴보건대 이러한 시기와 형세에 처하여 어찌 차마 이럴 수 있겠습니까? 미주에 있는 우리들의 이른바 지도자라고 하는 분들로 말하더라도 실망할 대목이 매우 많습니다. 남들이나 내가 모두 이러하니 어떻게 한 배를 같이 타고 함께 건너는 날이 있으리라 기대하겠습니까? 매우 한탄스럽습니다. 사자기(寫字機)는 몇 차례 서신으로 명우(明友, 明東〈명동〉)에게 부탁했습니다. 요사이 들으니 명우가 어떤 일로 낙심하여 현재 있는 곳을 모른다고 합니다. 우선은 자세히 말씀드리지 못하겠으며 다시 알아보겠습니다.

내지에서는 폭탄을 사용하는 등 근래의 소식이 매우 마음에 걸립니다. 한갓 외교면에서 동정심을 잃는 것 뿐만 아니라 이로 인하여 마침내 내국(內國)의 민심이 이산(離散)하기 때문입니다. 이 일로 깊이 생각해 보시기 바랍니다.

2년 10월 12일 우남(雩南) 제(弟) 배(拜)

63. 李承晩 → 李商在(月南) 1920. 6. 31. (16, 176~179)

月南(李商在)丈 親鑒

美洲에 排日熱은 有加無減이고 美政이 日兵을 西伯里亞(시베리아)에셔 撤去ᄒᆞ라 ᄒᆞᆷ으로 應諾은 ᄒᆞ고 外面으로 退去ᄒᆞᆫ다 ᄒᆞ며 一邊으로는 볼쉐빅기가 滿洲와 朝鮮으로 蔓延ᄒᆞ니 此를 防備키 爲ᄒᆞ야 日兵을 召還키 不能ᄒᆞ다 ᄒᆞ더니 今에는 聯盟國이 볼쉐빅기政府를 認準ᄒᆞ자는 言論이 發生ᄒᆞ며 볼쉐빅기가 得勝ᄒᆞᄂᆞᆫ 모양이니

我는 美政과 慇懃히 交涉ᄒᆞ야 我 韓人 幾十萬名을 軍器와 服裝諸具만 備給ᄒᆞ면 利用ᄒᆞᆯ 슈 잇겟다 ᄒᆞ야 秘密交涉 中이나 美政이 極히 畏日ᄒᆞᄂᆞᆫ 狀態를 가짐으로 屬望키 姑難ᄒᆞ외다.

生은 今月終에 美洲 南方셔 爲始ᄒᆞ야 全國을 遊歷ᄒᆞ며 各 大都會 有力商會와 他公會 畧 六七十處에 演說ᄒᆞᆯ 터인ᄃᆡ 其間에 各 處에 演說ᄒᆞᆫ 結果가 甚히 良好ᄒᆞᆷ으로 此에 專力ᄒᆞ려 ᄒᆞ오니 此는 無他라 政府에셔도 人心이 煽動될 만치 되여야 政府에셔도 援助ᄒᆞ기를 生意ᄒᆞᆯ지라. 美政의 半公式 承認이라도 得ᄒᆞ면 金錢도 可得이오 他 緊用物도 亦 可得이니 厥後에야 大事를 可濟矣라. 內地同胞는 雖 肝腦塗地라도 示威運動을 如前繼續ᄒᆞ여야 吾人의 最後手段의 準備를 得ᄒᆞᆯ 터이외다.

數週前에 치카고新聞 Chicago News社에셔 探報員을 漢城으로 滿洲 西伯里亞에 派送ᄒᆞ엿고 허스트 Hearst新聞 社長이 上海 잇ᄂᆞᆫ 틔몬스 Timmons를 漢城으로 馳送ᄒᆞ엿소이다. 此人들을 詳探ᄒᆞ시와 善爲交涉ᄒᆞ시오.

今에 金錢만 幾萬元 有ᄒᆞ면 有力ᄒᆞᆫ 著述家를 特히 派送ᄒᆞ야 情形을 世界에 公布ᄒᆞᄂᆞᆫ 거시 第一 有力ᄒᆞᆫ 事이외다. 日人이 幾百萬元을 費用ᄒᆞ며 美國內에 宣傳ᄒᆞ야 韓人이 不能獨立이라 ᄒᆞᆷ과 韓人은 皆已歸化인ᄃᆡ 美宣教師가 煽動ᄒᆞᆫ다 ᄒᆞᆷ으로 宣教師의 言論은 도로혀 無力ᄒᆞᆯ 뿐 不啻라. 敢히 開口치 못ᄒᆞᆫ즉 他人을 利用ᄒᆞ야 宣教師도 保護ᄒᆞᄂᆞᆫ 거시 必要ᄒᆞ외다.

我는 美人會席에셔 말ᄒᆞ기를 我 內地 忠愛同胞가 目今에라도 日人을 逐出ᄒᆞᆯ 슈 잇스나 人命의 多數ᄒᆞᆫ 死傷을 免코져 ᄒᆞ야 韓人을 自治나 更張 等說로 安頓식힐 슈 업ᄂᆞᆫ 줄을 自覺ᄒᆞ고 退歸키를 望ᄒᆞᆷ이라. 日人이 此를 不覺ᄒᆞ면 吾人은 不得已ᄒᆞ야 最後手段을 難免이라. 惟望美國人民는 日人의 蠻習을 文字는[나] 言論上으로 攻擊ᄒᆞ여 달나 ᄒᆞᄆᆡ 同聲力助ᄒᆞᄂᆞᆫ 者ㅣ 多數ᄒᆞ야 親友會

를 各處에 擴張ᄒᆞᄂᆞᆫ 中이외다.

벡(Beck, S. A.)은 宣敎師을 辭免ᄒᆞ고 韓國事에 專力ᄒᆞ며 헐벗(Hulbert, Homer B.)과 졔슨(Jaisohn, Philip, 서재필)도 極力이고 믹켄지(McKenzie, F.A.)의 新刊册은 大有力ᄒᆞ외다.

上海셔는 所謂 執政官이나 統領이니 ᄒᆞᄂᆞᆫ 問題로 多少 言論이 有ᄒᆞᆫ 모양이니 此等 異議 歧見이 無ᄒᆞ면 甚好ᄒᆞ겟스나 衆人 集會ᄒᆞᆫ 中에 自然 築室道謀之歎이 不無ᄒᆞᆫ 듯ᄒᆞ외다.

內地 消息을 種々 錄示ᄒᆞ셔야 在外ᄒᆞᆫ 吾人은 方針을 알겟소이다. 特히 財政을 圖ᄒᆞᆯ 슈 잇스면 大效를 收ᄒᆞ겟소이다. 노불(Noble, W. B.)이나 켄소 兩人便으로 金錢을 付送ᄒᆞ시면 無慮來到ᄒᆞ겟소이다.

且 美政府와 秘密 交涉ᄒᆞᄂᆞᆫ 中이나 日後에 好機가 有ᄒᆞ야 締約 等事가 進行될진ᄃᆡ 漢城에셔 公式으로 選擧ᄒᆞᆫ 執政官總裁와 大統領이라ᄂᆞᆫ 文憑이 有ᄒᆞ면 萬々 緊要ᄒᆞ겟소이다. 萬若 ᄒᆞ실 슈만 잇거던 周旋ᄒᆞ여 보시오.

此書를 宋彥用・吳起[基]善・李民히蓮洞學校內 婦人會 中央部會長 金槿圃氏와 其外라도 各 團體 機關 等에 輪示ᄒᆞ시옵소셔.

晝夜로 主의 內地 諸先生과 同志를 爲ᄒᆞ야 祈禱ᄒᆞᄂᆞ이다.

民國 二年 六月 三十一日 晚生 在華盛頓(워싱턴) 白

64. 李承晚 → 李商在 1921. 7. 29. (16, 180~185)

去五月에 吉氏便에 銀貨 四千元은 卽時 吉氏로 ᄒᆞ여금 財務總長 李始榮・內務總長 李東寧・國務總代理 申圭植 合席ᄒᆞᆫ 中에셔 親히 傳ᄒᆞ야 領證을 受케 ᄒᆞ엿으니 無慮히 信傳되엿으며 政府의 財政 窘拙이 莫甚ᄒᆞᆫ 時에 此額이 渴望을 恰[洽]慰ᄒᆞ엿소이다.

尹顯振은 財務次長을 辭遞ᄒᆞ고 金牧師仁全이 被任ᄒᆞ엿으니 此

事實을 同志間에 通知ᄒᆞᄂᆞᆫ 거시 似好耳.

今에 政府에셔 誠忠을 다ᄒᆞ는 이는 申圭植・孫貞道・金仁全・尹琦燮・李喜儆・趙琬九・申翼熙 等이오, 政府外에셔 極力擁護ᄒᆞᄂᆞᆫ 人士가 多ᄒᆞᆫᄃᆡ 李東寧・李始榮・盧[伯]麟은 아즉 政府內에 在ᄒᆞᄂᆞ 現狀維持에 用力은 盧氏의 狀態는 疑点이 不小[少]ᄒᆞ외다. 普通 民心은 少不搖動ᄒᆞ니 財政만 有ᄒᆞ면 彼 零星 小[少]數之人의 百方 破壞運動이 맛참ᄂᆡ 無效로 歸할 ᄲᅮᆫ이외다.

一邊으로 朴容萬・李東輝・南亨祐・申肅 等은 金圭[奎]植・安昌浩・呂運亨 等으로 連絡ᄒᆞ야 破壞主意을 宣傳ᄒᆞᄂᆞᆫ대 安昌浩・呂運亨[은] 演說會를 開ᄒᆞ고 宣言ᄒᆞ되 國民大會를 召集ᄒᆞ야 時局問題를 解決ᄒᆞ자 ᄒᆞ니 其 從卒은 皆 同聲響應ᄒᆞ나 衆人은 其 目的을 諒解ᄒᆞᆷ으로 贊成치 아니ᄒᆞ여 秘密團體가 各處에 組織되여 時局을 護持ᄒᆞ기로 結心이며

國務院은 結束이 되여 前과 異ᄒᆞ야 互相 矛盾 缺[決]裂ᄒᆞ던 弊가 無ᄒᆞ고 一心으로 爛商ᄒᆞ야 從長決行ᄒᆞ며 重大事은[는] 大統領에게 決裁를 得ᄒᆞ야 執行ᄒᆞ며 歐美委員部와 協同ᄒᆞ야 美布墨(미주・하와이・멕시코)에 應行 各事은[는] 委員部로 達ᄒᆞ야 治理ᄒᆞ자 ᄒᆞ엿ᄂᆞ니 彼 不平者드리 百方 沮戲코져 ᄒᆞ야 孫貞道・金仁全・李喜儆이 政府에 總長 或 次長의 任命으로 行公ᄒᆞᄂᆞᆫ 것을 못ᄒᆞ게 勸告ᄒᆞ나 다 婉辭 却之ᄒᆞ엿으며 政府에 財政이 收入되지 못ᄒᆞ게 ᄒᆞ노라고 매우 活動ᄒᆞᆫ다 ᄒᆞᆷᄂᆡ다.

李喜儆・安恭根 兩人은 秘密히 모스카우로 派送ᄒᆞ엿ᄂᆞᆫ대 經費가 不足ᄒᆞ야 困辱을 當할 터이며 李東輝가 近日에 모스카우로 向ᄒᆞ야 發行ᄒᆞ엿ᄂᆞᆫ대 或 무삼 衝突이 無할넌지 關慮가 不無ᄒᆞ외다.

西北慇[墾・間]島에 散在ᄒᆞᆫ 我 軍人이 多數ᄒᆞ나 其中에도 部分이 不無ᄒᆞ더니 今에는 다 合同되여 畧 二千五百名이 團結되여

政府를 擁護ᄒᆞ는 軍事上 機關이며 金佐鎭·徐一 等 其司令長官들은 忠直ᄒᆞᆫ 引導者들이기로 政府에셔도 極力贊助ᄒᆞ니 遠東 形便으로도 前에 比ᄒᆞ면 統一될 希望이 多ᄒᆞ며

美·布에셔는 彼 小[少]數 不平者들의 所爲를 置之度外ᄒᆞ고 含默憤忍ᄒᆞ다 못ᄒᆞ야 今에는 反對ᄒᆞᄂᆞᆫ 者들을 何方面으로던지 制限鎭壓ᄒᆞ기를 決心ᄒᆞ고 各 處에 團體을[를] 組織ᄒᆞ니 此로[도] 統一에 ᄒᆞᆫ 方策이외다.

그러나 目下에 最急 最難問題는 財政 一事라. 委員部에 一百元金의 現存이 無ᄒᆞ여 政府에셔 職員의 食費를 難辦이며 政府의 家屋稅를 未報ᄒᆞ고 잇은즉 아모리 忠心이 切ᄒᆞ며 勇力이 多ᄒᆞᆫ들 奈何며 俄中 兩領 各地에도 人民은 다 政府에 服從ᄒᆞ나 幾個人의 私心으로 因ᄒᆞ야 統一에 障碍가 된다 ᄒᆞ니 若干 財政만 잇으면 可信한 人員을 派送ᄒᆞ야 實情을 알녀 쥬면 彼 野心者들이 莫可奈何할지나 但 金錢이 無함으로 束手沒策이외다.

布哇(하와이)로 論ᄒᆞ면 今年에 金錢이 極貴ᄒᆞ야 各國人이 同然ᄒᆞ매 韓人이 더욱 受損ᄒᆞᄂᆞᆫ지라. 此中에셔 大畧 一千五百名 勞働者의 鳩聚ᄒᆞᄂᆞᆫ 바로 上海政府의 經費를 供給ᄒᆞ며 歐美委員部를 維持ᄒᆞ며 徐載弼氏의 月報刊行을 擔當할 ᄲᅮᆫ 外라. 湖港(호놀룰루)에셔 學校와 敎會를 또한 継續ᄒᆞ여 간즉 美洲에 散在ᄒᆞᆫ 韓人 大畧 一千五百名이 또ᄒᆞᆫ 돕ᄂᆞᆫ다 ᄒᆞ나 所謂 興士團員이라ᄂᆞᆫ 者들은 安昌浩先生이 口權을 掌握ᄒᆞ여야 도읍ᄂᆞᆫ다 ᄒᆞ고 出捐치 안는다 ᄒᆞ니 弟가 渡美ᄒᆞ는 日에 此等事를 다 矯正ᄒᆞ여 볼 터이나 甚히 難處이외다. 모든 일은 廢止할 슈는 업고 継續 進行ᄒᆞ자니 亦 難한지라. 然ᄒᆞ나 最後 一刻ᄭᆞ지 守而勿失ᄒᆞ려 ᄒᆞᆸ니다.

今日은 卽 太平洋時代라. 世界 重大問題가 多數히 太平洋에셔 生할 터인대 各國 敎育代表會가 八月望間에 此港에셔 開ᄒᆞ며 萬國新聞代表會가 十月望間에 亦 此處에셔 開ᄒᆞᄂᆞᆫ 바 新聞代表會

는 特히 注望ᄒᆞᆫ 故로 日人은 三十餘名의 代表가 渡米ᄒᆞᆫ다 [ᄒᆞ고] 此處 美人들이 吾人의게 對ᄒᆞ야 高明한 人物로 代表를 派送ᄒᆞ야 日人을 抗議ᄒᆞ라 ᄒᆞ는지라. 徐載弼과 鄭漢[翰]景을 派送코져 ᄒᆞ나 徐는 多數ᄒᆞᆫ 金額을 要求할지니 如意키 難ᄒᆞ고 鄭은 오게 ᄒᆞ게스며 此에 經費가 問題외다. 日本과 中國과 遠東 各地에셔도 代表가 來ᄒᆞ면 尤好ᄒᆞ겟으나 英文 英語를 能ᄒᆞᄂᆞᆫ 人이라야 되겟ᄂᆞᆫ대 內地에셔라도 할 슈만 잇으면 代表을 擇定ᄒᆞ고 곳 電報로라도 布哇總督 퓌링톤 Hon. Wallace R. Farrington, Governor of Hawaii에게로 卽時 通知ᄒᆞ시오.

其中에 最緊 最要ᄒᆞᆫ 거슨 十一月에 開ᄒᆞ는 萬國軍備縮少會라. 此를 華盛頓에셔 開ᄒᆞ려ᄂᆞᆫ대 或은 湖港에셔 ᄒᆞ자는 發起도 有ᄒᆞ외다. 此會는 特別히 東洋問題를 議할 터인 고로 此時에 韓國事를[가] 잘만 決定되면 我의 追後事가 容易할지며 不然이면 前路가 尤難할지라. 美統領과 人心이 我에게 同情을 表ᄒᆞᄂᆞᆫ 同時에 吾人은 極力於此할지니 財政上 實力이 內地에셔 나와야 되겟소이다. 何方法으로던지 幾拾万元 金錢를[을] 得送ᄒᆞ셔야 大事를 可圖외다.

此會를 開할 臨時에 內地와 遠東 各處에셔 示威運動을 크게 ᄒᆞᄂᆞᆫ 거시 ᄯᅩᄒᆞᆫ 必要ᄒᆞ니 預先 準備ᄒᆞ게 ᄒᆞ시오.

政府의 現狀維持 經費도 一年에 三萬元은 內地에셔 擔當ᄒᆞ여 쥬어야 되겟소이다. 形便이 急ᄒᆞ야 姑閣 謹上.

三年 七月 二十九日 李承晚 頓

去五月 二十八日에 從容히 上海를 離ᄒᆞ야 呂宋으로 達ᄒᆞ야 今月初에 湖港에 來ᄒᆞ엿ᄂᆞᆫᄃᆡ 六七日內로 華城(워싱턴)을 向ᄒᆞ야 發行ᄒᆞ겟소이다.

65. 李承晩 → 李商在 1921. 12. 30. (16, 186~187)

To Naichi
Lee Sang Chai

向者 布哇(하와이)에서 某友에게 面述ᄒᆞᆫ 바 在外ᄒᆞᆫ 吾人의 形便은 想已入聆이며 太平洋會議ᄒᆞᆫ 我 要求書ᄂᆞᆫ 間已繕送이나 但 日人 聲明ᄒᆞ되 韓國問題가 提出되면 卽時 束裝退歸ᄒᆞᆫ다 ᄒᆞᄂᆞᆫ 故로 敢히 提起ᄒᆞᄂᆞᆫ 者 姑無ᄒᆞ고 內容으로ᄂᆞᆫ 吾人의 發文을 見ᄒᆞ고 同情을 表ᄒᆞᄂᆞᆫ 者 多ᄒᆞ외다. 彼 參會 列强이 各己 費多務行ᄒᆞᄂᆞᆫ 中에셔 互相 紛裂ᄒᆞ야 議論 各事가 皆歸無效이고 來月終에ᄂᆞᆫ 閉會ᄒᆞᆫ다ᄂᆞᆫ대 多數人은 紛々 歸家ᄒᆞ엿소이다. 四國同盟은 英日同盟을 破壞ᄒᆞᆯ야ᄂᆞᆫ 策에셔 出ᄒᆞᆷ인대 美上議院이 通過치 안을 터이며 不知中에 된 것은 美人이 疑日猜日心이 遂益增加ᄒᆞ야 今會가 卽 美日衝突을 促成ᄒᆞ엿다 ᄒᆞ여도 過言이 안이외다.

內地에셔 列名請願書가 上海로 達ᄒᆞ야 來到인 바 徐博士와 돌프(Dolph, Fred A.)ᄂᆞᆫ 極히 歡迎ᄒᆞ야 卽時 全文을 映相에 模寫ᄒᆞ야 數千張을 印刊 譯出ᄒᆞ야 公佈할야ᄂᆞᆫ 것을 强勸 停止ᄒᆞ엿ᄂᆞ니 此ᄂᆞᆫ 無他라. 署名 諸氏가 被押見辱할 것을 顧念ᄒᆞᆷ일너니 美國務省에셔 日人과 問答된 事實은 夾楮에 錄送ᄒᆞ니 不須更提이며 今夕에 다各 代表團과 新聞社에 分傳ᄒᆞ엿스니 其 結果의 何如ᄒᆞᆷ은 付之於天ᄒᆞ나이다.

上海 財務總長이 上書ᄒᆞ여 曰 漢城에셔 二人이 各 出二萬ᄒᆞ야 合四萬元을 徐載弼에게 付送ᄒᆞ엿스니 正萬元은 政府로 送ᄒᆞ라 ᄒᆞᆫ 바 太平洋會議 一事에 對ᄒᆞ야 內地에셔ᄂᆞᆫ 四元도 온 것이 업고 美布墨(미주·하와이·멕시코)에 零星ᄒᆞᆫ 韓人들이 거의 四万元 假量되ᄂᆞᆫ 美金을 내여 支供ᄒᆞ여 왓소이다.

今에는 委員部 經費와 外交 各用을 輕減ᄒᆞ야 每朔에 上海로 若干額을 得送할여 ᄒᆞ나 吾人의 經濟困難으로 抵當키 難ᄒᆞ니 政府維持費에 對ᄒᆞ야 內地에셔 도을 슈 업스면 萬難持久이며 政府의 名義라도 支保치 못ᄒᆞ면 外人의 聽聞으로도 關係가 不少ᄒᆞ고 韓人 精神上 合一에도 影響이 多大ᄒᆞ겟소이다.

各 處에 政府破壞運動者가 極少數로 百方 活動ᄒᆞ나 多數 人心은 擁護ᄒᆞ려는 熱이 反動되야 益々 固結ᄒᆞ여 간즉 此를 善導之ᄒᆞ면 民心을 漸次 歸一ᄒᆞ야 團合되겟고 團合되여야 前途에 來ᄒᆞ는 好機會를 當ᄒᆞ야 晩時無備의 歎을 免할 터이외다. 故로 今에 內地셔 雖 百難中이라도 財政을 得送ᄒᆞ야 李始榮·申奎[圭]植·李東寧·孫貞道 等 諸人에게 到達케 되면 大事에 幸甚이겟소이다.

餘以時受恩寗吉ᄒᆞ심을 晨夕暗禱ᄒᆞ나이다.

三年 十二月 三十日 華盛頓(위싱턴)留 雩南 謹

66. 李承晩→李商在(月南) 1923. ?3. (16, 188~192)

月南 愛師 心照

惠送敬告海外各團體書　擎讀之餘　不禁感愧有淚　能免有縲絏之苦耶 晨夕奉慮不歇耳

間由布哇民團及華部　繹刊貴敬告書　分傳各地僑布六千　除小數不平分子外　無不感激　盡誠於維持現局策　但經濟困況　姑未循環纔於數週前　由此處夫人會　得送美貨一百元于政府　繼於日昨　更送二百元 俾助經用之萬一也

華府　則自正月以後　由此地所送　不過三四百元　僑美諸人中　援助者　亦寥々無幾　盖爲某々派團所波及　從今望有轉機　而亦未可必也 所恃者 惟團體 其中有能文能言者 指政府爲吾家所立 視公器爲

吾人所有 持堅忍不拔之心 成固結難解之勢

切恐此輩 爲吾人來頭之患也 苟不能早爲隄防之 必將養虎爲患矣 其隄防之道 何在 曰內外吾人之同心同德者 宜有組織體 盡擧彼流之內幕 隨其實情 一々公佈 使吾族俱知之 如是繼行 則不逾一二年 而人多知其詳 彼無從鴟張矣 此誠非吾人所當念及 且非吾輩所欲爲之事 然而爲將來計 不可無是擧

此係在外諸同志之所見 未知在內諸先生 以爲何如 若諸公以是爲可 則生當執鞭從事 自內地宜有若干財政 以助新聞雜誌發行費 若或內地情形不同 彼輩所爲 無足爲憂 則置之不問 亦可也

今日東京聯合通信有云 日廷使東洋拓植[殖]會社 與紐育各銀行家契約 借得美金二億萬元 開發韓國財源云々 此實出於日人持久策也 彼知韓國 終非囊中物 欲以經濟力 更加束縛 其意甚陰險也 今晩將電飭委員部 卽宣言於各新報 勸財政家 勿因韓國名義 許日人債款 盖韓日後斷不願擔保日本之公債也

現今吾人計 欲提出我韓問題於國際連盟會大審院 昨午開共公會於此 決議組織幹部 發文通告各地 另行鳩財

前主日大開共同會 以物產奬勵及日貨排斥主意 滿場一致 擇定委員 乃議發文廣布耳

今聞有某宣教師一行 將於明午過此 玆以數行書 畧陳現下情形 貽送夾楮 望有參考焉

望申兄無搖抵闔 且其所約金額 從速得送 俾免庶事狼狽 若何々々

基督學院學生內地訪問團 方在晨夕準備中也 閔燦鎬·金永遇兩友 及 一美國夫人率往計耳 學校請捐事 若有多少實效 愼勿以金錢 出付于該團同往人 另以此直送于學校財務 W.D. Westervelt 爲荷々々

[譯文]

월남(月南, 이상재〈李商在〉) 선생님 심조(心照)

보내주신 '해외 각 단체에 경고하는 글[敬告海外各團軆書]'은 두 손 받쳐 읽어 보았는 바 감사하고 부끄러운 마음을 금치 못하여 눈물마저 흘렸습니다. 나설(縲絏, 쇠사슬에 묶임)의 고통을 능히 면하실 수 있을까 하여 조석으로 끊임없이 걱정이 되기도 합니다.

그 사이 하와이에 있는 민단(民團)과 워싱턴에서 귀 경고서를 번역 출간하여 각지의 교포 6천명에게 나누어 주었습니다. 소수의 불평분자를 제외하고는 감격하지 않은 이가 없었으며 모두 현 시국을 유지하는 대책에 정성을 다하고 있습니다. 다만 경제가 곤란한 실상은 아직 풀리지 않아 몇 주 전에야 이곳에 있는 부인회(夫人會)에서 미화(美貨) 1백 원을 정부에 보내주었고, 이어서 엊그제 다시 2백 원을 보내서 경비의 만에 하나라도 보태게 하였습니다.

위싱턴에는 정월 이후로 이곳에서 보낸 것은 3~4백 원에 지나지 않고 미국의 교포 여러분 중에서 원조한 자도 거의 없다시피 하였습니다. 이는 대체로 모모 단체와 계파로부터 영향을 받았기 때문입니다. 지금부터는 어떠한 전기(轉機)가 생길 가망이 있기는 하나 기필할 수는 없습니다. 믿을 것은 단체 뿐입니다. 그 중에서 글도 잘하고 말도 잘하는 사람이 정부를 가리켜 우리가 세운 정부라 하고 공공기물을 가리켜 우리들 소유라 하며 견인불발(堅忍不拔)의 마음을 가지고 굳게 뭉쳐 와해되지 않는 형세를 이룩하는 것입니다.

저으기 걱정되는 바는 이 무리들이 우리들의 일후(日後)의 큰 걱정거리가 될 듯한 것입니다. 일찍이 조치를 취하여 제어하지 않는다면 반드시 장차 호랑이를 길러 걱정거리를 남기는 꼴이 될 것입니다. 그들을 제어하는 도리는 무엇이겠습니까? 국내외에 있는 우리들과 마음이 같고 덕(德)이 같은 사람들이 조직체를 만들어 저들의 내막을 모조리 들추어 내고 그 실정에 따라 일일이 공개하여 우리 민족으로 하여금 다 알게 하는 것입니다. 그렇게 계속한다면 1,

2년이 지나지 않아 사람마다 그 실상을 알게 될 것이고 저들도 따라서 날고 뛰지는 못할 것입니다. 이는 참으로 우리들이 생각할 수도 없고 또 우리들이 하고 싶지도 않은 일입니다. 그러나 장래를 위해서 이러한 거조(擧措)가 없을 수 없습니다.

이 점은 국외에 있는 여러 동지들의 소견인 바 국내에 있는 선생님들은 어떻게 생각하시는지 모르겠습니다. 만일 제공(諸公)께서 이 일을 옳다고 여기신다면 제가 매를 들고 이 일에 종사하겠습니다. 그러니 내지(內地)에서 약간의 재정을 마련하여 신문과 잡지의 발행 비용을 보태주십시오. 그러나 만일 내지의 사정이 여의롭지 못하거나 저들의 하는 짓이 걱정거리가 되지 않는다고 여기신다면 불문에 부치셔도 좋습니다.

오늘 동경(東京)의 『연합통신(聯合通信)』에 게재되기를 "일본 정부는 동양척식회사(東洋拓殖會社)로 하여금 뉴욕의 각 은행가와 계약하여 미화 2억 원을 빌려 한국의 자원을 개발하게 한다 운운" 하였습니다. 이는 실로 일본인들의 지구책에서 나온 것입니다. 저들은 한국이 끝내 저희들의 낭중물(囊中物)이 되지 않을 것이라고 보고 경제력으로 다시 속박을 가하려는 것이니 그 의도가 극히 음험합니다. 오늘 밤 위원부(委員部)에 전보를 보내어 즉시 각 신문사에 선언하고 재정가에게 권하여 한국의 명의를 빌어 일본인에게 차관(借款)을 제공하지 말도록 하렵니다. 그것은 한국이 일후에 단연코 일본의 공채(公債)의 담보물이 되는 것을 원하지 않기 때문입니다.

현금 우리의 계획은 우리 한국문제를 국제연맹회(國際聯盟會)의 대심원(大審院)에 제출하려고 합니다. 어제 낮에 공공회(共公會)를 이곳에서 개최하고 간부회의 조직을 결의하여 각 지에 발문(發文) 통고하고 특별히 재정을 모집하고 있습니다.

전 주일(前主日)에 크게 공공회를 열고 물산(物產)장려와 일화(日貨)배척운동을 벌이기로 만장일치로 결의하고 위원을 선정하고 공문을 발송하여 널리 공표하기로 했습니다.

지금 듣자니 모 선교사 일행이 내일 점심에 이곳을 지나간다 합니다. 이에 몇 줄의 글로 현하의 정세를 약술한 쪽지를 동봉하오니 참고하시기 바랍니다.

신형(申兄)이 무사히 귀국하기를 빕니다. 또 그가 약속한 금액을 되도록 속히 보내주셔서 여러 일이 낭패하지 않도록 하는 것이 어떻겠습니까?

기독학원(基督學院) 학생의 내지방문단(內地訪問團)이 지금 조석으로 준비 중에 있습니다. 민찬호(閔燦鎬)·김영우(金永遇) 두 친구와 미국 부인 한 사람이 인솔하고 갈 계획입니다. 학교에서 보조를 요청한 일이 혹 다소라도 성과가 있게 되면 부디 돈을 이 단체와 같이 간 사람에게 내어주지 마시고 학교의 재무 W.D. Westervelt씨 앞으로 직접 부쳐 주시기를 당부드립니다.

67. 李承晩→李商在(月南) 1924. 8. 9. (16, 193~197)

月南(李商在) 先生 閣下

日京天災 時에 我僑의 慘殺當ᄒᆞᆷ은 聞甚痛心切齒라. 吾人이 誓當報復乃已외다. 此報가 發洩되기 前에 日廷이 掩跡ᄒᆞᆯ 奸計로 各 國에 宣傳ᄒᆞ되 在日韓人 不平徒가 地震의 時機를 乘ᄒᆞ야 放火 奪財 强奸ᄒᆞᆷ으로 一萬五千名을 拘留ᄒᆞ엿다 ᄒᆞ야 韓人으로 ᄒᆞ여금 世人의 同情을 失케 ᄒᆞᆫ지라. 布哇(하와이)와 美英 兩京에셔 敵의 嫁禍之計를 說明ᄒᆞ엿더니 今에 虐殺之耗가 發布되ᄆᆡ 湖港(호놀룰루)에 共同會를 開ᄒᆞ고 美英 各 地에 馳電ᄒᆞ야 曰 美政府에 要ᄒᆞ야 被害人數와 其 蠻行의 理由를 查探公布ᄒᆞ여 달나 ᄒᆞ엿더니 昨에 委員部 答電을 接ᄒᆞᆫ즉 親友會에셔 美外務省과 交涉中이라 ᄒᆞᆷ니다.

此處에셔 美國 新聞社 數處와 交涉ᄒᆞ야 派員 詳查케 ᄒᆞ려 ᄒᆞ엿더니 美洲 西方에 有力ᄒᆞᆫ Sacramento Bee新聞社에셔는 派員키

不能이라고 答ᄒᆞ엿고 方今 허스트(Hearst)新聞과 問議ᄒᆞ려 ᄒᆞ나 前無ᄒᆞᆫ 酷禍를 當ᄒᆞᆫ 日本에 對ᄒᆞ야 人道上 體面이 不無ᄒᆞ다 ᄒᆞ야 左袒ᄒᆞ고 나셔〻 聲討키를 不肯ᄒᆞᄂᆞᆫ 모양이외다. 然ᄒᆞ나 財政만 有ᄒᆞ면 美人이나 韓人이나 特派 往探케 ᄒᆞ려ᄂᆞᆫ 中인ᄃᆡ 布哇力으로만은 事力不逮의 慮가 不無ᄒᆞ외다.

政府維持策

今에는 上海가 整頓되여 金奎植은 海蔘威로 安昌浩는 北京으로 朴容萬은 吉林으로 各〻 散去라 ᄒᆞᄂᆞᆫᄃᆡ 上海에는 盧伯麟이 總理의 名을 帶ᄒᆞ고 尙今坐守ᄒᆞ나 俄領에 所謂 創造派 機關과 內應이 有ᄒᆞ야 所謂 軍務長官의 名이 有ᄒᆞ다고 李始榮君의 詳報가 來ᄒᆞ엿스며 趙鏞殷(趙素昂)·金九·李始榮 諸員으로 協同이 無ᄒᆞ야 盧를 解任ᄒᆞ고 他人으로 擇任ᄒᆞ기 前에는 國務院이 和衷 共濟의 團結을 成키 難ᄒᆞ다 ᄒᆞᆫ 바 盧氏는 過去 一年間에 弟에게 一字書信이 無ᄒᆞ엿스되 置之不問ᄒᆞ다가 及其 滬局이 風靜浪息된 後에 閣員 諸友에게 其由를 書問ᄒᆞ엿더니 日昨에야 其答이 來ᄒᆞ엿ᄂᆞᆫᄃᆡ 他言은 無ᄒᆞ고 但 國民代表會 創始 時에 政府에셔 贊同ᄒᆞ고 主論ᄒᆞᆫ 거시 包容ᄒᆞᄂᆞᆫ 意를 表示코져 홈이오 他意는 無ᄒᆞ엿다ᄂᆞᆫ 等說이라. 近에 元世勳·申肅·尹海 等의 所望이 失敗되여 所謂 創造派의 機關도 발셔 三部分에 各立되여 一, 露國入籍派 一, 不入籍派 一, 共產派라 鼎足而立ᄒᆞ야 爭鬨이 極熱ᄒᆞᄆᆡ 盧도 所望이 絶ᄒᆞ야 布哇만 專恃ᄒᆞ게 되엿다 ᄒᆞ나 此亦 傳說이니 詳報를 得ᄒᆞ야 措處ᄒᆞ려ᄂᆞᆫ 中이외다.

昨日에 李始榮·趙素昂(鏞殷) 諸友에게 致書ᄒᆞ야 二件事를 卽時 執行ᄒᆞ라 ᄒᆞ엿ᄂᆞ니 一, 閣員 一同이 公式으로 會同ᄒᆞ야 合心團結ᄒᆞ기와 反對派로 聯絡을 斷絶ᄒᆞ기와 政府의 一定ᄒᆞᆫ 政略을 誠心遵守ᄒᆞ기와 一年內에는 辭免ᄒᆞᆫ다 脫退ᄒᆞᆫ다ᄂᆞᆫ 問題를 提出치 안을 것과 對內 對外ᄒᆞᆫ 政策을 엇지ᄒᆞ자는 거슬 商定ᄒᆞ고 各〻 此

意로 契約처럼 宣誓처럼 盟約을 立ᄒᆞ야 約束ᄒᆞᆷ. 一은 而後 家屋貰와 閣員 及 職員의 人員數와 其 生活費 幾何를 算定ᄒᆞ야 政府維持費를 最少額으로 豫算ᄒᆞ여셔 逐條 錄送ᄒᆞ면 此處에셔 可及的으로 援助ᄒᆞ마 ᄒᆞ엿ᄂᆞᆫᄃᆡ 一年에 五千元은 美貨로 가져야 ᄒᆞ겟고 此額으로 機關을 保維만 ᄒᆞᆯ 슈 잇스면 上策인 줄로 認ᄒᆞᄂᆞ이다.

然ᄒᆞ나 在布(하와이) 零星 農民의 筋骨로만 諸般 公務와 政府維持를 擔當ᄒᆞ라 ᄒᆞ면 此는 될 슈도 업고 公平치도 안이ᄒᆞ니 本國에셔 적어도 一年에 美貨 一萬元은 支給ᄒᆞ셔야 英京에 每朔 一百元 美京에 四百元 徐載弼 發行ᄒᆞ던 大韓評論 英文報에 三百元 上海에 每朔 一百元式 分排ᄒᆞ고 美布(미주·하와이) 韓人에게 ᄯᅩ 이만치나 得ᄒᆞ여 事務를 繼續ᄒᆞ게 ᄒᆞ겟소이다.

今에 弟는 地盡頭에 到ᄒᆞ엿슴으로 平生之力를 出ᄒᆞ야 旅費를 圖得ᄒᆞ여 數年前에 上海로셔 內地에 送ᄒᆞ엿던 젱킨女史를 另派ᄒᆞ오니 某樣錢이던지 卽時 變通ᄒᆞ시와 回便에 付送ᄒᆞ셔야지 不然이면 委員部 門을 다치게 ᄒᆞ야 더욱 倉皮ᄒᆞᆫ 後慮나 無케 ᄒᆞᄂᆞᆫ 거시 可ᄒᆞ겟소이다. 萬若 因循度日타가 他國人에게 房屋貰라 食費條라 ᄒᆞᄂᆞᆫ 名目으로 幾百元 負債ᄒᆞ야 督責을 當ᄒᆞ다가 封鎖케 ᄒᆞ면 爲恥更甚ᄒᆞ니 此에 至치 안ᄂᆞᆫ 거시 可ᄒᆞ겟소이다.

젱킨女史에게 京鄕 數處에 從容히 尋訪ᄒᆞᄂᆞᆫ 것이나 或 遊覽ᄒᆞᄂᆞᆫ 체ᄒᆞ거나 ᄒᆞ고 宣教師들을 歷訪ᄒᆞ며 속으로 某々 可信ᄒᆞᆫ 韓人을 面會ᄒᆞ야 弟의 筆跡을 보히고 財政을 要求ᄒᆞ여 보라 ᄒᆞ엿스니 此를 善爲指示ᄒᆞ셔々 京鄕 各 大都會處에 財政家들을 面對請捐케 ᄒᆞ심이 亦 似好耳.

今에 弟도 美京으로 渡去ᄒᆞ여야 ᄒᆞ겟ᄂᆞᆫᄃᆡ 旅費로도 五六百元 金錢을 要ᄒᆞ거니와 生活費로도 每朔 二三百元을 持ᄒᆞ여야 되리니 此를 何處에 得來ᄒᆞ오릿가. 甚菀々々耳.

學生訪問 時에 百般 勤勞ᄒᆞ심을 在布吾民의 亦極銘感이오며

灾域에 不入ᄒᆞ고 無事回歸ᄒᆞᆷ은 實로 天佑오니 感謝ᄒᆞᆷ니다.

建築費 捐助로는 便同失敗라 ᄒᆞᆷ니다. 富者들이 幾千元式 給ᄒᆞᆯ 쥴로 認ᄒᆞ엿더니 李啓泰兄 一人外에는 다 普通 人民의게셔 鳩集ᄒᆞᆫ 거시오 閔泳徽의 二千元이라ᄂᆞᆫ 거ᄉᆞᆫ 不滿足ᄒᆞᆷ니다. 內地同胞에게 少不下 美金 正萬五千元을 來ᄒᆞᆯ 쥴로 認ᄒᆞ엿더니 日昨에야 四千九百元을 領受ᄒᆞ엿ᄂᆞᆫᄃᆡ 建築費에 先給ᄒᆞᆯ 額數도 三分一이 못되고 限도 違越ᄒᆞ야 彌[彌]縫ᄒᆞᆯ 方法이 無ᄒᆞ니 奈何々々오.

京城에 委員에게와 東亞報에 在ᄒᆞᆫ 바 學校 捐金이 金貨로 三千餘元이 된다니 그거시라도 速히 付投ᄒᆞ셔야 逢辱을 能免이고 다 合ᄒᆞ야 一萬五千元을 充數ᄒᆞ여 쥬셔야 學校를 維持ᄒᆞ겟소이다.

來年 靑年會 代表會 時에 來參ᄒᆞ시련다 ᄒᆞ오니 預先 聳喜萬々이외다.

졩킨女史는 上海에셔 가게 相約ᄒᆞ고 旅費와 文字를 此處에셔 郵付ᄒᆞ야 卽時 渡韓케 ᄒᆞ엿스니 歸來後 若干 酬勞가 有ᄒᆞᆯ 터이외다.

不備忽々.

68. 李承晩 → 李商在(月南) 1924. 12. 27. (16, 198)

月南 老師 親鑑

歲暮天寒 老師道體 不甚損節 凍餓吾民 將不至塡壑殆盡耶 雖此太平洋樂園中 暖飽無憂者 晨夕不禁神馳想往 惟望天佑假緣 春間 靑年大會時 得與面陳滿腔積懷 臨風寄語 不盡所懷 上

六年 十二月 二十七日 雩南 生 白

[譯文]

월남(月南, 이상재〈李商在〉) 노사(老師) 친감(親鑑)

해는 저물고 날씨는 차가운데 노사(老師)님의 도체(道體) 과히 불편하신 데는 없으십니까? 헐벗고 굶주린 우리 백성들이 장차 거의 모두가 죽음에 이르지나 않을런지요? 비록 이 태평양 가운데 낙원에서 따뜻이 입고 배불리 먹으며 걱정없이 지내는 사람일망정 조석으로 신혼(神魂)이 달려가고 생각이 쏠림을 금할 수 없습니다. 오직 바라건대 하늘이 도와 인연을 만들어 주어 봄 사이 청년대회가 열릴 때에 직접 뵙고 가슴 속에 쌓인 회포를 말씀드리고 싶을 뿐입니다. 풍편(風便)에 몇 마디 부치려니 소회(所懷)를 다하지 못하고 올리옵니다.

6년 12월 27일 우남생(雩南生) 사룀

69. 李承晚→李商在(月南) 1925. 4. 7. (16, 199~200)

月南 愛師 親鑑

客月初 得信便 寄呈寸牘矣 望趁卽入鑑

來七月 太平洋各國代表會時 我內地代表 來參與否 尙無確報 極庸悶迫 他國代表之名錄 俱已來着于設備委員 而獨我國尙寥々無聞 故該委員 屢次來探其由 並稱日人若不許旅券 則卽由此處 交涉東京云 而吾人亦難詳答 留俟來寄 金泳琦君 屢已書問東亞報社 此亦無答 莫知攸爲云耳 惟祈今回得蒙天佑一次切歡 以遂平生私願而已

今番日露和約 實爲韓中之障碍 而美英激生反感 對日疑忌日甚 今月 太平洋大練習隊 畧一百餘艘 再昨發桑港 向布哇 行數朔間 遊泳於布哇海面 隱然有示威之態 亦一可觀也

第吾人同志會之成立 已於前函概達 方合資獎勵內地物產 海外多數同胞 並聲歡迎 但內地各處 分設同志會 內外協力於此 則經濟政治兩方 將大有著效矣 以是切望々々 餘惟祝道體 恩中萬康

民國 七年 四月 七日 雩南 拜上

[譯文]

월남(月南, 이상재〈李商在〉) 애사(愛師) 친감(親鑑)

지난달 초승에 인편(人便)이 있어 짤막한 편지를 부쳐 보냈는데 진작 받아보셨으리라 믿습니다.

오는 7월 태평양각국대표회(太平洋各國代表會) 때에 우리 내지대표(內地代表)의 참가 여부에 대하여 아직까지 확실한 연락이 없으니 극히 답답합니다. 타국 대표의 명단은 모두 설비위원(設備委員)에게 도착했는데 유독 우리 나라만이 감감 무소식입니다. 그 때문에 당해(當該) 위원이 누차 찾아와서 그 까닭을 알아보고 아울러 말하기를 만일 일본인이 여권을 발급하지 않는다면 직접 이곳에서 동경(東京)과 교섭해 보겠다고 하였습니다. 그러나 우리들도 자세한 대답을 할 수 없어 소식이 오기를 기다리자고 말했습니다. 김영기(金泳琦)군이 누차 동아일보사에 편지로 문의했으나 이 역시 답이 없어 어찌할 바를 모른다 하였습니다. 오직 이번만은 하나님의 도움을 얻어 평생의 소원이 이룩되기를 바랄 뿐입니다.

이번의 일로화약(日露和約)은 실로 한중(韓中) 관계에 큰 장애가 되는 바이며, 미국과 영국도 극렬한 반감을 가져 일본에 대한 의구심이 날로 더해가고 있습니다. 이달에 태평양의 대연습대(大練習隊) 1백여 척이 그저께 샌프란시스코를 떠나 하와이를 향하여 몇 개월간 하와이 해상을 순항한다 하는 바 은연중 시위하려는 의도가 있고 또한 하나의 장관이기도 합니다.

우리들 동지회(同志會)의 결성은 먼저의 편지에서 이미 대략을 아뢰었습니다. 바야흐로 내지와 합자하여 물산을 장려하려 하는 바 해외의 많은 동포들이 일제히 환영하고 있습니다. 다만 내지 각처에 동지회를 분설(分設)하고 내외에서 이에 협력한다면 경제와 정치 양 방면에 앞으로 큰 성과가 있을 것입니다. 그렇게 되기를 간절히 기대하면서 도체(道體) 은중만강(恩中萬康)하시기를 비옵니다.

민국 7년 4월 7일 우남(雩南) 배상(拜上)

70. 李承晩 → 李始榮(省齋) 1921. 12. (16, 201)

省齋 仁兄 回鑑

卽承去月二十三日賜函 慰喜無異面話 太會似將終歸無效 亦爲吾人無妨也 盖吾人所望 初不在於彼會此會 惟在於美日之關係 今會誠爲美日決裂之一助 因美人疑日猜日之心 以之有增無減也

各種反對者類 無處無之 而多數人民 擁護政府之心 因以尤爲固結 誠無足憂也 而但經濟問題 爲最難解者也 現欲輕減外交經費 每朔得送美貨正千元于政府之意 裁定豫算表 先經委員部通過後 付送于國務院矣 自國務院 提出于議政院 如何々々

內地所送額 尙寥々無聞 徐博士亦無所受 深訝々々 或有探問之道否

歲儀與크리스마스紀念은 亦不須爲慮 自華來此之西友 多言我政府 不宜寄贈歲儀等屬於外人 甚至有某友聲言我政府所贈物品太嫌過當 卽發售以助韓人救濟會云々耳

李喜儆旅費條 不宜償還 盖李安兩友所帶銀行票 因該銀行之在法京支店 已經破業 竟作勿施云 此處諸友多送若干金救急矣 有何報給云哉

黃君辭免說 報告政府

[譯文]

성재(省齋, 이시영〈李始榮〉) 인형(仁兄) 회감(回鑑)

방금 지난달 23일에 보내주신 서신을 받고 보니 위안되고 기쁘기가 직접 만나서 대화를 나눈 것과 다름이 없습니다. 태평양회의(太平洋會議)는 결국 무위로 끝날 것 같은데 우리들에게 무방한 일입니다. 대체로 우리들이 바란 것은 애당초 어떤 회의에 있는 것이 아니라 오직 미일간(美日間)의 관계에 있었던 것입니다. 이번 회의는 미일간의 결렬에 일조(一助)가 되었다 할 수 있습니다. 그 이유는 미국인들이 일본을 의심하고 시기하는 마음이 이번 회의로 인하여 증폭되었으면 되었지 감소되지는 않았기 때문입니다.

각종 반대하는 부류가 없는 곳이 없으나 다수의 인민은 정부를 옹호하는 마음이 이번 일로 더욱 공고해 졌으니 걱정할 것이 없습니다. 그러나 다만 경제문제가 가장 풀기 어려운 것입니다. 현재 외교경비를 경감, 매월 미화 1천 원을 정부에 보내고자 하여 예산표를 작성했습니다. 먼저 위원부를 통과한 뒤에 국무원(國務院)으로 부쳐 보내기로 했으니 국무원에서 의정원(議政院)에 제출하시는 것이 어떻겠습니까?

내지에서 보냈다는 돈은 깜깜 무소식이고 서박사(徐博士)도 받은 바가 없다고 하니 매우 의아스럽습니다. 혹 탐문할 길은 없습니까?

연말 사은품과 크리스마스 선물은 역시 걱정할 것이 없겠습니다. 워싱턴에서 여기에 온 서양 친구들의 말이 다분히 우리 정부에서는 연말 사은품 등을 외국인에게 기증할 필요가 없다고 합니다. 심지어 어떤 친구는 우리 정부가 선사하려는 물품이 너무 과다한 혐의가 있으니 즉시 팔아서 한인구제회(韓人救濟會)나 도와주라고 성언(聲言)하기까지 합니다.

이희경(李喜儆)의 여비(旅費)는 상환하지 않아도 되겠습니다. 왜냐하면 이(李)·안(安) 두 친구가 가지고 있는 은행표(銀行票)가 불란서 수도에 있는 당해 은행의 지점이 이미 파산하여 무효가 되었다 합니다. 이곳의 여러 벗들이 다소의 돈을 보내서 다급함을 도와준 것인데 어찌 갚아달라 하겠습니까?

황군(黃君)이 사면(辭免)하겠다는 말을 정부에 알려주십시오.

71. 李承晩 → 李始榮(省齋) 1924. 1. 15. (16, 202)

省齋 仁兄 台鑑

當此舊歷歲稍[抄] 諸多辛酸 尤何堪過耶 只切悶迫而已 僅得墨銀貳佰五十元 送付于西門斜橋舊主人Crofoot處 卽躬駕面推 以充政府費用 如何々々 此係夫人會所送也 弟於今月晦間 發往美京計耳 時促姑留 上

六年 元月 十五日 雩南 弟 謹

[譯文]

성재(省齋, 이시영〈李始榮〉) 인형(仁兄) 태감(台鑑)

음력 정초를 당하여 모든 일에 어려움이 많으실텐데 어떻게 감내해 가십니까? 다만 고민스럽고 절박할 뿐입니다. 멕시코 화폐 2백 50원(元)을 겨우 얻어 서문(西門) 사교(斜橋)의 옛 주인 Crofoot에게 부쳐 보냈으니 몸소 찾아가서 직접 추심하시어 정부의 비용에 보태심이 어떻겠습니까? 이 돈은 부인회(夫人會)에서 보내준 것입니다. 제는 이달 그믐께 미국의 수도로 갈 계획입니다. 시간이 촉박하여 이만 줄입니다.

6년 정월 15일 우남제(雩南弟) 근상(謹上)

72. 이승만 → ?이시영 1924. 3. 29. (16, 203~204)

작년에 내가 미경(美京, 워싱턴)에서 포와(布哇, 하와이)로 갈 ᄯᅢ에 수三삭 동안에 다녀오기를 예뎡ᄒᆞᆫ 거시 그곳 형편을 인연ᄒᆞ야 지금ᄭᅥᆺ 지톄되여 금년 정월에야 ᄯᅥ나게 된 거십니다.

이번일도 사ᄅᆞᆷ이 잇셔 글이라도 종종 ᄂᆡ보ᄂᆡ야 ᄒᆞᆯ 터인ᄃᆡ 그러치 못ᄒᆞᆫ즉 돈이 들어오지 안이ᄒᆞ야 문을 닷치게 되며 문을 닷치면 영향이 만흘 터인 고로 엇지ᄒᆞ던지 붓들어야 ᄒᆞ겟소이다.

데가 본ᄅᆡ 소앙(素昻, 조소앙〈趙素昻〉)과 수차 면분은 잇셧스나 사업상 관계는 업셧고 다만 먼리셔 추앙ᄒᆞᄂᆞᆫ 마음만 가지고 지ᄂᆡ다가 정부 셜립 이후로 그의 ᄒᆡᆼ동을 보건ᄃᆡ 상ᄒᆡ 풍파(上海風波) 중에셔 제 정신 가지고 몃치 못되ᄂᆞᆫ 중 소앙은 홀로 ᄒᆞᆫ 가지 주의를 직히고 션동자들과 셕기지 안ᄂᆞᆫ 것 갓흠으로 여긔셔는 그 이가 아직 청년이라도 셩ᄒᆞᆫ ᄒᆡᆼ동을 가진 쥴로 암니다.

지금에 우리가 조직뎍으로 독립사업을 진ᄒᆡᆼᄒᆞ려 ᄒᆞᆯ진ᄃᆡ ᄂᆡ디(內地)와 원동(遠東)과 구미 각 쳐에 련락 긔관을 세우고 ᄯᅳᆺ도 갓ᄒᆞ며 사ᄉᆡᆼ을 가치ᄒᆞᆯ 사람들이 각각 난화 맛하셔 먹으나 굴무나 사나 죽으나 변치 말고 ᄒᆞᆷ긔 직혀 나가야 ᄒᆞᆯ 터인ᄃᆡ 八방미인으로 조셕 변ᄀᆡ(朝夕變改)ᄒᆞᄂᆞᆫ 사람들과는 아모 일 못ᄒᆞᄂᆞᆫ 법임니다. 그 중에 소앙을 예관(睨觀, 신규식〈申圭植〉)과 다른 동지들이 루차 말ᄒᆞ기로 나는 ᄉᆡᆼ각ᄒᆞ기를 적어도 성ᄌᆡ(省齋, 이시영〈李始榮〉)·석오(石吾, 이동녕〈李東寧〉)·예관·소앙·우천(藕泉, 조완구〈趙琬九〉) 등 제우는 ᄯᅳᆺ도 대략 갓고 쳐디도 갓ᄒᆡ셔 ᄂᆞᆷ에 비평을 들어도 갓치 듯ᄂᆞᆫ 터이니 ᄭᆞᆺᄭᆞᆺ치 합동 진ᄒᆡᆼᄒᆞ여 갈 줄로 밋은 거심니다.

소위 국민대표회가 업셔진 후로 우리가 차차 일을 진ᄒᆡᆼ하야 ᄒᆞᆯ 터인ᄃᆡ 국무원이 몬져 단결ᄒᆡ야 되리라ᄂᆞᆫ ᄉᆡᆼ각으로 셩ᄌᆡ와 몬져 의론ᄒᆞ여 [여]러번 왕복되엿스나 아모 계획이 안이나셜 져음에 소앙이 그곳 형편을 셜명ᄒᆞᆫ 거시 나의 추칙ᄒᆞ던 바와 갓흠으로 수차 왕복에 필경 소앙을 맛겨 일ᄒᆡ 볼 계획으로 셩ᄌᆡ와 협의 조쳐ᄒᆞ라고 소앙에게 위임ᄒᆞ엿ᄂᆞ니 이는 四인 중에 三인이 합동ᄒᆞ면 될 거슬 밋음이요 누구던지 一인을 붓들고 三인을 밀어ᄂᆡ려ᄂᆞᆫ 경영은 안임니다.

지금은 정부와 위원부에셔 합동ᄒᆞ야 일ᄒᆞᆯ ᄯᅢ요 급히 ᄒᆞᆯ 일도 만코 ᄯᅩᄒᆞᆫ ᄂᆡ외디에셔 차차 무슨 일이 되기를 기다리ᄂᆞᆫ 중인ᄃᆡ

㉤시도 우리 몃 사룸이 단합이 못되여 서로 이리 더리 짓고 누구는 조타 누구는 실타 나간다 드러간다 ᄒᆞ야 ᄒᆞ로 잇흘 쏘 이러케 지닉려 ᄒᆞ면 우리가 참 독립운동에 큰 죄인입니다.

나는 상히에 더 밋는 이도 업고 쏘 구ᄒᆞ지도 안이ᄒᆞ며 다만 셩지·김구(金九)·소앙·계원(桂園, 노백린〈盧伯麟〉) 제형으로 시국 정돈될 ᄭᅵᄭᆞ지 ᄒᆞᆷᄭᅴ 직혀 오자는 것 ᄲᅮᆫ이라. 당신들이 능히 합ᄒᆞ야 제원(諸員)을 잘 어거ᄒᆞ여 가지고 몃 사람을 더 쳠부ᄒᆞ야 조직 진힝ᄒᆞᆯ 수 잇스면 여긔셔 지졍이라도 엇어셔 도울 거시오. 그러치 못ᄒᆞ면 그져 바려 두어 볼 밧게 수 업스니 아직ᄭᆞ지는 닉 권리를 써셔 시 사람들을 엇어다가 일히 보자는 딕ᄭᆞ지 내 싱각이 밋치지 안이ᄒᆞ엿소이다.

셕오형이 물어봐셔 총리 칙임을 맛게만 되면 다힝이니 아모조록 그딕로 주선ᄒᆞ시오. 뎨는 셕오에게 딕ᄒᆞ야 수 十년 경의ᄒᆞ는 마음으로 사모ᄒᆞ여 온 것 ᄲᅮᆫ이오. 다른 거슨 조금도 업스며 공무상으로는 시국이 어려울 ᄯᅢ에 션동자들을 거졀ᄒᆞ고 동지들과 충셩시러히 직혀 나가자는 ᄯᅳᆺ시 업시 물너가 들어눕는다 ᄒᆞᆯ ᄯᅢ에 나는 젼일 바라던 바와 갓지 안이ᄒᆞᆷ을 한탄ᄒᆞᆫ 것 ᄲᅮᆫ이니 이번에는 졍부에 ᄒᆞᆫ 번 나오면 사싱간에 나라를 위ᄒᆞ야 一심단결을 주장ᄒᆞᆫ다는 결심이 잇셔야 될 거십니다.

한셩 조직에 참가된 각원 중 박용만(朴容萬)·리동휘(李東輝)·안창호(安昌浩) 제인은 각각 자긔들의 一졍ᄒᆞᆫ 목젹이 잇는 줄로 놈들이 알게 되엿슨즉 그 목젹을 졸연히 곳치기 어려울 거시오. 목젹을 곳치지 못ᄒᆞ고 졍부에 들어오면 풍파만 다시 싱기고 일에 방히만 ᄒᆞᆯ 터이니 잘되기 어려울 것 갓흐며

다른 이들은 드러오기가 비교적 쉬울 터이나 졍부에 들어와 안져셔도 여젼히 속으로 쥐여ᄯᅳᆺ으며 밧그로 평론이나 ᄒᆞ여셔 셔로 방히ᄒᆞ려면 피차에 맘만 상ᄒᆞ고 일도 히ᄒᆞᆯ ᄲᅮᆫ이니 지금붓허는

합동 협의ᄒᆞ야 일ᄒᆞ겟다ᄂᆞᆫ 결심이 잇셔야 될 거십니다.

작일 의정원에 국문으로 인쇄ᄒᆞᆫ 공함을 셩직형 편으로 븟치고 각 총장에게 부본 一도(一度)식 보닛스니 의정원과 합동ᄒᆞ야 잘 조쳐ᄒᆞ기 바람니다.

미포(美布, 미주·하와이)에셔 가ᄂᆞᆫ 직졍은 아모리 젹은 익수라도 국무원에셔 다 알고 공동히 지출ᄒᆞ시오. 의정원에 보닌 편지에 말ᄒᆞᆫ 바 국무원 결속과 직졍 출입에 확실히 결직가 잇고 실시ᄒᆞᄂᆞᆫ 거슬 보게 되여야만 미포에셔 힘이 좀 날 터이니 그리 아시오.

졔형은 모든 어려운 중에셔 무한히 인닉ᄒᆞ며 보중ᄒᆞ시기를 바라ᄂᆞ이다.

대한민국 六년 三월 二十九일 뎨 리승만 비

73. 李承晚→李始榮 1924. 9. 29. (16, 205)

前覆間應入覽 年來美布同胞之極力擁護者 惟望在滬諸員 能扶持現局 共圖大事矣 而豈意首揆新莅 而先發變制之議 並提獨立黨代表之名 依然作改造創造等 所謂國民代表會狀態 被任前後 大統領所送書與電 一無所答 於公於私 非徒大違體制 吾人所謂和衷共濟之意圖 何在耶 果非平昔所望也耳 石吾及兄與弟 苟不能握手並進於現狀維持一事 則弟以爲吾人前道其無望 何欲更事勞悴而自困哉 及不欲與人醉話耳

兄屢勸弟東來 弟非無是意 而嗚呼無一人可恃 來將何爲 若有幾萬元 腰帶而至 則無人不愛我而護我 以待金盡囊空 紛々各歸 翻成路人矣 復誰與議大事耶 然若有旅費 則當不惜一次往返 而亦付之空想而已 姑閣 上

六年 九月 二十九日 雩南 弟 頓首

[譯文]

전번의 답서는 그 동안 받아 보셨으리라 믿습니다. 연래에 미주·하와이 동포들이 극력 옹호한 것은 오직 상해에 있는 여러분들이 현 체제를 유지하여 큰 일을 함께 도모해 주기를 바라서였습니다. 그런데 국무총리에 새로 취임하자마자 맨 먼저 제도 바꾸는 일부터 발의하고 아울러 독립당(獨立黨) 대표의 이름으로 이른바 국민대표회에서 사용하던 개조(改造)니 창조(創造)니 하는 것들을 의연히 사용할 줄 어찌 생각이나 했겠습니까? 또 피임(被任)을 전후하여 대통령이 보낸 서신과 전신에 대하여 한번도 답을 준 일이 없으니, 공적으로나 사적으로나 비단 체통에 크게 위배될 뿐 아니라 우리들의 이른바 화합하고 공제(共濟)한다는 의도가 어디에 있다고 하겠습니까? 참으로 평일에 바랐던 바가 아니라 하겠습니다. 석오(石吾, 이동녕〈李東寧〉)와 형과 제(弟)가 진실로 현상을 유지하는 일에 손을 잡고 함께 나가지 못한다면 우리들의 앞날에는 희망이 없다고 제는 생각하고 있습니다. 무엇하러 다시 힘들게 수고하여 곤욕만 자초하겠습니까? 차라리 남들과 주정(酒酊)같은 잠꼬대를 하고 싶지 않을 뿐입니다.

형께서는 여러번 나더러 동쪽으로 오라고 권하셨습니다. 나도 그러고 싶은 마음이 없는 것은 아닙니다. 그러나 아! 한 사람도 믿을 만한 이가 없는데 설사 간다 한들 무슨 일을 하겠습니까? 만일 몇 만원이 있어 허리에 차고 간다면 모두가 나를 환영하고 감싸 줄 것입니다. 허나 돈이 다하고 주머니가 비면 뿔뿔이 헤어져 별안간 길을 가는 사람 보듯이 할 것입니다. 그러니 다시 누구와 더불어 대사를 의논하겠습니까? 그러나 여비만 마련된다면 한번의 왕래는 아끼지 않겠습니다만, 이것 역시 헛된 생각일 뿐입니다. 이만 줄입니다.

6년 9월 29일 우남제(雩南弟) 돈수(頓首)

74. 李承晚 → ?李始榮 1925. 4. 22. (16, 206~208)

承示備悉 滬局情形 隨時翻覆 正如兒戱 只欲放任 不肯與關 而故人尙不我遐棄 如是示及 感荷曷已

在滬人士之見地 與美布多人 頗不相同 若曰 姑舍汝所見以從我則其可乎 但交換意見 易地而思 則必有互相諒解之一日矣 故莫如從實布公 使遠近 將知灼見也

今次政變 彼輩久已成竹在胷 而無從啓釁 及石吾爲總理 姑乃開發其端緖 成此亂階 弟已預料 屢々書告者也 然遂事不諫 說之奚爲

今發一敎令 解散議院 任人組閣 誠非難事 而諒察東西吾人之心理 今雖組閣 恐難持久也 然俟見各地人心之傾向 依公願斷行計耳

崔鎭河所傳六千餘元 人口稅之說 初不近理 足徵彼輩構虛揑無之罪也 近聞吾兄 種々致書于玄楯 而玄以是密通于興士團云 未知其眞否也 然不盡書

此次近祺

七年 四月 二十二日 雩南 頓首

管見 參考件

議院不法 如委員部所論 則恐難奏效矣 去五年素印作議長時 翻覆十三議員議案(卽彈劾案及贊成代表案) 此時在院者 無過十餘人 利我則默過 害我則聲討 人將不服

改憲反對 只以元年所定 可謂擧國一致 雖有不完不齊之條 以小數偏見 斷不可改革 如是爲主 可得體面 若以漢城條約表出 則人々夢話嘲笑 漢城二字 失效於元年秋 人之忘却已久 今擧陳舊爭之 愈見其無理失敗

議院解散敎令 不可無擧證聲罪者 槪如下

(1) 趙尙燮・李裕弼・吳永善等所稱 十三議員希望非理 敢以交換

條件有贊成所謂代表會案 繼以有不信任及彈覈案 人言沸騰 聽聞可駭 及見十三議員中之都寅權 在俄領 刊布分贓記 則安昌浩·李裕弼·趙尙燮·吳永善等 藉托橫領之跡 昭々莫掩 又使林得山·金朋濬等 稱以權道 擧將民國一切憲律 讓與代表之怪論 且有崔昌植·呂運亨等 越在俄京 蹈襲韓馨權惡轍 侮辱民國 以失國際威信

以上種[々]負犯 濯髮難數 冀或改悛 回惡爲善矣 崔呂等 昨年以來 符悖類 違憲悖行 愈往愈甚 至於今日而極矣

本統領云々 尾附謙抑 罪已表示 不戀棧豆之意

一邊解散 一邊改組 使소왕主張 李東寧免職外總 趙소왕兼任總理 金九·趙琬九·金承學·鄭信·鄭光好·金澈等 皆可 惟弟 則不願再合作耳

改組 此地觀勢不行 則再用特例 臨時設於荷哇伊 與金永琦 張鵬等 亦可若雌伏不抗 然欲得七年前地位 亦難矣 各方窺伺妨害之物 甚周故也

崔鎭河者 致書於當局 有數多句語 昨年所收爲美金人口稅六千四百七十八元 担保金四千四百六十二元 政府所送 不過二百餘 此等件 皆潛伏後日口實之資耳

[譯文]

보내주신 글은 잘 받아 보았습니다. 상해 정국의 정형(情形)은 수시로 바뀌어 마치 아이들 장난과 같습니다. 다만 내버려 두고 상관하지 않으려 합니다. 그런데 고인(故人)께서 아직도 나를 잊지 않으시고 이토록 일러주시니 감사하기 그지 없습니다.

상해에 있는 인사들의 견해는 미주와 하와이에 있는 사람들의 것과 매우 차이가 있습니다. 만일 네 소견을 버리고 나만 따르라 한다면 옳겠습니까? 그러나 의견을 교환하고 처지를 바꾸어 생각한다면 반드시 서로 양해할 날이 있을 것입니다. 그러니 사실대로 공표하여 원근으로 하여금 분명히 알게 하는 것만 같지 못합니다.

이번의 정변은 저들이 오래 전부터 노려오던 것인데 틈을 엿보지 못하다가 석오(石吾, 이동녕〈李東寧〉)가 총리가 되자 비로소 단서를 열어서 이러한 난계(亂階)를 조성한 것입니다. 제(弟)는 미리 짐작하고 누누히 글로 알려드린 바 있습니다. 그러나 한번 이루어진 일은 돌이킬 수 없는 만큼 말한들 무엇하겠습니까?

이제는 한번 교령(教令)을 발하여 의원(議院)을 해산해야 합니다. 사람을 임명하여 조각(組閣)하는 일은 참으로 어려운 일이 아니나 동서에 있는 우리 동포들의 심리를 잘 살펴보아야 합니다. 지금은 비록 조각을 한다 해도 오래 유지하기는 어려울 것입니다. 그러나 각지의 인심 동향을 기다려 보고 그들이 원하는대로 단행할 계획입니다.

최진하(崔鎭河)가 전한 6천여 원이 인구세(人口稅)라는 말은 애당초 이치에 맞지 않는 말로서 족히 저들이 허무한 일을 날조한 죄를 증명해 주고 있습니다. 요사이 들으니 형께서는 종종 현순(玄楯)에게 서신을 보냈고 현은 이를 흥사단(興士團)에 밀통했다 합니다. 그 진부(眞否)는 알 수 없으나 다 쓰지는 않겠습니다.

안녕을 빕니다.

7년 4월 22일 우남(雩南) 돈수(頓首)

관견(管見) 참고건(參考件)

의원(議院)의 불법이 위원부(委員部)에서 논한 바와 같다면 아마 주효(奏效)하지 못할 것입니다. 지난 5년(1923) 소앙(素卬, 조소앙〈趙素昻〉)이 의장으로 있을 때에 13의원의 의안(議案)을 번복했는데 즉 탄핵안(彈覈案) 및 핵찬성대표안(贊成代表案) 이때 원내에 있은 자는 10여 인에 지나지 않았습니다. 나에게 이로우면 묵과하고 나에게 불리하면 성토한다면 사람이 승복하지 않습니다.

개헌(改憲)에는 반대합니다. 다만 원년에 제정한 것만이 가히 거국일치(擧國一致)라 하겠습니다. 비록 완전치 못하고 정돈되지 못한 조항이 있다 하더라도 소수의 편견으로는 절대로 개정할 수 없습니다. 또 이렇게 주장해야만 체면도 섭니다. 만일 한성조약(漢城條約)을 거론한다면 사람마다 잠꼬대 한다고 비웃을 것입니다. 한성 두 글자는 원년 가을에 효력을 잃어서 사람들이 잊은 지 이미 오래입니다. 지금 묵은 일을 들어 다툰다면 그 이치에 어그러져 실패할 것은 더욱 뻔한 일입니다.

의원 해산의 교령에 대해서는 증거를 들어 성죄(聲罪)하지 않을 수 없는 바 그 대략은 아래와 같습니다.

(1) 조상섭(趙尙燮)·이유필(李裕弼)·오영선(吳永善) 등이 말한 13의원의 희망은 이치를 벗어난 것인데 감히 교환조건으로서 이른바 대표회안(代表會案)에 찬성하였고 이어서 불신임안과 탄핵안이 있어서 인언(人言)이 비등하고 청문(聽聞)이 해괴하였다. 정작 13의원 중에 도인권(都寅權)이 아령(俄領)에서 분장기(分臟記)를 간행하여 배포한 것을 보면 안창호(安昌浩)·이유필·조상섭·오영선 등이 일을 빙자하여 횡령한 형적이 숨길 수 없이 분명하였다. 또 임득산(林得山)·김붕준(金朋濬) 등으로 하여금 권도(權道)라 칭하고 민국의 일체의 헌률(憲律)을 대표에게 양여한다는 괴론(怪論)이 있었다. 또 최창식(崔昌植)·여운형(呂運亨) 등이 아경(俄京)에서 한형권(韓馨權)의 나쁜 전철을 답습하여 민국을 모욕함으로써 국제적 위신을 실추시켰다.

이상의 갖가지 부범(負犯)은 머리카락을 세듯 이루 다 헤아릴 수가 없으나 허울을 고쳐서 악에서 벗어나 선을 행하리라 기대했다. 최·여(崔呂) 등은 작년 이래로 패류(悖類)와 부동(符同)하여 위법과 패행이 갈수록 더욱 심하여 오늘에 이르러서는 그 극에 달하였다.

본 통령(統領)은 운운한다 하고 말미에 겸손히 모두가 자기의 잘못이라는 뜻과 직위에 연연하지 않겠다는 뜻을 부기한다.

한편으로 해산하고 한편으로 개조(改組)하는 일을 조소앙으로 하여금 주관하게 한다. 이동녕(李東寧)을 외무와 총리에서 면직시키고 조소앙(趙素昻)에게 총리를 겸임시킨다. 김구(金九)·조완구(趙琬九)·김승학(金承學)·정신(鄭信)·정광호(鄭光好)·김철(金澈) 등은 모두 좋으나 제(弟)만은 다시 합작하기를 원치 않는다.

개조(改組)는 이곳의 형세로 보아 행해지지 않을 것이니 재차 특례를 써서 임시로 하와이에 설치하고 김영기(金永琦)·장붕(張鵬) 등과 함께 암꿩처럼 엎드려 항거하지 않을 수도 있다. 그러나 7년 전의 지위를 얻기란 또한 어려울 것이다. 각 방면에서 엿보고 방해하는 것들이 심히 많기 때문이다.

최진하(崔鎭河)란 자가 당국에 서신을 보내서 많은 말을 한 모양이나 작년에 거둔 인구세(人口稅) 미화 6,478원과 담보금(擔保金) 4,462원에서 정부에 보낸 것은 2백여 원에 불과하다. 이런 일은 모두 잠복했다가 후일 구실거리가 될 것이다.

75. 李承晩 → ?李容稷 1920. 7. 22. (16, 209~211)

七月 六九 兩日書는 依來領悉이며 前書에 病報를 聞ᄒᆞᆫ 後 甚悶ᄒᆞ엿다가 此를 得ᄒᆞᄆᆡ 萬慰외다.

玄(玄楯)·安(安玄卿) 兩友가 此處로 先來ᄒᆞ면 凡事를 議處ᄒᆞ려 ᄒᆞ엿더니 今에 更聞ᄒᆞᆫ 則 歐洲로 經由ᄒᆞ야 來ᄒᆞ련다 ᄒᆞ니 去月 二十五日에 發程ᄒᆞ야 何時에나 華城(워싱턴)에 達ᄒᆞᆯ넌지 未知어니와 所料와 相左됨을 歎々이며 兄은 該處에 姑留ᄒᆞ다가 玄友가 來ᄒᆞ거던 他人보다 몬져 面會ᄒᆞ야 情形을 從容히 陳述ᄒᆞ시오. 安友는 布哇(하와이)로 渡來ᄒᆞᆯ 터인즉 從速히 來ᄒᆞ면 面晤ᄒᆞᆯ 道理가 有ᄒᆞ려니와 玄友로 言ᄒᆞ면 既往븟허 相議ᄒᆞ여 措處ᄒᆞ려던 거시 곳 이것이라 此를 注意ᄒᆞ시오. 玄兄을 歐美委員으로 擇任ᄒᆞ엿으ᄆᆡ 委

員部에 他人은 設或 意見 不同ᄒᆞᆫ 歎이 有ᄒᆞᆯ지라도 我와 協助ᄒᆞ야 圓滿点에 達ᄒᆞ기를 信ᄒᆞ거니와 但 所憂者는 玄兄의 內眷이 上海로 移接ᄒᆞ엿다는 報道를 聞ᄒᆞᆫ 後로 切思ᄒᆞ건ᄃᆡ 經濟關係와 形便의 適宜를 思ᄒᆞ야 玄兄으로 ᄒᆞ여금 布哇에 在ᄒᆞ야 學校나 敎會나 公會事에 主掌ᄒᆞ는 거시 何如ᄒᆞᆯ넌지 問議 處斷ᄒᆞ려 ᄒᆞ엿나니 이는 布哇 人民들도 亦 切願ᄒᆞ는 바ㅣ라. 玄兄으로 ᄒᆞ여금 此를 深思 決定케 ᄒᆞᆯ 거시며

金奎植氏는 數次 書字로 宋氏(宋憲澍)를 贊助ᄒᆞ여 成就ᄒᆞ라 ᄒᆞ엿으나 宋氏는 此處 到着ᄒᆞ는 日로붓허 自意로 斷行ᄒᆞ려 ᄒᆞ다가 地方 委員部도 組織ᄒᆞ지 못ᄒᆞᆯ ᄲᆞᆫ 不啻라. 憾情을 激起ᄒᆞ야 數處를 視察ᄒᆞᆫ다는 거시 有害無益ᄒᆞ게 되며 氏가 關係ᄒᆞ면 公債票를 發賣키 不能ᄒᆞᆫ 形勢가 有ᄒᆞ기로 不得已ᄒᆞ야 解免請願ᄒᆞ기를 勸告ᄒᆞ엿으니 此는 爲公非爲私에셔 出ᄒᆞᆷ이오.

鄭漢[翰]景氏는 此處에셔 大歡迎을 受ᄒᆞᆯ 만치 行動ᄒᆞᆫ 고로 同情을 多得ᄒᆞᆫ지라. 氏로 宋友의 代를 充ᄒᆞ려는 計劃이니 此도 잘될 쥴로 知ᄒᆞ며

同志團事는 各 處에셔 同一ᄒᆞᆫ 決心으로 財政을 旣爲收合ᄒᆞ여 何處로 付送ᄒᆞᆯ넌지 來問ᄒᆞ는지라. 二三同志가 相議ᄒᆞᆫ 結果로 數條를 定ᄒᆞ엿나니 名稱은 特別運動會으로 定ᄒᆞ고 同志들과는 內容的 主意를 通知ᄒᆞ되 其外는 凡人을 一軆로 請ᄒᆞ야 許入ᄒᆞ는 거시 可ᄒᆞ다 ᄒᆞᆫ지라. 閔贊[燦]鎬 · 李從[鍾]寬 · 金裕浩 三氏로 主務員을 定ᄒᆞ야 銀行에 任置ᄒᆞ고 二人以上의 連署로 支撥ᄒᆞ며 何時던지 我의 請求書를 依ᄒᆞ야 支出ᄒᆞ게 ᄒᆞ자 ᄒᆞ엿나니 此가 잘될 쥴로 知ᄒᆞ오. 共同히 發布ᄒᆞ는 文字에는 特別運動이라고만 ᄒᆞ고 誰某를 爲ᄒᆞᆫ다는 句節은 업시 ᄒᆞᆯ 거시며 但 同志人 間에만 此를 密通ᄒᆞ는 거시 可ᄒᆞ외다.

發刊事는 從容 與某友로 相通ᄒᆞ야 姑爲停止ᄒᆞ엿다고 機更圖ᄒᆞ

게 ᄒᆞ시오. 他人이 預知ᄒᆞ면 妨害가 不無ᄒᆯ가 ᄒᆷ이외다.

前書에 兄이 爲親之道로 財利上 投身ᄒᆯ 意思를 發出ᄒᆞ엿기로 形便을 切料컨ᄃᆡ 財政으로 此를 助給키는 不能ᄒᆞ고 爲親誠孝를 阻礙키도 難ᄒᆞ야 莫知何爲러니 今書에 更 布哇로 回來ᄒᆞ고져는 意向이 表示ᄒᆞ니 果然 來此 相助코져 ᄒᆞ면 此處에셔 周旋ᄒᆯ 슈 잇겟소이다.

出刊事로 言ᄒᆞ여도 雜誌로 發行ᄒᆞ는 것이 似好외다. 此를 主管ᄒᆯ 人이 有ᄒᆞ여야 될 터인ᄃᆡ 此에도 無人任其責이고 主筆도 亦 無人ᄒᆞ니 此에도 注意ᄒᆞ시오.

爲此暫草.

二年 七月 二十二日 布哇留 謹

76. 李承晩 → 李裕弼(春山) 1921. 12. 26. (16, 212~214)

Y. P. Lee

春山 仁兄 回照

謂外得接十一月十一日緘 慰荷良深 當此難局 兄與諸閣員 獻身欲維持時局 非徒弟一人銘感五內 亦一般同胞 俱深欽服也

事當以所捧金額 隨時仰助其萬一 而不謂太平洋大會之代表所須夥多 不遑兼顧 幸今大會 將不久解歸云 方議淸帳其所約應報條 且又輕減委員部經費後 逐月得送美貨正千元計耳

李安兩[人] 現在德京近地 因資旅乏絶 便成進退兩難之勢 爲之悶切 奈何々々

貴函纔於日昨來到 故委員部豫算表 不能於今歲前抵達 而當日間修整付送矣 諒存如何

此處諸友 未知上海情形 多以爲美布墨所收金額 只爲歐美外交事 猶嫌不贍 况分送于上海 萬々不可 而弟將力勸 極減外交費 期送每朔一千元矣 且豫算表亦並送計也

惟此座擾不盡 謹謝

三年 十二月 二十六日 雩南生 謝

[譯文]

Y. P. Lee

춘산(春山, 이유필〈李裕弼〉) 인형(仁兄) 회조(回照)

뜻밖에 11월 11일자 편지를 받고 보니 위로됨이 자못 깊습니다. 이렇듯 어려운 국면을 당하여 형과 모든 각원들이 헌신적으로 현 정국을 유지하려 노력하시니 비단 이 사람만 마음속에 감명을 받은 것이 아니라 일반 동포들도 모두 깊이 흠복(欽服)하고 있습니다.

마땅히 거둔 금액으로써 수시로 만분의 1이라도 도와드려야 하겠으나 뜻밖에 태평양대회에 참가한 대표에게 쓰여진 돈이 많아 돌아볼 겨를이 없었습니다. 다행히 지금은 대회가 얼마 후에 끝나서 흩어져 돌아간다고 하니 바야흐로 그 약속한 갚아야할 것을 청산하고 또 위원부의 경비를 경감한 뒤에 매달 미화 1천원을 마련하여 보낼 계획입니다.

이(李) · 안(安) 양인은 현재 독일의 수도 근처에서 여비가 떨어져 마치 진퇴양난(進退兩難)의 처지가 되었다 합니다. 민망하고 애절한 일입니다. 어찌할까요?

보내주신 편지가 엊그제에야 도착했기 때문에 위원부의 예산표가 금년이 가기 전에는 도착될 수 없겠습니다. 일간에 정리하여 부송하겠으니 양지하심이 어떻겠습니까?

이곳의 여러 친구들은 상해의 형편은 알지 못하고 다분히 미주 · 하와이 · 멕시코에서 거둔 금액을 구미의 외교에 쓰기도 부족한데 더구나 상해로 나누어 보낸다는 것은 만만 불가하다고 여기고 있습니다. 그러나 제(弟)가 장차 힘써 권하여 외교비를 최대한 절감하여 기어코 매달 1천 원은 보내드리도록 하겠습니다. 또 예산표도 아울러 보내드릴 요량입니다.

일이 번요로워 이만 줄이고 회사(回謝)합니다.

3년 12월 26일 우남생(雩南生) 근사(謹謝)

77. 李承晚→李喜儆 1922. 8. 3. (16, 217)

李喜儆 博士 台鑑

久阻悵結터니 去十四日函을 接ᄒᆞ야 栢林으로 還旋ᄒᆞ신 쥴 驚知ᄒᆞ엿스며 遠懷甚慰외다.

上海政局의 風翻雨覆은 言之傷心이며 今에는 彼 煽動者도 亦無力ᄒᆞᆫ 모양이고 所謂 國民代表會는 初不成說이니 何足道哉아.

吾兄 渡美之計가 今에 上策일 듯ᄒᆞ나 現下 委員部 情形이나 弟의 處地로 旅費 變通이 沒策이ᄆᆡ 事々如是ᄒᆞᄆᆡ 寧欲無言耳. 海諒焉ᄒᆞ시오.

夜久 惟此姑閣.

四年 八月 三日 晩 弟 謝

78. 李承晚→張基永 1941. 9. 21. (16, 218)

Answer to Kee Yong Chang-regarding Hoan's photostat letters.*

Sept. 21, 1941

貴函을 領悉이며 某也에 書判은 日後所關되ᄂᆞᆫ 件이 有ᄒᆞᆷ이라. 姑爲留案ᄒᆞ야 무ᄉᆞᆷ 問題가 發生ᄒᆞ거던 緊用코져 ᄒᆞ니 그다지 必要가 無ᄒᆞ거던 나에게 任置ᄒᆞ기를 切望ᄒᆞ며 若 不然ᄒᆞ야 回答ᄒᆞ기에 必要ᄒᆞ면 등셔ᄒᆞ야 보ᄂᆡ리니 似爲無妨이고 萬若 回送이 可ᄒᆞ다 ᄒᆞ면 곳 示明ᄒᆞ시오. 그ᄃᆡ로 곳 還投計耳.

某也가 當局側 某々人을 聯絡ᄒᆞ여 가지고 自己를 服從치 안ᄂᆞᆫ 자는 다 親日이라 偵探이라 ᄒᆞᄂᆞᆫ 거슬 안지 오랫다가 至今은 그

情跡을 發見ᄒᆞ야 証明을 가진 고로 無疑히 알게 되엿스나 아직 發說치 안코 下回를 竢見耳.

一九四一年 九月 二十一日 李 頓首 答

[譯文]

*호안의 영인본 편지에 관해-장기영에게 답장하시오.

1941년 9월 21일.

79. 李承晩→張 鵬 1920. 8. 17. (16, 219~220)

張鵬 氏에게

日昨 覆緘을 郵付ᄒᆞᆫ 後에 更히 示意를 詳覽ᄒᆞ고 可及的으로 依戒 遵行키로 思ᄒᆞ며 國務院에게 爲先 慰問書를 修呈ᄒᆞ니 隨便 轉交ᄒᆞ시오.

各 黨派와 地方熱 打破에 對ᄒᆞ야는 久有是心이러니 示意와 相符되니 從此로 此事에 注意ᄒᆞ오리다. 貴處에셔도 內外 人士와 聯結ᄒᆞ야 此로 한 主旨를 作ᄒᆞᆷ이 似好耳.

政府에 送金事는 委員部에셔 或 不滿足히 思ᄒᆞᆯ가 慮ᄒᆞ야 貳仟元을 電報로 付送ᄒᆞ며 美京으로 政府로 卽投ᄒᆞ라 ᄒᆞ엿으니 想必 付交일듯.

委員部로 言ᄒᆞ면 當初에 金(金奎植)兄에게 凡務를 委任矣러니 宋(宋憲澍)氏가 來ᄒᆞᆫ 後로 宋이 私見으로 私己勢力을 表示ᄒᆞᆫ지라. 此로 因ᄒᆞ야 大事에 暲[障]礙가 多大ᄒᆞ엿으나 因循過去ᄒᆞ다가 今番에 宋氏 渡布ᄒᆞᆫ 時機를 得ᄒᆞ야 解免을 勸ᄒᆞ엿더니 不顧ᄒᆞ고 卽時 美京으로 回歸ᄒᆞ야 頑執 抗拒ᄒᆞ는 態度를 表ᄒᆞ니 此로 因ᄒᆞ야 多少 流言이 播傳되엿으나 一時 誤聞에 不過ᄒᆞ고 弟는 斷定코 宋氏는 容許치 안을 터이며 鄭漢[翰]景을 其代를 充ᄒᆞ려는 中이외다.

重大事件을 協議 斷行ᄒᆞ기에 至ᄒᆞ야는 此가 當初 弟의 發論인ᄃᆡ 厥後 上海셔 行ᄒᆞᆫ 各 事를 보건ᄃᆡ 憲章이라ᄂᆞᆫ 거슬 頒布ᄒᆞ면셔도 其 頭領者에게 알니지도 안이ᄒᆞ엿고 其外 凡事를 統領의 名으로 發布ᄒᆞ되 弟는 듯지도 못ᄒᆞ엿다가 文字上에 傳播된 것을 見ᄒᆞ고 數人이 其 理由를 來問ᄒᆞ기에 至ᄒᆞᆫ 後에 始知ᄒᆞ엿스되 弟는 一言半辭의 問題를 提起치 안이ᄒᆞᆫ지라. 且 歐美外交事는 統領이 主張ᄒᆞ야 行ᄒᆞ라고 文字와 電信으로 往復된 것이 非一非再인ᄃᆡ 自己들은 露政府와 交涉ᄒᆞᆫ다 ᄒᆞ야 人員을 派送ᄒᆞ며 我에게 問議ᄒᆞᆫ 적도 無ᄒᆞ더니 厥后에 我가 李喜儆을 密送ᄒᆞ야 上海로 가셔 相議 前往ᄒᆞ라 ᄒᆞᆫ 것을 엇덧게 알아던지 電報로 質問ᄒᆞ야 不平ᄒᆞᆫ 意思를 發表ᄒᆞᆫ지라. 弟는 此等事에 小欲關論이고 含默ᄒᆞ고 지내나 閣員의 位地에 處ᄒᆞ야 如是히 行動을 ᄒᆞ면 民國大事에 奈何오.

吾人도 言論機關이 有ᄒᆞ여야 能히 意見을 發布ᄒᆞ겟기로 此를 從容히 周旋中이오니 高明ᄒᆞᆫ 主筆을 廣求ᄒᆞ시와 推薦ᄒᆞ시오.

時促謹.

民國 二年 八月 十七日

80. 李承晚 → 張 鵬 1920. 8. 19. (16, 221~222)

吾人도 言論機關이 有ᄒᆞ면 能히 意見을 發布ᄒᆞ야 後援者의 意見을 糾合ᄒᆞ겟으나 弟는 自初로 權利도 不願이오 地位도 不願이나 進退를 不得自由ᄒᆞᆷ으로 在我之道나 極盡ᄒᆞᆯ가 ᄒᆞᄂᆞᆫᄃᆡ 誤解와 偏見이 四方에셔 如是히 甚ᄒᆞᆯ진ᄃᆡ 韓國이 來頭가 誠히 茫蒼ᄒᆞ외다.

夾呈英札을 詳察ᄒᆞ신 後 國務 各員과 面商ᄒᆞ야 從速히 太平洋商船會社 發起人을 贊成ᄒᆞᄂᆞᆫ 主旨로 英札을 修送ᄒᆞ야 美京에 我親友들이 速히 接見ᄒᆞ게 ᄒᆞ심을 切望耳.

今에 更히 七月 三十日 尊緘을 得ᄒᆞ야 味讀 再三에 遠東 五人의 形便을 洞見ᄒᆞᆯ 뿐 不啻라. 兄이 忠告ᄒᆞ신 高見이 實로 廣大恢洪ᄒᆞ야 金石과 如히 採用ᄒᆞᆯ지니 尤爲銘感不已외다.

李東暉[輝]氏의 如是 過格ᄒᆞᆫ 擧措는 誠出外요. 李東寧氏로 國務總理를 署理케 ᄒᆞ라시ᄂᆞᆫ 意見이 甚合我意ᄒᆞ니 發論만 되면 施行ᄒᆞ오리다.

責任內閣 組織에 對ᄒᆞ야는 當初 內地宣布文에 公佈ᄒᆞ엿고 選擧權으로 定ᄒᆞ야 國權光復ᄒᆞᄂᆞᆫ 日ᄭᆞ지 此로 施行ᄒᆞᆫ다 ᄒᆞ엿으니 我가 此를 自意로 變改ᄒᆞ면 其 關係가 不無ᄒᆞ리니 비록 諸 閣員을 合同키 難ᄒᆞᆯ지라도 次長으로 代務ᄒᆞ던지 臨時變通으로 行ᄒᆞᆷ이 可ᄒᆞᆯ 듯ᄒᆞ외다.

各 敎會의 名目으로와 各 派黨의 區別로 日後 獨立을 完璧ᄒᆞᄂᆞᆫ 日에 弊源을 成ᄒᆞᆯ 쥴 信ᄒᆞ는 고로 此를 打破ᄒᆞ야 國家와 敎會를 分異ᄒᆞᆫ다는 正義도 宣傳ᄒᆞᄂᆞᆫ 거시 有助ᄒᆞᆯ 듯ᄒᆞ외다.

至於 武力準備에 至ᄒᆞ야는 吾人도 此에 注意ᄒᆞᄂᆞᆫ 거시 適當ᄒᆞᆫ 쥴로 信ᄒᆞ노니 此가 必要ᄒᆞᆫ 緣故외다.

上海나 遠東에 秘密히 出板[版]ᄒᆞᆯ 事는 此處에도 財政을 도울슈 잇겟으나 多數ᄒᆞᆫ 經費는 不能ᄒᆞ고 兄이 親히 着手ᄒᆞ려면 卽時 變通ᄒᆞ여 보리니 必要ᄒᆞᆫ 經費에 額數를 示明ᄒᆞ시면 速히 ᄒᆞ도록 決定ᄒᆞ리니 個人으로 내세시 말고 正義와 主旨를 標準으로 確立ᄒᆞ야 쥬는 거시 大事에 有功ᄒᆞᆯ 터이외다.

民國 二年 八月 十九日

81. 李承晩→張　鵬 1920. 9. 30. (16, 223~224)

遠第三号 依來詳悉이외다. 兄書를 接見ᄒᆞᆯ 時마다 高見을 感佩ᄒᆞ야 面話ᄒᆞᆯ 願이 益切ᄒᆞ외다. 玄楯氏는 當初 李大衛[爲] 辭任以

後 擇任ᄒᆞᆫ 바이오. 金兄은 昨年붓허 上海로 回程ᄒᆞᆯ 預算인ᄃᆡ 屢勸止之矣라가 今番에 宋憲澍 解免時에 更히 辭免코져 ᄒᆞᄂᆞᆫ 거슬 屢々 解喩ᄒᆞ야 今에는 伴行東征ᄒᆞ자고 ᄒᆞᆷ으로 委員之任을 帶ᄒᆞ고 回去ᄒᆞ엿다가 數朔後에 更히 華城(워싱턴)으로 來ᄒᆞ겟다 ᄒᆞ나 弟는 其 東行 一事만 許ᄒᆞ엿고 美京으로 回來與否에 對ᄒᆞ야는 姑未確定이외다.

神學을 通信으로 受業ᄒᆞ시려 ᄒᆞᆷ은 吾兄의 尙學之誠을 可歎服이오나 處今之勢ᄒᆞ야 學業을 專務ᄒᆞ시면 其外 大事에 奈何오. 安友가 兄ᄭᅴ 對ᄒᆞ야는 少無異意異見이니 勿訝之ᄒᆞ시오.

今行에 弟는 財政上 所得이 都無ᄒᆞᆯ ᄲᅮᆫ 不啻라. 設或 幾萬元 用措之道라도 弟는 財力으로 得人ᄒᆞᆯ 슈가 決無ᄒᆞ니 此는 斷念ᄒᆞᆯ 슈 밧게 無他道ᄒᆞ외다.

新聞 主筆을 難得其人임은 事實이외다. 此處에셔도 所急者ㅣ 卽此인ᄃᆡ 英文 繙譯ᄒᆞᆯ 人이 無ᄒᆞ야 莫知奈何라 ᄒᆞ오.

內地에 送人請捐事는 抵滬之日에 或有周旋之道否아 姑可俟之也.

前日 條列惠示者는 向已仰答矣 而尙未入照耶아. 甚訝々々. 上海 國務員에게 種々 書問事는 縱未得隨時問聞이나 間已數次送書이며 派黨思想과 地方熱 等을 禁止ᄒᆞᆯ 意見은 弟도 亦 此意를 發表ᄒᆞᆫ 지 已久이니 以此로 吾人의 政畧을 定ᄒᆞᆯ 거시며 政府에 送金事는 二三次 付送ᄒᆞ엿고 世論과 政見을 錄送ᄒᆞᆯ 事는 隨機圖之ᄒᆞᆯ 터이며 內地派人事는 姑難如計이고 內地人士와 聯絡ᄒᆞᄂᆞᆫ 거슨 甚히 緊ᄒᆞᆫ 事件이나 書信을 難通에 奈何 々々오. 秘密出板[版]事에는 財政이 最要인ᄃᆡ 此가 甚히 難處事이니 姑俟另圖ᄒᆞ야 面晤之日에 或可圖成否耳.

二年 九月 三十日 雩南 弟 謹

82. 李承晩→張 鵬 1920. 10. 15. (16, 225~227)

九月 十三 及 二十一日 兩度函은 玆領悉이오며 今月 二十五日頃에 登船케 되기를 望ᄒᆞ고 方今 束裝中이나 船便이 姑未確定임을 甚悶이외다. 金奎植兄은 今二十日에 到港ᄒᆞᆫ다 ᄒᆞ며 我ᄂᆞᆫ 明日에 此處에셔 外地에 移接ᄒᆞ엿다가 從容히 上船코져 ᄒᆞ나이다.

現今 弟의 深切爲慮者ᄂᆞᆫ 內地爆彈 及 討財一事이온ᄃᆡ 人皆曰 此를 不可免이라 ᄒᆞ나 吾獨以爲萬萬不可라 ᄒᆞ노니 此ᄂᆞᆫ 外國의 同情이나 賴ᄒᆞ야 坐以待我獨立之來ᄒᆞ자ᄂᆞᆫ 愚見에셔 出ᄒᆞᆷ이 決코 아니고 但 內地人民으로만 論ᄒᆞ여도 此로 因ᄒᆞ야 墮落離散될지언졍 奬勵結合될 理致ᄂᆞᆫ 萬無ᄒᆞ고 敵에게 聲討ᄒᆞᆯ 機會를 與ᄒᆞᆷ이니 弟ᄂᆞᆫ 力所及處ᄭᆞ지 勸止之코져 ᄒᆞ나이다.

發行事ᄂᆞᆫ 非不好也나 經費 一款이 最難ᄒᆞ고 且 他人이 旣已設報ᄒᆞ야 言論機關은 足且足矣인ᄃᆡ 另立一報가 似出於派黨或個人起見 亦 不可不顧念處也외다. 然ᄒᆞ나 吾兄이 明察로 定算이 有ᄒᆞ시겟스니 安玄卿·李從[鍾]寬 二友의게 委托ᄒᆞ야 可及的으로 周旋ᄒᆞ라 ᄒᆞ엿스니 財力만 如意ᄒᆞᆯ 터이면 成功케 ᄒᆞ오리다. 然ᄒᆞ나 此處에도 財政이 極難ᄒᆞᆫᄃᆡ 且 某處에셔 一脚을 插入ᄒᆞ려고 活動이 緊切ᄒᆞᆫ 모양이라 ᄒᆞ니 此處 諸人은 此를 因ᄒᆞ야 深慮ᄒᆞᄂᆞᆫ가 보외다. 設或 如意히 成事될지라도 弟의 祝辭를 刊出ᄒᆞᆷ은 必要치 안을 듯ᄒᆞ외다.

華盛頓(워싱턴)에 在ᄒᆞᆫ 親友 스턴(Stearn, George W.)의 書를 接見ᄒᆞᆫ즉 으리퍼불리칸(Republican)政黨 大統領候補者 하딍(Harding, W.G.)氏를 我 親友會中 一人이 勸告ᄒᆞ야 政見을 宣言ᄒᆞ엿ᄂᆞᆫᄃᆡ 自己의 政黨은 國際聯盟會나 萬國大審院에 各 小弱國 正或[式]代表를 認證치 안ᄂᆞᆫ 組織體ᄂᆞᆫ 合衆國 名義로 贊成치 안ᄂᆞᆫ다 ᄒᆞ엿스니 此는 吾人의 一助될 듯ᄒᆞ외다.

東來時에 財政을 多少間 携帶ᄒᆞ고 와야 ᄒᆞ겟다 ᄒᆞ심에 對ᄒᆞ야ᄂᆞᆫ 甚히 難處ᄒᆞᆫ 事이라. 弟가 何處에셔 財力을 得ᄒᆞ야 他 有力政治客들의 手端을 約ᄒᆞ오릿가. 在我ᄒᆞᆫ 誠力을 代之코져 ᄒᆞᆯ 다름이외다.

謹上

民國 二年 十月 十五日 雩南 弟 謹

Mr. Peter Chang

Chinese P.O. Box 117. Shanghai

83. 李承晚→張 鵬(滄南) 1921. 7. 16. (16, 228~237)

滄南(張鵬) 仁兄 回照

六月 十八日 念四日 書와 新聞은 皆 依來ᄒᆞ야 悵菀之餘에 欣慰萬々이외다.

我의 行踪을 無人知之ᄒᆞ는 쥴로 想ᄒᆞ고 個人 尋訪에도 極히 注意ᄒᆞ며 다녓ᄂᆞᆫᄃᆡ 今에 聞ᄒᆞᆫ즉 上海에셔도 弟가 呂宋에셔 發ᄒᆞᆫ 消息을 其 翌日에 知ᄒᆞ엿고 美洲 東方來信을 據ᄒᆞᆫ즉 亦 皆 已知ᄒᆞ엿스니 弟의 潛踪秘跡이 如是其難ᄒᆞ외다.

離呂ᄒᆞᆫ 지 十六日만의 抵湖ᄒᆞ엿ᄂᆞᆫᄃᆡ 四五日前ᄒᆞ야 閔兄에게 暗電ᄒᆞ고 我의 渡來ᄒᆞᆷ을 公佈치 말나 ᄒᆞ엿ᄂᆞᆫᄃᆡ 及其 下陸ᄒᆞ고 본즉 本港 英文報社에 先已知之ᄒᆞ고 來訪ᄒᆞ기로 面會를 許ᄒᆞ엿더니 長說을 揭載ᄒᆞ여 廣布ᄒᆞ니 亦 復奈何오.

上海에셔ᄂᆞᆫ 統領이 逃走ᄒᆞ엿다 或 中路에셔 青年에 逢辱ᄒᆞ엿다 ᄒᆞᄂᆞᆫ 모든 訛言은 임의 預料ᄒᆞᆫ 바이니 不須驚怪이며 但 內地에 如此ᄒᆞᆫ 風說이 流行ᄒᆞᆷ은 眩惑人心ᄒᆞᆯ 慮가 不無ᄒᆞ니 貴處에 在ᄒᆞᆫ 二三青年同志로 密議ᄒᆞ야 內地에 通信을 頻數히 送ᄒᆞ시오. 此

는 特히 晲觀(申圭植)과 海公(申翼熙)과 想[相]議ᄒᆞ시며 他方面으로라도 東京이나 他路로 連ᄒᆞ야 事實을 通知ᄒᆞ시오.

我軍 五百名이 敵과 接戰ᄒᆞ야 死傷ᄒᆞ엿다ᄂᆞᆫ 聯合通信이 各 報에 記載된 지 已久인ᄃᆡ 我 軍政署나 政府에셔는 如何ᄒᆞᆫ 報告나 通信이 都無ᄒᆞ니 甚訝甚菀이외다. 各該 地方에 伸飭ᄒᆞ야 從此로ᄂᆞᆫ 此等 報告를 卽時ᄒᆞᄂᆞᆫ 거시 組織統一 되어 가ᄂᆞᆫ 根本的 宜務라 ᄒᆞ시오.

金圭[奎]植 辭免日字를 辭退前에 預先 斷行ᄒᆞ엿다고 論評ᄒᆞᆫ다 ᄒᆞᆷ은 不過枝節의 端末이라. 根本的 關係에는 損益이 都無ᄒᆞᆫ 者이니 金이 如此ᄒᆞᆫ 小節目으로 因ᄒᆞ야 大事를 不計ᄒᆞ면 其 言論이 맛참ᄂᆡ 不平者에 感情에셔 不過ᄒᆞᆯ지라. 我가 委員部에 通寄ᄒᆞᆯ 時에 金의 辭免ᄒᆞᆯ 預定을 已知之ᄒᆞ고 卽時 通報ᄒᆞᆷ이라. 自己가 만일 辭免치 안이ᄒᆞ고 말앗스면 我를 責ᄒᆞ기 無怪어니와 맛참ᄂᆡ 辭免ᄒᆞᆫ 바에셔 其 私電日字의 早晩을 因ᄒᆞ야 論長較短ᄒᆞᆷ은 語不成說이오. 且 自己는 辭免ᄒᆞᆯ 거슬 미리 內定ᄒᆞ고 裏面으로 各 處에 通信ᄒᆞ여 我에 公式辭免ᄒᆞᄂᆞᆫ 日ᄭᅡ지 아모 말 말고 坐待ᄒᆞ라 ᄒᆞ면 我는 其局에 關係를 詳知ᄒᆞᄂᆞᆫ 터에 含默 過去ᄒᆞᄂᆞᆫ 거시 可ᄒᆞᆯ가. 我는 事實ᄃᆡ로 行ᄒᆞ야 大局을 爲ᄒᆞᄂᆞᆫ 것 ᄲᅮᆫ이니 金이 아모리 吹毛覓玼[疵]코자 ᄒᆞ나 事實은 變改ᄒᆞᆯ 슈 업ᄂᆞᆫ 거시외다.

移民事로 在布美人들이 華京(워싱턴)에셔 極力運動ᄒᆞᄂᆞᆫ 모양이니 我도 此에 注意ᄒᆞᄂᆞᆫ 바ㅣ며 華京에 가ᄂᆞᆫ 날에는 特別히 交涉ᄒᆞ야 多少間 勉力이 有ᄒᆞ기를 望ᄒᆞ나 東洋人 勞動을 反對ᄒᆞᄂᆞᆫ 有力團軆가 多ᄒᆞ니 結果를 預測키 難ᄒᆞ며 學生渡美事에는 別力周旋ᄒᆞ여 보겟소.

呂宋에셔 美國人 數三人으로 相約이 有ᄒᆞ야 學生 五六人을 上海셔 渡來ᄒᆞ게 ᄒᆞ려 ᄒᆞ야 前書에 임의 畧陳이거니와 今에 在呂靑年會 總務 (?)Zoye의 來書를 見ᄒᆞ건ᄃᆡ 願入ᄒᆞᄂᆞᆫ 靑年들의 姓名

과 協贊홀 만훈 在滬西友의 姓名을 玆히 錄送ᄒᆞ라 ᄒᆞ여스니 可合훈 我 靑年으로 呂宋에 가셔 或 中學 或 大學에 入學ᄒᆞ야 誠心做工코져 ᄒᆞᄂᆞᆫ 이를 擇定ᄒᆞ야 列名훈 後 [George A.] Fitch에게 付託ᄒᆞ야 呂港靑年會 總務에게 助言으로 推薦ᄒᆞ여 달나 ᄒᆞ시오. 此 學生들이 渡去ᄒᆞ면 靑館이나 或 敎會寄宿舍에셔 留ᄒᆞ며 各學校에 分ᄒᆞ야 入學케 홀 터인ᄃᆡ 呂宋大學도 咫尺에 在[하고] 學校는 다 英文으로 敎授ᄒᆞ노니 初次 入學ᄒᆞᄂᆞᆫ 이들이 善美히 處身ᄒᆞ면 多人을 引遵홀 門路가 開홀 듯ᄒᆞ며 數三 西友의 周旋으로 或 事役을 得ᄒᆞ야 工夫 餘暇에 服役生活케 홀 슈 잇소. 此를 速히 周旋ᄒᆞ야 答送ᄒᆞ시오.

海公은 別後 無一書ᄒᆞ니 甚訝ᄒᆞ외다. 財政으로 見困홈은 不見如覩라. 該所儲金中에셔 畧 二三十元 出付ᄒᆞ야 海公의 窘境에 補給ᄒᆞ시오.

向者 十三元五十戔은 領受ᄒᆞ엿다니 잘 ᄒᆞ엿소이다. 所存 若干金의 出入表를 錄示之ᄒᆞ심을 務望이며 國民會에셔 兄씌 送金 繼續홀 希望이 無ᄒᆞ니 그리 아시며 兄이 渡布ᄒᆞ셔야 도을 事件이 多훈ᄃᆡ 엇지던지 周旋ᄒᆞ야 速히 渡來ᄒᆞ심을 切望ᄒᆞ오. 旅費는 吾人所儲中 畧 一百五十元 爲限ᄒᆞ고 借用ᄒᆞ야 抵布後에 何 團體에셔 報還케 되던지 償還ᄒᆞ기로 ᄒᆞ고 卽時 來布ᄒᆞ시오. 其 餘額은 四五俱樂部로 넘겨 領收證을 밧으시오며 若或 他緊要事가 有ᄒᆞ면 更히 詳示ᄒᆞ시오. 俱樂部로 넘기ᄂᆞᆫ 이보다 必要ᄒᆞ면 넘기〻前에 詳示之ᄒᆞ셔야 作定ᄒᆞ겟소이다.

玄楯事는 可怪可驚홀 妄動輕行이 多ᄒᆞ야 委員部에셔 公然 聲討ᄒᆞ기에 至훈 거슬 此處에셔 容赦ᄒᆞ야 保護를 曲許ᄒᆞ엿슴으로 委員部와 桑港(샌프란시스코)셔는 도로혀 布哇(하와이) 僑民들이 玄을 優待훈다고 評論이 有훈 거슬 不計ᄒᆞ엿스니 此는 玄[을] 悔改식혀 有用之人이 되게 홈으로 一敗倒地의 境에 至ᄒᆞ기를 免케 홈이어늘

自己가 更히 妄動狂行으로 更無餘地히 홈으로 布哇셔는 容身홀 슈 업시 되고 弟도 斗護홀 슈 업스니 諒之ᄒᆞ시오. 弟가 美京 엇던 旅館에 任置ᄒᆞᆫ 館舍 叶[什]物을 皆爲取去ᄒᆞ여다가 公館ᄒᆞᆫ다 ᄒᆞ고 其 所謂 律師 Finkel이라ᄂᆞᆫ 者에게 任置ᄒᆞ야 律師費로 典執케 ᄒᆞ엿스며 委員部 所入 正供 一千一百元外 更히 一千二百을 攬下ᄒᆞ야 幾何는 其 律師에게 付ᄒᆞ고 幾何는 自己의 旅費로 用下ᄒᆞ엿스니 此를 何如히 磨堪[勘]홀넌지 未知외다. 此處 人心은 玄을 곳 美國法律로 懲治코자 ᄒᆞ나 事體를 보아 못ᄒᆞ고 忍憤 過ᄒᆞ기에 如此ᄒᆞ외다.

國民會를 變ᄒᆞ야 僑民團을 成ᄒᆞᆫ 後로 國民會人은 旣往 中立者들이 僑民團에 多數히 主務ᄒᆞ니 彼人이 出金ᄒᆞ기를 待ᄒᆞᆫ다 ᄒᆞ고 各 地方에셔 垂[袖]手坐觀ᄒᆞᄂᆞᆫ 人이 多ᄒᆞ야 財政이라고는 莫可奈何며 況 糖價 低落에 錢荒이 極甚ᄒᆞ야 變通이 極히 難ᄒᆞ나 今番에 엇지ᄒᆞ던지 極力 鳩集ᄒᆞ여 보려 ᄒᆞ며 政府에 內部結束이 如此히 됨을 聞ᄒᆞ고 喜幸히 넉이며 動心ᄒᆞᄂᆞᆫ 色態가 發露ᄒᆞ니 幸이외다.

所謂 민데토리問題로는 今에 鄭漢[翰]景君에 詳細記事를 受ᄒᆞ엿ᄂᆞᆫᄃᆡ 弟가 渡美ᄒᆞ기 前에 鄭이 發論ᄒᆞ엿고 國民會 中央總會에셔 議決ᄒᆞ야 鄭에게 許諾ᄒᆞ엿고 安君도 皆 知之事이라. 弟는 最後書字를 送홀 時에 署名ᄒᆞᆫ 것 ᄲᅮᆫ이니 此 事實을 公佈ᄒᆞ려거던 ᄒᆞ시오. 書類는 다 晩[睆]觀(申圭植)의로 付送ᄒᆞ시오. 張斗轍도 從容이 付託ᄒᆞ야 旅費를 先貸ᄒᆞ야 가지고 오라 ᄒᆞ시오.

此處에셔 多數ᄒᆞᆫ 同志가 遠東이나 美洲에셔 渡來ᄒᆞ기를 望ᄒᆞᄂᆞᆫᄃᆡ 旣往 經歷을 보건ᄃᆡ 此에 到ᄒᆞᄂᆞᆫ 人들이 普通 僑民의 情形은 不察ᄒᆞ고 湖港(호놀룰루)에 在ᄒᆞᆫ 幾個人에 唼[喉]囑을 甘聽ᄒᆞ야 彼反對者들과 連絡ᄒᆞ야 大事에 貽誤ᄒᆞ고 自身에 貽累ᄒᆞ야 今番 玄楯이 行動과 如히 ᄒᆞᄂᆞᆫ 者이 種々 有之홈으로 此를 防止키 爲ᄒᆞ

야 幾個 條件을 定ᄒᆞ엿ᄂᆞ니 志士와 引導者들 中 同志로 布哇僑民의 請邀를 依ᄒᆞ야 渡來ᄒᆞᄂᆞᆫ 者게 此 數條를 約定ᄒᆞᄂᆞᆫ 거시 可ᄒᆞ다ᄂᆞᆫ 意見이 定ᄒᆞ엿스니

一은 무슴 黨派나 或 他 團體의 結連으로 本 地方 各 事業에 損害씌[?치]지 못ᄒᆞᆯ 事

一은 本 地方에 韓人 敎會와 學校와 公會와 各 項 公共ᄒᆞᆫ 事業에 對ᄒᆞ야 現主任者와 多數人의 公意ᄃᆡ로 遵行ᄒᆞᆯ 事

一은 民國政府의 現狀을 維持 擁護ᄒᆞ기에 誠忠을 變치 못ᄒᆞᆯ 事

以上 三條件를 秘密히 約定ᄒᆞ야 署名 還送ᄒᆞ야 本港 事務所[에] 留置ᄒᆞ고져 ᄒᆞ니 兄과 張斗轍도 各々 一紙書 錄送ᄒᆞ시려니와 金泰淵君에게도 兄이 別紙에 紀[記]錄ᄒᆞ시와 布哇同志의게셔 付託ᄒᆞᆫ 거스로 말슴ᄒᆞ고 署名을 得ᄒᆞ야 卽時 閔贊[燦]鎬·李鍾寬·安玄卿에게 付送ᄒᆞ시오. 此處와 美洲에는 無慮ᄒᆞᆯ지니 上海만 잘 端束ᄒᆞ야 彼輩의 害를 不受ᄒᆞ시오.

時促 爲此謹謝.

三年 七月 十六日 雩南 生 謹

84. 李承晩(雲生)→張　鵬(滄南) 1921. 7. 21. (16, 238)

滄南(張鵬) 大人

六月 八日과 十四日 惠函이며 新聞片 及 書類를 並히 領悉ᄒᆞ야 恰慰遠懷오며 英文 新聞片은 韓國이나 韓人에게 直接 關係되ᄂᆞᆫ 것 外에는 不須剪送이니 諒下ᄒᆞ시오.

吾兄의 渡布事는 昨日에 幾個 同志와 會商인 바 兄이 貴處에셔 內外地 聯結에 周旋ᄒᆞ여 쥬어야 ᄒᆞ겟다는 意思로 若干 生活費를 豫備ᄒᆞ려는 中인대 僑民團에셔 直接으로 通涉이 有ᄒᆞᆯ 터이니 姑俟之ᄒᆞ심이 似好耳.

兄이 來布ᄒᆞ셔도 着手ᄒᆞᆯ 事務를 確定ᄒᆞ고 오시ᄂᆞᆫ 것이 可ᄒᆞ겟소. 貴處事는 海公(申翼熙)이나 藕泉(趙琬九)을 代行케 ᄒᆞ여도 無妨일듯ᄒᆞ오나 深諒ᄒᆞ야 裁定ᄒᆞ시오.

上海셔도 强硬ᄒᆞᆫ 擁護의 精神을 發揮ᄒᆞ는 거시 此時에 良策일듯ᄒᆞ오.

三年 七月 卄一日 雲生(李承晩) 謹

85. 李承晩 → 張 鵬(滄南) 1921. 7. 24. (16, 239~240)

滄南(張鵬) 仁兄 回升

七月 八日 函과 書類를 俱接 詳悉이며 前書에도 已託이어니와 韓人의게 直接 關係되는 것이 안이면 新聞片을 剪送케 마시오. 各處 韓人의 印刷 速寫 等 文字는 得送ᄒᆞ심을 望.

布哇(하와이)셔는 組織的으로 熱心을 奮發ᄒᆞ야 各 處에 宣傳ᄒᆞ는 中이며 夫人救濟會에셔도 間島를 爲ᄒᆞ야 大活動ᄒᆞ는 中이니 今年에 財政이 窘拙ᄒᆞ야 前만은 못ᄒᆞ나 從次 就緖되겟으니 隱溪(白純)先生ᄭᅴ 詳陳ᄒᆞ시오. 正千元 美貨 보낸 것은 領受되엿을 줄 信ᄒᆞ며 李仲實君의게 直接으로 通涉ᄒᆞ고져 ᄒᆞ면 ᄒᆞ라 ᄒᆞ엿ᄂᆞᆫ대 仲實氏 來書에 一年에 旅舍를 設ᄒᆞ겟다 ᄒᆞᆫ지라. 此를 美貨로 計算ᄒᆞᆷ인지 未知이나 夫人會에셔 擔保코져 ᄒᆞ며 本會에 可決ᄒᆞ겟다 ᄒᆞ엿소.

仲實君에게 通寄ᄒᆞ시며 布哇夫人愛國會가 안이오 救濟會라 ᄒᆞ시며 아모조록 軍事上 消息을 種々 通知ᄒᆞ되 救濟 情形에 切迫ᄒᆞᆷ을 多ᄒᆞᄂᆞᆫ 거시 尤好ᄒᆞ고 公佈는 文字上에 救濟會에셔 軍備나 戰備를 供給ᄒᆞ는 양으로는 聲明치 말나고 付託ᄒᆞ여 쥬시오. 此는 法律上으로 關係가 有ᄒᆞᆷ 이외다.

布哇셔는 僑民團ᄭᆞ지 合同ᄒᆞ야 政府擁護에 大活動을 着手ᄒᆞ나니 美洲셔도 如此ᄒᆞᆫ 手腕으로 團結케 ᄒᆞᆯ지라. 上海에셔 强硬ᄒᆞᆫ 狀態를 表示ᄒᆞ여야 民心統一을 此時에 可圖의라. 人多以爲 今에야 大同團結될 基礎가 生ᄒᆞ엿다 ᄒᆞ니 果然 이외다.

加州에 在ᄒᆞᆫ 某々人은 我를 百方으로 陷害ᄒᆞ려 ᄒᆞᆫ다니 我 抵美路次에 何等 謀計가 有ᄒᆞᆯ지 不知나 天助我에 人何加害乎아.

兄의 經費를 六十元으로 支用이라 ᄒᆞ시니 잘ᄒᆞ엿소이다. 某條中 海公(申翼熙)에게 三十元을 쥬시고 隱溪에게도 四十元만 쓰게 ᄒᆞ시며 機關報를 設施ᄒᆞ면 其中에셔 錄字나 或 他設備에 貳百五十元을 貸用ᄒᆞ시오. 兄과 海公이 合同ᄒᆞ야 主張ᄒᆞ여야 될지니 每朔에 新聞備[費]로 美貨 正百五十元을 寄送ᄒᆞ는 中에셔 兄의 生活費도 支撥ᄒᆞ시며 布哇에셔는 設備나 他經費에는 莫可奈何고. 但 每朔 美貨로 正百五十元을 보내여 新聞을 継刊케 ᄒᆞ기로 決定이니 此를 ᄒᆞᆯ 슈만 잇으면 速히 着手ᄒᆞ여 보시오. 如此히 되면 兄은 渡布ᄒᆞᆯ 經營을 姑爲停止ᄒᆞ시오.

大統領의 告諭文이라는 것을 速寫板[版]으로 刷出ᄒᆞ니 甚히 草率ᄒᆞᆫ지라 新聞을 刊行ᄒᆞ게 되면 此等 文字도 印刷ᄒᆞᆯ 슈 잇을 터이니 甚緊且急ᄒᆞ외다.

諸 同志와 商定ᄒᆞ시오. 海公에게 보이시오.

六年 七月 二十四日 雩南 弟

86. 李承晚→張　鵬(滄南)　1921. (16, 241~242)

滄南(張鵬) 仁兄

此處 情形은 比前無異ᄒᆞ야 一般 人民의 忠愛心이 有加無減이며 國民會를 民團으로 變改ᄒᆞᆫ 後 彼邊人으로 多數 任員을 占領케 ᄒᆞ고 衆人은 袖手坐觀ᄒᆞ며 其 實績의 何如를 察ᄒᆞᄆᆡ 財政이

收入되지 못ᄒᆞ야 甚히 難處ᄒᆞᆫ 것 ᄲᅮᆫ이오. 且今 錢荒이 亦 係大同之患이미 吾人도 此로 因ᄒᆞ야 關心될 ᄶᆞ름이오. 他慮는 少無ᄒᆞ며 婦人救濟會는 正月以後로 每次 五百元式 合 三次를 上海로 付送ᄒᆞ엿스니 第三次 所送額을 推尋ᄒᆞ야 隱溪(白純)로 ᄒᆞ여금 軍政署로 付送ᄒᆞ게 ᄒᆞ시오. 會에도 聯續히 救濟會에셔 收金中이오. 收入되는ᄃᆡ로 軍政署에 損[捐]助ᄒᆞ려 ᄒᆞ나 此處에 多人이 軍政署의 狀態를 欲知ᄒᆞ니 只今 宣布文 等이 有ᄒᆞ면 收金에 有助ᄒᆞ겟스니 隱溪先生과 相議ᄒᆞ야 回示ᄒᆞ시오.

布哇(하와이) 호놋가地方에 居ᄒᆞ는 金京俊이 K.C. Kim으로 署名ᄒᆞ고 五月 一日에 金貨 壹百貳十元을 郵局換票로 P. Wang에게 보내는 거슬 만들어 華郵 一一七箱으로 付送ᄒᆞ엿스니 推尋ᄒᆞ야 任置ᄒᆞ시고 示明ᄒᆞ시오. 玄楯이 此處에 來到ᄒᆞ야 初次에는 自過를 公認ᄒᆞ고 正論을 發ᄒᆞ다가 幾個人의 奏囑을 聽ᄒᆞ고 風波를 激起ᄒᆞ야 人心이 大忿인ᄃᆡ 何處로 移去ᄒᆞᆫ지 姑難對面이니 可笑.

安得恩氏는 月前에 兄에게 金十元을 付送ᄒᆞ엿는ᄃᆡ 領受된지 願聞이라 ᄒᆞ오.

87. 李承晩 → 張 鵬(滄南) 1922. 8. 3. (16, 243)

滄南(張鵬) 仁兄

屢惠連承 曷勝感荷 在外吾人 常以紛爭爲事 將欲於何時 專力於光復耶 當處諸同志 爲國努力 誠深感佩 而弟無以仰援 徒說奚益 睨兄沈痾 近得差可耶 切々願聞耳 所營鑄字 今纔告成 擬卽着手於出板[版]事 而亦未免財絀之歎耳 昨十月所送美貨五十元 今始回還 故玆更換呈 查收如何々々

四年 八月 三日 雩 弟 敬

[譯文]

창남(滄南, 장붕〈張鵬〉) 인형(仁兄)

여러 차례 보내주신 편지를 연이어 받고 보니 감사함을 어찌 다 말하겠습니까? 해외에 있는 우리들은 항상 분쟁으로 일을 삼고 있으니 어느 때에나 광복에 전력하겠습니까? 그곳의 여러 동지들께서는 나라를 위하여 노력하고 계시다니 참으로 깊이 감명을 받았습니다. 제(弟)로서는 도와드릴 길이 없으니 말만 한들 무슨 소용이 있겠소이까? 예형(睨兄, 예관〈睨觀〉 신규식〈申圭植〉)의 병세는 요사이 차도가 있으십니까? 간절히 알고 싶습니다. 경영하던 주자(鑄字, 활자〈活字〉)의 일은 이제야 겨우 끝이 나 곧 출판에 착수하려 하나 역시 재력이 부족한 탄식을 면치 못하고 있습니다. 작년 10월에 부친 미화 50원이 지금 돌아왔기 때문에 다시 바꾸어서 보내니 사수(查收)하시는 것이 어떻겠습니까?

4년 8월 3일 우제(雩弟) 경(敬)

88. 李承晚 → 張 鵬(滄南) 1923. 2. 19. (16, 244~245)

張鵬

滄南 仁兄 回鑑

前書尙未答 而二函継至 感荷曷已

貽送內地敬告書二度 亦依來 該書昨自京城郵至 已經公佈 眞令人感淚沾襟也 胡爲而在外吾人 尙此決裂 是何事耶 浩歎耳

示中 政府移置事 旣有定算 斷不移來此地矣 更勿以是提及 如何々々 若政府來此 則彼如龍如虎者流 皆將隨而雲集 以吾人之醜態 布露於美布各國人耳目矣 其貽害於光復 將不淺解 望須力勸在閣諸兄 窮且益堅 似於不久 有所援助矣

借貸事 萬難仰副 苟有變通之道 則曷不爲政府得送若干耶

吾兄渡布事 已與教會諸友相議 卽更如戒 與安夫人안득은 圖得旅費計耳

餘夜久姑閣

五年 二月 十九日 晩弟 頓首

[譯文]

장붕(張鵬)

창남(滄南, 〈張鵬〉장붕) 인형(仁兄) 회감(回鑑)

전번의 서신에 회답도 못했는데 두 통의 서신이 잇달아 또 왔으니 감사하기 그지 없습니다.

동봉한 내지경고서(內地敬告書) 두 통도 잘 받았습니다. 그 경고서는 어제 서울에서 우편으로 보내왔기에 이미 공포했는데 참으로 사람으로 하여금 눈물을 흘려 옷깃을 적시게 합니다. 어쩌자고 밖에 있는 우리들은 아직도 분열해 있으니 이것이 어찌된 일인지 대단히 탄식할 따름입니다.

말씀하신 정부를 옮기는 일은 이미 정산(定算)이 섰으므로 단연코 이곳으로 옮겨오지는 않겠습니다. 그러니 다시는 이 문제를 꺼내지 않는 것이 어떻겠습니까? 만일 정부가 이곳으로 옮겨온다면 저 용같고 호랑이같은 무리들이 모두 따라와 운집하여 우리들의 추태를 미주·하와이와 각국 사람의 이목에 드러내게 될 터이니 우리의 광복에 해를 끼침이 적지 않을 것입니다. 바라건대 정부에 있는 제형(諸兄)에게 힘써 권하여 곤궁할수록 의지를 더욱 굳게 가지라 하십시오. 오래지 않아 원조할 바가 있을 듯합니다.

돈을 빌리는 일은 만에 하나도 부응해 드리기가 어렵겠습니다. 굳이 변통할 길이 있다면 어찌 정부를 위해서 다소나마 얻어 보내지 않겠습니까?

형께서 하와이로 오는 일은 이미 교회의 여러 친구들과 상의하여 말씀하신대로 하였고, 안부인(安夫人) 안득은과 더불어 여비를 마련해 보기로 하였습니다.

밤이 깊어 이만 줄입니다.

5년 2월 19일 만제(晩弟) 돈수(頓首)

89. 李承晩→張 鵬 1927. 6. 29. (16, 246)

答

邇者 愼節如何 閤內亦寧吉否 弟近由同志村歸港 偶得腰痛 數日呻唫 今纔小差

惠脫會書依悉 而有名無實 理由恐非得當 盖同志宣誓之意 各欲盡在我之道 不問他人之如何措施也 以兄積久沈痾之餘 安得期其有成哉 况專會俱在虛名而已 因情勢所致也 望吾兄須再思焉

畧此暫謝

九年 六月 念九日 晩 弟 拜謝

[譯文]

답

근자에 병세가 어떠하며 합내(閤內)도 안녕들 하십니까? 제(弟)는 요사이 동지촌(同志村)에서 호놀룰루에 돌아오면서 우연히 요통을 얻어 며칠을 신음했으나 이제는 조금 좋아졌습니다.

보내주신 탈회서(脫會書)는 잘 보았으나 유명무실(有名無實)하다는 이유는 온당하지 못한 듯합니다. 대체로 동지들이 선서하는 뜻은 각자 자기의 도리를 다함에 있는 것이지 타인이 어떻게 하고 있는지를 묻는 것은 아닙니다. 오랜 병고를 겪은 형에게 어떻게 성취가 있기를 기대하겠습니까? 더구나 회무(會務)에만 오로지 한다는 것은 모두 허명일 뿐이요, 정세 때문에 그렇게 된 것입니다. 바라건대 오형(吾兄)은 다시 생각하시기 바랍니다.

간략하나마 이로써 답장을 올립니다.

9년 6월 29일 만제(晩弟) 배사(拜謝)

90. 李承晩→전익서 1921. 9. 17. (16, 247)

R. Chun, I. S.

젼익셔 씨 보오

至今 나라의 일이 만흔 ㅼ애에 政府에 안즌 諸公도 다 모든 것을 희싱하고 强硬훈 政策으로 모든 일을 다ᄉᆞ려야 될 것을 밋고 이와 갓치 일하ᄂᆞᆫ 즁이라.

布哇(하와이)가 훈 中心地가 되며 僑民團이 ㄸㅗ훈 布哇 中心機關이라. 强硬ᄒᆞ게 몸 내여 노코 機關을 븟으[드]러 일하여야 될 터인대 兄은 性質이 慍[溫]和 졍즁ᄒᆞ야 이ㅼ애에 그 자리에셔 능히 굿셴 政策을 혼자라도 붓들고 싸화 나아가기 어렵고 ㄸㅗ훈 經歷이 멧 해를 이 中에셔 치루어난 사람과 갓치 못한지라.

閔先生이 다른 일에 奔走ᄒᆞ야 民團 事務를 親히 總察키 어려운즉 兄이 이 事情을 ㅅㅐ닷고 國事를 爲ᄒᆞ야 犧牲ᄒᆞᄂᆞᆫ 마음으로 旣往 辭免을 하엿다 ᄒᆞ니 그 사무를 辭任ᄒᆞ고 우리가 旣往에 相約훈대로 行하면 兄의 忠誠은 더옥[욱] 紀念할 날이 잇슬 터이니 從容ᄒᆞ게 속히 措處ᄒᆞ고 힘으로 區域 일도 잘 돌바 쥬시오.

三年 九月 十七일 美京에 留ᄒᆞᄂᆞᆫ 同志 書

91. 李承晩→鄭七萬 1912. 11. 10. (16, 248)

十一月 十日 答 云々 今十二月晦間 青年會總局 任期苽[瓜]滿將於伊時 似有機會 作布哇之行 而姑難質定 將更臨期 示及 計耳

晩

[譯文]

11월 10일의 답신에서 운운한 바와 같이 이번 12월 그믐께에는 청년회 총국(青年會總局)의 임기가 만료됩니다. 그때에나 하와이에 갈 기회가 있게 될 듯하나 아직 확정하여 말씀드릴 수는 없습니다. 그때에 가서 다시 말씀드릴 생각입니다.

만(晩)

92. 李承晩→趙素昂 1924. 1. 4. (16, 249～250)

素昂 仁兄 惠覽

客臘十五日函 並其地方建(以下 1·2字 缺)致 顧君公牘謄本 俱依來 詳(以下 1·2字 缺)

地方施設及其他諸般急務 今不(以下 1·2字 缺)論 因國院 方痲木不仁 必先治(以下 1·2字 缺)成 爲完全活動之肢體以後 庶可一々振作矣 故內部結束一事 爲政府最急務也

改閣事 意謂省金兩總 應與吾兄 同舟並濟矣 今見其書 俱不協同 兄若輕易着手 恐成孤立無援之勢 彼改創各派 乘機滋擾矣 莫如緩和措處 俾免別生枝節也

另具應行數條 裁爲公函 錄送于各總長 兄須與諸僚 爛商公決 隨卽示明 如何(以下 1～3字 缺)俱有爲國公心 深察時局(以下 1～3字 缺)覺悟矣

苟或頹然依然 各執(以下 1～3字 缺)意 不念民國之休戚 自行自止(以下 1～3字 缺)無紀律 則政府終難成立 爲(以下 1～3字 缺)動機關矣 國家大事 將何由而措施耶 惟望閣員諸公 諒此苦衷 虛心殫誠 握手並進 共圖大業 則何幸如之 惟兄勉之々々

六百金電匯之戒 非不欲仰副 而姑乏執手 反不如不聞 爲切悚歎

恭祝新年鈞寧

民國 六年 元月 四日 雩南 弟 頓首

[譯文]

소앙(素昻, 조소앙〈趙素昻〉) 인형(仁兄) 혜람(惠覽)

작년 선달 15일 편지와 그 지방 (이하 1·2자 결) 생각건대 군(君)의 공함(公函) 등본은 모두 (이하 1·2자 결)

지방 시설과 기타 제반 급무는 지금 (이하 1·2자 결) 국무원(國務院)이 바야흐로 반신불수(半身不遂)가 되었기 때문입니다. 반드시 먼저 (이하 1·2자 결) 치료하여 완전히 활동할 수 있는 신체를 만든 이후에라야 하나 하나 진작할 수가 있는 것입니다. 그렇기 때문에 내부에서 결속하는 일이야말로 정부의 최급무가 된다 하겠습니다.

개각에 관한 일은 성(省, 성재〈省齋〉 이시영〈李始榮〉)·김(金, 金奎植) 두 총장(總長)이 응당 형과 배를 함께 타고 같이 건너는 줄 알았습니다. 지금 그 서신을 보니 모두 협조하지 않는다 하니 형이 만일 경솔하게 손을 댔다가는 고립무원(孤立無援)의 형세에 빠질까 걱정됩니다. 저들 개조(改造)와 창조(創造)의 두 파가 기회를 타서 더 혼란을 가중시킬 것입니다. 무엇보다도 조처를 완화하여 별도의 지절(枝節)이 생기지 않게 해야 합니다.

특별히 응당 해야 하는 몇 가지를 갖추어 공함을 작성하여 각 총장에게 녹송(錄送)할 것입니다. 형은 반드시 제 각료와 더불어 난상 토의(爛商討議)하여 결정을 짓고 즉시 명시하시는 것이 어떻겠습니까? (이하 1~3자 결) 모두 나라를 위한 공심(公心)이 있는 만큼 깊이 시국을 살펴 (이하 1~3자 결) 각오한 일입니다.

진실로 여전히 각기 (이하 1~3자 결) 뜻을 고집하고 민국(民國)의 휴척(休戚, 잘되고 못됨)을 생각지 않는다면 (이하 1~3자 결) 기관일 것입니다. 국가 대사를 장차 어떻게 조치해야 하겠습니까? 오직 바라건대 각원 제공께서는 이 고충을 헤아리시고 마음을 비우고 정성을 다하여 손을 맞잡고 나란히 전진하여 함께 대업을 도모해 주신다면 얼마나 다행한 일이겠습니까? 바라건대 형께서 거듭 힘써 주십시오.

6백원을 전송해 달라는 부탁은 부응해 드리고 싶지만 아직 손에 잡힌 것이 없으니 되려 듣지 않은 것만 못하외다. 매우 송구스럽고 한탄스럽습니다.

삼가 신년의 축복을 드립니다.

민국 6년 정월 4일 우남 제 돈수(頓首)

93. 李承晩→趙素昻 1924. 5. 28. (16, 251)

素昻 仁兄 靑覽

問阻紆菀 即承五月三日函 滿慰遠忱 伊來愼節 快得痊可耶

頃議組閣事 間因時機 姑爲中止者 毫無貽累等情 望勿以是自咎焉

石兄旣許入閣爲首云 幸々 而弟之書與電 終無一答 其於公私兩面 恐未得當 第將緩竢耳

由故國來友 如有適才 收用於政府似好 改憲等事 空費歲月 只添紛糾 歎復奈何 兄於此時 萬々不可念及於退讓 望須細察內外情形 隨時錄示 切仰々々耳

六年 五月 二十八日 雩南 弟 拜

[譯文]

소앙(素昻, 조소앙〈趙素昻〉) 인형(仁兄) 청람(淸覽)

소식이 끊겨 답답하던 차에 5월 3일자 편지를 받고 보니 멀리서 그리던 마음에 흡족히 위안이 되었소이다. 그래 그 뒤로 병환은 쾌차되셨습니까?

전일에 의논했던 조각(組閣)에 관한 일은 그 동안 시국의 형편에 따라 우선 중지한 것입니다. 추호도 누를 끼치는 등의 일은 없을 것이니 이것을 스스로의 허물로 여기고 자책하지 말기를 바랍니다.

石吾(이동녕〈李東寧〉)형이 이미 입각(入閣)하여 국무총리가 되기를 승낙하셨다니 거듭 다행한 일입니다. 그러나 나의 서신과 전신에 대하여 끝내 한번의 답장도 주지 않은 것은 공적, 사적 양면에 두루 온당치 못한 일인 듯합니다. 하여간 천천히 기다려 보겠습니다.

고국에서 온 친구 중에 만일 적합한 인재가 있다면 정부에서 거두어 쓰는 것이 좋을 듯합니다. 개헌(改憲) 등에 관한 일은 세월만 허송하고 분규만 더 야기할 뿐이니 다시 탄식한들 무슨 소용이 있겠습니까? 형은 이런 때에 만에 하나도 퇴양(退讓)하실 생각일랑 마시고 내외의 정세를 세밀히 살피시고 수시로 적어 보내주시기를 간절히 바라고 바랍니다.

6년 5월 28일 우남 제(弟) 배

94. 李承晚 → 趙素昻 1924. 6. 28. (16, 252~254)

素昻(趙素昻) 仁兄 親鑑

惠投滬報를 接ᄒᆞ야 數十餘 新聞代表를 宴待ᄒᆞ심은 詳悉이며 來号通信에 譯載ᄒᆞ겟소이다.

今에 國院 公電을 據ᄒᆞ건ᄃᆡ 所謂 國民代表會 餘派가 議政院에 插入ᄒᆞ야 更히 現狀變動을 主持ᄒᆞᄂᆞᆫ 모양이며 且 石吾(李東寧)가 總理로 統領 代理ᄒᆞ자ᄂᆞᆫ 意見을 協贊ᄒᆞᄂᆞᆫ 모양이니 弟는 訝惑難解ᄒᆞᆯ 点이 不無ᄒᆞ외다.

吾人이 自初로 漢城政府를 執守ᄒᆞ여 온 거슨 係[系]統을 勿失ᄒᆞ며 現狀을 維持코져 ᄒᆞᆷ이라. 若 在滬 各 分子로 變改ᄒᆞᆯ 門路를 一開ᄒᆞ면 飜覆이 無常에 紛爭이 尤甚ᄒᆞᆯ 쥴을 石吾가 諒解ᄒᆞᆯ 터인ᄃᆡ 今에 統領代理 一事에 對ᄒᆞ야 該 分子와 同意ᄒᆞᆯ진ᄃᆡ 誠是意外외다.

石吾가 彼 反對分子와 表裏가 되여 自己의 信望을 全部 犧牲ᄒᆞ고 彼의 利用이 되고져 ᄒᆞᆯ 理는 萬無ᄒᆞ며 彼를 利用ᄒᆞ야 自己의 地位를 鞏固케 ᄒᆞ고져 ᄒᆞᆯ 理도 尤爲萬無ᄒᆞᆫᄃᆡ 何를 爲ᄒᆞ야 代理計畫을 贊同ᄒᆞᄂᆞᆫ지 實로 抑測키 難ᄒᆞ외다.

設令 石吾로 統領을 代理케 ᄒᆞ면 上海에 風波가 沈息될 거슬 石吾가 信ᄒᆞᆷ니ᄭᅡ. 若 統領代理가 彼의 願ᄃᆡ로 遵行치 안이ᄒᆞᄂᆞᆫ 날은 自己를 逐出ᄒᆞ고 任意로 操縱ᄒᆞ려 ᄒᆞᆯ지니 石吾가 能히 彼의 陰謀와 籠絡을 對抗ᄒᆞ고 現狀을 維持ᄒᆞᆯ 能力이 有ᄒᆞ겟소. 此가 有ᄒᆞᆫ 쥴을 信ᄒᆞ면 弟는 今日로 石吾에게 讓與ᄒᆞᆯ지나 今에 風波를 恐ᄒᆞ야 現狀維持策을 確守치 못ᄒᆞᆯ진ᄃᆡ 日後에 能히 風波를 不計ᄒᆞ고 一定ᄒᆞᆫ 定策을 確守ᄒᆞ라ᄂᆞᆫ 擔保가 無ᄒᆞᆫ지라.

況今에 在內在外가 吾人의 年來로 百折不屈ᄒᆞ고 係統을 確守ᄒᆞ여 오ᄂᆞᆫ 誠心을 感服ᄒᆞ여 煽動者의 野心을 切憎之ᄒᆞᄂᆞ니 石吾가 吾人의 擁護를 信賴ᄒᆞ고 民心을 收拾ᄒᆞ야 國院의 威信을 尊崇ᄒᆞᆷ이 良策이라.

今日이 何時오. 吾人이 決코 前顧後瞻ᄒᆞ야 彌縫姑息의 手段이나 同床異夢으로 八方美人의 色態를 取ᄒᆞ야 時局을 整頓ᄒᆞ여 衆心을 歸順케 ᄒᆞ려면 是는 緣木求魚보다 尤甚ᄒᆞ야 畢竟은 同胞를 落望식히며 吾人은 落名ᄒᆞ고 말지라. 公私에 兩失이니 忠厚正大로 模範을 作ᄒᆞ야 信義를 立ᄒᆞᆷ이 良策인 쥴 知ᄒᆞᆷ니다.

統祈鈞安.

民國 六年 六月 念八日 雩南 弟 頓

95. 李承晩 → 趙素昻 1925. 3. 8. (16, 255~256)

素昻 仁兄 惠升

今接李圭洪君書 玆並封其副稿一件 詳曉可悉 而其意甚涉糢糊也

蓋李君若自居以財總 視弟爲一個平民 則奚可以公債等事 致公文於無任之平民 有損公軆哉 必有責任者存焉 宜直發文于其責任者 可也

且以爲內外公債 必速行處理云 亦未知其何意 政府現乏儲金 無以債淸 何能整理 無是力而有是言 則不過滋生枝節而已 有何裨益哉

現今 政府內 多有應行整理之急務 不務其當務 而旋欲越俎代謀 恐其意不在整理 而在攪亂也

苟以委員部發行之公債一事論之 其有責任者 奚欲以其文簿 輕易出付于無責任不完定之在滬幾人耶 莫如姑置勿論也

初擬擧此意裁答矣 而不欲激生反感 玆以仰悃 如有面話之機 爲弟詳述及之 如何々々

安氏渡美後 勸其從者 由國民會 發文各地 使卽收捧人頭稅 不日付送于政府計云 布哇則先自湖港 另設國民會 願入者 固不乏人 而反對者亦多 似難容易着足於此也 呵々

餘祝鈞安

七年 三月 八日 雩南 弟 頓首

[譯文]

소앙(素昻, 조소앙〈趙素昻〉) 인형(仁兄) 혜승(惠升)

방금 이규홍(李圭洪)군의 편지를 받았습니다. 동봉한 부고(副稿)한 건도 자세히 읽어 보았으나 그 내용이 매우 모호했습니다.

대체로 이군(李君)은 마치 재무총장(財務總長)으로 자처하면서 나를 일개 평민으로 본 듯 합니다. 그렇다면 무엇하러 공채(公債) 등의 일을 아무런 소임도 없는 평민에게 공문으로 보내서 공공의 체면만 손상시켰을까요? 필시 책임을 질 사람이 있을 터이니 마땅히 곧장 책임자에게 글을 보내는 것이 좋을 것입니다.

또 내외의 공채는 반드시 속히 처리하겠다고 말했는데, 이 역시 그 속셈을 알 수 없습니다. 현재 정부는 비축금(備蓄金)이 다하여 빚을 갚지도 못하고 있는데 어떻게 정리하겠습니까? 그럴 힘도 없으면서 이러한 말을 하는 것은 말썽만 더 만드는데 지나지 않으니 무슨 도움이 있겠습니까?

현재 정부안에는 꼭 정리해야 할 급한 일이 많이 있습니다. 그런데 꼭 해야 할 일은 하지 않고 선뜻 남의 몫이나 넘겨다 보고 대신 모사(謀事)나 하고 있으니, 아마 그의 생각은 정리에 있지 않고 교란에 있는 듯합니다.

굳이 구미위원부(歐美委員部)에서 발행한 공채의 일로 말하자면 그 책임을 맡고 있는 사람이 어찌 그 문서를 책임도 없고 안정되지도 못한 상해(上海)의 몇 사람에게 가볍게 부쳐 보내려 하겠습니까? 차라리 내버려 두어 논하지 않는 것만 같지 못합니다.

처음에는 이러한 뜻을 들어 답장을 하려고도 하였으나 반감을 격발하고 싶지 않았습니다. 이에 우러러 부탁하오니 만일 직접 만나서 말할 기회가 있으시다면 이 제(弟)를 위하여 자세히 언급해 주시는 것이 어떻겠습니까?

안창호씨는 미국에 건너온 뒤에 그 추종자들을 권하여 국민회(國民會)에서 각지에 통문을 보내 즉시 인두세(人頭稅)를 거두어 불일내(不日內)에 정부로 부쳐 보내게 할 계획이라 합니다. 하와이에서는 먼저 호놀룰루에서부터 국민회를 따로 설립한다고 합니다. 입회하기를 원하는 사람이 없지 않을 터이나 반대하는 사람도 많아 이곳에 쉽게 발을 붙이지 못할 것 같습니다. 가가(呵呵, 소리내어 웃음).

그러면 균안(鈞安)을 빌면서 이만 줄입니다.

7년 3월 8일 우남 제(雩南弟) 돈수

96. 李承晩 → 趙素昻 1927. 1. 20. (16, 257~260)

臘月 四度函이 日前에 荷哇(하와이)島를 經ᄒᆞ야 湖港(호놀룰루)에 傳達ᄒᆞᆫ 고로 稽謝至今ᄒᆞᆷ이 甚悶々々耳. 該 四函中 所論이 無非緊項이기로 或 遺漏不答의 失錯이 有ᄒᆞᆯ가 恐ᄒᆞ야 玆에 逐條陳述ᄒᆞ니 顚倒重複됨을 海恕ᄒᆞ시오.

崔友가 政府와 獨立運動 進行策을 提出ᄒᆞᆫ 거슨 其 內心을 發表ᄒᆞᆷ이라. 吾人은 此에 對ᄒᆞ야 特別ᄒᆞᆫ 端束이 必要ᄒᆞᆷ니다.

太平洋大會를 因ᄒᆞ야 今年 民團 議事會에셔 旅費 特捐을 募集ᄒᆞ자 ᄒᆞ엿스나 徐(서재필〈徐載弼〉)氏를 請來ᄒᆞ자ᄂᆞᆫ 거슨 未曾決議ᄒᆞ엿ᄂᆞ니 自然 公論이 不無ᄒᆞᆯ 거심니다.

徐氏로 委部 顧問을 任ᄒᆞ자ᄂᆞᆫ 說에 對ᄒᆞ야는 氏의 要求ᄒᆞᄂᆞᆫ 바 經費를 辦出ᄒᆞ고 氏의 承諾을 得ᄒᆞ면 顧問을 任命ᄒᆞ마 ᄒᆞ시오. 前日에 該 任을 帶ᄒᆞ엿슬 젹에 有名無實ᄒᆞᆫ 虛位를 不願이라 ᄒᆞ고 辭退ᄒᆞ엿ᄂᆞ니 今에도 境遇가 同一ᄒᆞᆫ 줄로 知ᄒᆞᆷ니다.

統一連絡 等說에 對ᄒᆞ야는 原來 吾人이 內地政府 系統下에셔 統一ᄒᆞ자 ᄒᆞᆫ 거슬 彼가 百計反抗ᄒᆞ야 衆心을 離散식혀 놋코 今에 彼가 져의 所立인 政府 名義로 統一ᄒᆞ자 ᄒᆞᆷ은 便同自己들의 私團에 來付ᄒᆞ고 美布(미주·하와이) 財政을 彼의 手中에 供納ᄒᆞ라 ᄒᆞᆷ이니 吾人이 엇지 自初로 內地 要求를 依ᄒᆞ야 歐美에 外交宣傳 事務에 專力ᄒᆞ여 오던 거슬 다 廢止ᄒᆞ고 私黨의 擴張을 主張ᄒᆞ리오. 此는 美布에 大多數人이 應從치 안을지라. 今에라도 上海에셔 自體를 解散ᄒᆞ야 漢城 系統을 公布ᄒᆞ고 相當ᄒᆞᆫ 頭領을 公選ᄒᆞ야 各地 同胞가 服從케 되면 吾人은 心悅誠服ᄒᆞᆯ지라. 若 美布에 衆心은 不顧ᄒᆞ고 但 一部分 人士의 私黨的 主意를 從ᄒᆞ라 ᄒᆞᆯ진ᄃᆡ 吾人은 不可라 ᄒᆞᆷ니다.

委部를 上海에 隷屬ᄒᆞ라ᄂᆞᆫ 言論에 對ᄒᆞ야는 贅述을 不要ᄒᆞᆯ지

라. 原來 吾人은 漢城 組織을 從ᄒᆞ야 上海政府를 卽 內地系統으로 認證ᄒᆞ여 왓ᄂᆞ니 該 政府가 何時에던지 部分的 性質을 棄ᄒᆞ고 共同ᄒᆞᆫ 民族的 機關을 成ᄒᆞᆯ진ᄃᆡ 吾人이 盡忠擁護ᄒᆞᆯ 거시어ᄂᆞᆯ 此를 不爲ᄒᆞ고 派黨的 紛爭을 不息ᄒᆞ야 上海政界가 風翻雨覆ᄒᆞ며 府局의 自體가 朝變夕改ᄒᆞ니 現下 情勢에 委部를 隷屬ᄒᆞ면 系統도 全失되여 從次 矯正ᄒᆞᆯ 希望도 茫然ᄒᆞ러니와 外交機關이 亦 隨以波動되여 朝聚暮散에 一是를 莫衷ᄒᆞ겟고 兼ᄒᆞ야 美布에 財政을 供納ᄒᆞ라 ᄒᆞ리니 何處에셔 金錢을 得ᄒᆞ여다가 混頓[沌]된 局面을 支供ᄒᆞ리요. 畢竟은 政府命令이라 ᄒᆞ고 黨類를 派送ᄒᆞ야 正供을 督捧ᄒᆞᆫ다 ᄒᆞ리니 美布를 更히 亂局을 成ᄒᆞᆯ지며 且 上海에셔도 布哇 金錢이 源々히 收入되면 紛爭熱이 一層 尤甚ᄒᆞᆯ지라. 故로 名義上으로는 歐部가 政府를 代表ᄒᆞᆫ 機關이라 ᄒᆞ야 滬局이 整頓될 ᄯᅢᄭᅡ지 引繼ᄒᆞ여 두고 外交事務를 進行ᄒᆞ여 가다가 漸次로 隨機矯正홈이 未晩이라 홈니다.

雙頭政府라ᄂᆞᆫ 說은 事實을 不知ᄒᆞᄂᆞᆫ 者의 一時 話柄 ᄲᅮᆫ이라. 弟는 自初로 政府의 施政 等節을 在滬人士들의게 專委ᄒᆞ고 但 歐美에 外交 宣傳 等務에만 專擔ᄒᆞ야 如是히 區分을 作ᄒᆞ엿스ᄆᆡ 上海에셔도 此를 同意ᄒᆞ야 至今ᄭᅥᆺ 遵行ᄒᆞ여 온지라. 今에는 더욱이 大統領 名義로 權威를 要홈이 無ᄒᆞ니 或 無頭政府라ᄂᆞᆫ 評은 有ᄒᆞᆯ지언정 雙頭政府라ᄂᆞᆫ 거슨 近似치도 안은 말임니다. 當初에 弟가 太平洋 東西를 區畫ᄒᆞ야 노은 理由인즉 隔海相阻ᄒᆞ야 軍務處理도 直接 執行키 難ᄒᆞ거니와 並히 上海는 地方熱과 派黨戰으로 干戈不息의 勢를 成ᄒᆞᆫ지라. 西部를 渾同ᄒᆞ여 놋코는 遠東 風波가 華城(워싱턴)에 波及ᄒᆞ리니 大都耳目에 醜聲陋態를 誰能掩蔽리오. 故로 上海셔는 遠東事를 專主ᄒᆞ고 華城에셔는 歐西 責任을 主掌ᄒᆞ야 主要事項은 互相 議處ᄒᆞ라 ᄒᆞ엿스니 此 政策을 繼行ᄒᆞᄂᆞᆫ 거시 極히 智慧로은 거스로 信홈니다.

英誌를 徐氏에게 主務식히자 ᄒᆞᄂᆞᆫ 거슨 吾人도 贊成ᄒᆞᆫ다 ᄒᆞ시오. 但 財政責任만 歐部에 不在ᄒᆞ면 何時에 何處에셔 何人이 刊行ᄒᆞ던지 吾人은 可及的 協助ᄒᆞᆯ 것 ᄲᅮᆫ이며 若或 他人이 經費가 無ᄒᆞ던지 或 不足ᄒᆞ야 發行치 못ᄒᆞᄂᆞᆫ 境遇에ᄂᆞᆫ 吾人이 力所及ᄃᆡ로 周旋ᄒᆞ여 볼 거시나 萬一 不贍ᄒᆞᆫ 資本으로 財政을 만히 要求ᄒᆞᄂᆞᆫ 人員을 用ᄒᆞ려 ᄒᆞ면 此는 事實上 不能이라 ᄒᆞ시오.

餘在夾紙 不戩.

民國 九年 一月 二十日 弟 李承晩 在港湖 謹謝

97. 李承晩→趙素昻 1927. 7. 18. (16, 261~262)

久餘承示 深慰紆菀

武漢同盟會代表事 尙無時免[晩]不及之歎耶 見書之日 卽宜電馳委任 而經費周旋 姑不如料 竟致更失機會 歎復奈何 日後 若見有此等好機 不須坐待任命 卽可自任其責 先事後報 得免晩不及之歎 如何々々

示中赴內共同努力 恐非其時 務勿洩之等句語 未知指何事而言也 弟久有入內之志 本不欲有濟於事 而有益於己 只欲投入內地與義烈男女 共作獄中魂 一以自安其心 一以報答同志而已 盖寄身海外 百無一成 蹉跎白髮 徒負虛名 獨不愧於心乎 然此亦躊躇未果謂之何哉

故月南公生時 屢以此意書問 而每力勸止之 近間 太平洋大會代表數友 亦極言其不可 可謂進亦難 退亦難也 兪億兼·白寬洙·金活蘭三代表 來參大會 數次傾心坐談 皆以新幹部爲中心機關也 邇者 在美靑年活動 頗有可觀点 望其有多力也

弟間得腰痛 數日見苦 今纔差可 而蒲柳之質 豈期健全如平昔哉呵々

民國 九年 七月 十八日 晩 弟 頓首

[譯文]

오랜만에 서찰을 받고 보니 울적했던 마음에 깊이 위로가 됩니다.

무한동맹회(武漢同盟會)에 대표를 보내는 일은 때에 늦어 미치지 못했다는 탄식이 없겠습니까? 서찰을 받던 날로 즉시 전보를 보내서 위임했어야 했습니다. 그러나 경비의 주선이 예상과 달라 마침내 다시 기회를 잃게 되었으니 탄식한들 어찌하겠습니까? 일후에 만일 이러한 좋은 기회가 있거든 앉아서 임명을 기다리지 말고 즉시 그 책임을 자담(自擔)하여 먼저 일을 처리한 다음에 보고토록 하여 때에 늦어 미치지 못했다는 한탄이 없도록 하는 것이 어떻겠습니까?

서찰 속에 내지(內地)에 들어가서 공동으로 노력하겠다는 일은 그 때가 아닌 듯합니다. 일이 누설되지 않도록 힘써 달라는 등의 말은 어떤 일을 가리켜 한 말인지 알지 못하겠습니다. 제(弟)도 오래 전부터 내지로 들어가고 싶은 마음이 있었습니다. 이는 원래 일의 해결에 도움이 되고 자신에게도 유익하게 하려 한 것이 아니었습니다. 다만 내지에 뛰어들어 의열 남녀들과 함께 옥중의 혼이 되려 하였던 것입니다. 이로써 한편 스스로 마음을 편안하게 하고 다른 한편 동지들에게 보답하려는 뜻에서 그랬을 뿐입니다. 해외에 몸을 의탁하고서 백에서 하나도 이룬 것이 없이 그럭저럭 백발만 늘어가고 한갓 허명만 짊어지고 있으니 어찌 마음에 부끄럽지 않겠습니까? 그러나 이것마저 주저하고 이루지 못하였으니 무어라 말하겠습니까?

월남(月南, 이상재〈李商在〉)공이 살아 계셨을 때에 여러 차례 이러한 뜻으로 서찰을 보내어 상의했으나 매번 힘주어 만류하셨습니다. 근간에 태평양대회의 대표 몇 분도 그 불가함을 극언하였으니 이른바 나아가기도 어렵고 물러나기도 어려운 처지입니다. 유억겸(兪億

兼)·백관수(白寬洙)·김활란(金活蘭) 세 대표가 대회에 참석 차 와서 몇 차례 마음을 털어놓고 좌담을 나누었는데, 모두가 신간부(新幹部, 신간회〈新幹會〉)로 중심기관을 삼아야 한다고 했습니다. 요사이 재미 청년의 활동이 자못 볼 만한 점이 있기에 그들의 힘이 커지기를 바라고 있습니다.

제는 그 동안 요통을 얻어 며칠을 고생하다가 이제 겨우 차도가 있습니다. 그러나 시냇가의 버들처럼 약한 기질이 어떻게 예전처럼 건강해지기를 기대하겠습니까? 가가(呵呵, 소리내어 웃음).

민국 9년 7월 18일 만제(晩弟) 돈수(頓首)

98. 李承晩 → 趙琬九(藕泉) 1921. 5. 19. (16, 263~264)

藕泉 愛兄 回照

頃宵面訓 今此書諭 俱極懇摯 固知其出自憂時愛友之厚 曷不欲勉副盛念 俾有益於事 而並有益於己哉

而無奈船期已迫 正難更延數日 又安知不數日後之視今日 如今日之視昨日也哉 況吾人之於國事 不可重此而輕彼 必設法兼顧東西以後 能免致有大損矣

上海現局 誠可謂爲急於壘卵 其在相孚之地 誼當與共進退 而顧我內部 畧已結束 從此庶事 頗有進就之望 弟一身之去留 無甚輕重

切念歐美事 方在危急 更無人調整 非弟躬行扶持 恐將盡歸烏有 非徒外交上 大有損失 亦復爲財用上束手矣 故百以思之 不如決計起身 外內互援之爲愈 詎有絲毫私意於其間哉 望勿厚誚 俟見有所裨益於事

臨發倥傯 不盡所懷 統冀存諒 並祝仕祺

三年 五月 十九日 雩南 弟 謹謝

[譯文]

우천(藕泉. 조완구〈趙琬九〉) 애형(愛兄) 회조(回照)

저번 밤의 면교(面敎)와 이번의 서유(書諭)는 모두 극히 간절하고 진지했습니다. 이는 사실 시국을 걱정하고 친구를 사랑하는 두터운 마음에서 나온 것임을 잘 압니다. 어찌 성념(盛念)에 힘써 부응하여 일에도 도움이 되고 자신에게도 도움이 되게 하려 하지 않겠습니까?

그러나 배 떠날 시기가 임박하여 단 며칠도 더는 연장할 수 없었으니 어찌하겠습니까? 또 며칠 후에 오늘을 돌아보는 것은 오늘에서 어제를 돌아보는 것과 같음을 어찌 알지 못하겠습니까? 더구나 우리들은 국사(國事)에 대해 이것을 중히 여기고 저것을 가벼이 여겨서는 안됩니다. 반드시 법을 마련하여 동(東)과 서(西)를 아울러 살펴야만 능히 큰 손해를 자초(自招)함을 면할 수 있습니다.

상해의 현정국은 참으로 가위 계란을 쌓은 것보다 위급하다고 하겠습니다. 서로 신임하는 처지에 의당 더불어 진퇴를 같이 해야 마땅합니다. 그러나 돌아보면 우리의 내부가 대충 이미 결속되어 있어서 이제부터 모든 일이 자못 진취의 희망이 있을 터이니 제(弟) 한 몸의 거류(去留)는 별다른 영향이 없을 것입니다.

그러나 간절히 구미(歐美)의 일을 생각해 보면 바야흐로 위급한 지경에 있어도 누구 하나 조정할 사람이 없습니다. 이 제가 직접 가서 부지(扶持)하지 않으면 장차 모두가 오유(烏有)로 돌아갈 듯합니다. [그렇게 되면] 비단 외교상에 큰 손실이 있을 뿐만 아니라 재정상으로 속수무책(束手無策)이 될 염려가 있습니다. 그렇기 때문에 백방으로 생각해 보아도 내가 마음을 다지고 몸을 일으켜서 안팎으로 서로 돕는 것만 같지 못하다고 여긴 것입니다. 어찌 사호(絲毫)라도 사의(私意)가 그 사이에 끼일 수 있겠습니까? 바라건대 너무 꾸짖지 마시고 일에 도움이 되는 바가 있는지 기다려 보십시오.

출발에 임하여 마음이 바빠서 소회를 다하지 못하니 통털어 헤아려 주시기를 바라옵고 아울러 사기(仕祺)를 빕니다.

3년 5월 19일 우남제(雩南弟) 근사(謹謝)

99. 李承晚→趙琬九(藕泉) 1921. 7. 30. (16, 265~267)

藕泉(趙琬九) 仁兄 回升

六月 二十日 大函을 接讀ᄒᆞ야 悅如面話히 恰慰遠懷외다. 此處事는 僑民團을 組織ᄒᆞ라는 內部 令飭을 承ᄒᆞᆫ 後에 歐美委員部에셔 曾往에 設置ᄒᆞ엿던 地方委員 等 名目은 盡歸無效ᄒᆞ야 公債金收捧 等事에 人皆袖手傍觀ᄒᆞ미 收入金이 自然 零星ᄒᆞ야 今年 正月以後로 委員部에 送納ᄒᆞᆫ 金額이 無幾라 ᄒᆞ니 如此ᄒᆞᆫ 形便을 不可仍置라. 故로 今에 委員部의 設置ᄒᆞᆷ과 僑民團을 合同ᄒᆞ야 歐美委員部 下에셔 一致團結로 財政을 收捧케 ᄒᆞ며 同志會를 組織ᄒᆞ야 政府擁護의 目的으로 彼 不法者를 設法彈壓ᄒᆞ야 應行 各事를 勉勵進行케 ᄒᆞ엿스니 從此로 金錢上 實力도 稍々 發展될 듯ᄒᆞ외다. 然ᄒᆞ나 但 今年에 錢荒이 甚ᄒᆞ야 巨大ᄒᆞᆫ 額은 可望키 難ᄒᆞ외다. 普通 人民의 政府 向ᄒᆞᆫ 誠心은 比前無異ᄒᆞ고 夫人救濟會는 크게 勸奬이 되여 大々的 活動ᄒᆞ니 此도 好況이 有ᄒᆞ외다. 美國에 가셔도 如此히 各 處에 愛護者로 組織ᄒᆞ야 忠愛心을 鼓吹ᄒᆞ려 ᄒᆞᄂᆞ니 遠東 各處에셔도 如此히 强梗[硬]ᄒᆞᆫ 手腕을 試ᄒᆞ면 我의 同志들이 響應ᄒᆞ야 統一을 可期이니 此意로 諸位 同志와 爛商ᄒᆞ시오.

俱樂部事도 今에 多少間 活動이 有ᄒᆡ야 目的을 抛棄ᄒᆞᄂᆞᆫ 境遇에 不至ᄒᆞᆯ 터인ᄃᆡ 部員의 意向이 何如ᄒᆞᆫ지 詳細 示明ᄒᆞ시면 誠力所及ᄃᆡ로 遵行ᄒᆞ오리다.

隱溪(白純) 先生의 말솜ᄒᆞ시고 時局을 整頓策에 對ᄒᆞ야 무슴 計畫을 指示ᄒᆞ기를 望ᄒᆞᆫ다 ᄒᆞ시오.

美統領의 提議ᄒᆞᆫ 바 萬國戰備縮少會에 對ᄒᆞ야 吾人의 莫大ᄒᆞᆫ 機會로 認ᄒᆞᄂᆞᆫ 故로 美布(미주·하와이)에셔 此에 全力ᄒᆞᆯ지니 上海에셔도 極力 周旋ᄒᆞ시오.

爲此順祝仕安.

大韓民國 三年 七月 三十日 雩南 謹

100. 李承晩 → 崔謹愚 1920. 9. 18. (16, 268)

答

聲華를 飽聞ᄒᆞ엿고 向者 白南七君에게 尤爲詳聞ᄒᆞ야 每欲一見爲快矣러니 安友便에 先施를 蒙ᄒᆞ야 巴里病院에 滯留된 消息을 聞ᄒᆞ니 代悶이외다.

所託事를 非不欲仰副이나 弟 亦 客地情形으로 卒難變通ᄒᆞ야 甚切未安이외다. 此處에 數友와 另議ᄒᆞ야 僅히 美貨 五十元을 日昨에 電報로 付送이라 ᄒᆞ니 情領焉ᄒᆞ시오. 李從[鍾]寬·安玄卿便에 種々 聯絡ᄒᆞ시오. 弟는 遠東을 向ᄒᆞᄂᆞᆫ 路次에 此에 暫留ᄒᆞᄂᆞᆫ 中이외다.

惟祝情節自護.

二年 九月 十八日 李承晩 弟 謹

101. 李承晩 → 布哇韓人統一促成會 1928. 3. 18. (16, 269)

敬啓者. 今에 諸君의 主唱ᄒᆞ시ᄂᆞᆫ 統一運動은 時機와 人心의

要求를 順應홈인듯 爲先 如是히 圓滿훈 凝結의 盛況을 得ᄒ심을 致賀ᄒ며 互相間 誠心으로 融合ᄒ야 吾族의 惟一훈 生活路로 携手 並進케 되기를 務望.

一九二八年 三月 十八日 李承晚 拜

統一促成會長 閣下

布哇(하와이)韓人統一促成會에 致훈 書

102. 李承晚 → 玄 楯 1919. 4. 27. (16, 270~279)

昨日 夜電을 拜承ᄒ오니 如下ᄒ외다.

Shanghai April 26, 1919, via Philadelphia Pa.

Your letter received you were elected premier by Provisional Congress assume office or indicate acting person explain your aim clearly by urgent cable mandatory or independence much hindrance on our service because you rumoured to ask mandatory if true we not rely on you. Hyunsoon.*

弟는 此電을 拜讀ᄒ고 疑惑이 滋甚ᄒ오니 評論之ᄒ건딕

一. 電信不通이라. 臨時政府 成立과 總相 任命之報를 本月 五日에 兄의 電報로 知ᄒ고 其后로 此에 對ᄒ야 答電훈 지가 前後로 十餘次인딕 其間 兄의 電報는 種々 得承이오나 弟의 電報를 보신 答은 업고 如前히 믠데토리(mandatory, 委任統治)問題로만 質問ᄒ시니 弟의 答을 못보신 거시기로 湖港(호놀룰루)으로 經由ᄒ야 兄씌 傳達ᄒ라고 二三次 馳電ᄒ엿고 法京(프랑스파리)으로 經由ᄒ야 轉致ᄒ여달나고 ᄒ엿스며 電報 二度는 中間 遲滯라고 回來ᄒ엿기로 莫知何爲ᄒ와 悶畓中인 바 今에 此電이 更히 如是ᄒ니 畢竟 日人이 中間 沮戲ᄒᄂ 모양이라. 詳察焉ᄒ시오.

(一) 總相 視務 與否에 對ᄒᆞ야 質問이신 바 弟는 當初에 榮譽에 茫然無心이고 다만 此時에 此報가 莫知何故이나 辭免키 不能ᄒᆞ야 姑俟政府訓示오며 若 弟를 卽時 渡來ᄒᆞ야 視務ᄒᆞ라시면 萬死라도 不避ᄒᆞ겟고 若 此處에 在ᄒᆞ야 美國 人心을 惹起ᄒᆞᄂᆞᆫᄃᆡ 一臂之力이 되라 ᄒᆞ시면 此를 專力ᄒᆞᆯ 거시니 專혀 貴處에셔 形便ᄃᆡ로 裁量示明ᄒᆞ실 것 ᄲᅮᆫ이외다.

以弟所料로는 此處에셔 公憤心을 激起ᄒᆞᆷ이 緊要ᄒᆞᆫ 쥴로 思ᄒᆞ엿고 向者에 我 內地運動이 激烈ᄒᆞ야 美洲에 電報가 逐日記載될 時에 我 政府의 委任書를 爲先 電報로라도 得ᄒᆞ엿스면 美國財政家에게 公債 請求ᄒᆞᆯ 道理가 有ᄒᆞ엿기로

Cable me credentials by Provisional Government authorizing me to borrow money to finance our work.**

이 電報를 보니고 晝夜로 回答 오기를 待ᄒᆞ되 此에 對ᄒᆞᆫ 答은 無ᄒᆞ고 푸리미어(premier, 國務總理)가 되엿다는 말과 ᄆᆡᆫ데토리로 엇더ᄒᆞᆫ 의견을 說明ᄒᆞ라신 말솜만 여일히 踏到ᄒᆞ니 此는 無他라 弟의 電報는 兄의 到達치 못ᄒᆞᆫ 緣故외다. 萬一 弟로 因ᄒᆞ야 不便ᄒᆞᆫ 事가 有ᄒᆞ오면 卽時 解遞ᄒᆞ시고 他 可合人으로 代充ᄒᆞ시기를 조금도 弟로 因緣ᄒᆞ시와 躊躇치 마시기를 바라오며 若或 不然ᄒᆞ야 弟다려 滿洲로나 本國으로나 歸來ᄒᆞ라 ᄒᆞ시면 弟는 順從ᄒᆞᆯ 것 분이외다.

(一) ᄆᆡᆫ데토리로 言ᄒᆞ오면 弟가 病院에 滯留ᄒᆞᆯ 時에 鄭友漢京[翰景]이 大統領게와 法京에 보니는 請願書를 지어 가지고 와셔 보라 ᄒᆞᄂᆞᆫ 바 其時 形便으로ᄂᆞᆫ 獨立을 달나 ᄒᆞ면 世人이 鼻笑ᄒᆞᆯ 만ᄒᆞ게 되엿스나 美國政府의 ᄆᆡᆫ데토리로 얼마 두엇다가 獨立을 完全히 ᄒᆞ겟다 ᄒᆞᄂᆞᆫ 거시 美人의 同情도 엇을 거시오 開口ᄒᆞ기도 較易ᄒᆞ다 ᄒᆞ기로 弟 亦 其然히 思ᄒᆞ고 署名ᄒᆞ야 一章을 美統領긔

送交러니 統領 發行 后에 書到白宮(백악관)이라 ᄒᆞ야 回來ᄒᆞ엿고 平和會에 所去書는 美國務部로 達ᄒᆞ야 付送ᄒᆞ엿스나 此가 法京에 갓는지도 未詳이오. 갓다 ᄒᆞᆯ지라도 本國 革命 以前事이니 形便이 大變인즉 他國도 平和情形에 ᄒᆞ엿던 거슬 戰時以後 變更되는 通例라 別無所關이어놀 但 하와이에 極少數人이 弟를 百方으로 阻戲ᄒᆞ야 此事를 들어 各 處에 電報ᄒᆞ고 大事件을 만들려 ᄒᆞ는 것 ᄲᅮᆫ이라. 若 執政者가 執一ᄒᆞᆫ 言論으로 更勿擧論ᄒᆞ라 ᄒᆞ면 그만인ᄃᆡ 有何弊端이오릿가. 弟는 兄이 初次 問議ᄒᆞ엿슬 時에 即爲答電ᄒᆞ고 We demand absolute independence.***라 ᄒᆞ엿는ᄃᆡ 該答을 못 보신 고로 此를 如是히 煩提ᄒᆞ시니 弟는 莫知何爲외다. 此로 因緣ᄒᆞ야 弟다려 辭免ᄒᆞ라 ᄒᆞ시면 弟는 感謝ᄒᆞᆯ 것 ᄲᅮᆫ이외다. 幸勿諱直示之ᄒᆞ시오. 此處에셔도 爲先 黨派思想만 發見ᄒᆞ오니 弟는 此를 甚不欲干與로소이다.

萬若 弟다려 署理總相으로 行公ᄒᆞᆯ 人格을 推薦ᄒᆞ라 ᄒᆞ시면 兄의 意見에는 誰氏가 可合ᄒᆞ오닛가. 弟는 實難指定이외다. 以弟愚見으로는 擇一可合者ᄒᆞ야 代任케 ᄒᆞ심이 似好오나 我 臨時政府의 信仰을 各國人界에 表示ᄒᆞ려면 朝夕變改ᄒᆞ는 거시 不好ᄒᆞᆯ 듯ᄒᆞ기로 再次 電報ᄒᆞ신 바 政府變更組織된 거슬 新報界에 傳播치 안이ᄒᆞ엿소이다. 然이나 吾人間에만 從容히 相通ᄒᆞ야 變更을 通知ᄒᆞ는 거슨 無妨ᄒᆞᆯ 듯ᄒᆞ외다.

然則 mandatory 一事에 對ᄒᆞ야는 如是ᄒᆞᆫ 現今 形便으로는 獨立을 니라는 거시 當然ᄒᆞᆫ 쥴로 知ᄒᆞ오니 如何ᄒᆞᆫ 意見이 有ᄒᆞ시거던 示明ᄒᆞ심을 敬要ᄒᆞᄂᆞ이다.

(一) 財政으로 言ᄒᆞ오면 安昌浩氏가 國民會 中央總會長의 責任으로 平和會에 代表를 發送ᄒᆞᆫ다 ᄒᆞ고 弟와 鄭漢京氏를 擇ᄒᆞ야 發程ᄒᆞ라 ᄒᆞᆫ즉 弟는 合同主意로 來此ᄒᆞ야 鄭兄과 旅行券을 周旋ᄒᆞ다가 如意치 못ᄒᆞ고 徐載弼氏로 代行식힐 經營을 다 ᄒᆞ엿스나

此亦 旅券으로 因ᄒᆞ야 莫可奈何기로 此處에셔 美國 人心을 鼓動ᄒᆞ야 政府의 助力을 得코져 ᄒᆞᄂᆞᆫ 中 中央總會에셔ᄂᆞᆫ 財政統一이라ᄂᆞᆫ 問題로 各 處에 韓人 財政을 桑港(샌프란시스코)으로 聚集ᄒᆞ야 該總會에셔 各 人 各 處에 隨宜支發ᄒᆞᄂᆞᆫ 바 弟도 此를 贊成ᄒᆞ야 湖港과 布哇(하와이)에셔 鳩聚ᄒᆞᄂᆞᆫ 財政도 桑港으로 付送ᄒᆞ라고 數次 付託ᄒᆞ엿ᄉᆞ오며 近日에ᄂᆞᆫ 徐載弼氏로 東方에 財政 主務를 定ᄒᆞ고 合同ᄒᆞᆫ다 ᄒᆞ기로 弟ᄂᆞᆫ 亦 好라 ᄒᆞ온 바 湖港에셔 主務員들은 上海[에] 直接 付送ᄒᆞ기를 願ᄒᆞᆫ다 ᄒᆞ옵기로 弟ᄂᆞᆫ 其誠心 墜落식히기 不願ᄒᆞ야 姑置之矣러니 向者에 來電을 得ᄒᆞᆫ즉 一千三百元을 兄씌로 付呈이라 ᄒᆞ오니 依領이신지요. 向者에 國民會 桑湖(샌프란시스코·호놀룰루)總會에셔 兄씌로 四千元을 電付ᄒᆞ엿다 ᄒᆞ오니 領受ᄒᆞ엿슬 듯ᄒᆞ오며 厥后에 安昌浩兄이 二人을 帶同ᄒᆞ고 六千元 財政을 携ᄒᆞ고 遠東을 向ᄒᆞ야 發行ᄒᆞ엿다 ᄒᆞ오니 弟ᄂᆞᆫ 필너덜피아城에셔 韓人公會를 開ᄒᆞᆫ 經費도 尙未得淸帳ᄒᆞ엿ᄉᆞ외다. 事勢 如是ᄒᆞᆫ즉 弟가 兄씌 財政을 一分도 助力지 못ᄒᆞᆷ이 此由로소이다. 向者에 兄의 電示中 You are well financed****라 ᄒᆞ엿기로 弟ᄂᆞᆫ 思量ᄒᆞ기를 貴處에 財政家이 有ᄒᆞ야 此處 運動에도 助給ᄒᆞ겟다시ᄂᆞᆫ 줄로 誤解ᄒᆞ고 電請ᄒᆞᆫ 거시외다. 此處에셔도 若干 財政만 有ᄒᆞ오면 他人의 財政을 圖得ᄒᆞ기도 可望之道가 不無ᄒᆞ외다.

(一) 本國內에셔 戰爭을 繼續ᄒᆞᆯ 能力이 無ᄒᆞᆯ지니 在外吾人이 合同ᄒᆞ야 渡海 入滿洲 等地 決戰ᄒᆞᆯ 機會가 有ᄒᆞ면 亦 一好事가 될 듯ᄒᆞ오나 在此ᄒᆞ야 情形을 茫然 不知ᄒᆞᆷ으로 莫可奈何외다. 에아쉽(airship, 비행선)이라도 몃 ㄱ 가져다가 內地에 數萬章 紙片으로 人心을 勸奬ᄒᆞᆷ이 亦好이오나 無錢 奈何오. 愼密을 恪守ᄒᆞ시오.

(一) 吾人이 現今에 累萬名 人口를 起ᄒᆞ야 內地에셔 激戰ᄒᆞ면셔라도 外國人의 公論을 發生케 못ᄒᆞ면 兵革으로 莫能當이오.

外國의 心憤을 激起ᄒᆞ기는 美國外에 更無他處ᄒᆞ오며 美國인즉 政府政策이 中國에 日人의 主權을 不許홈과 西伯里亞에 日兵의 占據를 掇還식키고져 홈이나 日人과 開戰ᄒᆞ기ᄭᆞ지는 不願인 고로 政府에셔 各 宗教團軆와 新報界에 累々 伸飭ᄒᆞ야 日人의 惡感情을 鼓動ᄒᆞᆯ 言論은 愼勿發布ᄒᆞ라 ᄒᆞᄂᆞ니 此를 因ᄒᆞ야 或 吾人에게 同情을 表ᄒᆞ고져 ᄒᆞᄂᆞᆫ 者도 不敢公然開論ᄒᆞ며 日人은 此를 因ᄒᆞ야 韓國과 遠東과 美洲 南方 各 地에셔 種々 起端ᄒᆞᄂᆞᆫ 中 人種區別問題로 因ᄒᆞ야 美人의 惡感情을 衝起ᄒᆞᄂᆞ이다.

然則 現今 吾人은 極力ᄒᆞᆯ 거시 平和會 請願에도 不在ᄒᆞ고 歐洲에셔 遊說도 不緊ᄒᆞ며 美洲에셔 普通 民心을 奔發식혀야 美政府에셔 公衆의 壓制를 得ᄒᆞ야 干涉ᄒᆞ게 될지라. 平和會에 請願이 一邊으로 必要ᄒᆞ며 內地에 決死戰이 亦 必要ᄒᆞᆫ 中 外援을 得ᄒᆞ기에 美國 人心을 奮發식히ᄂᆞᆫ ᄃᆡ셔 尤好ᄒᆞᆫ 方策이 更無ᄒᆞᆫ 쥴로 認ᄒᆞ오며 內地에 在ᄒᆞᆫ 外國宣教人 等은 今番事에 垂袖傍觀ᄒᆞ려ᄂᆞᆫ 거시 안이오니 此地 各 宗教主務者들이 雖欲撫摩過去이나 宣教人中 諸人은 極力 旅行ᄒᆞ며 日人의 野心 蠻行을 聲討ᄒᆞᄂᆞᆫ 中인즉 吾人이 此際에셔 公憤을 激發키 不難ᄒᆞᆫ 쥴로 思ᄒᆞᄂᆞ이다.

向日 필너델피아에셔 公會ᄒᆞᆫ 거슨 極好ᄒᆞᆫ 成績을 得ᄒᆞ야 該城 人心을 一變ᄒᆞ엿스며 該 處에 某々 有力宗教家이 發起ᄒᆞ고 韓人自由를 贊成ᄒᆞᄂᆞᆫ 會를 組織 中인ᄃᆡ 徐載弼氏 內外가 皆爲專力ᄒᆞᄂᆞ이다. 但 未恰者ᄂᆞᆫ 華城(워싱턴)과 紐育(뉴욕) 兩城이 美國 重要處인ᄃᆡ 姑爲如前棄置 故로 弟는 華城에 來ᄒᆞ야 再昨에 事務所를 新開ᄒᆞ온 바 政府代表 事務所로 定ᄒᆞ고 新聞 外交 教會 等界에 發論ᄒᆞ오ᄆᆡ 美人은 稱爲韓國共和政府公館이라 ᄒᆞ며 電報局에셔 公館通信이라고 戰時 稅納을 免許ᄒᆞ오니 此亦 生光이외다. 우리는 此를 半政府 認准이라도 Semi-official recognition(半公式承認)이라도 得ᄒᆞ면 此國 財政家들의 公債를 得ᄒᆞᆯ 슈 잇겟고 戰國의 對[待]遇

를 得ᄒᆞ면 美人들은 中立者로 幇助ᄒᆞᆯ 事가 多々ᄒᆞ겟소이다.

그럼으로 某 外交家의 言論이 現今 內地에셔나 遠東에셔 弟를 國務卿이라던지 總相이라던지 名稱ᄒᆞ야 弟를 服從ᄒᆞ겟다고 列名ᄒᆞᄂᆞᆫ 者 一百萬名의 署名만 得ᄒᆞ면 美政府에셔는 不得已 認証ᄒᆞᆫ다 ᄒᆞ오니 此는 Self-determination(自決)主意로 如是ᄒᆞ다ᄂᆞᆫ 거시외다. 各 內地나 外洋에셔 韓人이 或 一二人이나 或 一二百名이나 列名ᄒᆞ야 本 事務所로 郵付ᄒᆞ면 此處에셔는 書記가 有ᄒᆞ야 收合ᄒᆞᆫ 後 考準을 作ᄒᆞᆯ 터이라 ᄒᆞ오니 兄은 如何히 思ᄒᆞ실넌지오. 徐載弼氏도 此를 好策이라 ᄒᆞ며 此를 得ᄒᆞ면 自己가 卽往見大統領ᄒᆞ겟다 ᄒᆞᄂᆞ이다.

廢[蔽]一言ᄒᆞ고 弟는 兄의 指示로 政府 訓飭을 服從ᄒᆞ겟고 弟는 解免ᄒᆞ시며 他 可合人으로 改定ᄒᆞ시면 弟는 尤爲幸々으로 知ᄒᆞ겟소이다. 向日에 朴泳孝·孫[貞]道 兩氏의 電報를 受ᄒᆞ고 甚喜ᄒᆞ엿소이다. 朴君은 旣爲被縛이라ᄂᆞᆫ 報道를 聞ᄒᆞ엿더니 此 電信을 因ᄒᆞ야 上海에 寓在ᄒᆞᆫ 쥴로 知ᄒᆞ엿ᄉᆞ오며 孫秉熙·李商在 兩氏는 近在何處오닛가. 此等 消息을 不知ᄒᆞ와 甚菀々々이외다. 金奎植氏之在法京은 幸何如哉아. 吾人이 在傍助力치 못ᄒᆞᆷ이 甚悶々々이외다.

餘惟此謹拜上.

一九一九年 四月 二十七日 弟 晩 拜上

以上에 畧陳ᄒᆞ온 바 委任書는 臨時國會名으로나 或 政府名으로 ᄒᆞ여야 된다 ᄒᆞᄂᆞ이다. 兄의 電報는 五六章을 拜承ᄒᆞ야 弟를 퓨[푸]리머어로 公選된 쥴 아오나 此는 兄의 個人 名下로 來ᄒᆞ엿다고 正式이 안이라 ᄒᆞᄂᆞ이다.

安昌浩君이 到達ᄒᆞ거던 此時에 在外ᄒᆞᆫ 韓人 專[全]體를 合同聯結ᄒᆞ야 同一ᄒᆞᆫ 行動을 取ᄒᆞᄂᆞᆫ 거시 上策이라고 ᄒᆞ시오. 布哇에

來信을 見ᄒᆞᆫ즉 布哇에셔는 某々人이 一向 作弊ᄒᆞᄂᆞᆫ 外에 擧皆 同一ᄒᆞ야 捐金을 收合中이라 ᄒᆞ오며 各 處 在美韓人界 言論을 聞ᄒᆞ건ᄃᆡ 弟가 政府代表 及 主務者로 在外韓人을 指揮ᄒᆞ야 我 政府運動을 一心贊助ᄒᆞ라 ᄒᆞ오나 此亦 政府의 意向이 何如ᄒᆞ신지 弟에게 委任ᄒᆞ야 任便行事ᄒᆞ라 ᄒᆞ시던지 何如ᄒᆞᆫ 訓意가 有ᄒᆞ시던지 ᄒᆞ여야 안이ᄒᆞ오릿가. 大統領이 在ᄒᆞ시면 弟가 其 同意를 得ᄒᆞ고야 行事ᄒᆞ겟고 大統領이 有在[故]ᄒᆞ시면 臨時國會에셔라도 如何ᄒᆞᆫ 政策을 表示ᄒᆞ시던지 在外韓人을 엇지ᄒᆞ라ᄂᆞᆫ 委任이 有ᄒᆞ여야 行公ᄒᆞ기에 有順彦ᄒᆞ겟소이다.

[譯文]

*1919년 4월 26일 상해 발, 펜실베니아주 필라델피아 경유 [전보]
귀하의 편지를 잘 받았습니다. 귀하는 임시의정원에서 국무총리로 임명되셨습니다. 이 직책을 수임하거나 서리를 지명하십시오. 지금 전보로써 귀하의 목적을 분명히 설명하십시오. 귀하가 위임통치를 요청했다는 소문이 돌기 때문에 [귀하의 목적이] 위임통치인지 독립인지는 우리 사업에 큰 걸림돌입니다. [이 소문이] 사실이라면 우리는 귀하에게 기대를 걸지 않습니다.

**우리 사업에 소요되는 돈을 기채(起債)할 권한을 부여하는 임시정부의 위임장을 저에게 전보로 보내주십시오.

***우리는 절대 독립을 요구한다.

****당신에게는 재정지원이 충분하다.

103. 李承晩 → 玄 楯 1919. 5. 8. (16, 280~283)

Enclosed in a letter to S. E. Hennings, Y.M.C.A. Shanghai.*

再昨에 更히 英京(영국 런던)으로 達ᄒᆞ야 電告ᄒᆞ엿고 昨日에 書字로

仰達ᄒᆞ엿스나 亦 爲內滯될 慮가 不無ᄒᆞ기로 今에 上海 基督青年會 總務 S. E. Henning便으로 胎書郵付ᄒᆞ여 此를 吾兄ᄭᅴ로 轉致ᄒᆞ여 달나 ᄒᆞ오니 若 日人의 作戲로 電信을 莫通이거던 文字로 詳示ᄒᆞ야 以下 數件을 答送ᄒᆞ시오.

一. 財政上 實力의 何如. 貴處에셔 幾萬元을 攬用ᄒᆞᆯ 道理가 有ᄒᆞ면 此處에셔 器械로 遠東에 活動을 援助ᄒᆞ겟ᄉᆞ오며 若 財政上 困難이 甚ᄒᆞ면 布哇(하와이) 同胞의 助力을 得ᄒᆞ야 吾兄의 若干 經用을 補充케 ᄒᆞ겟ᄉᆞ오며

一. 臨時政府에셔 弟를 此處에 在ᄒᆞ야 美國에 同情을 得ᄒᆞᄂᆞᆫᄃᆡ 도으라시ᄂᆞᆫ지 遠東으로 渡來ᄒᆞ야 面議 相助ᄒᆞ라시던지 示明ᄒᆞ시기를 務望이오며

一. 臨時國會에셔 弟를 選定ᄒᆞ신 證明 公牘을 授與ᄒᆞ시던지 國債를 圖得ᄒᆞ라ᄂᆞᆫ 委任書를 付送ᄒᆞ시면 憑準을 作ᄒᆞ야 使用ᄒᆞᆯ 거시오며

一. 貴處에셔 電報가 美洲로 來到ᄒᆞ되 此處 電信이 貴所로 到達치는 못ᄒᆞ오니 必然 上海에셔 阻戲가 有ᄒᆞᆫ 듯ᄒᆞ외다.

一. 所謂 민데토리(mandatory, 委任統治)問題는 停止ᄒᆞᆫ 지 已久ᄒᆞ고 此意로 答電ᄒᆞᆫ지 累十數次로ᄃᆡ 吾兄은 如前히 此를 質問ᄒᆞ시니 何故인지 未詳이외다. 此로 因ᄒᆞ야 吾人의 大事에 國際上으로는 少無障阻이고 若 吾韓人界에 是非가 有ᄒᆞ면 此는 不過路人爭評之意而已외다.

一. 美人의 同情은 多數히 吾人에게 向ᄒᆞᄂᆞᆫᄃᆡ 此時에 淸人이 能히 南北 合一ᄒᆞ야 韓人과 聯盟ᄒᆞ고 彼에게 强경ᄒᆞᆫ 手段을 行ᄒᆞ면 美國은 擧國人民이 同情을 表ᄒᆞ겟소이다.

日昨에 更히 獨立을 認證ᄒᆞ라ᄂᆞᆫ 公文으로 金兄奎植을 經由ᄒᆞ야 平和會에 達ᄒᆞ게 ᄒᆞ엿소이다.

爲此畧草上.

一九一九年 五月 八日 弟 李承晩 拜上

上海에 보닌 것

[譯文]

*상해 Y.M.C.A.의 S. E. Hennings씨에게 보낸 편지에 동봉한 편지.

104. 李承晩→玄 楯 1919. 5. 8. (16, 284~287)

To Hyun Soon

日昨에 郵呈ᄒᆞᆫ 書信은 何時에 入鑒되올넌지 中間 浮沈으로 電信과 如히 歸於虛境ᄒᆞᆯ넌지 未詳이오나 昨晩에 更히 英京(영국 런던)으로 達ᄒᆞ야 兄ᄭᅴ 馳電ᄒᆞ엿ᄂᆞ이다.

今에 聞ᄒᆞᆫ즉 美國은 郵局 檢査를 廢止ᄒᆞ엿스나 日本은 尙今토록 實施中이며 上海電線도 日本을 經ᄒᆞ야 通ᄒᆞᄂᆞᆫ 故로 此處 電信이 中滯되면 卽 日本電線局의 所爲라 ᄒᆞ오나 果然인지 上海線은 日本을 達치 안코 通ᄒᆞᆫ다더니 何故인지 未詳이외다. 然ᄒᆞ나 英法(영국·프랑스) 等國은 日本의 勢力이 多大ᄒᆞᆫ 故로 通信을 停止식히려면 容易ᄒᆞᆯ 쥴로 認ᄒᆞᄂᆞ이다.

其間에 吾兄은 桑港(샌프란시스코)에 累次 電報로 ᄆᆞᆫ데토리(mandatory, 委任統治)事件을 質問ᄒᆞ시다 ᄒᆞ오니 此는 弟의 答電을 不受ᄒᆞ신 緣故이온지 他 事故가 有ᄒᆞᆷ인지 未知오나 書信으로라도 貴處 內容을 通知ᄒᆞ시면 甚히 感謝ᄒᆞ겟소이다. 此處에셔는 日昨에도 獨立을 認証ᄒᆞ라고 美統領과 平和會々長에게 公函을 修ᄒᆞ야 金兄ᄭᅴ로 達ᄒᆞ야 付送ᄒᆞ엿소이다. 貴處에셔 郵遞檢査로 因ᄒᆞ야 書字를 莫通이면 已어니와 不然이면 吾兄이 該 處에 계셔々 一次 文字가 無ᄒᆞ고 且 弟를 首相의 名義로 公布ᄒᆞ셧스나 正式文憑이 都無ᄒᆞᆫ즉 何를 依ᄒᆞ야 憑准을 作ᄒᆞ오며 且 臨時國會에셔 選定ᄒᆞ겟다 ᄒᆞ

오니 臨時國會의 情形을 알녀 쥬시던지 그러치 안으면 國會의 政策으로 무숨 指示ᄒᆞ시ᄂᆞᆫ 意旨가 有ᄒᆞ던지 ᄒᆞ여야 方向을 知ᄒᆞᆯ 터이온ᄃᆡ 晝夜 苦待ᄒᆞ오되 엇더ᄒᆞᆫ 消息이 無ᄒᆞ오니 甚悶이외다. 弟는 此에 留在ᄒᆞ야 잇스라시던지 遠東으로 來ᄒᆞ라 ᄒᆞ시던지 示明ᄒᆞ심을 姑俟ᄒᆞ오며 此處事는 十分 如意ᄒᆞᆫ 모양이외다.

惟祝 上天이 助我同胞 護吾兄及諸位先生 謹白.*

一九一九年 五月 八日 晩 弟 拜上

[譯文]

* 상천(上天)께서 우리 동포를 돕고 오형(吾兄)과 제위(諸位) 선생을 지켜 주기를 빕니다.

105. 李承晩→玄 楯 1920. 2. 28. (16, 288~290)

玄楯 牧師에게

本年 一月 十七日 情函을 接承ᄒᆞ야 再三 詳讀ᄒᆞ엿ᄉᆞ외다. 貴處 情形을 詳知ᄒᆞ오니 此處에셔 處事ᄒᆞ기에도 有助ᄒᆞ외다. 弟는 自初로 名位와 權限이 未分明ᄒᆞ야 尙今토록 如何히 處身 行事ᄒᆞᆯ 거슬 莫知오니 國事에도 進行이 難ᄒᆞ거니와 身分上으로도 亦 難堪ᄒᆞ외다. 初에는 國務卿이라더니 後에 國務總理라더니 其後에 執政[官]總裁라더니 更히 大統領이오. 卽 執政官이라더니 今에는 執政官은 안이오 大統領이라 ᄒᆞ며 權限은 就任치 안이ᄒᆞ엿스니 平民無權利者와 同ᄒᆞ다더니 厥后는 歐美外交만 主掌ᄒᆞ라 ᄒᆞ더니 今에는 外交事務도 못ᄒᆞ게 만들어 노으며 公債票를 發行ᄒᆞ라 ᄒᆞ야 及其 發行ᄒᆞᆫ 後 公債票 幾十萬元 어치를 만들어 上海로 보닉라 ᄒᆞ더니 近者에는 公債票를 勿施ᄒᆞ라 ᄒᆞ며 大統領이 權利가 無ᄒᆞ다 ᄒᆞ면셔 政府行政되ᄂᆞᆫ 發令案을 보면 다 大統領 李承晩에 名으로 發布되ᄂᆞᆫ 모양이라. 弟도 忠心은 ᄂᆞᆷ만 못ᄒᆞ나 國事

를 爲ᄒᆞ야 尙今토록 無膓公子의 態度를 守ᄒᆞ여 왓더니 到今事勢ᄒᆞ야는 不得已ᄒᆞ야 情勢를 仰陳ᄒᆞ오니 李東寧·李始榮 兩兄과 相議ᄒᆞ시와 何如히 措處ᄒᆞᆯ 거슬 좀 示明ᄒᆞ야 쥬시기를 專望々々ᄒᆞᄂᆞ이다.

李東暉[輝]兄을 弟가 仰慕深信ᄒᆞᆫ 지 已久이기로 正[鄭]重히 行ᄒᆞ실 쥴로 毫末의 疑点도 無ᄒᆞ엿더니 近者에 形便을 察ᄒᆞᆫ즉 漸々 落望之境에 至ᄒᆞᄂᆞ이다. 李兄이 事情을 洞知ᄒᆞ고 如是히 ᄒᆞ실 理由는 無ᄒᆞ겟지만은 弟에게 對ᄒᆞ야 되는 일을 보건ᄃᆡ 李兄 抵滬以前보다 나을 거시 無ᄒᆞ오니 何故인지오.

李東寧兄은 弟의 平生之交임으로 一字書를 裁送치 못ᄒᆞ엿스나 知心相信ᄒᆞ는 情誼가 有ᄒᆞᆷ으로 不須煩提라 ᄒᆞ야 如是ᄒᆞᆷ이외다. 李兄과 從容히 面議ᄒᆞ시와 此情을 代佈ᄒᆞ심을 專望々々ᄒᆞᄂᆞ이다.

大抵 國民[會]中央總會가 年來로 前後 國事를 다 主張ᄒᆞ여 왓다 ᄒᆞᆯ지라도 政府가 組織 成立된 以後로는 政府가 統一을 ᄒᆞᆷ이 可ᄒᆞ고 國民會는 民間에 一個 團體資格으로 行[ᄒᆞᆷ]이 可ᄒᆞ지 안으릿가. 弟가 當初에 我 新政府에 關係가 少無ᄒᆞᆫ 一個 平民으로라도 及其 國事를 爲ᄒᆞ야 可合可堪人으로 歐美委員部를 成立ᄒᆞᆫ 바에는 政府에셔 該 團體를 利用ᄒᆞ야 政府의 代表資格으로 歐美事를 擔任ᄒᆞ야 太平洋 以西 모든 일은 總察케 ᄒᆞᆷ이 可ᄒᆞ겟거ᄂᆞᆯ 弟가 政府 首領으로 固有ᄒᆞᆫ 權限內에셔 組織ᄒᆞᆫ 委員部는 大統領만 補佐ᄒᆞ야 外交만 擔任ᄒᆞ고 財務官은 他人으로 擇任ᄒᆞᆫ다고 固執ᄒᆞ야 中央總會를 政府代表 資格으로 認ᄒᆞᄆᆡ 爲先 官民의 分義가 混雜되엿스며 令出多門ᄒᆞᆫ즉 人民으로 ᄒᆞ야금 適從ᄒᆞᆯ 바를 不知ᄒᆞᆷ으로 分[紛]爭의 禍胎를 結ᄒᆞ야 온지라.

中央會가 上海政府를 藉恃ᄒᆞ고 所謂 大統領을 聲言ᄒᆞ야 論駁ᄒᆞ며 甚至於 布哇(하와이)에 人員을 派送ᄒᆞ야 年來로 作弊滋擾ᄒᆞ던

極少數人을 符同ᄒᆞ여 가지고 布哇 專[全]島 人民이 投票ᄒᆞ야 選擧ᄒᆞᆫ 會長과 任員을 强制로 逐出ᄒᆞ며 湖港(호놀룰루)內 幾個人의 所謂 共同會라ᄂᆞᆫ 거슬 會集ᄒᆞ야 新任員이라고 擇定ᄒᆞ고 會館을 威力으로 奪據ᄒᆞ며 文簿와 印章을 奪取ᄒᆞ야 가다가 至於被捉ᄒᆞ야 强徒[盜]罪로 裁判을 當ᄒᆞ며 各 島에셔 人民이 馳來紛集ᄒᆞ야 互相爭鬪라가 各國人 新聞上 公佈되여 美國 內外報의 報道도 甚히 不忍聞 不忍見이어니와 美國務省에ᄭᆞ지 電告가 되여 我 顧問官에게 探問ᄒᆞ기에 至ᄒᆞᆫ지라. 此事가 장ᄎᆞ 何境에 至ᄒᆞᆯ넌지도 未知어니와 國事에 貽害됨이 旣不淺鮮이외다.

事勢至此ᄒᆞᆷ으로 美洲나 布哇에 人心이 激動되여 財政도 不入이고 外國人의 所負도 未報케 될지니 上海셔 至今이라도 곳 美布(미주·하와이)에 發令ᄒᆞ야 大統領의 敎令을 遵行ᄒᆞ며 모든 團體가 一體로 委員部를 政府代表로 認証ᄒᆞ야 大統領의 指揮下에셔 歐美事를 進行ᄒᆞ라 ᄒᆞ지 안이ᄒᆞ면 美洲에도 大紛爭이 起ᄒᆞ겟고 國事에 妨害ᄂᆞᆫ 尤難預測이외다. 吾人은 外交事務를 廢止ᄒᆞᆯ 슈도 업고 重大ᄒᆞᆫ 關係도 多有ᄒᆞ니 在滬ᄒᆞ신 諸公도 國事를 爲ᄒᆞ야 私見을 바리고 公正을 行코져 ᄒᆞ시ᄂᆞᆫ 쥴 知ᄒᆞ오니 吾兄은 此를 爲ᄒᆞ야 專力ᄒᆞ시오.

民國 二年 二月 二十八日 晩 弟

106. 李承晩 → 玄 楯 附 : [草稿], 1920년 초.

(16, 291 ~ 300)

玄楯 氏에게

今日에 吾兄이 十一月 八日에 付送ᄒᆞ신 尊緘을 拜承ᄒᆞ오니 慰喜之忱이 對面說懷ᄒᆞᆷ과 無異ᄒᆞᆫ 듯ᄒᆞ외다. 大抵 그 困難苦楚와 出

沒鬼關ᄒᆞ야 爲國盡忠盡誠ᄒᆞ심을 晝夜 感服不已ᄒᆞᄂᆞᆫ 中 近間에는 經濟窘迫에 尤爲難堪矣리니 此는 不見如覩오며 頃者에 安友玄卿書中에도 畧聞之ᄒᆞ엿ᄉᆞ외다. 本月 十九日에 僅히 金貨 七百元 ($ 700.00 American Gold)을 電報로 付呈ᄒᆞ엿ᄂᆞᆫᄃᆡ 其中에셔 二百원은 安玄卿氏에게 爲先 經用ᄒᆞ라고 傳ᄒᆞ시고 其餘는 兄의 若干 補用이 되기를 切望이외다. 此는 弟의 私々 求得ᄒᆞᆫ 바ㅣ니.

安玄卿氏에게는 數朔前에 金貨 二百元을 電報로 自己의 電号 Kocoa로 付送인 바 終是 傳致치 못ᄒᆞ엿슴으로 今에는 該 金額을 還推ᄒᆞ려 ᄒᆞ나 此도 亦是 多少 時日을 要ᄒᆞ니 甚悶이외다. 其後에 湖港(호놀룰루)에 付託ᄒᆞ야 金貨 正百元을 安友에게 送交ᄒᆞ고 更히 正百元을 此處에셔 電送인 바 電報로 送金ᄒᆞᄂᆞᆫᄃᆡ 每次에 費額도 不少ᄒᆞ거니와 金額이 信傳치 못ᄒᆞᆫ즉 該 番号로 更送키 不願ᄒᆞ야 今次는 兄의 住所로 送呈ᄒᆞ엿소이다. 第 此金을 弟가 變通ᄒᆞ야 보닌 거시니 外人은 不必知得이외다.

近者는 安友가 何如히 經過ᄒᆞᄂᆞᆫ지 一次 書信도 頓絶인즉 甚히 悶沓ᄒᆞ외다. 客地에 分錢이 無히 何如히 過去ᄒᆞᄂᆞᆫ지 晨夕 難忘이나 設令 若干 財政을 變通ᄒᆞ기로 前次에 보닌 거시 到達치 못ᄒᆞᆫ 거슬 知ᄒᆞ며 更히 同所로 보님이 甚히 不可ᄒᆞᆫ지라. 故로 自今爲始ᄒᆞ여는 人便을 對ᄒᆞ야 一二百元의 財政이라도 送傳케 ᄒᆞ오리다. 然ᄒᆞ나 此處에셔는 歐美委員部를 組織ᄒᆞ야 모든 財政과 事務를 擔任케 ᄒᆞᆫ 以後로는 弟도 財政上으로 束手無策이외다. 今에 內地와 聯絡만 得ᄒᆞ면 多數ᄒᆞᆫ 財力도 圖得ᄒᆞᆯ 슈 잇슬지니 吾兄은 姑爲安心ᄒᆞ시고 貴處에 留ᄒᆞ야 中間에 心服人으로 聯路에 通信員을 置ᄒᆞ고 弟와 內地 某々友에게 書信만 來往케 ᄒᆞ시면 財政도 得來ᄒᆞᆯ 道理가 有ᄒᆞ외다.

自初로 弟는 各 處 團體를 다 合通ᄒᆞ야 國事를 成ᄒᆞ기에 神速ᄒᆞ기를 望ᄒᆞᆷ으로 上海에 住在ᄒᆞ신 諸閣員씌 便宜處事ᄒᆞ라 ᄒᆞ엿고

此處 形便을 알니기 爲ᄒᆞ야 公債票와 愛國金에 關ᄒᆞᆫ 實情을 一々히 通知ᄒᆞ엿는ᄃᆡ 一部分은 上海에 在ᄒᆞ고 一部分은 桑港(샌프란시스코)에 在ᄒᆞ야 新聞上으로 如一히 攻博[駁]과 非是를 일삼으며 曰公債票는 外國人에만 發送ᄒᆞ며 愛國金을 專力ᄒᆞ라 ᄒᆞ며 所謂 愛國金은 執政[官] 總裁는 國務總理니 ᄒᆞᄂᆞᆫ 자에게는 알니지도 안코 一個 民會에 自意 訓示ᄒᆞ야 政府 行令을 阻戱ᄒᆞ며 布哇(하와이)나 美洲 各 韓人會에 衡[衝]突이 生ᄒᆞ기에 至ᄒᆞ엿고 本國 內地에셔 政府를 組織ᄒᆞ고 世界에 廣布ᄒᆞᄆᆡ 此는 內外國人이 皆知之ᄒᆞᄂᆞᆫ 바ㅣ라. 各 國에 通牒ᄒᆞ야 我 政府를 承認ᄒᆞ라고 我는 四月 二十三日에 京城에서 頒布ᄒᆞᆫ 事實을 公式으로 發文ᄒᆞ야 各 國 帝王과 主權者에게 發送ᄒᆞ엿거ᄂᆞᆯ 上海셔는 曰此가 二三人의 造作이라 ᄒᆞ더니 更히 言ᄒᆞ되 上海에셔 先此 組織ᄒᆞᆫ 政府에 總理로 被選되엿스니 執政 總裁의 任을 兼帶ᄒᆞᆯ 슈 업다 ᄒᆞ더니 今에는 又曰 執政 總裁는 當初에 總務 Director로 ᄒᆞᆫ 거시오 大統領이 안이인ᄃᆡ 李承晩이가 妄自尊大ᄒᆞ야 自稱 大統領 ᄒᆞ니 此가 自己의 失手라. 然ᄒᆞ나 其 事情을 보아셔 李承晩을 大統領으로 選擧ᄒᆞ고 政府를 改造ᄒᆞ자ᄂᆞᆫ 言論을 主唱ᄒᆞ엿스며 又曰 政府에 各 閣員이 上海로 來到ᄒᆞ야 就任式을 行ᄒᆞᆫ 後에야 權利가 有ᄒᆞ다 ᄒᆞ야 執政 總裁가 上海로 來ᄒᆞ기 前에는 實權이 無ᄒᆞ다 ᄒᆞ고 凡事를 所謂 政府 首領과는 問議도 업시 國民會와만 相通ᄒᆞᆫ지라. 今에 와셔는 公債票를 勿施ᄒᆞ고 委員部는 執政官 總裁를 도아셔 外交에만 相關ᄒᆞ고 財政은 上海에셔 財務委員을 派送ᄒᆞᆯ 터이니 財政은 다 專擔식히라 ᄒᆞᄂᆞᆫ지라.

從今以後로 弟는 其 內容을 皆已詳知인즉 彼 一二部分人의 言論을 不計ᄒᆞ고 內地同胞들의 公意를 ᄯᅡ라 抵死爲限ᄒᆞ고 進行ᄒᆞᆯ 主意외다. 弟는 今에 上海에 가도 就任式이라ᄂᆞᆫ 거슨 안이ᄒᆞᆯ 터이외다. 他國人의 租界內에 保護를 賴ᄒᆞ고 안져셔 政府 閣員

의 就任式이라고 써들다가 이리뎌리 逐出을 當홈은 國事에도 有益홀런지 未知외다.

當初에 上海셔 다 如此히 改造ᄒᆞᄂᆞᆫ 거시 必要홀 것 갓흐면 內地同胞는 何意로 熱血을 流ᄒᆞ며 政府를 組織ᄒᆞ엿슬 터이며 旣往에 政府를 內地에셔 組織ᄒᆞ야 各 國에 公布ᄭᆞ지 ᄒᆞᆫ 後에 更히 上海셔 此를 改造ᄒᆞ고 十月이나 十一月間에 政府 閣員을 選定ᄒᆞ엿다 ᄒᆞ야 新聞에 廣布ᄒᆞ면 此가 世人 耳目에 吾族의 不合ᄒᆞᆫ 形便을 알게 홈이라. 國家大事에 補益이 不多홀 듯ᄒᆞ외다.

兄이 渡美ᄒᆞ실 듯슬 물으셧스나 弟의 所見에는 兄씌셔 아모리 어려우실지라도 姑留貴處ᄒᆞ시와 上海와 遠東 各 地와 內地에 聯絡을 完全히 通ᄒᆞ여 弟로 ᄒᆞ여금 內外 形便을 詳知케 ᄒᆞ시며 內地同胞로 ᄒᆞ여금 外洋形勢를 詳知케 ᄒᆞ심이 尤好홀 듯ᄒᆞ외다. 弟도 內地에 通寄ᄒᆞ야 兄씌로 交通ᄒᆞ라고 付託ᄒᆞᆫ 事이 有ᄒᆞ니 姑俟之ᄒᆞ시오. 該 處에셔 吾兄과 相通이 有ᄒᆞᆫ지 未知이나 此書에 詳記치 안이홈은 無他라. 或 發說될가 恐홈이외다. 弟의 若干 所營이 如意히 되면 更告ᄒᆞ오리니 伊時 或 吾兄의 渡美事를 更論홈이 未晩일 듯ᄒᆞ외다.

吾兄의 願ᄒᆞ시ᄂᆞᆫ 바도 弟의 願과 同ᄒᆞ외다. 今에 英人 ᄆᆡᆨ켄지 McKenzie가 *Tragedy of Korea*라ᄂᆞᆫ 册을 變ᄒᆞ야 시 칙을 만들어 *Korea's Fight for Freedom*이라 ᄒᆞ야 至今 出刊되엿ᄂᆞᆫᄃᆡ 一二卷을 得呈ᄒᆞ오리다. 此도 布哇同胞의 若干 財政으로 助給ᄒᆞᆫ 結果이외다. 內地에셔 財政을 多數히 得來ᄒᆞ여야 如是 重大事를 一々 執行ᄒᆞ겟ᄉᆞ외다. 弟가 昨春以來로 布哇同胞의 捐助를 得ᄒᆞ야 多少間 事務를 進行ᄒᆞᄂᆞᆫ 고로 桑港 部分에셔 此를 百計로 阻戲ᄒᆞ려 ᄒᆞᄂᆞᆫ지라. 此處에 委員部가 設立된 後로는 弟가 一分도 相關이 無ᄒᆞ고 其間 桑港과 委員部間에 異議가 有ᄒᆞ야 捐金이 不入홈으로 甚히 窮困ᄒᆞᆫ 中에 在ᄒᆞ외다. 然이나 弟도 內地로 交涉이 稍有

ᄒᆞ오니 兄도 內地에 通寄ᄒᆞ시와 如是ᄒᆞᆫ 形便을 詳述ᄒᆞ시고 財政을 圖得ᄒᆞ여 兄我의 所料에 最緊 最要ᄒᆞᆫ 事를 一々 着手ᄒᆞ여 보십세다.

年來로 我 韓人이 其 所謂 地方觀念이라ᄂᆞᆫ 거슬 因ᄒᆞ야 內地나 外洋에 到處마다 若干 部分이 有ᄒᆞᆷ을 吾兄도 洞悉ᄒᆞ시ᄂᆞᆫ 바ㅣ라. 現今 美洲에 在留ᄒᆞᆫ 人士 中에도 此習이 不無ᄒᆞ외다.

我의 臨時政府를 組織ᄒᆞᆫ 消息이 弟는 渴望ᄒᆞᆫ 바이 吾族이 此時를 當ᄒᆞ야 모든 偏見을 棄ᄒᆞ고 各 個人이나 或 社會團體이나 一例로 臨時政府를 服從ᄒᆞ야 團合統一ᄒᆞ고 國家 萬歲基礎를 建設에 專力ᄒᆞ기를 望ᄒᆞ엿고 ᄯᅩ 信ᄒᆞ엿소이다.

遠東에셔 政府 變更ᄒᆞᆫ 事實이 數次 報道되엿[스]나 確實ᄒᆞᆫ 文憑이 無히 何者를 遵行ᄒᆞᆯ넌지 未知ᄒᆞ야 憑證을 上海로 請要ᄒᆞ엿스며 及其 內地에셔 組織ᄒᆞᆫ 政府의 文字가 來到ᄒᆞ며 各國 報紙上 京城 電報로 廣布됨을 見ᄒᆞᆫ 後로 內地에셔 設立ᄒᆞᆫ 바를 施行ᄒᆞ기로 斷定ᄒᆞ엿ᄉᆞ외다.

然ᄒᆞ나 弟는 其時에 美洲에 在ᄒᆞᆫ 거시 必要도 ᄒᆞ고 政府는 上海에 在ᄒᆞᆫ 거시 事實인즉 各々 其 所在處에셔 權限과 任務를 區分ᄒᆞ야 大事를 進行ᄒᆞᆷ이 未有不可ᄒᆞᆯ지라. 故로 弟는 上海에 勸告ᄒᆞ야 遠東事는 上海政府 閣員 諸位가 執行ᄒᆞ시고 歐美 各事는 弟에게로 委任ᄒᆞ야 重大事를 彼此 問議ᄒᆞ여 行ᄒᆞ자고 ᄒᆞ엿더니 此는 不完全ᄒᆞ니 弟다려 速히 上海로 來ᄒᆞ라 ᄒᆞ며 桑港셔는 新聞上으로 批評ᄒᆞ야 逐号是非ᄒᆞᄂᆞᆫ지라.

桑港國民會에셔는 執政官이나 統領이나 認證치 안ᄂᆞᆫ다 ᄒᆞ엿스며 美洲나 布哇나 다 國民會와 合一ᄒᆞ야 政府事를 主持ᄒᆞ자고 布哇國民會에 提議ᄒᆞᆫ 거슬 退却ᄒᆞ엿다 ᄒᆞᄂᆞᆫ지라. 弟가 公債票를 上海 議政院의 通過로 發行이러니 國民會에셔 曰 愛國金을 募集ᄒᆞᆫ다 ᄒᆞᄂᆞᆫ 바 弟는 當初에 愛國金令을 알지도 못ᄒᆞ엿소이다.

公債票와 愛國金의 相衝됨을 因ᄒᆞ야 損害가 不少ᄒᆞᆷ으로 弟는 何如히 措處ᄒᆞᆯ넌지 甚慮ᄒᆞ던 ᄎᆞ에 金兄奎植이 來到ᄒᆞᆷ으로 因ᄒᆞ야 歐美委員部를 組織ᄒᆞ야 凡事를 擔任케 ᄒᆞᆫ 後 맛ᄎᆞᆷ 政府 閣員 諸位가 上海로 齊會ᄒᆞ심을 聞ᄒᆞ고 此 諸事를 上海셔 處斷ᄒᆞ시라 ᄒᆞ엿소이다.

上海셔 一部分은 ᄆᆡᆫ데토리問題로 因ᄒᆞ야 弟를 逆賊이라 ᄒᆞ며 ᄯᅩ 京城에셔 宣布ᄒᆞ기는 弟를 執政官總裁라 ᄒᆞᆷ이 곳 總務 Director라 ᄒᆞᆷ인ᄃᆡ 李某가 自稱 大統領ᄒᆞᆷ이니 自己의 失手ᄒᆞᆷ이나 保護ᄒᆞ기 爲ᄒᆞ야 上海셔 統領으로 更히 選擧ᄒᆞᆫ다 ᄒᆞ며 政府를 ᄯᅩ 改造ᄒᆞᆫ다 ᄒᆞ며 今에 到ᄒᆞ야는 以下缺

[草稿]

自初로 弟는 各 處 團体를 다 合同ᄒᆞ야 國事를 成ᄒᆞ기에 迅速ᄒᆞ기를 望ᄒᆞᆷ으로 上海에 住在ᄒᆞ신 諸閣員의 便宜 處事ᄒᆞ라 ᄒᆞ엿고 此處 形便을 알니기 爲ᄒᆞ야 公債票와 愛國金에 關ᄒᆞᆫ 實情을 一々히 通知ᄒᆞ엿는ᄃᆡ 一部分은 上ᄒᆡ에 在ᄒᆞ고 一部分은 桑港에 在ᄒᆞ야 新聞上으로 如一히 공박과 시비를 일삼으며 曰 公債票는 外國人에게만 發賣ᄒᆞ고 愛國금을 專力ᄒᆞ라 ᄒᆞ며 所謂 ᄋᆡ국금은 執政官總裁니 國務총리니 ᄒᆞ는 人에게는 알니지도 아니ᄒᆞ고 一個 民會에 自意 訓示ᄒᆞ야 政府行令을 阻戱ᄒᆞ며 포아누 美洲 各 韓人계에 층돌이 生ᄒᆞ기에 至ᄒᆞ엿고 本國 內地에셔 政府를 組織ᄒᆞ고 世界에 廣布ᄒᆞᆷᄋᆡ 此는 內外國人이 皆已知之ᄒᆞ는 바이라. 各 國에 通牒ᄒᆞ야 我 政府를 承認ᄒᆞ라고 弟는 四月 二十三日에 京城에셔 頒布ᄒᆞᆫ 事實을 公式으로 發文ᄒᆞ야 各 國 帝王과 主權者에게 發送ᄒᆞ엿거ᄂᆞᆯ 上海셔는 曰 此가 二三人의 죠작이라 ᄒᆞ더니 更히 言ᄒᆞ되 上海에셔 先此 組織ᄒᆞᆫ 정부에 총리로 被選ᄒᆞ엿스니 執政總裁의 任을 兼帶ᄒᆞᆯ 슈 업다 ᄒᆞ더니 今에는 又曰 執政官總裁는 當初에 總務Director로 ᄒᆞᆫ 것이오 大統領이 아니인ᄃᆡ 李승만이가 妄自존ᄃᆡᄒᆞ야 自층 ᄃᆡ통

령ᄒᆞ니 此가 다 自己의 失手라. 然ᄒᆞ나 其 事情을 보아셔 리승만을 大統領으로 선거ᄒᆞ고 정부를 改造ᄒᆞ자ᄂᆞᆫ 言論을 主唱ᄒᆞ엿스며 又曰 政부 各 閣원이 上히로 來도ᄒᆞ야 취임식을 行ᄒᆞᆫ 후에야 權利가 有ᄒᆞ다 ᄒᆞ야 執政官總裁가 上海로 來ᄒᆞ기 前에ᄂᆞᆫ 實權이 無ᄒᆞ다 ᄒᆞ고 凡事를 쇼위 정부 首領과ᄂᆞᆫ 問議도 업시 國民會와만 相通ᄒᆞᆫ지라. 今에 와셔ᄂᆞᆫ 公債票를 勿施ᄒᆞ고 委員部ᄂᆞᆫ 執政官總裁를 도아셔 外交에만 相關ᄒᆞ고 財政은 上海에셔 財務委員을 派送ᄒᆞᆯ 터이니 財政은 다 專擔식히라 ᄒᆞᄂᆞᆫ지라.

從今以後로 弟ᄂᆞᆫ 其 內容을 皆已詳知인즉 彼 一二部分人의 言論을 不계ᄒᆞ고 內地同胞들의 公意를 ᄯᅡ라 抵死爲限ᄒᆞ고 進行ᄒᆞᆯ 主意외다. 弟ᄂᆞᆫ 今에 上海에 가도 就任式이라ᄂᆞᆫ 것은 아니ᄒᆞᆯ 터이외다. 他國人의 租界內에 보호를 賴ᄒᆞ고 안져셔 정부 각員의 취임식이라고 ᄯᅥ들다가 이리져리 逐出을 當ᄒᆞᆷ은 國家에도 有益ᄒᆞᆯ넌지 未知외다.

當初에 上海에셔 다 如此히 改造ᄒᆞᄂᆞᆫ 것이 必要ᄒᆞᆯ 것 갓흐면 內地同胞ᄂᆞᆫ 何意로 熱血을 流ᄒᆞ며 政府를 組織ᄒᆞ엿슬 터이며 旣往에 政부를 內地에셔 組織ᄒᆞ야 各 國에 公布ᄭᅡ지 ᄒᆞᆫ 후에 更히 上海에셔 此를 改造ᄒᆞ고 十月이ᄂᆞ 十一月間에 정부 각원을 선定ᄒᆞ엿다 ᄒᆞ야 新聞에 廣布ᄒᆞ면 此가 世人 耳目에 吾族의 不合ᄒᆞᆫ 形便을 알게 ᄒᆞᆷ이라. 國家大事에 補益이 不多ᄒᆞᆯ 듯ᄒᆞ외다.

107. 李承晩 → 玄 楯 1920. 8. 31. (16, 301~303)

東西 遙遠에 洋陸 重隔ᄒᆞᆫᄃᆡ 穩駕抵美ᄒᆞ심을 良深願幸ᄒᆞ오며 擾攘에 無至欠節ᄒᆞ심을 切望ᄒᆞᄂᆞ이다.

華京(워싱턴)에셔 思料키는 兄이 安友(안현경〈安玄卿〉)로 上海셔 發行ᄒᆞ야 布哇(하와이)로 歷訪ᄒᆞ실 줄로 知ᄒᆞᆷ으로 此處에 來ᄒᆞ야 積久ᄒᆞᆫ 舊懷도 穩討ᄒᆞ며 民國에 關ᄒᆞᆫ 各 事도 面議ᄒᆞ야 妥定ᄒᆞ려 ᄒᆞ엿더니

路左事[?思]料ᄒᆞ미 浩歎不已ᄒᆞ나 勢也奈何오.

但 安友가 速히 渡來ᄒᆞ면 吾兄과 相對ᄒᆞ나 다름 업시 相議ᄒᆞ려 ᄒᆞ엿으나 安도 亦遲 如此ᄒᆞ니 弟의 形便으로 此에 久居키 不能ᄒᆞ고 此處에ᄭᆞ지 來ᄒᆞ엿다. 東征을 中止ᄒᆞ고 旅即 歸美ᄒᆞ면 事體에도 不適宜ᄒᆞ겟기 從速히 發行ᄒᆞᆯ가 ᄒᆞ나이다.

吾兄을 此處에셔 面會코져 ᄒᆞᆫ 거슨 兄의 私情으로도 關係不無ᄒᆞᆫ 거슨 寶眷이 旣爲上海에 到來ᄒᆞ신 바에는 生活上 問題가 兄의 擔責이 될지니 兄이 美京(워싱턴)에셔 委員으로 視務ᄒᆞ여 가지고는 求處之方이 難ᄒᆞ고 若 布哇로 來ᄒᆞ시면 或 道理가 有ᄒᆞᆯ가 思惟ᄒᆞ엿으ᄆᆡ 此를 面議ᄒᆞᆫ 後에야 決定ᄒᆞ겟기로 完定ᄒᆞᆫ 計劃을 公佈치 안코 竚俟ᄒᆞ엿다가 法京(프랑스 파리)에 來到ᄒᆞ신 消息을 得ᄒᆞ고 即時 此意를 知ᄒᆞ야 兄이 自意로 斷行ᄒᆞ시기를 바라려 ᄒᆞ엿으나 電報로 通情치 못ᄒᆞ고 及其 美京에 到達ᄒᆞ시ᄆᆡ 各 地 形便을 察ᄒᆞ야 委員으로 視務ᄒᆞ시라 ᄒᆞᆫ 것이외다.

委員部 形便은 詳察ᄒᆞ시면 可知어니와 宋(宋憲澍)君과 金(金奎植)兄의 協意를 不得ᄒᆞ야 難便ᄒᆞᆫ 事情이 多ᄒᆞ엿는ᄃᆡ 此는 金兄이 宋氏의 意見을 合同ᄒᆞ야 每事에 抵觸이 되는 고로 如是ᄒᆞᆷ이라. 今次에 宋이 來布ᄒᆞ야 多少間 意見不合으로 大事에 貽害가 不少ᄒᆞ겟기로 公債事를 다 措處ᄒᆞᆫ 後에는 弟가 從容히 言ᄒᆞ되 此處에셔 兄을 歡迎치 안이ᄒᆞ니 各 島 巡行은 姑爲停止ᄒᆞ엿다가 公債 應募의 結果를 見ᄒᆞ야 商定ᄒᆞ라 ᄒᆞᆫ즉 宋曰 統領이 布哇事를 自主張ᄒᆞ시려면 我는 即時 回去ᄒᆞ겟다고 斷言ᄒᆞ야 固執ᄒᆞ엿나니 此는 弟의게 藉口之端을 得코져 ᄒᆞᆷ이라. 如此ᄒᆞᆫ 主旨를 가지고 金과 相應이 되여 怨尤는 統領에게 돌니고 實權은 掌握에 持코져 ᄒᆞᆯ ᄲᅮᆫ 不啻라. 各 地 旅行에 慇懃히 個人 派黨을 立ᄒᆞ는지라. 弟는 此를 見ᄒᆞᆫ지 已久矣나 含默ᄒᆞ고 왓더니 如此ᄒᆞᆫ 境遇에 處ᄒᆞ야

宋을 解任ᄒᆞ기로 決定ᄒᆞ고 再之書字로 勸告ᄒᆞ되 置之度外ᄒᆞ고 終無答辭타가 畢竟은 作別도 無히 登船 發行ᄒᆞ며 韓美報에 寄書ᄒᆞ야 嫁禍ᄒᆞ려ᄂᆞᆫ 狀態를 表示ᄒᆞᆫ지라. 故로 解任을 公佈ᄒᆞ엿ᄂᆞᆫᄃᆡ 今에 金이 此를 因ᄒᆞ야 各 地에 書字를 보ᄂᆡ며 衆論을 慝起ᄒᆞ려ᄂᆞᆫ지라. 此에 對ᄒᆞ야 弟는 甚히 人心의 難測ᄒᆞᆷ을 歎ᄒᆞ나이다. 然ᄒᆞ나 彼도 他 道理가 別無ᄒᆞ리니 無足關心이외다.

兄의 委任書를 並呈ᄒᆞ오니 鄭友翰景과 歐美委員의 責任을 分掌ᄒᆞ시고 法律顧問 돌프(Dolph, Fred A.)씨와 每事를 相議ᄒᆞ야 其心服을 得ᄒᆞ시며 李容稷氏는 書記의 任을 帶ᄒᆞ고 凡事에 助力이 만히 될지니 弟의 所托으로 今年 學期에 入學ᄒᆞ기를 經營치 말고 委員部를 더 도으라 ᄒᆞ시오. 제슨(Jaisohn, Philip, 徐載弼)씨와 種々 書字라도 相問ᄒᆞ시며 졔슨의 事務所에 幹事員 一人은 種々 吾人의 形便을 誤解ᄒᆞ기로 難處ᄒᆞᆫ 젹이 多ᄒᆞ게 지닛쇼이다.

鄭兄은 今에 發行ᄒᆞᄂᆞᆫ 고로 忽々ᄒᆞ야 數字로 畧草 仰呈ᄒᆞ오니 他人에 煩提치 마시오.

爲此謹拜上.

民國 二年 八月 三十一日 雩南 弟 頓

108. 李承晩→洪 鎭 1921. 12. 30. (16, 304)

Hong Chin

外交後援會 幹事長 洪鎭(震) 閣下

美京에셔 太平洋會議를 開ᄒᆞ기로 公佈된 以來로 貴會가 特히 外交事務를 爲ᄒᆞ야 前後 勞力ᄒᆞ심을 種々 得聞ᄒᆞ고 我 代表 一同은 俱深感佩ᄒᆞ야 夙夜盡瘁ᄒᆞ던 ᄎᆞ에 貴函을 接ᄒᆞ야 愛護 信託의 感意를 猥受ᄒᆞ니 益切兢懼에 莫知攸謝외다.

太平洋會議에는 我 要求書를 提出ᄒᆞ엿스나 如下ᄒᆞᆫ 答이 尙無ᄒᆞᆫ대 日人은 韓國問題만 提出되면 束裝退去ᄒᆞ겟다 宣言된 故로 他國代表는 不敢擧論이라 ᄒᆞᄂᆞᆫ대 其 所謂 會議事도 合同키 難ᄒᆞ야 皆歸無效될 貌樣이니 此亦 無妨이며 吾人의 善後事宜ᄂᆞᆫ 多數히 精神合一에 在ᄒᆞ외다.

並祝新年萬禧.

三年 十二月 三十日 李承晩 謹謝

109. 李承晩→黃 烋 1920. 2. 29. (16, 305)

昨函依到이며 朴相夏氏가 弟와 布哇(하와이) 舊友로 貴處에 在留ᄒᆞᆫ 줄을 知ᄒᆞᆫ 後 以書相問코져 ᄒᆞᆫ 지 已久이나 暇隙이 無ᄒᆞᆷ을 因ᄒᆞ야 尙且 遲々ᄒᆞ엿소이다. 此時에 一般 有志人士는 勿論 合同相助ᄒᆞᆷ이 可ᄒᆞᆫᄃᆡ 又醒(박용만〈朴容萬〉)으로 論ᄒᆞ면 生死與共ᄒᆞᆯ 分義가 有ᄒᆞᆫ 지라. 願兄은 何如ᄒᆞᆫ 方法으로던지 更히 朴友所在處를 詳探ᄒᆞ시와 與弟로 式好無尤ᄒᆞᆫ 舊歡을 更得ᄒᆞ여 民團 大事에 同舟並駕ᄒᆞ게 ᄒᆞ시오. 朴友相夏氏게도 卽時 裁書ᄒᆞᄂᆞ이다. 安正洙兄도 弟와 舊誼가 有ᄒᆞᆯ 쁜 不啻라. 其伯氏 在世時에도 弟와 莫逆ᄒᆞᆫ 交分이 有ᄒᆞ엿소이다. 白南七君이 間久無聞이니 甚悶이외다. 謹謝.

民國 二年 二月 二十九日 晩 謹

黃烋氏에게

110. 李承晩→?(落張) 1923. 3. 26. (16, 307)

擬於來月望間 還歸華府 而旅行費一事 姑爲問題也

餘萬姑留不盡 統祝道體恒賴神佑 累中萬寧

五年 三月 念六日 雩南 生 拜上

[譯文]

새달 보름께 워싱턴으로 돌아갈까 합니다마는 여행 경비가 아직 문제입니다. 모든 것을 제쳐두고 오직 도체(道體)가 항상 신의 도우심을 입어 어려운 중에서도 만강하시기를 비옵니다.

5년 3월 26일 우남생(雩南生) 배상(拜上)

111. 李承晚→?(落張) 1942년 이후. (16, 308~313)

설명

이 글에 연명ᄒᆞᆫ ᄂᆡ디(內地) 인도쟈들은 감옥 구류와 모든 악형을 당ᄒᆞ기로 쥰비ᄒᆞ고 이 글을 공포ᄒᆞᆫ 거시니 자유디에 편히 안져셔 발포ᄒᆞᆫ 글과는 갓치 볼 슈 업ᄂᆞᆫ 글이다.

오ᄂᆞᆯ 이 기회를 당ᄒᆞᆫ 우리로 왕ᄉᆞ(往事)는 다 막론이고 목하(目下)와 장ᄅᆡ를 이 글로 비쥰ᄒᆞ야 참고ᄒᆞᆯ 필요가 잇ᄂᆞ니 이 글에 네 가지를 우리 ᄒᆡ외 동포가 호항(湖港, 호놀룰루)한족련합회 이후로 다 셩취ᄒᆞᆫ 거슬 치하ᄒᆞᆯ 거시다.

츅죠(逐條)ᄒᆞ야 셜명ᄒᆞᆯ진ᄃᆡ 三一운동 이후로 우리에게 고통을 쥬던 쇼위 디방렬(地方熱)이 지금은 다 업셔지고 우리 쳥년들은 이 ᄉᆞ상을 거의 모로게 되엿다 ᄒᆞ니 우리의 만ᄒᆡᆼ이며 각 단톄를 ᄒᆡ산ᄒᆞᆷ이라. 호항련합대회 이후로 미포(美布, 미주·하와이)에 각 단톄가 합력 진ᄒᆡᆼ 즁이며 원동(遠東)에셔 의용ᄃᆡ와 광복군 ᄉᆞ이에 련합이 못되엿다가 즁국 춍ᄉᆞ령부 발령으로 의용제九광복군[이] 련합ᄒᆞ엿스ᄆᆡ 림시졍부 하에셔 통一이 원만히 되엿고

다만 뎨二죠와 四죠에 의ᄒᆞ야 비법불의자(非法不義者)들과 졍부를 요동ᄒᆞ려ᄂᆞᆫ 야심에 ᄃᆡᄒᆞ야 아직 츙분히 ᄒᆡ결이 못된 거시 우

리의 큰 류감일 뿐 안이라, 이 몃々 불량분즈들의 션동으로 인ᄒᆞ야 합즁국 국무셩에셔는 한인 즁 반ᄃᆡ분즈로 인연ᄒᆞ야 림시정부를 당분간 승인을 못ᄒᆞᆫ다 ᄒᆞ니 이 극쇼슈 분즈들이 ᄉᆞ욕을 가지고 우리 二千三百만의 ᄉᆡᆼ명길을 막고 잇ᄂᆞᆫ 거시라. 이거슨 미포 한인 젼톄가 합심 ᄒᆡ결ᄒᆞᆯ 됴건이다.

왜적에게 돈을 밧고 슈년젼ᄶᅡ지 미국과 한국의 ᄂᆡ정을 졍탐ᄒᆞ여 쥬어 산영기 노릇ᄒᆞ던 우리의 공적으로 져의 죄상을 감쵸기 위ᄒᆞ야 지금은 한국의 츙신이오 미국의 공신으로 ᄌᆞ쳐ᄒᆞ며 미국 정부 각 부에 보고ᄒᆞ기를 미포 한인이 ᄆᆡᄇᆡᆨ(每百)에 七十이 친일이라 ᄒᆞ엿스니 이거시 ᄉᆞ실이냐.

한인이 분징으로 합동이 못되니 독립 자격을 승인을 밧을 쳐디가 못된다 ᄒᆞ엿스니 이거시 ᄉᆞ실이냐.

미포청년의 다슈가 져의를 복죵이오 림시정부는 후원ᄒᆞᄂᆞᆫ 이가 몃치 못된다 ᄒᆞ엿스니 이거시 ᄉᆞ실이냐.

이 분즈가 만턴지 젹던지 이 쟈들로 인연ᄒᆞ야 한인분렬이라ᄂᆞᆫ 지목을 밧게 된 바에는 우리가 더 침묵ᄒᆞ고 잇스면 미국인들은 가마귀의 ᄌᆞ웅을 알 슈 업슬 터이니 불가불 구별을 갈나노아야 량ᄒᆡ가 될 거시다.

그런즉 우리는 림시정부를 복죵ᄒᆞ며 한족이 극쇼슈 불량분ᄌᆞ 외에는 다 합동된 거슬 증명ᄒᆞ며 림시정부를 우리가 다 옹ᄃᆡ(擁戴)ᄒᆞ야 합즁국 정부의 승인을 요구ᄒᆞᄂᆞ니 우리와 동의ᄒᆞᄂᆞᆫ 동포는 각々 본 위원부로 셩명과 쥬쇼를 보ᄂᆡ여 이에 ᄃᆡᄒᆞᆫ 립장을 쇼상히 셜명ᄒᆞ기를 요구ᄒᆞ노라.

기타 서한

1. 郭林大 → ?金奎植 1920. 3. 9. (18, 349~355)

Kwack to Kimm March 9, 1920

自吾兄西渡以來로 無緣一叙함은 今日ᄭᆞ지 弟의 遺憾으로 思量하는 바이올세다. 然이나 平日의 高德과 大事에 勤勞하심을 因하야 時々 一念이 未嘗忘兄하고 貴體 無恙하야 早建大功하시기를 切々頌祝하나이다. 弟는 素以庸才로 姑在修養之時代이엇만은 不幸被召하야 親涉團體之事務하오니 每多悚悶히외다.

吾兄을 深愛하는 所以로 弟가 常預進言者는 卽 美洲와 하와이 吾人社會之現象이올세다.

吾兄 今在美洲 當面則 人心의 傾向과 自來 黨派的 關係를 深히 了解치 안이함이 不可한 줄 알고 弟는 敢以 數行相告하오니 幸加恕諒하시옵소서.

吾兄 西渡以後 半個年于今에 或有俯聆이어니와 大韓人國民會는 爲海外僑民之大同團結하야 伊來 十年間 以其名義로 保護同族於漂零之間하야 代表國家政府於在留國者는 一世가 所共知요. 至若獨立運動開始以後事로 論之하오면 政府를 援助하며 外交를 協贊하야 金錢의 犧牲과 人物의 苦心이 照耀한 大功을 成就하엿스니 在美同胞之愛慕此團體는 實노 情이오 義라. 十年間 汗與血노 如此한 團體를 維持하엿스니 뎌들이 國民會 以外에 何種 團體가 更出함을 不願하고 名實이 俱全할 大功獻이 此로 좃ᄎᆞ 싱김을 深願하는 것이 事實이올세다.

弟의 熟知하는 바는 뎌들이 惡此愛彼하야 大功이 有할 것을 不願하는 것은 안이올세다. 自來 國民會에 義務를 不盡하던 幾人과 或은 個人上 情交로 異論 異行을 唱導하는 以外에는 多數가 大義를 싱각하자 하ᄂᆞ이다.

然하나 하와이之如彼缺[決]裂은 原來 李(李承晩)·朴(朴容萬) 兩人의 私力 扶植을 因하야 一個 好々的 太平洋樂園을 가져 맛츰닉 黑暗洞天을 變做하엿스니 移民舡으로 좃ㅊ 幾多 歲月을 費하야 겨우 一兩年의 樂園生活을 맛보다가 今日과 如한 惡現象을 呈하야 同族이 成仇하고 事々 多猜多忌하야 年來 外國人間에 布露된 羞耻는 實노 在留同胞의 莫洗할 辱이 되엿스니 此는 識者의 布哇(하와이) 同胞를 爲하야 遺淚不已하며 할 슈 잇스면 破其迷惑하고 解其惡憾하야 一家의 和樂을 更成하자 함이 輿情이올세다.

此를 誰가 不知하며 誰가 不怨하며 誰가 不惜하리오. 然하나 大事를 當한 今日에 少嫌을 보와스되 沈默하자 大義를 爲하야 沈默하자 함이 쏘한 加洲(加州, 캘리포니아) 一方에 在한 諸位 人士의 理想이니다. 自昨秋 公債 與 愛國金으로 衝突이 發生하야 收金 一事는 十一之功을 不得하는 今日이라도 加洲 一方에 俱稍常識者는 一向 沈默하고 오직 誠忠을 盡하자고 相勸相諭하오니 是何等忠良이오닛가. 然한데도 만일 此 誠忠을 發揚치 못하고 分裂을 竟作케 하면 此乃 引導者의 過失이 될지니 吾未知其可니다.

弟 所謂分裂을 作케 한다 함은 何를 謂함이닛가. 美京 一方에셔는 國民會를 仇視ᄒᆞ야 私囑私書로 此를 顚覆하기로만 爲事하며 多金이 己囊에 不入함만 恨하야 엇지 되여셔 約定이 되엿던지 三千弗 支撥만 星火갓치 督促하고 一般 同胞를 向하야 寬厚有德하게 一言을 不發하오니 國民會가 何罪를 作하엿기에 如此薄待하는지 未知거니와 美洲 一方에 在하야 收金 一事를 委員部에 讓與치 안이한 것이 大罪過인 듯하외다.

然하오나 弟의 所見으로는 만일 委員部에셔 公債金을 募集하야 每月 六七千弗식 消費하고 政府의 根底를 確立하는데 助力치 안이하엿더면 委員部가 成事하엿슬넌지 疑問이외다. 만일 個人

을 보고 金錢을 닉다 하더릭도 美洲에는 多數同胞가 李(이승만)博士를 信仰치 안이하고 하와이도 五百餘名 無知沒覺한 同胞以外에 多數가 反對하고 一向 切步하는 中이오니 雖有孔明之才라도 公債計劃의 成功이 不好하엿슬 것이외다.

至今도 弟가 巡行하면셔 多人의 言論을 聞한즉 公債·愛國[金]은 姑捨하고 二十一例金이라도 닉지 안는 것은 金錢을 自己네가 땀 흘녀셔 벌지 안은 것이라고 無功效하게 쓰는 것을 인하야 닉지 안노라 하오니 此를 보는 弟는 甚히 寒心하외다. 大事를 已作한 嫌疑만을 憎視하야 收金하는 事에 一言을 不助하고 어데 두고보자 背約만 하여 보와라 하고 三千弗의 約定을 固執하고 威嚇을 日加하오니 此 비록 吾兄 尊意에셔 不出하는 줄 아오나 此地 多人은 吾兄의 周密치 못하심을 深惜不已하나이다.

쏘한 此地人의 信仰이 日薄하여 가는 바는 法京(프랑스 파리) 黃氏와 巡美 呂君이 無資格함을 因하야 今日之外交는 名實이 도로혀 損喪한다 함이 쏘한 輿論이니다. 엇지 되엿던지 우리는 財務部에 通知가 잇던가 或은 更히 決定하기 前에는 委員部와 約定한 바를 遵行하려 하는 故로 도로혀 多數人의 批評과 非難을 受함니다.

그러한 中에 傳說이 李博士가 新聞을 刊行할 目的으로 暗地裡에 收捐한다 하야 人情이 不穩한 것은 此是 李氏之手段으로 國民會를 抵抗할 目的이오 決코 同胞의 德義心을 啓發할 好意에셔 出치 안임이니 하와이의 悲觀을 美洲에셔 更見하리라 하는 疑心이 漸深하고 弟이 보는 바에도 將來 美洲社會도 不安定을 難免하겟다 하나이다.

아무렴 우리 同胞의 程度를 推測하면 一揚聲에 百千의 小團體라도 可以成이오 一試腕에 釣名圖譽가 易如反掌이지오만은 다시 싱각하면 一啓口에 合同一致를 可以成이오 一擧手에 反莠爲良을 無難作이니 此豈非當日諸位의 深思之事릿가.

如此한 즁에 多年間 國民會에 犧牲을 作하던 引導者들과 十年間 國民會를 扶養하야 國家와 如히 政府와 如히 愛慕하던 諸位同胞들은 此團의 衰亡하는 惡現象을 不願見하야 此에 加害가 되는 行動이 잇스면 此를 期預征服하오니 居留民 前途를 싱각하면 此가 非義도 안이오 不良도 안이오 嘉尙한 心理라 할 슈 밧개 업나이다.

弟는 大義를 不知하야 前非가 有하다고 李博士를 聲討하려 함도 안이오 親疎를 因하야 何 一方에만 助力하자는 偏見으로 좇ㅊ 말함도 안이요 오직 吾兄의 立하신 地位가 一切를 不知하심이 不可하고 또는 李氏를 斗護함이 大體에 合當한 고로 設或 邪曲이 現著하더리도 此를 發摘하기에 汲々하지 안이하오니 海諒하시옵쇼셔.

前日에 公文을 因한 蕪言은 吾兄을 標準한 말은 안임을 惠諒하시면 多幸하겟나이다.

弟 郭林大 三月 九日

2. 金 九→金利濟 1939. 6. 25. (18, 356~357)

金利濟 先生 大鑑

稽顙拜言. 書面問候 於焉 經年이오며 況又 우리 光復운동이 千載一時인 此際에 惠電 惠信을 奉閱하고 今纔執簡하오니 悚愧莫名이오며 昨日에 華盛頓(워싱턴) 李(李承晩)博士의 電報도 奉悉하엿읍니다.

現下 羣力 羣策을 集中하여 中國抗戰의 絶好한 時期를 利用하여 倭寇를 打滅할 此際에 李博士와 같은 民族的으로 名望이 重하고 國際的으로 聲價가 高한 人格으로 宣傳이나 外交方面에서 艱鉅를 自任하심이 極히 感謝할 일인 것은 우리 一般 同胞가

共認할 것은 勿論의 事이오나 外交와 宣傳은 事實을 背境[景]으로 할 것인데 우리는 今日에 무슨 事實을 갖이고 宣傳할 것일가. 倭寇가 惡毒하다 野蠻이다 함은 擧世 共知이니 우리가 自體의 事實을 갖이고 宣傳하여야 必要는 한데 무슨 事實노 할가. 己未宣言을 根據하여 非暴力으로 精神운동만을 宣傳하여 世人의게 精神的 援助를 求할가요. 否々라. 遠東 各 團體는 臨政까지 三一節 紀念式에 獨立宣言書 朗讀을 廢止한 지 十餘年임니다. 共[公]約 三章이 우리 全民意에 違背되는 까닭임니다. 우리는 印度 甘地나 菲律賓 圭松의 운동 안인 것이고 大流血을 目標하는 것임니다. 所以로 流血운동으로야 友邦의 도음도 얻을 수 있으나 精神운동으로는 自體로 進行키 不能하고 他人의 援助도 所望이 없음니다.

現今 華北에 遊擊隊 華南에 義勇隊가 世人의 贊譽를 受하는 바 華北에는 將次 韓國獨立軍을 組織코저 努力 中인데 外交나 宣傳하는 人士들은 非武裝·非暴力 운동을 絶叫한다면 自體 矛盾만 共[公]開함이니 크게 審愼할 바이오며 宣傳機關은 무엇이 適當할가. 弟의 생각은 臨政이나 廢止 久矣인 歐美委部 모도가 不適當하고 第一 좋은 것은 海外 各 團體가 統一된 機關 名義로 우리의 軍事운동을 全力 宣傳하는 것이 當務之急일가 하나이다.

至今 遠東 各 단체가 絶叫하는 統一은 有二하니 弟與金元봉(鳳)과 一般 民族운동者는 單一을 主張하고 各 派 共產主義者들은 聯合을 主張하는데 單一黨을 찬성하는 단체가 多大數이니 單一이 成功될 듯함니다.

貴 同志會의 諸位도 此際에 희생적 정신으로 遠東·遠西에 各 단체 打成一片하는데 갖이 努力하심이 急先務임을 原諒하시오며 今聞 愛國·團合 兩 단체가 國民黨에 合同하는데 그 合同하는 일은 贊成이고 國民黨의 名義는 本 黨에서 벌서 희생을 作

定한 것인즉 將來에 大黨이 成立되는대로 一個 名義가 産出될 거십니다.

愚見에는 李博士끠서 宣傳이나 外交를 以上에 目標를 갖이시고 하서 주섯으면—또는 無條件으로 統一參加하시며 그것으로 宣傳의 資料를 爲하심이 如何하올지—外交事項으로는 (一) 華東北에 獨立軍 編成할 資金을 美軍部에 交涉할 일 (華南義勇隊는 中國의 援助로 進行하나 東北에는 財力不及으로 姑未着手) (二) 北美 及 하와이에 韓人靑年들의게 軍事技術의 授與 (三) 特히 菲律濱에 遠東 方面의 韓人靑年을 募集하여 航空人材를 養成의 便宜를 與할 것 (四) 上海·天津·北平·香港·朝鮮·日本 某々 地點에 情報網을 密設할 것. 以上 幾件으로 外交의 目標로 하시고 또는 韓吉洙君도 旣爲 登場을 한 以上에는 互相 矛盾이 없어야 할 터인데 以上 臚列한 條件을 갖이고 協議進行하시면 좋을 듯합니다.

弟는 母喪後 니여 委席하여 尙今 起動을 못합니다. 미처 답함(答函)을 못한 것 未安하여 數字 付呈하오니 李博士끠 轉呈하시와 參考케 하시면 감사합니다.

更祝 公安.

哀弟 金九 行疏 六月 二十五日

李博士의게 重慶 郵箱 九五.를 通知하여 주오.

3. 金奎植 → 朴永魯 1920. 3. 3. (18, 358~359)

朴永魯 先生 回鑑

二月 二十三日 貴函은 拜讀하엿ᄉᆞ오며 于今것 仰復치 못ᄒᆞ옴은 여러가지 事實을 因ᄒᆞᆷ이외다.

布哇(하와이)·桑港(샌프란시스코) 事件과 時局에 對ᄒᆞ온 問題ᄂᆞᆫ 四方에

當局ᄒᆞ신 諸氏가 彼我를 勿論ᄒᆞ고 公正ᄒᆞᆫ 生覺으로 吾人 大事에 有益되고 妨害가 업슬 것만 目的ᄒᆞ고 進行ᄒᆞᆯ 것 ᄀᆞᆺᄒᆞ면 措處ᄒᆞᆯ 方針도 잇ᄭᅵᆺ고 事体도 歸定되ᄭᅵᆺᄉᆞ나 各其의 權利와 主見을 如何턴지 張ᄒᆞ고져 ᄒᆞᄂᆞᆫᄃᆡ셔 大事ᄂᆞᆫ 浪浿[狼狽]요 內地와 遠東 同胞들의 犧牲을 歸虛ᄒᆞᆯ 至境이오니 寒心ᄒᆞ외다. 書信으로ᄂᆞᆫ 長荒(張皇)ᄒᆞᆫ 事情을 上言키 難ᄒᆞ오니 不遠間 相晤 相議ᄒᆞ기를 望ᄒᆞᄂᆞ이다.

只此肅頌鈞安.

三月 三日 弟 金奎植 謝上

弟의 威信 名譽ᄂᆞᆫ 顧計ᄒᆞᆯ 바 아니외다.

4. 金奎植→禹 一 1920. 7. 12. (18, 360~361)

禹一 賢棣 回鑒

曩者 朶翰과 又 日昨 惠函을 次第 敬接ᄒᆞ얏ᄉᆞ오며 這間 忽忙을 因ᄒᆞ야 第一次 惠書를 尙未仰答ᄒᆞ엿습으로 情禮에 具缺일 ᄲᅮᆫ 不啻라. 積年 雲樹의 懷를 含ᄒᆞ며 彼此의 近間 行止를 未知이라가 自就吾人의 同謀共祈의 事業이 우리 分離되엿던 弟兄을 合聚ᄒᆞᆷ으로 日前 惠函으로 비로쇼 賢棣의 在於 [?咫]地이심을 知得ᄒᆞ고 其喜難名이외다.

且 不遠間 貴處에 躬進ᄒᆞ야 相握ᄒᆞ겟삽기 卽時 修楮치 아니ᄒᆞ엿ᄉᆞ오나 昨日에도 費城(필라델피아)을 暫往ᄒᆞ면셔 車中에셔라도 數字로 仰面코져 貴函을 懷帶ᄒᆞ엿지만 餘暇가 不及되엿ᄂᆞ이다. 只今 形便으로ᄂᆞᆫ 本月 十六日 量에 치카고(시카고)나 ᄯᅴ투로이(디트로이트)를 가셔 十八, 九日즘 貴地를 尋訪ᄒᆞᆯ ᄯᅳᆺᄒᆞ외다.

諸位의게 各 幅을 못ᄒᆞ오며 只此 敬頌時祺 鈞安.

民國 二年 七月 十二日 愚兄 金奎植 脫帽

5. 金奎植→최선주 1920. 8. 4. (18, 362~363)

敬復者 七月 三日에 送ᄒᆞ신 貴函을 接承ᄒᆞ엿ᄉᆞ오나 自然 事務의 忽忙을 因ᄒᆞ야 □□□□못ᄒᆞ엿ᄉᆞ오니 悚愧 莫甚이오며 寬恕ᄒᆞ심을 望ᄒᆞᄂᆞ이다. 下教ᄒᆞ신 바 領受証事에 對ᄒᆞ야ᄂᆞᆫ 巴黎에셔 黃杞[玘]煥氏로 推尋ᄒᆞ야 該 處 経費 充用케 ᄒᆞᆫ 事實은 既已 詳告ᄒᆞ엿스며 該 一千元에 對ᄒᆞ야ᄂᆞᆫ □□□□ 우리 代表團 主務代名義로 書記長 黃杞煥氏□가 □□ᄒᆞᆫ 銀行에

領受証을 書給ᄒᆞ엿고 ᄯᅩ 巴黎□□□□今年第一期 卽正・二・三月改□□□□一件・包含되야 上海 財務部에 ᄭᅡ지 報道되엿ᄂᆞᆫ 只今 本人의 領証은 必要치도 아니ᄒᆞ고 所用도 無□□□□□ □此額을 巴黎에셔 領受되엿다. 既爲 書信과 ᄯᅩ 升氏의게 보낸 片紙로 証明ᄒᆞ엿ᄂᆞᆫᄃᆡ ᄯᅩ 本人의 領証을 要ᄒᆞ심은 其 理由를 解得지 못ᄒᆞᄂᆞ이다. 本人의 病費 四百元에 對ᄒᆞ야ᄂᆞᆫ 該 四百元을 委員部에 納入ᄒᆞ고 掌財이 領証과 本人의 謝函으로 既爲 領受된 것을 確証ᄒᆞ엿ᄂᆞᆫᄃᆡ ᄯᅩ 本人의 領証은 必要가 無ᄒᆞᆯ 듯ᄒᆞ외다. 本人이 領受ᄒᆞᄂᆞᆫ 財政에 對ᄒᆞ야ᄂᆞᆫ 領受証으로던지 書字로던지 다 証明ᄒᆞᄂᆞ이다.

대한민국 二년 八月 四日 金奎植

대한인국민회 하와이총회 지무 최션쥬 각하

6. 김두한→황청일・이병운 ?1918. 10. 19. (18, 364~365)

황청일
리병운 양씨

경계ᄌᆞ(敬啓者) 이 ᄉᆞ롬은 준々 문식(蠢蠢無識)ᄒᆞᆫ ᄉᆞ롬으로 호항(湖港, 호놀룰루) ᄒᆞᆫ 모퉁이에 잇셔 뇌동이나 ᄒᆞ고 근々 보명(保命)ᄒᆞ오나 우리의 신성ᄒᆞᆫ 국민회은 사랑치 안이치 못ᄒᆞ와 뇌동 여가(雷同餘暇)의도 시세을 관찰ᄒᆞ고 군민회을 보면 전도가 ᄎᆞᆷ ᄒᆞᆫ심ᄒᆞ고 눈물이 나옵ᄂᆡ다.

일전 국민보 三百三十호을 보다가 고탈나소식이라는 문제을 보온즉 리 · 황 양인이 학교을 ᄀᆡ혁ᄒᆞᆫ다는ᄃᆡ ᄃᆡᄒᆞ야 경고서을 ᄒᆞ고 장ᄎᆞ 조처ᄒᆞᆫ다 ᄒᆞ엿스니 본인도 ᄉᆡᆼ각ᄒᆞ기을 ᄒᆞᆫ번 ᄀᆡ혁이 필요ᄒᆞ나 처지 국민회 당국자을 ᄀᆡ혁ᄒᆞ고 호항학교도 ᄀᆡ혁ᄒᆞ여야 ᄒᆞ게소이다. 이 ᄉᆞ롬이 목도ᄒᆞ고 듯는ᄃᆡ로 ᄃᆡ강 긔록ᄒᆞ여 보ᄂᆡ니 ᄉᆡᆼ각ᄒᆞ여 조처ᄒᆞᆸ세다.

국민회 소위 총회장이란 자이 긔슉사의 아희들 거두는 최과부을 통간ᄒᆞ야 아의가 들어나오니가 밤의 슘어 미례(埋瘞)ᄒᆞ러단이라고 올지 갈지 외국놈의게 수치요. 이거시 신성한 총회장의 힝세며 우리에 수치가 적지 안소이다. 일본신문 탐보원(探報員)이 듯고 네 의회 슈치가 될 터니가 신문의 안니ᄂᆡ는 거시라고 비우스니 이른 슈치가 ᄯᅩ 어ᄃᆡ 잇소.

ᄯᅩ 회관에 잇서 외국인의 전어(傳語) ᄒᆞᆫ 마ᄃᆡ 밧지 못ᄒᆞ여 무안을 종々 당ᄒᆞ니 이거시 ᄃᆡ표ᄌᆞ라 ᄒᆞ며 ᄯᅩ 조선글도 한 ᄌᆞ 변々이 몰나 소위 신문의 긔서ᄒᆞᆫ다고 남의게 ᄎᆞ작ᄒᆞ는라 무안을 당ᄒᆞ며 일홈을 써 명에나 취ᄒᆞ랴 ᄒᆞ지 무슨 일홈잇가. 그는 ᄯᅩ 둘지요. 속으로는 리승만과 부동ᄒᆞ야 리승만 ᄒᆞ라는ᄃᆡ로 ᄒᆞ면서 소위 여학교 긔슉ᄉᆞ을 유지ᄒᆞᄂᆡ ᄒᆞ며 동포 ᄌᆡ정를 거두어 무엇설 ᄒᆞ는지 우물거리여 돈은 들어가면 녹아 읍서지고 뭇어 ᄒᆞ는지 몰으겟고 소위 여학교의 ᄒᆞᆫ국말 교사을 두어 한국말 가라치다 ᄒᆞ면서 교사라고 어려서 미국 들어와 한국말도 몰으는 송흔쥬 부인를 두고 월급 쥬면서 가라친다 ᄒᆞ니 무슨 한국말을 비운는지 한심ᄒᆞ며

이러거·설리안 양인은 신문에다 허명무실노 써들노으니 디방 어리석은 동포은 고지듯고 속은니 춤 한심ᄒᆞ고 안현경(安玄卿)으로 말ᄒᆞ면 무식ᄒᆞᆫ 놈은 똥도 눌 쥴 몰은단는 말이 맛처소이다.

명에나 취ᄒᆞ고 돈이나 남용ᄒᆞ며 간음이나 ᄒᆞ랴는ᄃᆡ 지나지 못ᄒᆞ니 이거시 춤 ᄒᆞᆫ심ᄒᆞ외다. 이런걸 보면 구관이 명관이란 말이 마처서요. 이 외에도 속으로 이·안 양인이 별々 망칙ᄒᆞᆫ 수단을 다 부리야 ᄒᆞ니 이로 편지로 말할 슈 읍소이다. 두 분 형은 벌서 이 형편을 짐작ᄒᆞ시고 학교을 고치랴 ᄒᆞ는 쥴 알게 이 글을 ᄃᆡ강 통긔ᄒᆞ옵ᄂᆡ다.

나도 감독교인이지만은 학교공부은 과연 감독교의서 춤 한국 정신을 너어 가라치는 고로 남에게 찬성을 진실노 밧소이다. 두 분 형이 학교을 감독교로 부치랴는 거시 괴치 안이ᄒᆞᆷ이오나 첫지 국민총회 당국자보터 명년의는 고처야 ᄒᆞ게소이다.

안현경이란 ᄌᆞ은 두 분 형에 ᄃᆡᄒᆞ야 욕설이 ᄃᆡ단ᄒᆞ고 심지어 리·황 양인이 만일 여ᄎᆞᄒᆞ면 란류(亂類)로 모라 디방경찰서에 보ᄂᆡ다 ᄒᆞ옵ᄂᆡ다. 이런 어리석은 ᄌᆞ이 쏘 잇소. 외국인 ᄃᆡᄒᆞ야 말ᄒᆞᆫ마ᄃᆡ 몰으는 ᄌᆞ이 것필ᄒᆞ면 경무청이니 ᄒᆞ니 춤 ᄒᆞᆫ심ᄒᆞ외다.

지금 가와이섬 절반은 단々이 ᄀᆡ혁ᄒᆞ랴고 운동즁이라 ᄒᆞ옵ᄂᆡ다. 두 분 형은 ᄀᆡ혁을 잘 ᄉᆡᆼ각ᄒᆞ시와 곳 운동ᄒᆞ소서.

十月 十九日 호항 김두한

7. 金承濟 → 鄭翰景 1922. 1. 30. (18, 366~367)

From Kim Sung Chae, South Bend, Sud. 1-30-'22
Kim S. J. 1-30-22

日昨 擲送ᄒᆞᆫ 新亞同濟社文을 奉讀ᄒᆞ니 不勝感荷々々. 請問金

永基君이 何事로 往布哇(하와이)島이옵니가. 爲之願聞耳. 當日 華人報을 據ᄒᆞ니 北京函의 云ᄒᆞ되 吾 政府代表가 與俄勞農政府와 條約 內容이 約共三項中 俄韓 兩國이 一致倭奴 俄國이 助韓臨時政府 軍械을 担當ᄒᆞ되 韓 正式政府 成立時의은 分作平年 淸還ᄒᆞ고 正式政府 未成立以前은 暫不取息키로 ᄒᆞ고 俄人 軍事顧問 敎鍊督率革命軍隊할 事.

此約이 已在上海이오며 勞農政府의셔 現下 軍械 二千枚을 接濟云ᄒᆞ니 果若其言耶. 然則布哇與中美洲로 運動之事의 對허여 善爲方針이오니 或有周旋之道이오면 前後事를 措處爲計ᄒᆞ니 以此諒之後 回音如何.

餘不備 數草謝禮.

元月 三十日 弟 金承濟 拜

鄭翰景兄 軒下

8. 金承濟→?鄭翰景 1922. 2. 1. (18, 368)

Kim S. J. 2-1-22.

今朝의 付函을 接見ᄒᆞ니 該處 事을 善爲措處키로 그곳 支部員의계 前後 事實을 說明ᄒᆞ고 ᄯᅩ 탐피코(Tampico)의 滯留ᄒᆞᆫ 公債中 五元票 三百張 二十五元票 二張 五十元票 一張을 除ᄒᆞ고 餘存은 付送허라 ᄒᆞ야ᄉᆞ오니 貴處의셔 十元票 一百張만 付來ᄒᆞ면 各 華僑의 姓名을 記錄ᄒᆞ야 致公堂先生계로 보닉면 失信ᄒᆞᆫ 바 無할듯ᄒᆞ오니 以此諒之如何.

日昨 書信中 提議ᄒᆞᆫ 事은 深量回示 若何.

二月 初一日 弟 金承濟 拜

9. 金承濟 → ?鄭翰景 1922. 2. 8. (18, 369~370)

S. J. Kim, South Bend, Ind. 2-8-'22

Ans. 2-11-'22. In re: Rhee's trip, settle cut.*

Kim S. J. 2-8-22.

向日 兩次 付函는 想必入照 而탐피코 公函之事의 對허여 何以措處이오며 弟가 此事의 關係되야 至于今 回音을 보지 못ᄒᆞ니 豈不焦悶哉. 昭詳ᄒᆞ계 알기를 바라옵닉다. 現今 某友와 商業을 布哇(하와이)로 가셔 吾 同胞의계 ᄒᆞ기로 相議中이오니 望須 吾兄은 布哇 吾人의 形便을 知할 듯ᄒᆞ와 玆以修書ᄒᆞ니 詳悉허여 쥬시오면 萬々 感荷々々. 此亦 歲月을 虛送할 슈 업슬 뿐외 世上 ᄉᆞ람이 다 同胞을 作ᄒᆞ야 商業이 發達되는 天然的이오니 然故 注意ᄒᆞ옵닉다. 先日 所告之事도 消息이 無ᄒᆞ와 此 經營을 ᄒᆞ니 卽爲回示 如何々々.

間或有別滋味耶. 쏘 別々消[所]聞이나 ᄒᆞ옵닉가.

二月 八日 弟 金承濟 拜

[譯文]

* 김승제(金承濟), 인디아나주 사우스벤드, '22. 2. 8.
* 회답. 1922. 2. 11. 내용: 이승만(李承晩)의 여행에 관하여.('settle cut' 의미 불명)

10. 金承濟 → ?鄭翰景 ?1922. 2. 11. (18, 371~372)

日昨 惠函는 一々詳悉이오며 탐피코事件의 對허여 數日前 該處 華僑中 爲我於極力周旋ᄒᆞ던 某友의 書信도 接見이오나 如此是非은 非我所知오며 고로 各 華僑의 芳名記을 昭詳ᄒᆞ계 寄送ᄒᆞ

야ᄉᆞ오니 該地의 至今 잇ᄂᆞᆫ 公債票을 五百張만 致公堂先生 朱倫箕의계 信傳허라 ᄒᆞ야ᄉᆞ외다.

當此今日ᄒᆞ야 無信之事로 말ᄒᆞ면 無信되고 有信이다 ᄒᆞ면 其亦 此事로 因緣ᄒᆞ야 種々 書字로 說明ᄒᆞ야ᄉᆞ오니 信義가 有ᄒᆞᆫ 바외다. 但 遲滯 ᄲᅮᆫ이오니 以此諒之如何.

餘不備謝禮.

二月 十一日 弟 金承濟 拜

弟ᄂᆞᆫ 탐피코 致公堂先生의계만 前後事를 緊托ᄒᆞᆫ 바이오며 該地 國民會은 小數라 其時 無力ᄒᆞᆫ 社會오며 平均이 말ᄒᆞᄌᆞ면 不過 幾介人의 말 되옵니다.

From S. J. Kim, So. Bend, 2. 14. '23

In re : Cect.[?Collection] at Tampico, Mex.*

[譯文]

* 김승제(金承濟)로부터, 인디아나주 사우스벤드, '23. 2. 14.

* 내용: 멕시코 탐피고에서의 [?수금〈收金〉]에 관하여.

11. 金承濟 → ?鄭翰景 1922. 3. 5. (18, 373~374)

Kim, S. J. 3-5-22.

敬覆者 貴函 與 同封付送ᄒᆞᆫ 墨事도 一々詳悉 而其間 貴處 形便 듯지 못ᄒᆞ와 막々ᄒᆞᆫ ᄎᆞ 大小事을 聞ᄒᆞ오니 欣喜萬々이온 중 李博士 今番 巡行之事을 詳聞치 못ᄒᆞ와 궁금ᄒᆞ오며 ᄯᅩ 京城 鬼女의 괴言으로 吾人의 耳目을 현황계 ᄒᆞ오니 ᄉᆞ정을 알 슈 업ᄉᆞ외다.

탐피코事은 저간 四五次 書信허여도 回音 업셔 답々ᄒᆞᆫ 중 公文의 事議ᄃᆡ로 곳 寄信이오나 該處 吾人의 程度가 不足ᄒᆞ와

時々 更論되오니 今日 別々 信托ᄒᆞ야ᄉᆞ오며 ᄉᆞ람되고 無信ᄒᆞᆫ ᄉᆞ람 뿐이오니 下回을 보옵니다. 該書 內容이 吾 十字會員으로 華人의계 收錢키로 作定ᄒᆞᄂᆞᆫ ᄉᆞ람도 知ᄒᆞᄂᆞᆫ 바 ᄌᆞ기 才力은 不顧ᄒᆞ고 公債 分傳치 못ᄒᆞᆫ ᄉᆞ실만 말ᄒᆞ나 華人의 ᄯᅩᄒᆞᆫ 心情을 연구치 못ᄒᆞ고 公債만 分傳ᄒᆞ면 如意할 쥬로 知ᄒᆞ온 ᄉᆞ람이 엇지 外交을 知ᄒᆞ리가.

그만ᄒᆞ면 알 듯ᄒᆞ와 쥬리옵[고] 今晦日이 不過 數日이오니 吾輩 前程의 對허여 何如ᄒᆞᆫ 眞情을 듯기 바라ᄂᆞ다.

三月 五日 弟 金承濟 拜

12. 金承濟→?鄭翰景 1922. 10. 5. (18, 375~377)

Kim, S. J. 10-5-22. Ans. □□□□□□□

向日 付函은 想必入照 而指日苦待허여도 一無回音이오니 如何事情을 未知故로 甚悶々々 中 ᄯᅩ 同伴 康浩永君은 本此歐洲出戰ᄒᆞᆫ ᄉᆞ람이라. 該 証書로 此□의셔 旅行券을 圖得키로 左右周旋의 如意치 못ᄒᆞ와 日昨 此□移民局에 가셔 問議ᄒᆞᆫ즉 仝 李倫□移民局으로 卽時 電話을 ᄒᆞᆫ즉 出戰ᄒᆞᆫ 証書은 分明허여도 此處의셔은 至於旅行券하야셔은 말할 슈 업다 ᄒᆞ며 華京總局으로 말ᄒᆞ면 容易云ᄒᆞ와 此 證書을 同封付呈ᄒᆞ오니 考鑒後 卽爲周旋허여 보ᄂᆡ쥬기를 바라나[이]다. 前後 物品을 貿키로 明日 往市城이오니 該城 吾人之會館 番地로 付送키를 切企々々.

餘不備禮.

是月 初五日 承濟(金承濟) 弟 拜

康浩永君 出戰ᄒᆞᆫ 証書을 考鑒ᄒᆞᆫ 후 同封付送ᄒᆞ옵쇼셔.

康浩永 現下 營業處

Yong Ho Kang

812-14 Nodison Ave.

Toledo, Ohio

現年 三十四

目的 商業

期限 一年

Camp Sherman, Ohio

13. 金承濟→?鄭翰景 1922. ?10. 6. (18, 378)

數次 來函은 詳悉 而得不得을 斷言ᄒᆞ야 쥬오면 他로 周旋키을 ᄒᆞ오며 또 康浩永君 出戰証書라도 圖得할 슈 容易치 못할 事情이오면 該 証書도 곳 보닉 쥬시옵쇼셔. 何如間 卽爲回音허여 쥬오면 萬々 感荷외다. 甚悶中 不備數草ᄒᆞ옵닉다.

□□□六日 承濟(金承濟) 弟 拜

14. 金永燮(濯悟)→申衡浩(하늘 나라신) 1922. 8. 25. (18, 379~380)

Kim, Takoh, 8-25-22.

하늘 先生

오릭 동안 너무도 隔阻ᄒᆞ야 時々로 憧憬홈이 더욱 懇切타가 今에 惠函을 拜讀ᄒᆞ니 悚感交切ᄒᆞ야 스ᄉᆞ로 붓그럽습니다. 엇지 平日에 無心ᄒᆞ엿던 所致오릿가만은 恒常 急忙홈을 因ᄒᆞ야 趁時 邃誠치 못ᄒᆞ엿습니다. 厚이 容恕ᄒᆞ쇼셔.

彼 所謂 代表會 主唱者 等의 無知沒覺ᄒᆞᆫ 行動은 志者로 ᄒᆞ여금 長太息의 歎을 難禁케 ᄒᆞᄂᆞ이다. 李(이승만)博士ᄭᅴ셔 車內에셔 發ᄒᆞᆫ 書를 今에 承ᄒᆞ고 仔細ᄒᆞᆫ 內容을 드럿습니다.

曩日 洪彦[焉]氏가 紐育에 住ᄒᆞ는 엇던 親友의게 通情ᄒᆞᆫ 바에 依ᄒᆞ면 南美로셔 三千餘弗을 携來ᄒᆞ엿다 ᄒᆞᆷ이 事實인ᄃᆡ 委員部로 上納ᄒᆞᆫ 金額이 幾何인지요? 當地 親友들은 此에 對ᄒᆞ야 念慮가 不無ᄒᆞᆫ 것은 洪氏가 彼 興士團 ᄉᆞ람들과 逐日 相從ᄒᆞ엿스ᄆᆡ 必是 該 金額을 委員部에 納入치 아니ᄒᆞ엿슬넌지도 未詳ᄒᆞ다 ᄒᆞᆷ니다. 何如間 時局이 如斯히 不統一 無秩序ᄒᆞᆷ에 對ᄒᆞ야는 自不覺痛歎不已이외다.

畧此懇謝ᄒᆞ고 統希錦安ᄒᆞᄂᆞ이다.

弟 濯悟(金永燮) 拜謝

民國 四年 八月 二十五日

Answered with the idea of unjustification to accuse one with an unproved facts, while he sprang out from his own group to help us. *

[譯文]

* 그가 우리를 도와주기 위해서 그의 집단으로부터 뛰쳐 나왔지만 입증되지 않은 사실로써 어떤 사람을 고발하는 것은 정당하지 않다는 취지로 회답했음.

15. 金永燮(濯悟) → 申衡浩(天阿) 1923. 5. 15. (18, 381~382)

天阿 先生

這間에는 頗히 汨沒ᄒᆞᆷ을 因ᄒᆞ야 趁時 修上치 못ᄒᆞ고 書宵로

悵仰ᄒᆞᆷ이 與日俱深타가 惠書를 拜讀ᄒᆞ는 弟는 喜悅雀躍이오며 慰喜萬々이엿쇼이다.

張德秀君 渡美는 吾人의 活動에 對ᄒᆞ야 無雙ᄒᆞᆫ 效果를 加ᄒᆞᆯ 줄 밋고 尹弘燮君도 數月前에 渡美ᄒᆞ야 張君을 苦待ᄒᆞ고 오례고[곤]洲에 逗遛ᄒᆞ고 잇셧ᄂᆞ이다. 此 兩兄은 本是 弟의 조흔 同志中의 하나인 故로 甚히 깃버ᄒᆞᆸ니다.

尹君을 大兄은 醮[斟]酌ᄒᆞ심닛가? 隆熙皇帝의 妻男이고 日本早稻田大學 政治經濟科 出身인ᄃᆡ 張君과 同窓生이며 張氏의 遊學時代에는 尹이 만히 도와주엇ᄂᆞ이다.

尹兄은 사람이 端雅沈着ᄒᆞ고 人格과 思想이 高尙ᄒᆞ야 우리 獨立運動의 秘密ᄒᆞᆫ 有力者이외다. 從此로도 姓名을 내놋코는 活動키 難ᄒᆞ것(本國에 잇는 自己 本家에와 隆熙皇室에 影響이 及ᄒᆞ깃는 故로)스나 우리 國事에 對ᄒᆞ야 多大ᄒᆞᆫ 幇助가 되겟고 此 兩君의 渡美는 實로 大光[?兄]의 前途에 對ᄒᆞ야 有力ᄒᆞᆫ 同志가 될 줄 밋는 것은 此 兩兄이 弟의 조흔 親舊덜이니다.

近頃에는 委員部 凡節을 如何히 支過ᄒᆞ시ᄂᆞ잇가? 諸般 困難이 不無ᄒᆞᆯ지ᄂᆞ 만히 忍耐ᄒᆞ쇼셔.

濯悟(金永燮) 弟 拜謝

民國 五年 五月 十五日

16. 金永燮(濯悟) → 申衡浩(天阿) 1923. 9. 18. (18, 383～384)

天阿 大兄

這間에 旅行에 얼마나 困勞ᄒᆞ엿ᄂᆞ잇가? 至今 惠書를 因ᄒᆞ야 비로쇼 無事히 歸駕ᄒᆞ셧슴을 慰賀 萬々이외다. 弟는 今日붓허 當地 敎會를 主管ᄒᆞ게 되야 方今 汨沒無暇中이외다.

委員部에는 過히 困難홈이 업ᄂᆞᆫ잇가? 爲禱且祝ᄒᆞ오며 路城教會는 李살음(薩音)兄이 主管ᄒᆞᆫ다는 消息을 드럿는ᄃᆡ 今에 惠書中洪治範氏가 主張ᄒᆞᆫ다 ᄒᆞ셧스니 엇지ᄒᆞ야 그럿케 되엿는지 궁금ᄒᆞ올시다. 當地는 諸友들도 無故ᄒᆞ고 諸般 事業이 從此로 希望이 多ᄒᆞᄆᆡ 져윽히 自慰々々ᄒᆞᄂᆞ이다. 布哇(하와이) 金君의게는 자죠 消息이 有ᄒᆞᄂᆞᆫ잇가?

惟祝時安.

弟 濯悟(金永燮) 拜謝

五年 九月 十八日

Kim, Tarkoh 9-18-23.

17. 金永燮(濯悟) → 申衡浩(天阿) 1923. 10. 22. (18, 385)

天阿 先生

久阻悵耿타가 惠函을 拜讀ᄒᆞ야 慰喜 萬々이오며 甚히 셥々ᄒᆞ고 놀나운 일은 先生의 辭職ᄒᆞ신다는 말솜이외다. 그리고 紐育地方委員들은 委員部에 對ᄒᆞ야 言語行動 如何 云々의 말솜은 엇더ᄒᆞᆫ 事實인지 未詳ᄒᆞ야 仔細히 調査ᄒᆞ야 본즉 安正洙氏 個人의 行動 뿐이고 其他에는 아모 關係가 無ᄒᆞᆫ 事이며 諸般 同胞를 善爲勸勉ᄒᆞ면 擧皆 忠良ᄒᆞᆫ 臣民인즉 아직 市加古(시카고)로 가실 일을 停止ᄒᆞ시기를 乞ᄒᆞᄂᆞ이다. 委員部에 先生이 아니게시면 事實上 各 方面으로 影響이 不無ᄒᆞ겟는 故로 玆敢仰陳ᄒᆞ고 同胞를 勸勉ᄒᆞ야 善爲帮助토록 ᄒᆞᆯ 터이니 爲此 下亮ᄒᆞ시옵쇼셔.

五年 十月 卄二日 弟 金濯悟(金永燮) 拜謝

18. 金廷鎭→申衡浩(나라신 하늘) 1922. 8. 22. (18, 386)

나라신 하늘님

美洲 西方形[便]은 近者 財政困難으로 人心이 散亂되여 如何한 事件이든지 用力할 道理가 無한 中 反對派의 惡宣傳보다는 各其 自體들의 計畫不完全으로 거의 全數 落望이오며 民團도 李(이승만)博士 黨派 組織의 不過라 하여 前進의 方向이 漸次 眩惑케 되나이다. 如此한 時期에 李統領이 上海로 出往치 안코 華府(워싱턴)에 委員部나 支配한다면 前途 稀[希]望이 美洲에는 全無케 될 것 갓소이다. 擔保金은 政府維支費로 알고 하려 하던 것인데 委員部 維支費로만은 안이내겟다고 半數以上이 自退하나이다. 以此海諒하시옵소셔.

餘因忽擾 不備謝上.

八月 卄二日 金廷鎭 拜謝

Kim C. C. 8-22-22

19. 金 爀→申圭植 1921. 12. (18, 387~391)

大韓獨立軍 總裁代理 金爀氏가 國務總理 申圭植氏에게 私書

一九二一年 十二月

大衆이 北滿과 烏蘇里에 散布하야 閣下의 命令만 待候하나이다. 兵久不戰하야 恬嬉度日하면 心志와 筋骨이 懈弛하고 內外民望이 墮落이 될지니 此가 우리 軍人輩의 晝宵憂惕하는 배올시다. 將非不調也며 兵非不精也로되 器械가 無하니 徒手白丁이라. 비록 沖天之志가 有하나 無翼에 奈何오. 담은 仰屋長嘆할 쑨이올시다.

意外에 北方으로 喜報가 傳來하니 天이 吾族의 機運을 特借하심인지 今春에 本軍 聯隊長 李靑天이 一隊를 領率하고 俄領에 入하야 現今 伊爾庫斯克(이르크스크)에 留駐하야 韓軍士官學校 々長에 指揮官을 兼하고 俄 新黨 領袖와 密約 成立이 되야 專使來報하얏기로 報告를 謄本 付呈하오니 鈞鑒하시옵쇼셔.

此報를 聞한 後에 屢次 開議하야 爲先 一中隊를 明年 陰正月內에 黑河로 派送하기로 決議하고 繼續하야 召集令을 發布하야 小[少]不下 四五千名을 農者服裝으로 陰二月內에 密山으로 集中하야 分隊 發送하기로 籌備中인딕 巨款의 旅資를 辨備無路 故로 仰懇하오며 事屬秘密이기로 私書替告하오니 諸公과 爛商하시고 秘密運動하시여 小不下 三四數를 陰二月內에 準備케 되여야 大事를 成功ᄒᆞ깃읍이다. 人이 助하난딕 自助치 못하고 如此한 好機를 坐失하면 吾族 前途에 다시 樂觀이 無할 듯하외다.

方在會議之際에 自右樓間으로(黑河 烏雲縣 晴簊(曹煜)所占地 五千餘垧韓人 農戶 二百餘家인딕 自丙辰으로 士官學校를 設立하야 卒業士官이 二百餘名인딕 仍하야 保衛團 兵額으로 服務케 하니 胡匪가 不敢侵犯이라. 校長은 前參領 安勳氏가 六年을 視務하얏으며 昨年에 大登하얏다 云) 委員 權有相과 李星老(此 兩人은 地主兼任員)를 派送하야 此地에 來到하야 本軍을 請邀하니 此는 天意의 偶合함이라. 一中隊를 選出하야 權·李 兩人과 同伴하야 正月內로 出發할 計劃이외다.

此地가 距烏雲縣 二十里오 黑江越便 俄領 右樓社停車場이 四十里 松花江·黑龍江 合流處가 七十里오 土地는 膏腴하고 우리 占得한 地所만 二千戶는 耕食하깃고 此外에도 一望無際하며 今年벗터 水農을 始作한다 云이며 此地 同志가 俄 新黨과 密接關係가 有하야 權·李 兩人도 李靑天 報告한 事件을 先聞하고 此事를 兼行하야 汲々히 此行을 한 모양이니 可謂 難得의 機會라. 伏望 閣下는 周旋另念하시여 衆望을 勿負케 하시기를 千萬顒望하나이다.

現今 軍事計劃은 緩急 二隊에 分하니 大部隊는 黑江邊으로 集中하야 長久한 屯田計劃을 成立하기로 決定이오 小部隊(多少過三四百名)는 敦化·撫松 等地에 潛伏하야 鴨江 沿岸에 抄襲出沒하기로 計劃中이오. 所謂 華會平和結局以後에는 아즉은 우리가 摸捉할 機會가 無하고 俄人은 木屐兒로 勢不兩立이라. 俄境 咫尺에 駐屯養力하얏다가 俄人과 乘機並進하는 것이 上策으로 決함이라.

20. 盧伯麟 → 金奎植(晩湖) 1919. 11. 26. (18, 398~401)

晩湖(金奎植)仁兄

26. 11. 19. 桂園(盧伯麟) 弟

惠槭은 感謝. 被壓制人民同盟會에 딕하야 弟의 個人的으로 交涉한 首末은 如下.

第一項 中華人 某가 그 事情을 말하기에 혹 우리 委員部에셔 알지 못하얏나 하고 探問한 것뿐.

그 事務員이 말하기를 徐(徐載弼)博士에게 入叅하라고 편지를 하얏으나 回答이 업다 하기에 弟가 딕답하기를 나도 日間 博士를 보깃으니 보면 뭇깃다 하얏쇼.

徐博士를 보고 말슴헤 그것을 물어본즉 博士는 머리를 흔들고 자세한 딕답은 업다. 朴永老[魯]君은 우리 團體로 入參하는 것은 不可하고 個人的으로 入參하야 外交上 利益을 엇도록 하는 것은 조흘 듯하다 하더이다.

와쉥톤 가셔 李·宋 與 吾兄 三位 列坐한 압헤셔 그 말을 報告하고 형의 말삼이 徐博士도 來週日에 온다 하니 그 씩에 작정하깃다 하시기에 弟의 말이 그러면 나는 그 사람보고 그딕로 말할 뿐이라 하얏쇼. 이곳으로 도라와 그 事務所를 찾아가셔 닉가

徐博士를 보왓노라 하고 아마 이 週間內로 무삼 기별이 잇으리라 하얏쇼.

그 사람이 우리 外交 主務者를 뭇기에 委員部에셔 맛하 한다 하얏고 그 사람이 뎐보를 하깃다 하기에 住所를 일너쥬엇쇼. 그 사람이 晩餐會를 하깃다 하고 죠흔 演說이 만히 잇다 하고 또 우리나라를 爲하야 白人의 演說이 잇다 하고 만히 오기를 바라노라 하고 國旗가 잇으면 빌니라 하옵더이다.

弟난 個人 資格으로 往參하라고 이곳 同胞에게 勸告도 하얏고 國旗를 빌니라고 朴永老君에게 片紙도 하얏고 또 벌셔 請牒을 밧은 某々 同胞에게는 갓치 가셔 구경이나 하자고 約束하얏쇼이다.

이것을 外交上 妨害라 하면 弟는 不服할 뿐이오.

21. 盧伯麟 → 金奎植(晩湖) 1919. 11. 26. (18, 402)

晩湖(金奎植)仁兄

26. 11. 19. 桂園(盧伯麟) 弟

前書에는 딕강 同盟會에 딕하얀 弟의 行動을 말하얏ᄉᆞ오나 또 未盡한 말이 잇기로 仰達하오니 深諒處之하시오. 徐(徐載弼)博士는 晩餐會에 進參만 아니할 뿐 아니라 國旗도 아니 빌녀주깃다 하얏쇼이다. 그러나 이곳 同胞들은 다른 國旗를 딕신 (3·4字缺)고 請牒 밧은 同胞는 進參하기로 하옵닉다. 그날 (3·4字缺) 미스 사모이鄭(兄의 죠흔 친고)이 中國事情은 (3·4字缺) 우리나라 事情은 알렌 믹커리氏가 말할 터이오니다. (3·4字缺) 네들이 此事를 誤解하는 것을 싱각하면 弟가 이 (3·4字缺)도 아니할 터이나 참고 또 참아 또 한 마듸 알게 하옵닉다.

弟가 이 同盟에 들기도 願치 아니하고 또 형네들이 들어야 하깃다는 것도 아니라 다만 나의 보고 들은 바를 아게 할 뿐이오니다.

22. 盧伯麟 → 宋憲澍 1919. 11. 11. (18, 392~394)

宋憲澍 仁兄 行轊

元年 十一月 十一日 盧伯麟 弟

써나온 뒤에 쇼식 듯습지 못하오니 궁금하오이다. 其間 李(이승만) 博士兄은 旅行中인 쥴 아오나 金小湖兄은 還家하셧난지요. 弟는 其間 집을 세번째 올마 이곳으로 왓습니다. 와 보온즉 할 일도 아쥬 업지는 안쇼이다. 멧 사람 아니되지만은 쪽々이 갈니여 싸음질로 일솜으니 무슴 일이 잘 되오릿가.

朴鳳來君은 무슨 회장 무슨 딕표 여러 가지 즉함을 느려노와 글짜를 히돌녓는딕 그것으로도 우리 사람 사이에셔 是非가 나는 모양이외다. 엇지 되얏든지 그 사람을 맛낀 이상에는 그 뒤를 잘 보와 쥬어야 될 것이 아니오닛가.

왓든 길이니 아모커나 힘듸려 보깃쇼이다. 쳣재 딕쇼사 간에 우리 사람끼리 먼져 합심한 뒤에야 남의 동정을 바랄 쎳인즉 멧칠 지쳬하드릐도 이곳 동포를 좀 잘 달닉야 한 길노 나가도록 하깃쇼이다. 쳣재 그것하고 그 다음 이웃 사람의 도음 그 다음은 우리 친구를 만히 엇도록 하깃쇼이다.

쥬신 돈은 다 썻쇼이다. 또 돈 빅은 더 잇셔야 쓰깃쇼이다. 쇼호와 박사가 다 오는딕로 곳 통긔하시옵쇼셔. 그만.

弟에게로 書信 온 것 잇거든 보닉쥬시옵쇼셔. 그만.

아차 이졋쇼. 부인편지나 늘 보셧는지요. 텡부인 방에서 울지나 아니하시ᄂᆞ잇가. 하…. 혼자나 보실 것.

23. 盧伯麟 → 宋憲澍 1919. 11. 13. (18, 395~396)

宋(宋憲澍) 仁兄

13/11/1 盧(盧伯麟) 弟

數日前에 이곳셔 League of Oppress[ed] People 組織이 되얏다 ᄒᆞ기에 其 事務所와 事務員과 發起人 等의 氏名 住所는 ᄃᆡ강 죠사하야 가지고 한번 그 속을 알아보고 할 슈 잇는ᄃᆡ로 우리 사람들을 그 속에 入叅하도록 하랴 하옵니다. 意見이 계시면 알게 하시오.

이곳 同胞가 四十人 可量인ᄃᆡ 國民會·新韓會·華盛頓委員會 贊成者·中立者로 갈려 잇는ᄃᆡ 그ᄃᆡ로 두면 아모 일도 아니될 ᄲᅮᆫ 아니라 外國人에게 웃음거리나 될 ᄲᅮᆫ이오이다. 弟가 힘드리는 것은 그 사람들을 다 한 길로 나가게 하는 일이오이다.

桑港(샌프란시스코)中央總會에서 上海電報라 하고 이곳 國民會에 頒布한 것을 보오니 그곳 코포고는 일 업고 三李一申 各 總長이 다 就任하얏다 公債와 愛國金을 幷行하야라 하얏더이다. 혹 기별 잇는지오.

24. 盧伯麟 → 宋憲澍 1919. 11. 16. (18, 397)

宋(宋憲澍) 仁兄에게

16. 11. 1 盧(盧伯麟) 弟

今朝에 李源益君의 電話를 接受하얏쇼. 말하되 어제 오후에 ᄶᅡᆨ타 멜론(압제밧는 빅셩들의 동밍회장)을 그 會 事務所로 찻아가 본즉 그 사람은 환영하고 하는 말이 各國 人民 中에서 會員 五人식을 ᄲᅩᆸ으라 하나 아즉 죠션 사람을 맛나지 못하야 근심하얏드니 맛츰 잘 왓다 하고 디강 그 회의 뜻을 들어 말하며 또 상회원(常會員) 밧게 各國 有名한 人物로 名譽會員을 撰[選]擧하깃다 하고 그 사람을 우리 측에셔 쏩아달나 하드라 ᄒᆞ옵듸다. 弟는 오후 二時에 그 會長을 訪問하깃쇼. 弟에 생각에는 이곳 동포 中에셔 상회원 오인을 쏩고 우리 中에셔 兩博士 及 委員들로 名譽會員을 쏩는 것이 죠흘가 하나이다. 그러나 個人의 承諾을 要하깃쇼이다. 그만.

25. 明 東→金奎植·宋憲澍 1920. 3. 5. (18, 403~406)

To Messrs. Kimm and Song

From D. Myung

近間에 布哇(하와이)事件으로 얼마나 심여들 하시오잇가.

如前히 하여가다는 아모 것도 하지 못하게 될 터이니 美洲韓人 國民會와 法律上 正誤을 가리여 人民의 散心을 슈습하여야 하게소이다. 過去事實과 現在形便을 美洲同胞와 布哇同胞·墨國(멕시코)同胞의게 알여셔 黨派的 野心을 拒絶하여야 하겟소이다. 愚想에난 이을 드러 實行하자면 容易할 듯하외다.

勿論 아시난 바와 如히 加洲(加州, 캘리포니아)에 李사림·金正眞 兩氏가 主張하난 勞働團이 加洲 六·七處에 聯絡 團結하엿고 또한 弟가 東部로붓허 加洲 數三處을 聯絡하여 政府와 委員部를 도읍자난 團結이 되야 同心同志者을 散置하엿슨즉 至今 남어잇난 것이 당파 한편 밧게 잇지 안소이다.

弟가 加洲에 가셔 勞働團 諸氏의게 환영은 밧지 못하엿스나 우리의 大事을 因하야 일하자난ᄃᆡ 對하야난 우리가 엇지 合心치 안으리오. 萬一 李博士와 委員部와 加洲 勞働團과 弟의 同志 聯絡으로 一心同力이면 今日 心慮하난 問題가 速히 解結될가 하나이다.

萬一 이러케 强硬한 態度로 委員部에서 하시랴거던 弟의게 一次 書示하여 쥬시오. 加洲에셔 勞働團 諸氏의게 這間 져히되얏슴을 弟의 同志난 모다 아난 바 올시다. 그러한즉 各 處로 通信하여 히혹케 하겟소.

말삼 사를 것은 弟 巡行各處하난 동시의 東方의 新聞社을 設立하자난 目的으로 捐助을 各 地方에 말하고 何地이던지 우리의 目的을 贊成하난 地方은 臨時通信員을 選定하고 多少間 捐助하겟다[는] 氏名을 적어 該 地方 臨時通[信]員들이 장차 收合하여 何處가 本部가 되던지 事務 執行하난 날 보닉겟다 彼此히 約條하고 巡行하난 바 加洲 몃 곳만 ᄲᅢ지고 其他 全部가 贊成이온 바 至今 捐助 發起 合金額이 近 三千元에 達하엿소이다. 아즉 보지 못한 地方이 만삼닉다.

此 新聞機關으로 말하면 委員部에 諸氏도 勿論 贊成하실 쥴 伏想하옵난 바올시다.

今番 弟의 意見을 보시옵고 近間 布哇問題와 其他 大畧을 下敎하여 쥬시면 感謝하겟소이다.

委員部 册子價난 速히 바다 보닉올 터이니 잠관 容恕하여 쥬시오.

二年 三月 五日 明東 上

金奎植

宋憲澍 閣下

1311 20th St.

Denver Colo.

此處로 回答하여 쥬시압.

26. 明 東→?申衡浩 1919. 12. 30. (18, 407~409)

近日에 公務에 奔走치나 안삼나이가. 願聞耳. 弟則 今夜에 ᄏᆡᆫ사씨트(캔사스시티)로 향하고 ᄯᅥ나난 길이올시다. 兄我間 아난 바와 갓치 自由團 諸氏로은 勿論 同情을 多得하엿고 其他 少數 讚誠[贊成]者은 幾友의게 付託하고 가오니 그리 아시오. 弟의 ᄉᆡᆼ각에 鄭泰殷兄이 周旋力에 對하야 조흔 듯하오나 此處 韓人 情形이 如彼하오니 너나을 勿論하고 信用 업난 分者덜이 되야 잇소. 然이나 그이들은 그ᄃᆡ로 聯絡하면 좃켓삼ᄂᆡ다.

李(이승만)博士으게 緊히 말삼할 것은 弟가 西方ᄭᅡ지 巡行하랴면 大困難이 旅費인ᄃᆡ 弟 ᄉᆡᆼ각은 良策이 別般 업고 ᄆᆡᆨᄏᆡᆫ시(맥캔지)씨 著述한 册을 잘 팔면 旅費은 좀 엇더쓸 듯하외다. 然함으로 말삼인즉 兄도 ᄂᆡ게 對하여셔 册 파난 權을 信付케 金與宋의게 잘 말삼하오시고 李博士의게 特別히 仰告하여 何樣으로던지 委員部로 議論하시라[와] 잘되게 하시옵소셔.

梁在亨 關係은 鄭泰殷氏와 無事히 타쳡하여소이다. 然則 弟가 册 파난ᄃᆡ 々하여은 念慮업소. 朴相夏氏을 보고 李博士와 該氏의 關係됨을 말하고 手端的 善喩ᄒᆞ엿던니 該氏가 熱誠을 ᄂᆡ여 우리 일에 該氏의 誠意을 다하여 合力盡忠하것다 하고 弟의게 提議을 만히 쥬며 返行하기을 苦待한다 하고 方今 作別하여소이다.

秘密書信處은 鄭泰殷으로 定하고 發程하옵ᄂᆡ다. 南宮兄과 이야기하시오. 某處 到着後 書告하오리다.

民國 元年 十二月 卅日 弟 明東 上

Kansas City 젠오럴 델리벌이(General Delivery)로 弟의게 편지하시오.

27. 明 東→?申衡浩 1920. 1. 5. (18, 410~416)

昨夜에 此處를 無事히 到着하여소이다. 芝城(시카고)과 킨사시(캔사스 씨티) 兩處 形便은 旣往 書信으로 下燭하여슬듯. 今朝에 高聖泰氏을 보고 大畧 說明後 四五人 同胞을 보며 公理을 져々히 말하온즉 우리도 韓國 ᄉᆞ롬이니 正義 當然함을 從하겟다 하고 弟의 말의 對하와 衆口一聲이오니 과연 滋味 만삼니다.

弟가 쥬장하여셔 同胞의게 말하난 것.

何 引導者던지 正理을 從하야 일을 잘하여 가면 此니 彼니 以前舊習을 바리고 온젼히 韓國 爲하야 츙셩을 다할 것. 國民會와 華盛頓으로 不合됨은 國民會가 다맛 고집하여셔 그리 되난 것.
讚誠 [贊成]

우리은 只今 싸울 시딕가 아니오 어셔 밧비 일할 ᄯᅢ인즉 公心 잇난 ᄉᆞ롬들ᄭᅵ리라도 聯絡하야 져와 것치 必要한 外交事業을 進行게 할 것. 讚誠

우리 公心을 가지고 諸般事을 進行할 ᄯᅢ에 國民會라도 고집된 習慣을 바리고 우리의 正當한 行動를 從하게 되면 우리은 勿論 歡迎할 것. 讚誠

萬一 우리의 正當한 行動을 勿施하난 境遇에은 우리가 할 슈 업난 事情인즉 우리가 美國 中部 某處에 本部을 設置하고 新聞을 발힝하되 이은 『新韓民報』가 國民會의 機關 되드시 할 것은 絶大로 안이오 共同한 韓人의 機關을 삼을 것.

讚誠

新聞 出版에 對하여 機械와 諸般 經費 되난 것은 何時던지 明東의 返還하난 동시에 一齊히 地方會를 組織하고 其 公布을 依하야 確實히 機關報가 되겟다 문빙를 보니면 各 地方으로 捐助을 請하야 該 報가 完全히 出版되도록ᄭᅡ지 結心할 일.

讚誠

다음에 가난 곳은 아즉 未知이나 ᄡᅥ번ᄭᆞ지은 皆爲放[倣]此

弟의 旅費 困難을 말하오리다.

至今 無疑한 것을 가지고 同胞와 交涉中이오니 何人을 對하던 일을 成事하기 젼에은 金錢를 要求치 못하겟소. 그리하오니 弟가 巡行하여 如何한 成績을 가지고 갈지은 此處에셔 안젼히 말할 슈 업스나 然이나 百에 九十九은 好成績을 어들듯. 然하온즉 旅費은 ᄯᅡ로 잇셔야 되겟소. 弟가 此處 彼處을 巡行하고 보면 華盛頓 外交部에은 實로 큰 힘를 볼 쥴 確定함ᄂᆡ다.

桑港(샌프란시스코)셔 ᄉᆞ름을 派送하여 別々 手端으로 인심을 현황케 만드난 同時에 ᄂᆡ가 다니며 事實을 確實 辨明하여 쥰즉 手端的 誤解하엿던 ᄉᆞ름들도 이졔야 올은 것을 알겟다 하오. 그러즉 져 ᄉᆞ름들 보고 오날 돈을 달나고 하난 것보다 우리 經營하난 일 완젼히 세운 후에 金錢을 要求할지라도 晩時之歎이 無할 듯하온즉 兄님이 李博士의게 말삼을 하여셔 弟의 巡行 結果을 말하시고 일이 잘되도록 周旋하시오. 弟의 ᄉᆡᆼ각은 젹어도 二百元 하나은 더 가져야 져기 여기 散在된 同胞을 보며 다시 도라간 후 완젼한 일을 만들 것 [같]소이다.

ᄆᆡᄏᆡᆫ시(맥캔지)씨의 著述한 册에 對하여 說明이오.

弟가 貴處을 ᄡᅥ나올 ᄯᆡ의 宋헌쥬(憲澍)씨 보고 ᄂᆡ가 册을 注文하면 보ᄂᆡ쥬오 付託하고 왓스나 實로 弟가 其册이 會社 華盛頓(워싱턴) 委員部와 關係 如何한지 모르고 ᄡᅥ나와셔 卽接으로 韓人를 보고 其册을 說明한즉 誰을 勿論하고 其册을 사겟다 하며 只今 册이 어ᄃᆡ 인야 말하며 나도 두 卷 너도 三卷으로 오더을 맛게 되나 華盛頓셔 ᄂᆡ게 對하여 如何히 할 것도 모르고 ᄯᅩ한 册은 方今 手持치 못하고 卽錢을 要求할 슈도 업고 華盛頓 事務所에 册 幾許가 잇난지도 모르며 혹 우리의 財政 困難에 多數히 册을 오더하야 會社로 하여금 出版케 될늘지 여러가지 의문이 有하여셔 방황즁이오.

俄者에 電報하엿지만 弟가 二千卷은 팔 슈가 잇스나 財政 困難으로 華盛頓에셔 二千卷을 오더치 못하면 一千卷이라도 李博士와 議論하시여 나의게 全權을 쥬게 하시오. 其册 파난 돈은 方今 册이 업슴으로 오더을 바다셔 貴處에 奇別ᄒᆞ게 된즉 不可不 外上으로 말하되 何地方이더지 其地方 可감(堪)之人으로 收錢委員을 定하고 一個月內로 推捧하여 ᄂᆡ가 美國 中部에 到達卽時 奇別할 터이니 보ᄂᆡ라 約條하겟소.

時間이 졍말 업셔々 芝城 諸氏의게도 져々(這這)한 通信를 못하나이다. 鄭泰殷兄의게 私信하시거던 大畧 情形을 말하여 쥬시오. 至今 民心이 李博士와 金奎植氏가 어ᄃᆡᄭᅡ지던지 合心 合力하난 쥴 밋고 熱心을 ᄂᆡ난 同胞 多數인즉 兩氏가 萬一 不合한 境遇면 ᄃᆡ사가 모다 그럿되겟소. 兄 處間 항상 말이것과 할 슈 잇난ᄃᆡ로 兩氏가 和合하게 하시오. 李博士의게 말삼하옵.

此 書信을 보고 博士와 議論 後 卽時 書信하시오. 弟가 回答을 보고 他處로 發程하겟소.

安在昌과 林東植 兩氏을 此處에셔 暫時 보와난ᄃᆡ 兩氏은 大讚誠이오. 來日에 Pueblo을 가셔 諸氏와 相論하겟소.

民國 二年 一月 五日 情弟 明東 上

李博士의 의향을 바다셔 보ᄂᆡ쥬고 兄氏의 ᄉᆡᆼ각ᄃᆡ로 好方面을 硏究하여 만드러 보ᄂᆡ시오. 일은 장차 크게 됩ᄂᆡ다. 此處에 홍언(洪焉)이라난 ᄉᆞ룸이 國民會로셔 代表로 보ᄂᆡ여 도라간 일이 잇소이다. 實로 나와 본즉 분개한 맘이 텅텬하오.

回答은 썬번郵局 센로럴 쎨리벌이로 하시오. 우리의 書信은 秘密 通信이 되난 고로 他番地을 要求치 안난 것이오.

28. 明 東→申衡浩 1920. ?. ?. (18, 417~422)

出付하신 편지은 오날 잘 바다보와소이다.

近間에 華盛頓(워싱턴)과 上海와 桑港(샌프란시스코)間의 如何 進行됨을 仔細히 奇別하여 쥬시오. 三千円을 六個月 支出할 터이니 바다 쓰라난ᄃᆡᄭ지 弟가 알고 와스나 其外에은 姑未知외다.

弟가 芝城(시카고)셔 布哇(하와이)國民會 總會長 李鍾鑵[寬]氏의게 우리 運動에 對한 말을 져々히 하고 彼此 聯絡하자난 注意로 말을 만히 하여 보ᄂᆡ사오니 李博士게셔 一次 諸氏의게 書示하시되 明東을 確信한다난 것과 如何히 動作되난 것을 말하여 쥬면 大端 조흘듯 不可不 布哇와 合同이 되야々 되게소. 布哇은 勿論이지만 미리 알렷다가 彼此間 保護가 되도록 하자난 말이오.

弟가 此彼處 巡行할 ᄯᆡ의 天理의 正當한 目的으로 周旋이 되온즉 구터여 秘密 々々할 것 업슬듯 秘密을 守할 곳만 秘密을 際ᄒᆞ야 處事할 ᄲᅮᆫ이외다. 只今 弟가 ᄉᆡᆼ각한 바 東部로붓허 此處ᄭᅡ지 萬口一聲으로 讚誠[贊成]되온즉 加洲(加州, 캘리포니아) 羅城(로스앤젤레스)ᄭ지 가난 中路 幾三處은 同一한 同情을 바을 쥴 確言합ᄂᆡ다. 大勢가 如此히 기우러지오니 弟의 ᄉᆡᆼ각은 國民會와 秘密的 返[反]對할 것 업시 國民會 當局와 드러ᄂᆡ놋코 말을 한 후 該 當局者들이 不與한 후에 우리가 다른 部分으로 나셔야 될 쥴 伏想하옵ᄂᆡ다.

國民會 當局者의게 우리가 要求할 것.

政府은 政府의 職分을 밧게 하고 民團은 民團의 責任만 할 것. 國民會 任員을 改定하되 以前 國民會 任員되야던 當局者들노은 選定치 안을 일. 『新韓民報』을 國民會 機關으로 두지 말고 韓人 共同機關을 삼기 爲하야 主筆을 改定하고 位置을 移在케 하되 美國 中部 有力處에 둘 일.

大畧 如此한 問題로 國民會에 提出하여 該 當局者들이 不與

한 然後에 우리가 우리 일을 하난 것이 맛당한 것 갓소이다. 以上 幾個 問題은 國民會 當局者들이 絶ᄃᆡ(對)的 不與할 터인즉 우리은 世上에 廣明正大함을 보이고 ᄯᅡᆫ 分部이 되면 ᄆᆡ우 조흘듯. 此 問題의 對ᄒᆞ와 李博士게 말삼하시옵고 兄님이 만히 ᄉᆡᆼ각하시여 奇別하옵소셔.

國民會에셔 派送者들 말은 國民會만 잘 하엿고 華盛頓은 餘在 업시 잘못하엿다 하엿슴으로 民心이 분격되난 즁 弟의 說明은 元因綱으로 말하면 國民會가 民團인즉 政府의 命令을 服從ᄒᆞ여야 되겟고 至今ᄭᆞ[지] 此彼處에셔 進行된 諸般事에 對하야은 國民會에셔도 잘못한 것이 만코 華盛頓에셔도 잘못한 것이 업지 안타고 한즉 諸 同胞들이 말하기을 國民會 ᄉᆞ롬은 다니면셔 華盛頓만 한업시 쳐셔 말을 하더니 우리 政府에셔 일하던 ᄉᆞ롬은 공평한 言論으로 우리의게 말을 하여 쥬니 實로 우리 政府에 天理을 從하여 行政하난 것은 勿論이라 하며 此後로는 萬千亂輩가 橫說할지라도 無可奈라 하고 弟의게 多大한 同情을 쥬옵ᄂᆡ다.

金·宋 兩氏의게 書信하여 册子事件을노 問議을 하면 조흘듯하나 弟의 內形알이 그젼에은 此處 彼處로 巡行하면셔 書信보ᄂᆡ그가 難하여셔 아즉것 問議을 못한 것이올시다. 此에 對하여셔도 博士와 議論하신 후 奇別하시오.

弟의 巡行事에 對하여 如何한 質問이 貴處[로] 오던지 弟가 東部ᄭᅡ지 返還될 ᄯᆡ을 暫待하시고 如何타난 言論을 回示치 마옵소셔.

Pueblo Colo. 情形. 同胞 十二人中 二人은 確實히 信치 못하겟스니 十人은 勿論 同情者들이요. 白樂觀氏은 該 處에셔 第一 多大한 同情者이기에 該氏의게 通信員을 定하고 完全히 秘密約條을 하여소이다. 然하온즉 白氏가 書信을 혹 兄님의게 할지라도 大畧 秘密을 通하여 쥬시오.

우리가 新聞機關을 美國 中部나 極東에 斷當 設置하기로 約條를 하고 다니오니 此에 對하여 博士와 말삼하시고 機械 貿用 方法과 此에 對한 諸般事을 便利도록 研究하옵소셔.

弟가 芝城을 發程할 時에 黃容性의게 册을 五十卷 付送하라고 書呈하엿더니 該氏의게 付送하여 쥬엇난지 알고져 하오며 칸사스로 五十卷을 出版所로 奇別하여 보닉라고 하엿다 하오니 肅謝하옵닉다. 然이나 册價을 卽錢으로 收捧할 슈 업고 여러가지 幷行이 된즉 弟가 東便의 가셔 收捧하기로 하고 外上을 쥬면 便利할 것 갓소이다.

弟가 西便을 단여셔 終局을 보고 卽時 華盛頓으로 갈 作定이오. 貴處에 가셔 結果을 李博士와 相論 後 芝城이나 他處 나와셔 公式으로 弟의 巡行結果와 우리의 趣旨을 公布하고 各 地方에 支部을 設立케 할 터이니 組織圖形을 研究하여 보시고 우리의 正當한 趣旨書을 博士와 議論하시여 時間딕로 하나만 드려 두시요.

이 다음 편지은 Rock Springs, Wyo. Post Office로 하시오.

情弟 明東 謝上

申衡浩 임(任)

29. 明　東→?申衡浩　?1920. ?. 10. (18, 423~425)

昨暮에 Denver셔 發程하여 今日 上午 十時에 此處 Rock Spring[s]을 無事到達하여소이다. 下車 卽時 Superior을 갈 터인딕 汽車가 每日 一次式 來往하난딕 上午 七時에 맛게 엥삼으로 今夜을 此處에셔 留宿케 되야소이다.

Denver셔도 만흔 滋味을 보고 써나왓소이다. 該處 農場 與 附近에 留在된 同胞의 氏名을 記呈하오니 緊한 消息이 有하난 쐬에은 各々 보닉쥬시오. 林東植・安在昌・李琪旭・金우쥰・李乃

明 以上 五氏난 우리의게 大端한 熱情이 有한 同胞들이오. 該氏들 農場 番地가 如下함니다.

Stock Yard Station

R.F.D.#1 Box 99

Denver, Colo.

Denver市內에 잇난 諸氏들이오. 高聖泰·李尙圭·金영철·朴東㑖·朴희텬 四人 中 以上 金氏은 仔細히 알 슈 업스나 衆議을 從할 쥴 싱각하옵니다. 以上 諸氏 番地은 尙無定處인 고로 高氏와 李氏의 Y.M.C.A. Box로 하면 될듯. Denver市內로은 臨時通信員을 高聖泰·李尙圭 兩氏로 定하였고 農場臨時通信員는 林東植氏로 定하엿소이다.

弟가 貴處에서 金貨을 貳佰三拾円을 가지고 써나왓난디 至今 手中에 八拾円밧게 업삼니다. 車費 與 雜費을 Los Angeles 가셔 計算하여 博士게 보니겟소. 此行에은 同胞들의게 金錢을 要求하여서난 안니되겟소. Denver셔 書告하엿지만 特別히 弟의 旅費에 對하여셔 博士와 議論 잘 하시오. 나도 할 슈만 잇스면 諸氏의게 말을 할 터이나 些少한 것의 妨害가 될 것 갓타셔 同胞의게 口開치 안삼니다.

金奎植氏의게 再昨日 편지하엿난디 教示디로 하엿스며 弟의 巡行事에 對하야는 芝城(시카고)自由團 諸氏와 這間 關係가 되난 樣으로 說明하여소이다. 兄意은 如何하시온지.

至今 兄님의 편지을 고디하옵니다. 回信을 보와야 如何한 方面으로 進行하여 가겟소. Denver셔 보닌 편지 回答말삼이오.

이 다음 편지은 Salt Lake City, Utah. P.O. General Del.로 보니시오. 該處을 十九日에나 當到할 듯하외다.

Denver로 하신 편지은 다 바다보왓소. 또한 感謝하온 것은 鄙本家書을 잘 보니쥬신 것이오.

新聞機關 設置計劃은 잘 되난딕 弟가 金貨을 諸同胞의게 바다가면셔 하기가 不能하온 고로 弟 還東 後 公式文字을 보닌 後 金貨을 收合하기로 約條하고 다닙니다.

弟 明東 上　十日夜

30. 明　東→?鄭翰景　1922. 1. 5. (18, 426~427)

From D. Myung, 1877 Madison Ave., New York, 1-5-'22
In re.: Will settle acc't with Com, as soon as able to do.*

Myung D. 1-5-22

鄭翰景 氏

二週前에 보닉신 편지난 感謝히 接承하엿삼닉다. 趁卽 回謝치 못하엿습을 特히 容恕하여 쥬시옵소셔.

말삼하신 바 册子價에 對하와 說明이올시다. 弟가 年前에 其 册子을 放賣하기 爲하야 相關된 일이 勿論 이셔습닉다. 該 細音條을 弟 忘却하고 둔 것는 結[決]코 아니엿고 이제나 져제나 形便이 當할가 하옵고 미루어 나오난 즁 如此히 困難中에 在하게 되오니 할 슈 업시 말 한 마뒤도 事情으로 告치 못하옵고 今日 ᄭᅡ[지] ᄭᅳ러나온 것이오.

册子價가 弟의게로 몰슈(沒數)히 드러온 것이 아니오 卽錢 바든 것는 其時 委員部로 會計하엿고 其 零條난 現金으로 밧지 못하여 차々 委員部로 보닉달나고 各 個人의게 言託하엿스나 其時의 弟가 弟의 生活上 問題로 貴處을 ᄯᅥ나게 된 後 弟亦 生活이 這間 困難하여 其동안 그 細音차 本處로 採根도 하여 보지 못하엿삼닉다.

不須多言하옵고 委員部의셔난 弟의게 細音이 된 것이니 弟亦 다른 說明을 더하지 안삼닉다. 弟가 形便되난딕로 이 돈을 委員

部로 仰呈하옵기 伏計하오니 下諒하시와 弟의 事情을 暫時 보와 쥬시옵소셔. 할 슈 잇난딕로 速히 會計하오리다.

吾兄게 말삼코져 하옵난 것는 다름 아니올시다. 近間의 貴處 形便이 如何히 되며 太平洋會議가 다된 後에는 如何히 우리가 進行할넌지 種々 相議도 하옵고 쏘한 알도록 하여 쥬시면 感謝하겟삼닉다. 弟난 眞正으로 吾兄을 思慕하난 바올시다.

餘不備候上.

民國 一月 五日 弟 明東 拜啓

[譯文]

* 명동(明東)으로부터, 뉴욕시 매디슨가 1877번지, 1922. 1. 5.
* 내용: 형편이 펴는 대로 곧 위원부에 대한 빚을 청산하겠습.

31. 閔泳煥→李敬善 1904년 8월 이전. (18, 428~429)

Prince Min Yong Whan to my father.

令胤書信拜覽 而答書有從容之暇 然後可以書之 第一兩日 如何々々 仰慰 令胤謳所去書 玆裁上 卽夕付上 爲好々々

頓生 拜

閔泳煥

[譯文]

민영환(閔泳煥) 공(公)이 나의 아버지에게.

아드님의 서신은 받아보았습니다마는 답서(答書)는 조용한 기회가 있어야만 쓸 수 있겠습니다. 다만 하루 이틀 사이이니 어떻겠습니까? 위로드립니다. 아드님의 처소로 보내질 서신을 써서 올리니 오늘밤으로 부쳐보내는 것이 좋겠습니다.

돈생(頓生) 배(拜)

민영환(閔泳煥)

32. 朴永魯→郭林大 1920. 3. 4. (18, 445~446)

昨日에 布哇(하와이)事件으로 長황[張皇] 伏告ᄒᆞ엿ᄉᆞ오며 該 書의 副本을 金奎植氏ᄭᅴ로 送ᄒᆞ엿ᄂᆞ이다. 諒下ᄒᆞ시오며 弟의 보ᄂᆞᆫ 바로ᄂᆞᆫ 李博士의 取ᄒᆞᄂᆞᆫ 行動은 他問題이옵고 至於金奎植氏ᄒᆞ와ᄂᆞᆫ 心性의 公直ᄒᆞᆷ과 愛國心의 豊厚ᄒᆞᆷ을 弟ᄂᆞᆫ 吾兄의 前에 証ᄒᆞᄂᆞ이다. 金氏의 今番 布哇當局 擁護行動은 全혀 桑港(샌프란시스코) 諸氏의 人格을 誤解ᄒᆞᆷ과 又ᄂᆞᆫ 財政의 出路를 疑懼ᄒᆞᆷ에서 出ᄒᆞ엿다 ᄒᆞᄂᆞ이다.

故로 弟ᄂᆞᆫ 今日 特히 吾兄의 人格을 擧ᄒᆞ야 金氏의게 修書ᄒᆞ엿ᄉᆞ오며 玆에 金氏의 人格을 兄ᄭᅴ서 信賴ᄒᆞ심을 仰請ᄒᆞᄂᆞ이다. 相當ᄒᆞᆫ 引導者들이 空然ᄒᆞᆫ 誤解로 相疑ᄒᆞᆷ은 弟ᄂᆞᆫ 人物不足ᄒᆞᆫ 吾社會에 最悲最慮ᄒᆞᆯ 事로 認ᄒᆞ오며 吾兄과 金氏갓ᄒᆞᆫ 이ᄂᆞᆫ 一次相知만 ᄒᆞ오면 將來 進行에 相扶 相助ᄒᆞ실 줄을 弟ᄂᆞᆫ 確信ᄒᆞᆷ으로 如是 呶々ᄒᆞᄂᆞ이다.

三月 四日 弟 朴永魯 二拜

郭林大 尊哥

33. 朴永魯→?金奎植 1919. 10. 25. (18, 430)

Oct. 25/1919.

敬啓 現今 鄙部 經費의 餘存이 無ᄒᆞ올 ᄲᅮᆫ더러 十一月條를 領取ᄒᆞᆯ 期限도 已過ᄒᆞ엿ᄉᆞ외다. 這間 桑港(샌프란시스코)셔 鄙部 經費로 送

來ᄒᆞ온 것이 有ᄒᆞ온지오. 左右間 十一月條를 速히 惠擲ᄒᆞ셔야 支過ᄒᆞ겟ᄂᆞ이다.

十月 二十五日 弟 朴永魯 二拜

34. 朴永魯 → ?金奎植 1920. 2. 23. (18, 431~437)

敬啓 우리의 委員部를 와싱톤에 둔 本意로 말ᄉᆞᆷᄒᆞ옵든지 這間 委員部의 經過ᄒᆞᆫ 情形으로 말ᄉᆞᆷᄒᆞ옵든지 實로 誠心 誠意로 吾同胞間에 紛爭을 업시 ᄒᆞ고 當今 危急ᄒᆞᆫ 國事에 盡力ᄒᆞ기를 圖ᄒᆞ엿ᄉᆞ오나 現今 情形을 보오면 委員部 態度가 根本的으로 誤解을 밧아 上海 諸人이나 加洲(加州, 캘리포니아) 同胞가 모다 信任키를 두려ᄒᆞᄂᆞᆫ 즈음에 今番 하와이事件에 對ᄒᆞᆫ 委員部 宣言(電報等)은 더욱 疑雲을 招키 쉬운지라. 諸人은 委員部 本意ᄂᆞᆫ 不知ᄒᆞ고 私黨을(하와이國民會) 曲護ᄒᆞᄂᆞᆫ 樣으로 ᄉᆡᆼ각ᄒᆞ며 兼ᄒᆞ야 遠東 同胞ᄂᆞᆫ 生命을 희ᄉᆡᆼᄒᆞᄂᆞᆫᄃᆡ 와싱톤에 잇ᄂᆞᆫ 이ᄂᆞᆫ 공연ᄒᆞᆫ 싸홈만 ᄒᆞᆫ다ᄂᆞᆫ 感想으로 더욱 不信任ᄲᅮᆫ만 안이라 憤激ᄒᆞ여 ᄒᆞ기ᄭᆞ지 ᄒᆞᄂᆞᆫ 터인지라. 此에 對ᄒᆞ야 相當ᄒᆞᆫ 變通이 無ᄒᆞ면 委員部 處地ᄂᆞᆫ 갈ᄉᆞ록 事實 업ᄂᆞᆫ 疑雲에 ᄊᆡ와 極難ᄒᆞᆫ 形便에 陷ᄒᆞᆯ 慮가 不無ᄒᆞ온ᄃᆡ 貴下ᄭᅴ서 勿論 此 形便을 看取ᄒᆞ시고 달은 政策을 取ᄒᆞᆯ 줄 아옵ᄂᆞᆫ 바 달은 政策을 取ᄒᆞ려면 速ᄒᆞᆯᄉᆞ록 可ᄒᆞ다 ᄒᆞ옵니다.

弟ᄂᆞᆫ 貴下의 心性의 公直ᄒᆞᆷ을 深信 深愛ᄒᆞᆷ으로 此際에 무ᄉᆞᆷ 變通을 ᄒᆞ야 從來 疑雲을 一掃ᄒᆞ고 모든 일이 秩序를 찻자 前途가 暢平케 되기를 深願ᄒᆞᄂᆞᆫ 바웨다. 此에 對ᄒᆞᆫ 鄙見은 如左ᄒᆞ웨다. 今日 우리 ᄉᆡ이애 紛爭을 一掃ᄒᆞ쟈면 上海·와싱톤·加洲·하와이 等 諸人의 疑雲을 一掃ᄒᆞ야 相信 相倚ᄒᆞ게 ᄒᆞᆷ이 根本이오며 此를 成就ᄒᆞ쟈면 모든 일을 事理ᄃᆡ로 解決ᄒᆞ야 彼此에 黑暗ᄒᆞᆫ 處가 無케 ᄒᆞᆷ이 第一이웨다.

우리 委員部의 弱点이 二가 有ᄒᆞ니 (一)은 委員部가 上海政府로서 즐거은 마음으로 信任 公認키를 두려홈인ᄃᆡ 其 理由ᄂᆞᆫ 財政을 委員部에서 收合ᄒᆞ면 上海서ᄂᆞᆫ 밧지 못홀 念慮가 有홈인 듯ᄒᆞ며 (二)ᄂᆞᆫ 李博士와 國民會의 關係로 하와이國民會와 直接 關係홈이라. 至今ᄭᆞ지 하와이國民會에서 取ᄒᆞᆫ 行動은 其 結果ᄂᆞᆫ 勿論 國事에 有益ᄒᆞ게 財政을 用ᄒᆞ여스니 何如ᄒᆞᆫ 行動을 ᄒᆞ엿든지 責홀 것이 無ᄒᆞ고 도로혀 칭하ᄒᆞ겟스나 그러나 中央國民總會 方面으로 보면 하와이國民會 行動이 宜當ᄒᆞᆫ 手續을 履行ᄒᆞ엿다 ᄒᆞ기 難ᄒᆞ온지라. 故로 爲先 委員部에서 此 兩個 弱点을 除去ᄒᆞ여야 홀 터인ᄃᆡ

(一) 하와이ᄂᆞᆫ 各 地方 代表者를 公選 會集ᄒᆞ야 民願의 當局을 更히 組織홀 것뉘의 相關이 無히 홀 것.

(二) 財政 收合은 하와이·美洲를 勿論ᄒᆞ고 國民會 中總에 委托홀 것.

(三) 委員部 預算을 政府上海의 承認을 受홀 것.

(四) 該 預算 執行을 中總에 命홀 것.

만일 如右ᄒᆞᆫ 條件으로든지 무숨 更好ᄒᆞᆫ 方法으로던지 時局을 收合치 안으시면 貴下의 威信이나 甚至於 大統領의 體統ᄭᆞ지 關係가 不少홀가 恐ᄒᆞᄂᆞ이다.

萬一 以上 條件이 或 可用일 것 갓ᄉᆞ오면 其 執行方法은 書信往復으로나 달니ᄒᆞ야 如此 進行ᄒᆞᄂᆞᆫ 소문을 浪藉히 傳播홀 것이 안이라. 可堪ᄒᆞᆫ 人士를 送ᄒᆞ야 爲先 桑港과 Understand이 有케ᄒᆞ고 하와이에 가서 此事를 內容으로 周旋 安頓케 ᄒᆞ면 委員部가 中總에 屈ᄒᆞᄂᆞᆫ 形蹟도 업서질지오. 中總은 하와이人民의 하ᄂᆞᆫᄃᆡ로 從行홈이 될 터이ᄆᆡ 亦是 外面의 損傷이 無홀지오. 委員部와 上海ᄂᆞᆫ 隱然中 相持가 無케 될 터이ᄆᆡ 或 우리 가온ᄃᆡ 紛爭이 업서지고 和氣 잇게 國事를 進行홀가 ᄒᆞᄂᆞ이다. 弟ᄂᆞᆫ 此市 一

隅에 在ᄒᆞ야 우리 形便을 周知치 못ᄒᆞ오나 但 鄙見을 如是 陳述ᄒᆞ오니 或有可採이면 萬幸이웨다.

二月 二十三日 弟 朴永魯 二拜

以上 所陳ᄒᆞᆫ 條件을 보오면 全혀 委員部의 讓步가 되ᄂᆞᆫ 듯ᄒᆞ오나 萬一 委員部에서 最初 內定ᄃᆡ로 施行ᄒᆞ랴면 더욱 紛爭 ᄲᅮᆫ이오. 成事도 되기 難ᄒᆞᆯ ᄲᅮᆫ더러 在와싱톤 諸位의 體面만 傷ᄒᆞᆯ가 ᄒᆞᄂᆞ이다.

2-23-20

35. 朴永魯 → ?金奎植 1920. 3. 4. (18, 438)

March 4, 1920

敬覆 本月 三日 惠書ᄂᆞᆫ 伏承ᄒᆞ엿ᄉᆞ오며 弟가 郭林大氏와 多年 相從ᄒᆞ와 其 人格을 熟知ᄒᆞ옵ᄂᆞᆫ 바 決코 貪權釣名之人이 안이오며 該氏의 現今 取ᄒᆞᄂᆞᆫ 態度ᄂᆞᆫ 實로 自己 良心으로 國民會 統一이 國利民福이 됨을 確信ᄒᆞᆷ이오며 次에ᄂᆞᆫ 李博士나 委員部에서 自己의 確信ᄒᆞᄂᆞᆫ 바 國民會 統一運動의 正當ᄒᆞᆷ을 웨 協助치 안ᄂᆞᆫ가 不快ᄒᆞ여 ᄒᆞᆷ이니이다. 貴下ᄭᅴ서 此에 對ᄒᆞ야 虛心坦懷ᄒᆞ오서 다시 觀察ᄒᆞ심을 伏望ᄒᆞᄂᆞ이다. 相晤 熟議ᄒᆞ옴은 不敢請[이]언덩 固所願이올시다.

三月 四日 弟 朴永魯 二拜

36. 朴永魯 → 金奎植 1920. 3. 4. 附 : 朴永魯 → 郭林大 1920. 3. 4. (18, 439～444)

敬白 弟의 日前 上候ᄂᆞᆫ 入覽ᄒᆞ여슬듯 ᄒᆞ며 今日 中總 郭林大

氏의게 修書홈이 有ᄒᆞ오ᄆᆡ 此를 胎呈ᄒᆞ오니 一覽ᄒᆞ심을 切望홈이다. 弟ᄂᆞᆫ 多言홀 資格이 無ᄒᆞ오나 但 憂國의 情은 賢愚 一様이온 故로 如是 呶々ᄒᆞ오니 賢明ᄒᆞ신 貴下ᄂᆞᆫ 早運 洪籌ᄒᆞ시와 在外韓人의 責任을 盡케 ᄒᆞ심을 切望.

三月 四日 弟 朴永魯 二拜

敬啓 今日 布哇(하와이)事件은 우리 在外同胞의 大不幸이라 一日이라도 速히 歸正되여야 ᄒᆞ겟ᄂᆞ이다. 弟ᄂᆞᆫ 傍觀者의 눈으로 桑港(샌프란시스코)・華府(워싱턴)間 發布ᄒᆞᄂᆞᆫ 文字를 보온즉 全혀 兩方의 不信任ᄒᆞᄂᆞᆫ 데서 生ᄒᆞ엿고 該 不信任은 全혀 兩方의 誤解ᄒᆞᄂᆞᆫ 데서 生ᄒᆞ엿다 ᄒᆞᄂᆞ이다.

桑港서ᄂᆞᆫ ᄉᆡᆼ각ᄒᆞ기를「委員部에서 能히 布哇(하와이) 當局者를 勸ᄒᆞ야 國民會 憲法을 遵守케 홀 터인ᄃᆡ 왜 이를 하지 안이ᄒᆞ고 도로혀 布哇 當局을 擁護ᄒᆞ야 私黨을 樹立ᄒᆞᄂᆞᆫ고. 國民會가 萬一 通[統]一ᄒᆞ면 委員部의 財政도 自然 넉々홀 터이라」ᄒᆞ며 委員部에서ᄂᆞᆫ ᄉᆡᆼ각ᄒᆞ기를「이제 져갓치 委員部를 愛護치 안ᄂᆞᆫ 國民會가 布哇를 統一ᄒᆞ면 委員部 財政은 더욱 來路가 無望ᄒᆞ다. 桑港 當局의 行動은 實로 私權 擴張에 在홀 ᄲᅮᆫ이라」ᄒᆞᄂᆞᆫ 듯ᄒᆞ웨다.

弟ᄂᆞᆫ 確實이 華城(워싱턴)・桑港 諸人이 如此ᄒᆞᆫ ᄉᆡᆼ각을 忠[衷]心으로 爲國ᄒᆞᄂᆞᆫ 뜻으로 ᄒᆞ지 決코 爲私ᄒᆞᄂᆞᆫ 데서 生치 안엇다고 斷言ᄒᆞ오며 同時에 兩方이 各々 其 衷心을 不信ᄒᆞᄂᆞᆫ 데서 生ᄒᆞ엿다 ᄒᆞᄂᆞ이다. 弟의 ᄉᆡᆼ각ᄒᆞᄂᆞᆫ 바로 確信ᄒᆞᄂᆞᆫ 바로ᄂᆞᆫ 委員長 金奎植氏나 貴下나 決코 民族의 生死關頭을 當[ᄒᆞ]ᄂᆞᆫ 此時에 조금이라도 私를 爲ᄒᆞ지 안ᄂᆞᆫ다고 ᄒᆞ오ᄆᆡ 但 兩方이 各々 彼此 人格을 尊重ᄒᆞ고 誠心을 相推ᄒᆞ면 布哇事件의 解決은 易如反掌이오 多大ᄒᆞᆫ 國利民福을 何量ᄒᆞ오리가.

弟ᄂᆞᆫ 確言ᄒᆞ옵ᄂᆞ니 委員部에서 決코 布哇를 私黨으로 置ᄒᆞ려 홈이 아니오. 中總은 決코 委員部을 憎惡ᄒᆞ지 안는다 ᄒᆞᄂᆞ이다. 故로 唯一ᄒᆞᆫ 解決은 兩方이 此 誤解을 快破ᄒᆞ고 委員部ᄂᆞᆫ 國民會의 統一을 協助ᄒᆞ며 中總은 委員部을 愛護홈이웨다. 卽 金錢을 相當히 供給홈이웨다.

此에 一言을 더ᄒᆞ올 거슨 委員部가 마음이 有ᄒᆞ여도 國民會 統一을 協助키 不能ᄒᆞᆫ 關係도 有ᄒᆞᆯ 듯ᄒᆞᆫ즉 貴下ᄂᆞᆫ 委員部와 論議的으로 交涉ᄒᆞ시와 其 眞狀[相]을 闡明ᄒᆞ심서 彼此에 有益ᄒᆞ리라 ᄒᆞ옵니다. 貴下ᄭᅴ서 大局을 爲ᄒᆞ야 먼져 委員部 財政擔保를 提供ᄒᆞ시며 國民會 統一의 協助를 委員部에 請ᄒᆞ야 一日이라도 어서 此 不好事件이 落着되게 ᄒᆞ심을 伏望.

三月 四日 弟 朴永魯 二拜

郭林大 大兄 閣下

37. 朴永魯 → ?金奎植 1920. 8. 22. (18, 447)

敬啓 弟 去土曜에 來此ᄒᆞ와 西行準備를 ᄒᆞ옵ᄂᆞᆫ 즁 時間의 促迫을 因ᄒᆞ와 進拜치 못ᄒᆞ옵고 直行케 되오니 셥〻ᄒᆞ옴을 엇지 다 말ᄉᆞᆷᄒᆞ오릿가. 時局에 對ᄒᆞ와ᄂᆞᆫ 弟亦 아모 意見이 ᄉᆡᆼ각나지 안ᄉᆞ오며 當局ᄒᆞᆫ 이들의 措處 잘ᄒᆞ기를 苦待ᄒᆞᄂᆞᆫ 슈 外에 無ᄒᆞᆯ가 ᄒᆞ오며 弟의 加州(캘리포니아) 住所ᄂᆞᆫ P.O. Box 605 Dinuba, Cal.가 될 터이오니 此後 書信으로라도 자죠 下教ᄒᆞ와 주소셔.

餘不備上候.

八月 二十二日 弟 朴永魯 二拜

Please give my best regard[s] to Mr. Lee.*

[譯文]

* 이씨에게 안부 전해주시기 바랍니다.

38. 박태현 → 현 순 1921. 2. 7. (18, 448~449)

Feb. 7, 1921

현슌 각하

경고ᄌᆞ(敬告者) 민국 二년쪼 인구세를 ᄂᆡ인 바 본인에 일홈 ᄐᆡ현을 ᄐᆡ찬으로 오칙(誤錯)되엿솝기로 ᄌᆞ이(玆以) 앙고(仰告)이온니 조량(照亮) 후 ᄐᆡ현으로 졍오(訂誤)하여 쥬옵소ᄉᆞ. 뇌동에 골난니 만나 두루 단니옵다가 지금이야 이곳 와셔 영슈(領受)를 가셧슴니다. 고로 진작 통고치 못하왓슴니다.

귀하계 한 말솜 문의할 일니 잇솝기로 한 말솜 긔록하온니 시간 잇ᄉᆞ오면 회답하와 쥬시물 졀요(切要). 갈영[가령] 엇던 사회를 물논하고 다슈 회원에 쳔망으로 회즁에 임무를 막긴 바 그 사람이 그 직무를 담당키만 졍- 불능하다고 회즁(會中)에 사면를 청원하는 경우에는 그 청원를 졉슈하는 법이 잇슴넷가? 한번 두 번은 거졀하여도 구지 사양하는 경우에 이 문졔가 낫슴니다. 나종에는 부득이 우리 귀미위원부 ᄃᆡ관에계 문의하ᄌᆞ 하여 ᄌᆞ이 앙고이온니 조량 후 회답를 바라옵니다. 어졔은 몰낫더리도 오날이라도 바로 알아야 되갓슴니다.

민국 三년 二月 七日 졔 박ᄐᆡ현 상

Superior Wyo.

P.O. Box 66

39. 白南七 → ?申衡浩 1922. 11. 30. (18, 450~452)

Paik, N. C. 11-30-22.

여보 兄님 近者엔 엇지 지ᄂᆡ심잇가? 보ᄂᆡ쥬시ᄂᆞᆫ 『太平洋雜誌』와 「委員部報告」는 늘 잘 밧음니다. 弟ᄂᆞᆫ 此處 와셔 工夫라고 始作ᄒᆞᆫ 지가 數個月 되엿음니다. 다 늦게 道를 닥그랴니가 좀 갑々할 ᄯᅢ가 만슴니다.

委員部 形便은 엇지 되여감니가? 李(이승만)博士ᄭᅴ셔ᄂᆞᆫ 布哇(하와이)셔 數次나 下書ᄒᆞ신 것 보니 아마 彼處 整頓事로 奔走ᄒᆞ신 모양입듸다. 東洋 엇던 친구의게셔 온 便紙를 보니 좀 落心되ᄂᆞᆫ 일도 잇음니다.

"上海形便은 申奎[圭]植閣下의 長逝ᄒᆞ신 后로 政府라ᄂᆞᆫ 것은 父母 일흔 幼兒와 갓치 東西에 向方을 모르는 모양이고"

"內地ᄂᆞᆫ 요사이 츰 우숩소. 外地만 黨爭이 잇ᄂᆞᆫ 것이 안이라 內地도 甚ᄒᆞᆫ 模樣이요. 아! 이것 民族的 弱点이며 衰退民族에 最后 吊鍾이 아닌가 ᄒᆞ오. 張德秀·金明植·李鳳[秀]·崔八鏞 等이 金立의 共產黨에셔 邪欺ᄒᆞᆫ 돈 中 四五萬円을 運動費로 李鳳秀가 內地로 갓다가 前記 數名 等이 分食ᄒᆞ여 가지고 全部 花柳界로 消費ᄒᆞ엿다는 것이 事實이 되여 여러 靑年들의게 쥬먹으로 暗々中에 ᄆᆡ우 만이 마젓다 ᄒᆞ오"

"이런 일로 因ᄒᆞ야 內地에 所謂 社會主義者가 二派로 分ᄒᆞ여 一은 上記 金立系 一派요(即東亞日報派) 一은 勞働共濟會 一派(即共產者同志會派)가 싱겻쇼"

"安昌浩ᄂᆞᆫ 國民代表[會]를 ᄒᆞ기 爲ᄒᆞ야 上海·北京·天津으로 도라다니며 甘言利說로 平安道 靑年들을 ᄭᅬ여 興士團이라ᄂᆞᆫ지 무엇이라나 ᄒᆞ는데 時不利ᄒᆞᆷ으로 國民代表會ᄂᆞᆫ 停止ᄒᆞ고 時事측進會를 다시 ᄒᆞᆫ다[는]데. 第一 腰절할 것은 上海 某々 靑年놈덜이 安昌浩를 黃衣 입혀 寫眞을 ᄇᆡᆨ이여다가 日本놈의 佛壇 차려

놋틋 ᄒᆞ고 安이 朝鮮統治者되기를 所願ᄒᆞᆫ다ᄂᆞᆫ 所聞이 자々ᄒᆞ데. 이러고도 獨立이 되리라 밋으면 失數이지"

이 外에도 여러가지 우수울 所聞이 잇소. 時間 잇으면 더 記錄ᄒᆞ기로 쑥 끈너바리고 다른 이야기나 ᄒᆞᆸ시다.

此處에셔 韓國에 對ᄒᆞᆫ 여러가지 書類를(韓 歷史·風俗·景致 等) 書籍室과 新聞編輯室에셔 願ᄒᆞ는ᄃᆡ 委員部에 或 이러ᄒᆞᆫ 書類가 잇으면 좀 보ᄂᆡ쥬셧으면 크게 生光이겟ᄉᆞᆸ. 若干ᄒᆞᆫ 經費가 들드ᄅᆡ도 兄님이 쥬션ᄒᆡ셔 보ᄂᆡ시면 速히 還償ᄒᆞ겟나이다.

十一月 三十日 情弟 白南七

Paik
Roanoke College
Salem, Va.

40. 徐丙浩(松邑) → 金奎植(晩湖) 1920. 8. 4.

(18, 453~454)

8/4/20

晩湖(金奎植) 我兄

近日 旅中 兄體 萬康ᄒᆞ시온지 遠外仰祝耳. 姻弟ᄂᆞᆫ 依舊이오니 幸甚々々이외다. 明日은 美國議員團이 上海에 到着ᄒᆞᄂᆞᆫ 바 當局에셔도 接待를 ᄒᆞ라 ᄒᆞ옵지만은 우리 靑年黨에셔도 二人 代表를 擇ᄒᆞ야(呂運亨兄弟) 맛나게 ᄒᆞ고 弟ᄂᆞᆫ 敎會代表로 李光洙ᄂᆞᆫ 新聞記者의 名義로 ᄒᆞ쟈 ᄒᆞ엿ᄂᆞ이다.

이번에 우리 黨으로 旅行案內册을 出版ᄒᆞ야 오ᄂᆞᆫ 이들의게 주어셔 우리 內地를 紹介ᄒᆞ랴 ᄒᆞ엿셧ᄂᆞᆫᄃᆡ 여러가지로 障碍가 잇서셔 實行되지 못ᄒᆞ고 이와ᄀᆞᆺ치 몸으로만 나서셔 接待ᄒᆞ랴고 작정되엿ᄉᆞᆸᄂᆞ이다.

弟ᄂᆞᆫ ᄉᆡᆼ각ᄒᆞ기를 우리 黨의 行動은 쉬지 말고 繼續ᄒᆞ야 傳宣ᄒᆞ고 外交ᄒᆞ며 일이 잇고 活動ᄒᆞᆯ 수 잇ᄂᆞᆫ 時期면 이를 利用코져 間島에 지금 가셔 잇ᄂᆞᆫᄃᆡ 該處 消息을 듯ᄌᆞ오니 獨立軍의 活動이 推測하든 바와ᄂᆞᆫ 아조 다르고 지금도 一千二三百名이 되ᄂᆞᆫᄃᆡ(다ᄒᆞᆫ 武裝 군사) 금년으로 五千名은 된 모양이고 日軍 몃 士[師]團이 와셔ᄂᆞᆫ 감히 抗拒치 못ᄒᆞᆯ 만치 要害處에 모도 陣을 예비ᄒᆞ엿다 ᄒᆞ오니 이것이 참 깃분 쇼식이외다.

內地와ᄂᆞᆫ 安東縣에 交通線이 ᄭᅳᆫ허진 이후로ᄂᆞᆫ 聯絡이 아직은 되지 못ᄒᆞ고 지금 다른 길을 새로 마련ᄒᆞᄂᆞᆫ 中이외다. 安東縣에셔 우리를 도와주던 英人 Shaw는 지금 신의쥬에셔 잡혀 갓쳣고 取調中이외다.

여ᄂᆞᆫ 총々 불비상.

八月 四日 弟 松邑(徐丙浩) 拜

41. 徐丙浩(松邑) → 金奎植(晩湖) 1920. 8. 16. (18, 455～457)

8/16/20

晩湖(金奎植) 吾兄 情鑒

前日 惠函은 拜承慰賀이오며 法妹와 ᄀᆞᆺ치 보고 黨員의게 轉傳치 아니ᄒᆞ기로 ᄒᆞ엿ᄉᆞ오니 이ᄀᆞᆺ치 아시고 용셔ᄒᆞ시옵쇼셔. 그 ᄭᅡ닭은 事緣이 分明ᄒᆞ고 事實이오나 李(이승만)博이 이곳에 或 速히 온다던지 速히 오지 못ᄒᆞ게 된다 ᄒᆞ드ᄅᆡ도 만일 그말이 李博의 귀에 드러가게 되면 吾兄과 李博 ᄉᆞ이에 不好ᄒᆞᆫ 感情만 生ᄒᆞ겟

다 홈으로 그 편지를 그디로 두엇사오니 이깃치 아시고 다시 回答ᄒᆞ시랴면 둥군 말로 ᄒᆞ시옵쇼셔.

그 ᄭᆞ둙은 法妹도 깁히 念慮ᄒᆞᄂᆞᆫ 바 ᄉᆞ룸들이 모도 자긔 졍신이 잇서셔 그 졍신으로 모든 일을 行ᄒᆞ엿스면 ᄒᆞ겟지만은 샹당ᄒᆞᆫ 자긔 졍신은 업고 ᄇᆞ람부ᄂᆞᆫ디로 밀여ᄃᆞᆫ니ᄂᆞᆫ 사룸들이니 지금 李博이 이곳에 업슬 ᄯᅢ에ᄂᆞᆫ 李氏의게 對ᄒᆞ야 反對라 ᄒᆞ지만은 李氏가 오ᄂᆞᆫ 날에ᄂᆞᆫ ᄯᅩ 엇더ᄒᆞᆫ 行動을 홀난지도 모로ᄂᆞᆫ 사룸이고 우리가 이 편지을 내여놋ᄂᆞᆫ 이보다 감츄ᄂᆞᆫ 것이 利가 잇겟다 홈이오니 이깃치 아시고 責ᄒᆞ실 것이 잇스면 責ᄒᆞ시옵쇼셔.

只今 이곳에셔 委員部에 對ᄒᆞ여셔ᄂᆞᆫ 感想이 前에 比ᄒᆞ여셔ᄂᆞᆫ ᄆᆡ우 變ᄒᆞᆫ 것이 安東縣을 經由ᄒᆞ야 內地와 連絡ᄒᆞ야 적은 돈이라도 내여오든 길이 ᄭᅳᆫ허지고 安東에셔 우리 일 보아 주든 Shaw도 잡혀셔 지금 고ᄉᆡᆼᄒᆞᄂᆞᆫ 中임으로 上海졍부에ᄂᆞᆫ 分錢이 업시 곤난 즁에 지내오니 만일 그 委員部에셔 돈만 지금 좀 보내여 주엇스면 天使깃치 ᄉᆡᆼ각홀 ᄲᅮᆫ이오 다른 ᄯᅳᆺ은 업슬 줄로 아옵ᄂᆞ이다.

지금 이곳에 財政困難은 날로 심ᄒᆞ고 깁픈 ᄯᅳᆺ이 업시 ᄯᅥ들든 사룸은 차々 낙망을 ᄒᆞ고 ᄯᅥ러저 가ᄂᆞᆫ 즁이오니 이ᄯᅢ에 무슴 사업이든지 유지ᄒᆞ여 갈만ᄒᆞᆫ 지졍만 잇스면 못홀 일이 업고 사업 계속홈으로 장릿ᄭᆞ지라도 사업에 쥬인이 되겟ᄉᆞ오니 弟브터 ᄉᆡᆼ각ᄒᆞᄂᆞᆫ 것은 돈이 잇서야 ᄒᆞ겟다 함니다. 우리 당으로 잡지를 ᄒᆞ든 것도 지금은 돈이 업서셔 ᄒᆞ지 못ᄒᆞ고 書籍 出刊ᄒᆞ자 ᄒᆞᄂᆞᆫ 것도 돈 업서 못ᄒᆞ고 잇ᄂᆞ이다. 그럼으로 弟브허 商業에 힘을 써야 ᄒᆞ겟다 ᄒᆞᄂᆞᆫ 것이 그 말이외다.

이번에 위원 몃 사룸이 나셔셔 美國議員團을 환영ᄒᆞ고 이곳 부인회의 명의로 太極旗 ᄒᆞ나식 그 議員 一行의게 주고 이곳 잇슬 ᄯᅢ에ᄂᆞᆫ 어ᄂᆞ 會席에든지 우리 委員된 사룸은 참예ᄒᆞ야 디접ᄒᆞ엿고 島山(安昌浩)은 香港으로 황진남이 통역으로 ᄃᆞ리고 갓다가 의원 一行을 맛나지 못ᄒᆞ고 지금은 北京으로 ᄯᅡ라올나갓고 呂運亨도 商業으로 北行ᄒᆞ엿는ᄃᆡ 北京셔 우리 黨의 名義로 맛나기로 작정ᄒᆞ고 갓ᄂᆞ이다.

內地에는 이번에 이 긔회를 타셔 다시 活動이 起할 줄 아옵ᄂᆞ이다. 지금 北間島에셔는 敵軍과 交戰이 자조 되는ᄃᆡ 우리便에셔는 항상 地勢를 엇고 싸왓슴으로 事實上 利를 만히 보고 ᄒᆡ는 본 것이 업는ᄃᆡ 日兵 죽인 수가 四百餘名이나 됩니다.

內地는 年事는 작년보다는 좀 나흘 듯ᄒᆞ다 ᄒᆞ는ᄃᆡ 水災가 심ᄒᆞ야 처々에 죽은 사름 물에 침슈된 가옥과 재산 얼마인지 모르겟고 그ᄲᅮᆫ 아니오. 호열자가 지금 ᄂᆡ디에 셩ᄒᆡᆼ이 되오니 여러가지로 요구ᄒᆞᆯ 것은 돈 ᄲᅮᆫ이외다. 젼일도 말ᄉᆞᆷᄒᆞ엿거니와 상업ᄒᆞᆯ 길을 연구ᄒᆞ여 보시고 지시ᄒᆞ심 ᄇᆞ라옵ᄂᆞ이다.

요ᄉᆞ이는 총리 리동휘(李東輝)씨가 위ᄒᆡ위(威海衛)로브허 도라왓는ᄃᆡ 지금도 李博을 욕은 ᄒᆞ지만은 그러도 졍부에셔 총리노릇은 ᄒᆞ랴 ᄒᆞ는 모양이외다. 島山이 北으로브허 도라만 오면 ᄯᅩ 졍부에셔 문졔들이 나겟지요. 할 말은 만치만은 아직은 이만치 긋치옵ᄂᆞ이다.

八月 十六日 弟 松邑(徐丙浩) 拜

42. 徐丙浩(松邑) → 金奎植(晩湖) 1920. 8. 30.
(18, 458～459)

晩湖(金奎植) 吾兄 情鑒

日前에 ᄯᅩ다시 니우역 가시는 路中에셔 ᄒᆞ신 惠函을 밧아보고 깁피 ᄉᆡᆼ각ᄒᆞ엿는ᄃᆡ 吾兄의 特使라 ᄒᆞ는 名稱上 權限으로 俄國으로 가셔도 됴켓다. ᄯᅩ는 이곳에셔 그 말을 뉘게의던지 發說만 ᄒᆞ

면 도로혀 일은 되지 아니ᄒᆞ고 서로 싸홈만 되지 아니ᄒᆞᆯ가 ᄒᆞ엿셧ᄂᆞ이다.

그 일로 인ᄒᆞ야 된 역ᄉᆞ를 대강 아시겟지만은 리동휘(李東輝)가 자긔 신용ᄒᆞᄂᆞᆫ 한가(韓哥)라 ᄒᆞᄂᆞᆫ 사름을 임의 모스코로 의론도 각의에셔 츙분히 ᄒᆞ지 아니ᄒᆞ고 보내엿고 그 다음으로ᄂᆞᆫ 다른 사름을 보낸다 ᄒᆞ면 항상 반ᄃᆡ를 ᄒᆞ다가 이번에 리희경(李喜儆)씨가 미쥬셔 간다 ᄒᆞᄂᆞᆫ 말이 난 ᄭᅡ닭에 리동휘가 리통령(李統領, 이승만)을 욕을 ᄒᆞ고 자긔가 직권을 남용ᄒᆞ기 젼제국 님군과 ᄀᆞᆺ다 말 다ᄒᆞ엿ᄉᆞ오니 吾兄ᄭᅴ셔 가신다ᄂᆞᆫ 문제가 그 內閣안에셔 나면 자연 반대가 날 것이 아니겟쇼.

그럼으로 생각ᄒᆞ고 잇든 즁에 어제 듯ᄉᆞ오니 졍부로 젼보가 왓다 ᄒᆞ기로 內總 李東寧氏를 차자 보고 吾兄ᄭᅴ로브터 온 젼보 ᄂᆡ용을 무른즉 첫재ᄂᆞᆫ 위원부에셔 사면이오 둘재ᄂᆞᆫ 동방으로 오겟다ᄂᆞᆫ 말이라 ᄒᆞ기로 엇더케나 쳐리ᄒᆞ며 엇더케나 낙착이 될 듯ᄒᆞ뇨 ᄒᆞᆫ즉 氏의 ᄃᆡ답이 지금은 쳐리ᄒᆞᆯ 수 업ᄂᆞᆫ 것이 李東輝의 문제가 즁ᄃᆡᄒᆞ야 몬져ᄂᆞᆫ 그것보다 쳐리ᄒᆞ여야 閣議를 開ᄒᆞᆯ 것이 總理로 大統領을 그 ᄀᆞᆺ치 욕을 ᄒᆞ고 ᄯᅩ 다시 나아와셔 일을 보겟다 ᄒᆞᄂᆞᆫᄃᆡ 엇지 용이ᄒᆞ게 죠쳐가 되겟ᄂᆞ뇨. 그런즉 이 문졔로 말ᄒᆞ면 각 총장이 좀 모혀들어야 되겟다 ᄒᆞ며 한 十日以內로ᄂᆞᆫ 모혀들 듯ᄒᆞ다 함니다.

安昌浩ᄂᆞᆫ 議員團 ᄯᅡ라셔 北京으로 갓고 李始榮氏ᄂᆞᆫ 家事로 北京 가 잇ᄂᆞᆫᄃᆡ 不日間 도라온다 ᄒᆞᆷ니다. 다시 李氏의게 뭇기를 金氏의 請求가 엇더케 죠쳐가 되겟ᄂᆞ뇨 ᄒᆞᆫ즉 ᄃᆡ답ᄒᆞ기을 위원부에셔 사면은 잘 밧을 듯ᄒᆞ다. ᄯᅩᄒᆞᆫ 동편으로 오겟다ᄂᆞᆫ 것은 너무 조급ᄒᆞ게 굴지만 아니ᄒᆞ면 낙착이 되겟스나 만일 무슴 다른 일을 경영ᄒᆞ랴고 ᄒᆞᆫ다 ᄒᆞ면 혹시 의심들을 ᄒᆞᆯ난지도 모르겟다 ᄒᆞ며 아직은 좀 쳔연ᄒᆞᆫ ᄐᆡ도로 잇스면 됴켓다 ᄒᆞᆷ니다.

俄國 事情으로는 지금은 도모지 發說치 말고 동방으로 오기만 ᄒᆞ면 外總은 될 터히고 外總만 되면 ᄒᆞᆫ번 視察ᄒᆞ겟다 ᄒᆞ고 모스코라도 갈 수 잇스나 미리 그곳에 가겟다고 나아오겟다든지 그리 갈 터히니 위원장을 임명ᄒᆞ여 달나ᄒᆞ면 오지 못ᄒᆞ게 ᄒᆞ고 또 ᄒᆞᆫ 국제연밍회 위원으로 임명할지도 모로겟다 ᄒᆞ오니 이것치 아시고 좀 참으시옵쇼셔.

오날 앗참 신문에 『東亞日報』 主筆 양긔탁(梁起鐸)씨가 다시 잡히엿다 ᄒᆞ엿슴니다. 총々 불비상.

八月 二十日 姻弟 松嵒(徐丙浩) 拜上

43. 徐五星(愛堂)→金鴻機 1919. 11. 25. (18, 460~467)

金鴻機 我兄 惠鑑

向於 龍江市에서 마즈막 편지를 쓰면서 다시는 該地로 投書치 말으시라 하고 雙城(우수리스크)으로 出脚한다고 말슴ᄒᆞ엿거니와 兄긔서 그 地方에서 일 좀 더하여 보라는 勸告의 情書까지 接讀ᄒᆞ엿음니다. 그러나 不可不 그 地方을 떠나지 아니치 못ᄒᆞᆯ 理由가 있음으로 兄의 勸告를 져바리게 되고 나의 決心대로 行하기 되여 雙城 온 지가 限五六日 되엿음니다.

그 理由란 것은 말ᄒᆞ자면 참 긔가 막힐 듯합니다. 李周漢이란 者가 年來 社會에 對하야는 傍觀者로 自處할 뿐 아니라 되지 못ᄒᆞᆫ 酬酌으로 傲慢自大한 가운데 게다가 猜忌를 兼ᄒᆞ여 地方熱을 鼓吹ᄒᆞ는 同時에 나를 南派를[로] 몰아 別々 反對를 다ᄒᆞ면서 外面은 天然히 待遇한 그 野心을 覺知한 지가 발서 五六年이 되여온 것이외다.

近來에는 舊藥 푼어치나 팔아서 財政家가 되고 보니 可謂 眼下에 無人으로 無所不至하는 行爲가 種々 發表됨으로 나는 可及

的 此를 調和코쟈 社會의 首任 一席을 매양 讓與하나 此도 不受ᄒᆞ고 都是 아모 것도 아니된다는 것으로 主唱하야 獨立도 헛 일이다 學校도 쓸데 없다 社會도 할 必要없다는 無理한 荒說로 愚昧한 同胞를 慫慂하야 建設策이 無한 破壞術만 가진 그 꼴을 보다 못보아 애라 아서라 남은 生命을 犧牲하면서 나라 일을 ᄒᆞ는데 區々한 絶域에서 아모 ᄒᆞ는 일 없이 쓸데 없는 紛競만 ᄒᆞᆫ다ᄒᆞ면 第一 나의 良心이 부그러울 일이니 되나 안되나 交通이 便利ᄒᆞᆫ 雙城으로 나가서 남의 심부림이라도 ᄒᆞ여야 되겟다는 決心으로 實行ᄒᆞᆫ 것이외다.

이곧에 와서 본즉 아즉 두렷이 ᄒᆞ는 일은 없으나 秘密裡에 經營ᄒᆞ는 것은 여러가지인데 그 즁에 第一 先着鞭할 것은 國漢文活字로써 新聞社를 創設ᄒᆞ고 書籍 等 各種 印刷物을 發行ᄒᆞ는 同時에 內容으로 秘密機關을 置ᄒᆞ야 內地와 및 西北間島와 聯絡的 行動을 ᄒᆞ려 ᄒᆞᆷ이올시다. 何如間 希望的 事業을 周旋ᄒᆞ는 中이오니 比較的 尼市에 在ᄒᆞᆯ 때보다 安心은 되옵니다.

兄과 申兄의 申托으로 財政運動도 될 법ᄒᆞ던 것을 李也가 從中反對하야 畢竟 如意치 못ᄒᆞ고 나와 大激鬪를 ᄒᆞ엿나이다. 何如턴지 그 만큼만 알으시고 李也에게 다시 편지할 必要도 없나이다. 上海 臨時政府는 李東暉[輝] 以下 一部 俄地人이 渡去后에 西北人間에 間々히 衝突이 生ᄒᆞ는 모양인데 그네들이 獨立을 主唱ᄒᆞ는 자리에서도 그 野心을 바리지 아니ᄒᆞ려 ᄒᆞ니 정말 딱ᄒᆞᆫ 냥반들이예요.

近日 美洲에서 우리의 事情은 何如ᄒᆞ오며 國際聯盟은 何時에나 開ᄒᆞ기 되는지 아시는대로 좀 자세히 通知ᄒᆞ여 주시오. 아라사 形便은 過激派가 勢力을 漸々 擴張ᄒᆞ야 옴스크 政府는 遠東으로 被逐을 當ᄒᆞ고 치따까지 그 範圍에 在ᄒᆞ다 ᄒᆞ나 아즉은 詳細히 알 수 없오이다. 海港에서는 數日前에 過激派와 채크軍이

密議ᄒᆞ고 現政府 舊式黨을 顚覆ᄒᆞ려다가 如意치 못함은 日軍의 後援으로 그러ᄒᆞ엿지만은 不久에 再擧가 有ᄒᆞ리라 ᄒᆞ며 海許間 鐵道沿線에서는 過激派의 襲擊이 連日 發生되여 汽車의 破傷과 人命의 死亡이 多大ᄒᆞ외다. 日人은 此를 防備ᄒᆞ기 爲ᄒᆞ야 애를 쓰고 다라다니는 그 꼴은 참 얄미롭기가 짝이 없오이다. 內地에서는 獨立聲이 줄곳 끈치지 아니ᄒᆞ는데 이로 인ᄒᆞ야 被捕된 同胞도 日々 增加되옵니다.

나의 第三弟 되는 相日도 今年 五月分에 逮捕를 當ᄒᆞ야 입때까지 放免이 못되엿는데 이는 獨立運動費의 募集과 獨立軍의 鼓吹로 아마 重ᄒᆞᆫ 罪로 認定ᄒᆞ는 터인즉 몃해 懲役軍이 되고야 말것 갓소이다. 언제나 彼網에 걸닌 우리 同胞들을 自由天으로 歡迎ᄒᆞᆯ는지 臆寒ᄒᆞᆯ 뿐이외다.

年前부터 任置ᄒᆞᆫ 財政은 쳐음에는 農作地 買收에 合資로 ᄒᆞ엿다가 農作地의 失敗를 當ᄒᆞ고는 五分 邊利로 殖利ᄒᆞ다가 昨年春에 尼市에서 成立되는 普信社(쳐음에는 韓商會라 稱함)의 股本으로 應募할 때에 本金이 三百元으로 昨年秋에 清算한 結果 三百元에 對ᄒᆞᆫ 純利益이 二百元이 되옵듸다. 本利 合 五百元을 눌너 두엇는데 今年秋期 清算時에는 弟가 叅觀치 못ᄒᆞ엿사오니 얼마나 되엿는지 알 수 없으나 可信人에게 委托을 ᄒᆞ엿을 뿐 아니라 明春에는 弟가 直接으로 尼市루 다니여올 酌定이온즉 그때에야 詳細히 知ᄒᆞᆯ 듯ᄒᆞ외다. 그러나 現今 俄貨의 價格이 太落되여 日貨 一円에 俄貨 一百八十元을 要ᄒᆞ온즉 美貨 一弗이면 俄貨 三百六十元이 아니오잇가. 그른즉 지금 아라사 돈은 號曰百萬이오 實地로는 無用物에 不過ᄒᆞᆫ 듯합니다. 이럼으로 俄領 잇는 內外人은 生活難이 一大問題이올시다. 이만 쓰옵고 惠度을 瀆ᄒᆞ나이다.

一九一九年 十一月 二十五日 弟 愛堂 徐五星 拜

이 번지로 편지ᄒᆞ시오.
('번지' [주소] 판독 불능)

44. 徐五星(愛堂) → 李薩音(友古) 1920. 2. 10. (16, 167～172)

友古(李薩音) 志兄 回靑

雙城(우수리스크) 旅游가 洽過三個月 而陽曆은 告新이 已久하고 陰曆도 薄於紗하오니 此際 困恨鄕愁가 非卽平品이오 又此 鬢髮星々은 令人感愴事이외다. 適拜惠度하오니 恍如黯黑洞天에 明星이 射光인듯 感不可言이오 慰亦難量이외다.

更謹詢 凍沍에 兄體 衛護万重하시며 秋期大學之預備는 定是六七星霜에 苦心經營한 結果 所得이오니 將不知何辭而仰賀也로이다. 至若現時之不得獻身於國事는 勢也오 完全修養에 以備來後盡瘁가 亦豈非爲國爲私者乎잇가. 정말 우리나라에는 相當한 人格이 稀貴한 것을 누구나 遺憾으로 생각지 안이하며 渴望치 안이하리오. 나는 兄의 大學預備에 對ᄒᆞ여 至誠으로 攢祝하오며 三四年 螢窗의 功을 收ᄒᆞᆫ 후 學士 友古의 手를 欣握하기를 預期하오며 心祝하나이다.

西比利亞(시베리아)의 現狀은 陽一月 二十六日에 突變되여 過激黨及 社會革命黨이 妥協한 日時에 現政府인「골차크」官僚派는 一幷 驅逐을 當하고 聯合側 出兵도 次第 撤還하기 되는데 惟獨 島敵은 滿洲 及 韓國 々界의 自衛上 防禦하기 爲하야 撤兵을 不可不 猶豫하겟다는 理由로 新立된 俄政府와 交涉하는 中이나 東京에서는 발서 上下 議員과 一般 民黨側에서 西比리아 撤兵이 妥當한 줄로 四面楚歌를 唱하는 中에 더욱 憲政會 一派가 激烈한

모양이외다. 下回에는 엇지 될는지 알 수 없으나 敵의 撤兵은 곳 西比利亞에 居留하는 우리들에게 큰 機會를 줌이올시다. 俄新政府 人物中에는 秘密裡에서 우리와 連絡을 與하여 現方 協議하는 條件이 多하온데 이로 從하여 우리의 此地 活動力이 宏張하기 되엿소이다.

西北間島와 俄領에서는 우리 團體中에서 武裝動員이 多數이온데 다만 恨되는 바는 統一行動이 못되고 小部分으로 各々 歧貳됨이올시다. 그러나 近日에 와서는 海港側에서 統一을 主唱하는 中이오니 서로 覺醒하는 날에는 統一이 될지도 알 수 없음니다. 設或 不統一이라도 継續은 될 듯하외다. 新聞은 아즉 鑄字의 關係로 時日이 좀 遲滯될 모양이오며 만일 하게 되면 純國文으로 할 것은 勿論이외다.

上海에서는 참 活劇인가 보외다. 安氏(안창호)의 一派가 政界를 混淆케 하매 權利를 競爭한다는 風說이 不絶하오나 裡面에는 安氏의 一派에만 그 허물이 잇지 안코 各々 旗幟를 竪立하는 弊患이 潛伏된 듯하외다. 이로 因하여 國民의 政府 信仰心이 漸々 冷靜하여 가는 것만 愛惜히 생각합니다.

엇제면 上海에 暫時 갓다 오려고 합니다. 서로 聯絡을 爲하여 또 幾個 同志를 尋訪하고 意見을 交換하기 爲하야 此處에서 우리의 經營하는 일도 亦是 軍事上 行動인데 幹部에는 七八人에 不過한 極히 秘密中에서 武裝한 軍人은 임의 四百名에 達하여 豆滿江 沿邊 中村에 集合하는 中이오며 目下 連續히 買械 募人 中이온데 千名만 되면 組織的 軍隊를 編成하고 公然히 宣戰을 發布한 후 敵에게 血戰을 始하려 합니다.

內地 人心도 去々히 悲憤을 加하여 獨立運動이 오늘까지 停止치 안이 하며 來三·一日은 獨立宣言의 一週年 紀念으로 內外를 勿論하고 秘密히 約束을 締하여 一齊히 大々的 運動을 하려

고 周旋中이외다.

李(이승만)博士의 書信은 接讀치 못하엿고 通信의 委任은 辭避치 안코 될 수 잇는데로 酬應할 터이나 解冰되면 尼市에도 갓다와야 하겟고 或 上海로도 갓다와야 하겟은즉 이러케 한곳에 잇지 안코는 連續히 酬應上 障碍가 될 듯하오니 만일 다른 사람에게 委任할 곳이 없다 하시면 할 수 잇는 데까지 하여 드리겟소이다. 이데로 말삼하시오.

鄙弟는 아즉까지 判決을 受치 못하고 京城所設 敵의 覆審院에 收監中이오나 此는 彼의 國民된 義務요 其志를 繼續하여 行함은 나의 國民된 義務오 또 兄된 情誼임을 깨닭고 나는 오히려 榮光으로 알며 더욱 나의 責任이 重大함을 自醒할 뿐이올시다. 이 다음 다시 쓰고져 그만 끈치옵고 兄의 回書를 待하나이다.

陽 二月 十日 弟 愛堂(徐五星) 拜上

45. 宋憲澍→?盧伯麟 ?1919. 11. 13. (18, 468)

쇼식 못듯ᄌᆞ와 궁금하든 ᄎᆞ 귀함(貴函) 보오니 방갑ᄉᆞ오며 金兄은 아즉 회졍(回程) 아니하엿스ᄂᆞ 금명간 환가(還駕)할 듯하외다.

가신 목젹을 셩사헐 희망이 업스면 곳 회졍허시ᄂᆞᆫ 것이 죠흘 듯허외다.

十一月 十三日 송헌쥬(宋憲澍) 배

46. 宋憲澍→千世憲 ?1919. 9. 16. (18, 469)

敬覆者 今月 十三日에 書信으로 問議ᄒᆞ신데 ᄃᆡ한 規模는 如左하외다.

公債票 每張 價格은 五元 十元 貳拾五元 五拾元 壹佰元 伍佰

元 千元.

年限은 大韓國臨時政府를 本國 政府에셔 承認後 一個年.

利息은 承認前에는 每年 六分 承認後에는 每年 四分式으로 作定하엿으니 以此 知悉爲要.

九月 十六日 大韓民國 歐美委員部 掌財 宋憲澍

千世憲氏前

47. 스티븐스빌 교포→歐美委員部 1919. 11. 5. (18, 470~471)

Nov. 5/1919

Stevensville, Mont.

Miscellaneous

이 글은 상항(桑港, 샌프란시스코) 국민會 긔관지 『신한민보』 記者에게 보닌 글이온딕 역등(譯謄)ᄒᆞ여셔 貴 위원부에 呈上하나이다.

新韓民報 記者 座下

敬呈者 本人 等니 貴報 第六百二十二号 第二面 公債票란 한 付記란(欄) 內에 記술한 말에 딕하여셔 貴 記者가 말ᄒᆞ기을 져와 갓치 긔본도 無ᄒᆞ고 信用도 無한 공치표에 응모할 者 어딕 有ᄒᆞᆫ가 하고 나라도 無한 百姓이 何處에셔 그 돈 還推할가 하여시며 五六條件으로 횡셜슈셜ᄒᆞ여시니 업난 나라에 빗슬 쥬면 그 돈을 찻지 못할 쥴은 三尺童子라도 아ᄂᆞᆫ 비여ᄂᆞᆯ 所謂 新聞記者로 안져셔 이런 말을 쥬출(做出)ᄒᆞ여셔 民心을 현혹케 하ᄂᆞᆫ 罪은 誰에게 귀(歸)하며 政府에 딕ᄒᆞ여셔 行政上 방히한 罪은 誰에 歸할ᄂᆞᆫ지요. 試思ᄒᆞ여 보시요.

나라도 찻기 젼에 公債票브텀 지난 거시 실칙이라 하여시니 일흔 나라 찻질 時에 그 경비ᄂᆞᆫ 어ᄃᆡ셔 나셔 用ᄒᆞ며 信用은 어ᄃᆡ셔 나셔 쥬겟쇼. 당신에 憂國愛民ᄒᆞᄂᆞᆫ 誠意은 감사ᄒᆞ나 其實은 당신 私욕에 不過한 거시 中央政府와 國民會 間에 ᄋᆡ국金과 公債票로 相힐(詰) 相지(持)ᄒᆞ여 온 지가 지(至)今 누(屢)月에 네가 올타 ᄂᆡ가 올타 하ᄂᆞᆫ 데셔 所謂 변명이란 名詞가 이러할 지경이면 차라히 붓슬 더지고 某 學校 某 校슉(塾)에 가셔 얼만콤 더 공부하여셔 日後을 경영ᄒᆞᄂᆞᆫ 거시 조흘 쥴 아나이다.

何以然耶ᄒᆞ면 우리가 公債票을 ᄆᆡ입ᄒᆞᄂᆞᆫ 거슨 國家建設ᄒᆞᄂᆞᆫᄃᆡ 忠義을 百分에 一이라도 다ᄒᆞ자ᄂᆞᆫ 쥬의 분만 안이라 傳之後來ᄒᆞ여셔 忠義心과 ᄋᆡ국셩을 고취ᄒᆞᄂᆞᆫᄃᆡ 一大 계잠(戒箴)이 될거신즉 其 所重所貴가 莫大한ᄃᆡ 貴 記者 不可케 ᄉᆡᆼ각ᄒᆞᄂᆞᆫ 거슨 公債票을 씨지 말고 ᄋᆡ국金을 응모ᄒᆞ라ᄂᆞᆫ 名詞을 表示ᄒᆞ여시니 不思한 거시 若此히 甚하온잇가.

公債票로 시ᄒᆡᆼᄒᆞ고 ᄋᆡ국金으로 시ᄒᆡᆼ치 안으면 돈ᄂᆡᆯ 사람이 돈을 안니ᄂᆡ겟쇼? 돈 ᄂᆡ기ᄂᆞᆫ 一般이로되 公債票ᄂᆞᆫ 정々 방々(正々方々)할 분만 안니라 以上 말한 바와 갓치 쇼즁ᄒᆞᆫ즉 경ᄒᆞᆯ(輕忽)니 여기지 못할지요. ᄋᆡ국金으로 말ᄒᆞ면 幾十 或 幾千元을 出捐하더릭도 日後에 빙거(憑據)할 죠건 無ᄒᆞ고 다만 영슈人에 징슈한 一介 票젹만 잇슬 ᄲᅮᆫ외라. 國民會 一介人니 투식도쥬(偸食逃走)하여 국사을 망케 하고 罪ᄂᆞᆫ 誰에게 歸할가? 且 公債票은 政府에 債상이 되여셔 죠치 못ᄒᆞ고 ᄋᆡ국金은 信票 無한즉 債상니 될 염녀가 無할 터이니 誰가 투식하더릭도 관계 無ᄒᆞ다ᄂᆞᆫ 名詞 完然 現出ᄒᆞ여시니 熟思할지여다.

만약 귀 記者가 우리에게 ᄃᆡ하여셔 ᄋᆡ국金은 빙거가 無한 고로 ᄆᆡ도할 슈 업고 公債票ᄂᆞᆫ 信젹니 有한즉 이익을 取ᄒᆞ여셔 ᄆᆡ入한다 할 슈 有ᄒᆞ나 그 사실은 不然한 거시 當此之時ᄒᆞ

여셔 돈을 出하는 同胞가 이익을 취[ᄒᆞ야] 공債票을 ᄆᆡ입ᄒᆞ겟난가. 忠義을 ᄉᆡᆼ각ᄒᆞ여셔 그 경중을 칙양ᄒᆞ여 보시요.

미국 보시[스]톤 茶당이나 필라들라[델]피아 自由당 사젹(史跡)을 ᄉᆡᆼ각ᄒᆞᆯ라도 貴 記者에 광(狂)言忘[妄]說을 통탄히 ᄉᆡᆼ각할지요. 且 나라을 건셜ᄒᆞ고 國고가 풍부한 後면 公債票을 발ᄆᆡ할 필요도 無ᄒᆞ겟고 ᄆᆡ입할 형편이 無함도 명확지 안이한가. 國事 分煩ᄒᆞ고 비용니 호(浩)大한 ᄯᆡ와 간난니 太甚한 時에 公債票을 발ᄒᆡᆼᄒᆞᄂᆞᆫ 거슨 貴 記者ᄂᆞ 우리가 同一히 아난 바어늘 나라도 無ᄒᆞ고 긔본도 無ᄒᆞᆫᄃᆡ 公債票가 無쇼用이라 하니 貴 記者보텀 표젹 업ᄂᆞᆫ ᄋᆡ국金은 私익에 너어도 관계 無할 쥴 짐작ᄒᆞ고 이와 갓치 횡셜슈셜한 거시 분명치 안쇼?

且 公債票을 出ᄆᆡ(賣)ᄒᆞ여셔 外交에만 用한다고 져히(沮戲)하여시나 상ᄒᆡ(上海) 議政院은 츅츌영(逐出令)을 당ᄒᆞ여 갈 곳지 無한ᄃᆡ 귀 記者ᄂᆞᆫ 포식난의(飽食暖衣)ᄒᆞ고 좌담(座談)大쇼(笑)ᄒᆞᄂᆞᆫ 말니 外交은 所用이 無하다 ᄒᆞ면 귀 記者가 一춍(銃)一劒으로 능히 젹국을 져항할가 무숨 이허(裏許)로 구미위원부을 공격하며 公債票을 打격ᄒᆞᄂᆞᆫ가.

國民에 一分子가 되어셔 憂國하ᄂᆞᆫ 실셩이 요만큼만 알들한가? 우리도 國民에 一分子이기 一言 경고ᄒᆞ고 신문상에 광포하여셔 是々非々ᄒᆞᆫ 판결을 ᄒᆞ여 보시오. 만약 이 글을 신문상에 반포치 안으면 우리가 各 地方 會員과 非會員을 無論ᄒᆞ고 共同 판ᄒᆡᆨ할 터이니 照亮ᄒᆞ시읍.

民國 元年 十一月 五日 本處在留 一同 頓

48. 신성구→구미위원부 ?1922. 5. 16. (18, 472)

위원부 제위 각하

경계자(敬啓者) 본인이 사고을 인ᄒᆞ야 슈일간 뉴욕으로 가오니 하량(下亮)ᄒᆞ심을 복망ᄒᆞ오며 뉴욕 번지ᄂᆞᆫ 여하(如下) ᄒᆞ오이다.

21 Mott St.
c/o Harn Min Co.
N. Y. City.

지금 유ᄒᆞᄂᆞᆫ 가옥을 하졀간(夏節間) 봉쇄ᄒᆞᄂᆞᆫ 고로 모다 이거(移去)ᄒᆞ게 되옵ᄂᆞ이다.

오월 십육일 신셩구

49. 신형호(나라신 하늘)→김정진 ?1922. ?8. (18, 473)

리박사가 하와이에 가시는 길에 ᄶᅡ이뉴바에 단니여 가신다 하엿스니 아마 그간 면ᄃᆡ(面對)하여 의론하시엿슬 줄 밋습니다.

형의 편지는 이박사가 ᄯᅥ나시기 전에 보서스니 무론 마나서 상의도 하써스런니와 대통령이 상헤(上海) 가시마 하는데 ᄃᆡ하여는 우리 생각에도 별로 신기한 줄를 모러갯습니다. 상헤에는 미주보다도 영웅들이 만허니 이박사가 간다 하여도 그 분징을 막을 뎡력이 잇슬넉넌지 모럴 모를 ᄲᅮᆫ만 아니라 도료허 란국이 더 될 념려가 잇소. 우리 보기 내지는 아무가 상헤ᄋᆡ 가덜아도 인도자들의 심리가 변하기 전에는 그 란국을 면치 못할 듯하오. 그러하고 본즉 그 정국에 조변석기(朝變夕改)함을 면하자면 민심단합이 가장 필요하고 ᄯᅩ 현상으로 보면 구미위원부 이외에는 인심을 종합할 기관니 업스니 우리의 히망은 이 위원부 유지하는 ᄃᆡ밧갯 업슴이다. 귀처 동포들이 이를 ᄭᅦ닷지 못하고 대통영이 상헤의 가고 아니가는 긋을 빙자하야 담보금을 내지 안켓닷 하면 일후에 담보라 하는 것도 밋을 수 잇는 긋일가 함이다. 미주와 하와이서 담보한딕로 여일히 덜어와서 위원부 유지에 걱정이 업슬긋 갓허면 딕통[령]은 무론 주져치 아니하고 상헤에 가서 합동지책을 실긋이외다.

여러분은 깁히 싱각하시오.

구미위원 나라신 하늘(신형호〈申衡浩〉)

50. 신형호(나라신 하늘)→김정진 1922. 10. 31. (18, 475)

Kim, C. C. 10-31-'22.

김졍진(金廷鎭) 씨

하도 소식이 업고 하도 젹막하야 두어자 말슴합니다.

좌우간 엇지된 일이오닛가.

전일에 말삼하기를 리박사가 상해 나아가지 아니한다고 인민이 돈들을 안니 낸다 하더니 지금까지도 그 리유로 그러함인지.

리박사가 귀쳐에 갓슬 때에 그리 못할 리유도 들으셧슬 거이고 또 겸하야 상해통신의 말한 바 즉 리박사 상해로 오라함은 다 반대자들 슈단으로 유인함에 지나지 안는다는 사실까지 셜명하얏더니 지금에도 이를 생각지 안히 하는 모양인지.

여하간에 여긔셔 좀 사정을 알어야 하지 안켓슴니까. 우리는 형만 밋고 말 오기만 기다리거날 일언 반사 업시 달을 보내니 이 안니 답답한 일이 안니오닛가. 형이 우리 자리에 잇서 보면 얼마씀 궁금할 것을 짐작할이다.

사졍이나 좀 알고 조흐나 그르나 소식이나 좀 젼하야 쥬시구려.

데 나라신 하늘(신형호〈申衡浩〉)

51. 신형호(나라신 하늘)→안영렬 1922. 10. 10. (18, 474)

905 Cont'l Trust Bldg.
Washington D. C.
Oct. 10, 1922

안영렬(安瑛烈) 씨

김찬일 씨에 대한 편지는 감사히 밧엇습니다.

형계셔도 이미 생각하셧스려니와 귀 디방 총무는 특별히 미주 한인 사회에 즁요한 자리임니다.

그 곳이 불평파의 근거디일 뿐더러 우리 동포들이 만히 거류하니 불가불 총무 되는 사람은 츙직하고도 강경하여야 우리 사회의 질서를 차려 나아갈 것 안님닛가.

김씨가 만일 약하야 바람을 싸라 쓰러지게 되면 일이 맥랑하것 안님닛가.

그러한즉 형이 깁히 생각하시여 말삼하시고 할 수 잇는대로 형의 생각에 념여 업는 사람을 천거하시고 쏘 젼일에 말삼한 바와 갓치 귀 디방에셔 공천이 되도록 하시오. 이것이 디방위원 규례임으로 이리 요구하는 것이외다.

위원 나라신 하늘(신형호〈申衡浩〉)

52. 신형호(나라신 하늘)→오한수 1923. 1. 19. (18, 478)

오한슈 형

형의 편지 밧아 반갑소이다.

쳬증으로 고생을 만이 하시는듯 염녀이오며 부대 몸 조심하시고 이제는 후일을 좀 생각들 하야 하겟습니다. 우리 친구의 형편이 누구를 물론하고 다 이러한 모양인대 데는 실로 근심을 만이하는 즁이오.

어셔 돈을 한푼 두푼씩 모듸여 생활계를 경영하야 할 터이오. 또 이것을 자본 업시 혼자는 못할 터이니 깁히 생각하시고 류념하야 쇼득을 죠곰씩이라도 져츅하얏다가 뎨의 지금 경영하는 하와이 만물 상뎜을 시작하여 봅시다.

류게상씨 일로 말하면 이곳에셔는 아죠 몰으는 일이요. 슈년젼에 그 일로 하여금 리(이승만)박사에게와 셔(서재필)박사에게 통신이 잇셧스나 리씨 셔씨가 다 거졀하엿고 월젼에 뎨에게 편지하고 또 다시 즁앙 정부(미국) 허가를 맛게 하야 달라 하기로 우리 률사와 의론한 후 못하겟다고 답장한 일이 잇소이다. 그러한즉 이곳에셔 무엇을 어더 쥰 것 업소.

리박사로 말하면 지금 이곳에 게시지 안니한즉 그런 일을 하여 쥴야고 하여야 할 슈도 업고 또 이것은 위원부에게 알이지 안코 할 수 업는 것인즉 우리가 알지 못하는 일을 리씨가 엇더케 하겟슴니가. 리씨가 엇어 쥬엇다는 것은 망셜이외다.

민국 五년 一월 十九일

나라신 하늘(신형호〈申衡浩〉) 사(寫)

53. ?신형호→윤성렬 1923. 4. 11. (18, 483~484)

윤성렬 씨

혜셔(惠書)를 밧아 고의를 듯자오니 감사함니다. 지식 유무를 물론하고 매사를 혼자 다 잘 안다 하는 것은 거짓말이지요. 사람마다 각각 자긔의 재능 문견이 쳔기 만자로 다른 연유로 자연히 각각 션오(善惡) 장단(長短)이 잇는 터이니 엇지 젼지 젼능을 자쳐할잇가. 이 연고로 지식계에셔는 항상 지식 교환을 힘써셔 남의 의견을 채용하고 뎌의 의사를 발표도 하는 것이외다. 이 뿐만 안이라 공동 생활을 경영하는 사람에게 의사 쇼통이 뎨一 필요한 것이니 쥬져 말으시고 무슨 의향이던지 유익할 만하거던 써서 보내시요. 우리는 그런 권고 원할 뿐만 안니라 요구함니다.

안(안창호)씨의 려행권으로 말하면 안씨가 셔(서재필)박사에게 청하고 셔박사가 우리에게 구하엿던 바인대 우리가 우리 민족의 려행권 업시 래왕에 마련하는 것은 미국 관리와 비밀 통정으로 하엿스나 안씨는 행동이 파괴뎍이라 그러함인지 미국에 다시 오는 것을 이번에는 거절하엿슴니다. 위원부에셔 힘을 써셔 안씨를 드러오게 할야 하엿스나(안씨가 들어와 무슨 행패를 하든지 불게 하고) 미국 뎡부에셔 이미 안씨의 행동을 알고 부인하는데야 엇지함닛가.

인심 단합에 장애는 국민회인 쥴 다 아는 바이로대 이를 해산하기를 시험함은 지혜시럽지 안슴니다. 국민회가 행불행간 十여년을 계쇽하야 왓슴으로 뿌리가 잡힌 단톄인즉 쇼리 업시 업셔질리 만무이고 겸하여 지금 쥬장을 흥사단(興士團)에셔 하는 터이니 사실상으로 젼일 국민회는 업셔지고 흥사단 국민회가 되얏슨즉 흥사단이 업셔지기 젼에는 국민회가 업셔지지 안히할 터이며 흥사단은 안창호(安昌浩) 디방관념으로 긔쵸가 된 것이매 인민의 뎡도가 넘히지기 젼에는 업셔질 리치 업쇼이다. 그러한즉 지금 해산할야 하면 일은 되지도 안코 공연히 쇼리만 나셔 인심만 쇼요할 터인즉 아즉 그대로 두고 우리나 합심하야 뎡당하게 쳐사하여 가면 민족의 지식이 차차 개젼되여 뎌의들의 야심은 황연히 탄로되야 거두치 못하게 됩니다. 지금 형편으로는 이러한 지완 슈단을 쓰는 것이 상책이지요.

리(이승만)박사를 흠담한 책은 리박사가 가지고 갓고 본부에는 업스며 그 책을 국민회에셔 쓴 것이 안니고 서양 녀자 하나히 쓴 책이나 그 재료를 그 사람들이 쥬엇다고 함니다. 그러나 이것은 이미 지난 일임애 다시 말할 것 업고 그 책이 널리는 분젼이 되지 안엿쇼이다.

우씨와 화의하신 것은 심히 잘하셧슴니다. 죠고 만한 사졍으로 그와 갓치 절교할 필요도 업거니와 또 관후한 사람의 일이 안니니 부대 친절히 지나시며 용셔하야 지내시기 바랍니다.

민국 五년 四월 十一일

54. 신형호(나라신 하늘)→이창규 1922. 12. 28. (18, 476~477)

리창규(李昌奎) 씨

본월 十四일에 보내신 편지를 받은 바 그 언사(言辭)가 리(이승만) 박사의 말과 일호(一毫)도 다름이 업스니 이난 필연 리박사의 말삼을 듯고 형이 이 편지 셧켜나 그럿치 안니면 형의 의견이 리박사의 것과 동일함이 분명한 고로 이에 나의 의향을 말슴함니다.

일이 대스[소]를 물론하고 순서 잇게 하야 가자면 일졍한 졍책을 가지고 긋가지 가셔 셩패를 판단할 터인데 우리 일은 불행인지 다행인지 모르겟스나 나의 보기에는 됴변 셕개(朝變夕改)하여 무슨 심판인 줄을 알지 못하겟사외다. 무론 이것이 다- 우리 일반 평민의 칙임것지마는 한 엽흐로 보면 나의 어리석은 싱각에는 주장하는 사람에게 칙망이 더- 하다 할 터이요. 사람마다 다- 도량이 크고 재력이 만하셔 도음 업시 사람들이 일을 내듯 대로 햇스면 아무 걱졍이 업것지마는 이것은 바랄 수도 업고 설영 알 수 잇다 할지라도 이것을 젼수히 주장하면 필경에는 화근이 싱겨셔 혼돈 텬디를 만드는 법이외다. 그 리유는 머리는 머리대로 놀고 수족은 수족대로 노라셔 셔로 충돌이 나는 둉 겸하야 의사가 부동한 뎜이 만음으로 종필에는 셔로 원수 밧게 될 수 업는 일이요. 하지 못할 일을 남의게에 맛니며 할 수 잇는 것을 아니 하는 듯이 빈중거리기도 하고 자긔도 하지 못하며 자긔는 할 듯이 자랑하고 잇스면 이는 일을 하자고 함이 아니고 다만 남을 비웃자 함에 지나지 아니하오.

잡지로 말하야도 자신력으로 하여 가려고 하면 포젹이 업슴으로 사졍이 도아줄 수도 업스련이와 또 도을 싱각도 업다 하니 알지 못할 심리가 이것이요. 애초에 잡지 시작할 때에도 우리가 재조가 업셔 그러함인지 셩력이 업슷던지 인민의 심리를 알지 못하얏던지 자신력 업슴을 깨다고 시작하기를 원하지 아니하얏는데 다른 조흔 방침이 잇슴을 보이려기에 착수하얏더니 그 방침이 변함에 새연이 남지도 다라셔 업셔질 것이요. 엇든 사람이 듣지 자신력이 이셔셔 이곳을 도음 업시 계속 하게 되면 오즉이 조흘잇가 마는 이곳에 잇는 사람중에는 그 전달력이 잇슬 줄은 아주 단념하시오. 잡지 주필로 잇든 지용은씨는 젼력을 다- 하야 큰 희망을 듯고 극구하다가 우리 개재 방침이 진취셩 업슴을 깨닷고 대단히 락담하야 환국하얏서니 이런 긋이 다- 장래 사업에 큰 불행인 줄 아르시요.

누가 리박사가 돈을 주면 하고 아니주면 구만둔다 합든닛가. 힘도 업는 긋을 가지고 시작하야 다른 사람으로 하라고 하고 도아 주것다고 하든 것도 아니주고 종말에는 말 방픠막이로 내가 도아주면 하고 아니도아주면 아니한다고 하면 이는 불공평할 뿐만 아니라 일하는 대칙도 안일 듯하오. 형은 무션 의사로 이런 말을 오련 듯이 하엿는지는 모러겟스나 형 다려 만일 내가 무엇을 하야 달나 하고 하여 주는 일에 대하여는 필요한 조건 도아주지도 아니하고 아니한다 원망만 하면 형은 이긋이 잘하는 일이다 할난지.

나인들 무엇을 아라셔 이갓히 말하는 것은 아니오. 다만 내의 싱각이 이러하다는 말이외다. 어련히 경력이 만흐신 이들이 잘 하시릿가마는 우리 아라둘 것은 이 세상난 젼지 젼능하는 사람은 업는 줄 아려시오.

민국 四년 十二월 二十八일 나라신 하늘(신형호〈申衡浩〉)

55. ?신형호→이창규 1923. 2. 1. (18, 479~480)

리창규(李昌奎) 씨

거월 十九일 츌 혜함(惠函)은 오늘 밧앗습니다.

아무렴 우리가 무슨 말을 하얏던지 사졍에야 아모 결련이 잇지 안음은 부재다언(不再多言)이외다. 우리 아는 데까지 의견 셜명한 데셔 지나지 안니하지오.

데가 죠곰 창셩치 안히 하얏던 것은 엇지하야 우리 쳥년들이 남의 거림자 되기를 지원하는냐는 것이오. 데도 리(이승만)박사 갓치 잇슨 제 四년이 지낫스니 그 이의 장쳐(長處)도 알으려니와 단쳐(短處)도 만히 알은 연유로 데는 할 수 잇는 데까지는 그 부족뎜에 대하야는 그 이의 죠와아고 안니하는 것을 물론하고 즉셜(卽說)하야 듯고 안니 듯는 것은 자유에 맛깁니 이것을 자긔 반대하는 언론으로 해석할야면 하되 일후에는 내의 말이 진졍 친졀한 말이 될 쥴 알읍니다.

리박사를 도아쥬시는 이들이 다만 명녕 복죵으로만 친의를 뵈이고 언사 행동 一一히 모범만 하다가는 젼일이나 지금이나 장래나 일할 만한 사람은 친구가 업슬 것이오. 인졍이 째로 변하고 붕됴가 날로 달라지는 이째에 구완한 수단을 쓰면 엇지 셩젹이 잇슬 수 잇슴잇가. 의례히 반동력이 생기여 난쳐한 디경을 만히 당할 것임니다.

아여 형을 원망하거나 비평하는 줄 오해하지 말으시요. 데도 지금 이것을 엇지 하지 못하는 쳐디에 누구를 책구(責咎)하겟슴닛가. 다만 뎨의 연구한 결론은 이러하다는 말이외다.

이 형편을 고치게 하는 데는 다른 슈 업고 리박사께서 마음을 널이 가져셔 진실로 사랑하는 사람에게는 호의지심을 벌이고 허심하야 주어 이심 수단을 업시 하고 유졍한 듯하여 무졍한 언살 좀 적게 하시고 도읍는 듯하며 음해되는 언론을 끈허 벌이야 할 것임니다.

여보 생각을 좀 하여 보시오. 젼자 형의 편지에 긔록하얏던 말이 귀귀 졀졀(句句節節)이 다 리박사가 거진 반 낫으로 뎨에게 대하[여] 상해 사해 사람들 비평하던 말이구려. 그런즉 뎨가 그 편지를 보[고] 리박사 그곳에 가셔 또 여러 사람에게 대하야 와쉥톤에 잇는 사람들 시비하기를 상해 사람을 우리에게 셜명하덧이 하엿슴을 생각하니 우리는 숙맥이 안니어던 엇지 이런 대우를 감슈할야 하겟쇼. 우리는 리박사를 친히 알음으로 우리만 알고 소문이나 안니 내엿지만은 자셰히 몰으는 사람들은 모도 덥허 놋코 우리는 게으른 무용지물로 돈이나 달라는 것들로 알엇슬 것 안님닛가.

왕사(往事)는 물론(勿論)이니 장황하게 말은 안할지로되 뎨는 좌우간 의가 상하기 젼에 인연을 끈흘 뎍뎡인대 어셔 리박사 오시기만 기달임니다. 오시는 대로 조흔 도리로 의론하야 본 후 뎨는 사인(私人) 되야 개인 의무로 집사자(執事者)의 뒤나 돕고 뎨의 장래도 예비할 터이외다. 이 갓치 지나다는 필경에는 텬치밧게 되지 못할 것이외다.

이 편지는 졍담으로 형에게 수다히 말한 것이 자셰히 보신 후 씨져 발이시오. 젼일 상면은 업슬지라도 밋고 토졍(吐情)한 것이외다.

二월 一일

56. 신형호(나라신 하늘)→이창규 1923. 2. 28. (18, 481)

리창규(李昌奎) 씨

피차 형편을 자세히 알지 못하고 문귀를 해셕하엿슴으로 자연히 오해가 생긴듯 하는 바 리(이승만)박사께도 말삼한 바와 갓치 우리끼리 셜왕 셜래(說往說來)한 것은 다 집안 언쟁에 불과하니 그 정론이 타쳐(他處)에 전파될 리도 업고 우리끼리만 알고 지내자 합니다. 형에게도 것침 업시 즁언 부언(重言復言)한 것이 다 셔로 밋는 터에셔 말미암이니 일호인들 무슨 다른 생각이 잇스릿가. 오해함을 명교하신 바 전감하옵니다.

그건 사실이오. 리박사가 능불능을 물론하고 지금 형편으로 리박사 물러 안즈면 백사(百事)가 와해되다. 그럼으로 우리끼리 별 쇼리를 할지라도 밧게 대하야셔는 불평을 낫하내지 말고 합력 진행하는 것이 멀리 보난 사람의 일이외다. 좌우간 일후에는 셔로 오해가 젹을 쥴 밋습니다.

귀쳐 민단 일로 말하면 그 곳 사정을 잘 알지 못하는 위원들이 좌지 우지를 못할 쳐지이요. 자쵸로 위원부에셔는 귀쳐 인도자들의 의향을 죠차 귀쳐 사업진행에 관련이 되얏슴에 진정은 캄캄하니 쳐사의 가부를 단언키 얼여운 듕 경력이 만흐신 리박사께셔 귀쳐에 재류하시여 목도하시는 터이니 의례히 그이의 의견이 이곳의 잇는 사람의 것보담 나흘 쥴로 츄측합니다.

그러나 죠심을 만히 하는 즁이니 귀쳐 사정을 련속하여 긔별하야 쥬시요. 형의 통신을 중요한 참고로 쓰는 터임니다.

민국 五년 二월 二十八일 데 나라신 하늘(신형호〈申衡浩〉)

57. ?신형호→이창규 1923. 4. 11. (18, 482)

리창규(李昌奎) 씨

그간 여러 번 편지를 밧엇스되 분요(紛擾) 중 답셔를 못하여 미안합니다. 사연을 보건대 귀쳐의 일이 매오 복잡하게 되는 모양이고 일을 됴례 잡어 할 사람은 젹어 곤난이 만은 듯 민울하나 이것이 다 가난한 산님이라 그러하구려. 무한히 고생들 하시는 쥴 알음니다.

근자에 물산장려회를 죠직하고 토산 사용을 권장하는 바 진실 뎨一 필요한 일을 시작하엿슴니다. 그러나 이것도 말로만 쇼리 내고 실행을 할 방책을 연구하지 안녓스면 쏘 헛것이요. 가령 우리더러 쭈레드를 먹지 말고 살으라 하면 쭈레드 대신 먹고 살을 것을 쥬며셔 그리하야 쭈레드 안니 먹을 째도 살엇다 하고 밥을 지어 먹던지 죽을 쑤어 먹던지 하지 그것 져것 업시 다만 말로만 쭈레드 먹지 말어라 하면 안니될 터이외다. 이와 갓치 물산장려라 하면 우리 토산을 수출도 하며 졔죠도 하는 길을 만들으며 우리 물건 우리가 쓰자 하여야 거짓말 안니될 것이요. 그런즉 상업 긔관을 하나 셜시하여야 하겟슴니다.

미쥬 형편은 별로히 변경은 업고 위원부에 대한 츙셩들은 감쇽이 업스나 인민들이 지리하게 생각하여 칠령 팔박하는 듯한즉 이째에 위원부에셔 불가불 一차 슌행을 하여야 이해(弛解)된 마음을 다시 슈습할 듯한데 이 말로 리박사께와 김영긔씨에게 말삼하엿는 바 엇지들 의론이 되는지 모르나 슌행사건이 지금 뎨一 필요하외다.

잡지는 할 수 잇는대로 잘되기를 바라며 부대 이번에는 뎡간이라는 말이 업도록 하시기 바람니다.

민국 五년 四월 十一일

58. 安瑛烈→申衡浩(나라신 하늘) 1922. 10. 4. (18, 485)

Ahn Y. L. 10-4-22

去月 十九日出 惠函은 感謝히 바닷슴이다. 公務에 勞攘치 안슴잇가. 慰祝ᄒᆞᄂᆞ이다. 仰托ᄒᆞᆫ 金燦一은 平北人인ᄃᆡ 勞働黨에 入參ᄒᆞ야 彼邊을 시러ᄒᆞ나 좀 心弱ᄒᆞ며 日語·英語·本國學識이 조곰식 잇슴이다. 又 名예(譽)를 조하홈이다. 現察 金廷鎭과 朔都財務 金慈惠의게 詳問ᄒᆞᆫ 後 更告ᄒᆞ겟슨즉 以此諒之焉 如何々々.

十月 四日 安瑛烈 上

本人의 病은 此山中 와셔 月餘를 過去ᄒᆞ엿ᄂᆞᆫᄃᆡ 多大ᄒᆞᆫ 效力를 得ᄒᆞ엿스나 完甦ᄂᆞᆫ 無期耳.

59. 安正洙→鄭翰景 1922. 2. 20. (18, 486~487)

Ahn, J. S. 2-20-22

From John Soo Ahn Feb. 20, 1922

In re: Com. Policy and N.Y. Local Com.*

정한경(鄭翰景) 씨

경계쟈(敬啓者)ᄂᆞᆫ 일젼 샹함(上函)은 밧어보셧겟쇼이다. 오날 다시 공문을 밧엇ᄉᆞ온ᄃᆡ 이곳 졍형(情形)을 말ᄉᆞᆷᄒᆞ자면 쳣재 디방위원들은 안졍수·림쵸·졍인슈 삼인이외다. 허졍·리원익·안졍수ᄂᆞᆫ 강화회 슈젼위원(收錢委員)들 ᄲᅮᆫ이외다. 림쵸·졍인수 二人은 말ᄒᆞ기를 무고(無故) 파면이라 ᄒᆞ오며 이곳 현상으로 말ᄒᆞ면 쟉일에 국민대회 긔셩회를 죠직ᄒᆞ고 림쵸·죠병옥 등이 十六人으로 발긔ᄒᆞ엿쇼이다. 림·죠 량인으로 말ᄒᆞ면 이번 강화회에 一分도 捐助가 無ᄒᆞᆫ 건 고사ᄒᆞ고 져의 運動으로 八·九百元을 費

用훈 人들이외다. 하와이와 굿치 야단이 나는 즁인딕 민심은 졈々 말 아닌 즁 엇터케 現政府 財政을 밧들는지 現政府가 百姓의게 깃부게 호는 일이나 잇스면 좀 쉽겟는딕 일은 別노 뵈인 것 업고 돈만 밧치라 호시니 져 사룸들은 욕셜 뿐이오 동지들은 싱업들이 곤란 즁에 잇쇼이다. 이거슨 뉴욕 現狀만 말훈 것이외다. 동지들이 모히면 걱졍 즁이외다.

본인도 과연 위원부에셔 호시는 일을 씨닷지 못홀 것이 만쇼이다. 직졍 다쇼를 보고 일을 버리는 것이 가(可)치 아니홈니가. 예산 업시 크게 버리시고 필경에 외국인에 망신이 되니 공치표나 무솜 돈이나 三千元 혹 五百元을 보닋라 호시니 이거시 잘호시는 일일가요. 그 즁에 근일 특별 단톄운동으로 민심은 졈々 원수갓치 불합호고 변호여야 된다 々々호는 씨에 진힝호여 가시는 일은 신션훈 것이 한가지 업고 외국인의게 슈치당호니 엇지々々호라 호시니 엇지호여야 죠켓는지 만일 들으시면 진힝방침을 말호겟슥오나 현금 쇼견은 모든 일이 민망만 호외다. 대통령씌셔 이곳으로 왕림호심니가 즉셔로 가심니가? 오시면 죠켓쇼이다.

二月 二十日 安正洙 上

[譯文]

＊안정수(安正洙)로부터, 1922. 2. 20.

＊내용: 위원부(委員部)의 시책과 뉴욕지방위원부에 관하여.

60. 안득준→남궁염 1922. 7. 12. (18, 488)

D.C. Ahn

Sherman House

Mt. Blemens,

Mich.

남궁염(南宮炎) 씨전 답상(答上)

바라든 차의 회셔(回書)를 밧자온이 감격허나이다. 한변도 뵈옵지 못허여사오나 션셩은 만히 드러나이다. 일간 기체 알령허시오며 사모 보시기의 올마나 골몰허심닉가. 차곳 뎨는 몸 셩이 잘 잇사오니 감사하나이다. 쏘한 편지 사연도 잘 보와슴닉다.

션ᄉᆡᆼ님긔 말삼허신 신병철씨난 뎨의 ᄉᆡᆼ각의 그런 일를 치러살 듯허여 뎨가 말삼헌 그시오 여러 사람이 말헌 그선 안이외다. 쮜취로(디트로이트) 한인은 만사오나 모든 사람드리 하난 그선 읍사오나 시간은 읍난 모양이외다. 그리허옵고 뎨난 한 삼십마일 밧긔 촌타운의 와 사나이다. 그러허무로 ᄆᆡ우 민망이 기닉나이다. ᄃᆡ간절 위원부가 웃지되여 가난지요. 좀 자시 알기을 원이외다. 뎨난 밋달 동안 촌의 와 잇셔 모든 그시 ᄭᅡᆸᄭᅡᆸ허나이다.

민국 사년 七月 十二日 뎨 안득준 上

61. 廉世雨→宋憲澍 1919. 9. 22. (18, 489~492)

From S. W. Yum
301 S. Figueroa St.,
Los Angeles, Cal.

송헌쥬

Rev. H. C. Shong [sic]
908 Continental Trust Bldg.,
Washington D. C.

Sept. 27/19

羅城(로스앤젤레스)地方 居留民 共同會에셔

執政官總裁씌와 大韓人國民會 中央總會에 드린 陳述書와 問

議書에 會報를 承接ᄒᆞ온즉 事實에 相違됨이 今에 明確ᄒᆞᆫ 故로 此로 由ᄒᆞ야 我 獨立大事에 不幸을 產出ᄒᆞᆯ가 ᄒᆞ옵ᄂᆞ이다.

內務總長 安昌浩氏가 新히 各 部 次長을 某也 某也로 組織ᄒᆞ엿다ᄂᆞᆫ 國民會의 布告가 잇스며 또 今日에 來到ᄒᆞᆫ 『新韓民報』를 接據ᄒᆞ온즉 執政官總裁의 公布文 第二號ᄂᆞᆫ 照謄이 되엿스나 愛國金 停止與否·公債票 發賣與否ᄂᆞᆫ 都無ᄒᆞ오니 此에셔 또 그 相違되ᄂᆞᆫ 것을 알겟습ᄂᆞ이다.

愛國金은 임의 國民會에셔 委員 宋宗翊을 各 地 派送 授[收]捧ᄒᆞ엿고 但只 羅城만 宋氏의 자최가 尙未到ᄒᆞ엿습ᄂᆞ이다.

羅城 韓人은 本來 異論이 만흔 故로 아직 그 愛國金이나 公債를 實行與否가 업ᄂᆞᆫ 터이온ᄃᆡ 今에 政府나 議政院이 二派에 分立ᄒᆞ여 가지고 各々 執政官總裁ᄂᆞᆫ 一이라 ᄒᆞᄂᆞᆫ 모양이오며 一派ᄂᆞᆫ 執政官總裁와 連ᄒᆞ고 一派ᄂᆞᆫ 但 北美에 在ᄒᆞᆫ 國民會와 連ᄒᆞ야 互相 政府ᄂᆞᆫ 一이라 稱ᄒᆞᆷ이 되여 一便所聞만 一單新聞을 因ᄒᆞ야 듯ᄂᆞᆫ 百姓들은 我 政府가 一인 줄만 아라셔 國民會의 指揮를 服從ᄒᆞ온디라. 羅城에 在留ᄒᆞᄂᆞᆫ 民人 數效[爻]가 不多ᄒᆞ오나 公々私々를 分別ᄒᆞ오며 是々非々를 自判ᄒᆞᄂᆞᆫ 자리에 默然히 잇슬 슈 업셔 我 全體 國民社會에 理由를 公布ᄒᆞ야 黑白을 알게 ᄒᆞ고져 ᄒᆞ오니 事實은 當然ᄒᆞ오나 玉石俱焚일가 憂ᄒᆞᄂᆞ이다.

或은 執政官總裁의 公布文이 一個人 一個人에 分傳來到ᄒᆞᆷ이 未公式이라 是非ᄒᆞ니 『新韓民報』를 政府機關으로 利用ᄒᆞ야 東西와 上下의 通信報告가 一致ᄒᆞ게 ᄒᆞ심이 必要ᄒᆞ오며 各 地에 地方行政府를 設立ᄒᆞ고 行政府員을 置ᄒᆞ면 行號施令이 便利ᄒᆞᆯ듯ᄒᆞ오며 行號施令이 萬口如一ᄒᆞ면 經始營之 不日成之일가 ᄒᆞᄂᆞ이다. 若 不然이면 民心이 亦 不一ᄒᆞ야 或之東 或之西ᄒᆞ오리니 此는 不睦不和이올시다. 法之不行이 豈非自上犯之乎릿가. 未久에 紛亂이 起ᄒᆞ야 在美 小數人民이 分立 相爭ᄒᆞᄂᆞᆫ 것은 以今 確然ᄒᆞ

옵기 實情을 豫히 通告ᄒᆞᄂᆞ이다.

民國 元年 九月 二十二日 廉世雨 謹呈

62. 吳漢秀→?申衡浩 1923. 1. 19. (18, 493~494)

Augh, Hans, 1-19-23

606 E. 36 St.

Chicago, Ill.

작연 파월의 마난 이후로 내가 Stomach trouble로 지우금(至于今)가지 신고(辛苦)하오. 그간 형은 어더하시요. 또한 여러분이 다 잘덜 지너시요. 또한 형게 문의할 이리 이소. 유게상을 알지요. 유게상가 지금 소위(Detective) 벌순금이라 하고 협잡을 하되 한인사회의 명예 손상할 일만 하고 다니이 또한 셔편하니 보고 말하기을 Dr. Rhee가 Washington에셔 어더 쥬어다고 하기로 그거시 사실인가 알고자 한직 아난ᄃᆡ로 긔별하여 쥬시요. 만약 사실 가트면 잇고셔 조체할 터인직 이후의 무삼 일이 이셔々 유게상가 Dr. Rhee의게로 그런 일사의귀하여 청구하거던 그졀하여야 되거소. 그자히 조흔 일을 하면 장관이옵지마헌 그자히 한인 명예 손상할 일만 한직 큰 격정이요. 그러나 Dr. Rhee가 그러키 하여 쥬어 난지 그 일이 사실[인]가 아니가 아러서 내거로 긔별하여 쥬시오.

吳漢秀

63. 禹 一→金奎植 1920. 7. 8. (18, 495~496)

金奎植 先生 台鑒

間者에 修函ᄒᆞᆫ 것은 這間에 入照되엿슬듯 ᄒᆞ오며 更問 比來에

僑體 公私에 何等 惱神ᄒᆞ심닛가. 生은 一向碌々ᄒᆞ오며 所帶職務은 本來 生의 可堪ᄒᆞᆯ 바 아닌 故로 成績의 不良ᄒᆞᆯ 것은 當然ᄒᆞᆫ 事이외다. 本 地方에 在留同胞는 全數가 生의 所關된 饌舘에셔 服務ᄒᆞ는 바 本館의 業務 擴張을 因ᄒᆞ야 數月前브터 修理의 役을 始ᄒᆞ야 于今 進行中인 故로 財政恐慌이 極度에 達ᄒᆞᆫ 故로 第一期 公債募集이 極히 零星ᄒᆞᆫ 中에도 期限도 맛치지 못ᄒᆞ얏ᄉᆞ오니 罪悚無量ᄒᆞ외다.

公債票를 已往에 買入ᄒᆞᆫ 사람과 現今 買收ᄒᆞ는 사람의 氏名을 略擧ᄒᆞ면 旣買人에 李逸 百元, 禹一 貳百元, 金承濟 百元, 車熙善 五十元이오며 現在에 始作으로 其 一部의 先金을 仰呈ᄒᆞ는 사람은 李炳斗 五十元, 朴敦郁 二十五元이니 財務의 別項 報告가 有ᄒᆞᆯ 터이외다. 從此로 本地 韓人界에 財政 循環만 되면 卽時에 不少ᄒᆞᆫ 額數가 發賣될 줄 밋슴니다.

僑體 隨時萬旺ᄒᆞ옵소셔.

民國 二年 七月 八日 生 禹一 拜上

64. 禹興泰 → 申衡浩 1922. 8. 23. (18, 498~499)

Wooh, H. T., 8-23-22.

신형호 씨

금일 혜함(惠函)을 반가히 보왓나이다. 금월 열흘긔 싼유바지방 민단장 안셕중씨에 통문(通文)을 바든 바 당지(當地)에 긔셩회에셔 미쥬한인 딕표라는 것을 쏘바 상히로 보닌다는 말을 듯고 미쥬한인 전체 딕표가 안임을 변명한 글 두 장을 써셔 한 장은 국민딕표회 회장에게로 보닉여셔 공식으로 회셕에서 반포하여 달나고 하엿고 한 장은 장붕(張鵬)씨게로 보닉여 만약 국민딕표회에셔 우리에 변명셔을 광포(廣佈)치 안커던 장붕씨더러 공셕에셔 반포하여 달나고 한 글을 발셔 보닉엿쇼이다. 윤병구(尹炳球) 씨는 엇더케 하난지 다시 무러보겟쇼이다.

八月 二十三日 禹興泰 拜

The answer to my letter of denying the authority of Kukminwachoi representative [to] represent the whole Koreans in U.S.A.*

[譯文]

* 국민회(?) 대표가 미국 내 전체 한인을 대표하는 권위를 가졌음을 부정하는 나의 편지에 대한 답변.

65. 우흥태 → ?조오흥 1921. 6. 9. (18, 497)

사랑하난 형 오흥 씨

이 갓치 싱각하시니 감격함을 마지 안니하나이다. 하나임에 은혜와 형에 염여하심으로 아히덜 다리고 두루 무고하오나 싸운 타운은 천디기벽에 맛을 본듯 그 참흉한 말숨을 일우 긔록할 슈 업亽외다. 하여간 사망자가 이천 명 가량이요 각 항 좌방(座房, 점포)은 다 업셔젓사오며 그간 일리 업셔 싱활곤란을 당하던 로동자덜은 한 쎄을 맛난듯 一時間에 四十三戔식 쥬고 삼시을 먹아다 하며 공창(工廠)에도 일을 다 시작헌다 하오니 피아불로에 이번 비는 로동자에 일비가 온듯 함이다. 아모쪼록 신상 평안함을 바라고 이만 긋치나이다.

대한민국 삼년 뉵월 구일 교뎨 우흥태 근

66. 兪億兼 → 金鉉九 1927. 8. 18. (18, 500~502)

惠敎를 拜誦하온 以後 只今까지 回禮치 못하와 大端히 罪悚함니다.

其後 此時에 貴兄 客體候가 神護萬重하시오며 日夜로 獻身努力하옵시는 光復事業은 日益成就되옵는지 仰慕仰祝함니다. 愚弟는 太平洋會議에 왓던 一行과 갓치 方今 歸國 途中에 잇사온바 明朝에는 日本 神戶에 上陸될올 豫定이외다. 上陸되는 卽時로 그리옵던 故國江山을 向하야 發程하겟삽나이다.

目的하고 왓던 會議에서는 應分의 努力을 하온 結果이온지 大過 업시 지내고 歸國하게 되엿사옴은 諸 同志의 德澤이라 生覺함니다. 會議에 提出한 朝鮮代表의 陳述書 二種을 同封 仰送하오니 惠覽하소서. 勿論 處地가 處地이옴으로 抽象的 言辭를 만히 쓰게 되온 것은 깁히 諒解하여 주실 줄 밋습니다. 左右間 各國 代表의 好評과 同情을 限업서 싀러섯든 것은 事實이올시다.

令名을 承聞하온지 甚久하와 恒常 拜晤의 榮光을 갓고저 心願하옵던 次에 書信으로나마 惠書를 承接하오니 一便으로난 欣喜함을 마지 안사오며 一便으로난 우리 處地의 悲哀를 다시 늣기나이다. 何如間 二三年 後에는 期於고 數年間 美洲에 留學 次로 渡往하겟사옴으로 爾時에나 반가히 拜逢하올 機會가 잇슬 줄 밋삽나이다.

洪承國·李春昊·李灌鎔·李憲寧·安在鴻 等 諸同志께서도 心身 安康히 吾族을 爲하야 健鬪하시는 中이올시다.

新幹會의 內容 其他 詳細는 後日 該 會를 通하야 잘 아시도록 하여 드리겟삽나이다. 新幹會는 吾族의 光復을 爲한 吾族의 大同團結을 目的으로 한 團體이오며 其 綱領이 아래와 갓튼 것만 말삼하여 드림니다.

一. 政治上·經濟上의 覺醒을 促進함…解放을 意味함.

二. 우리의 團結을 鞏固히 함…韓族 大同團結을 意味함.

三. 一切 機會主義을 否認함…自治運動 其他 妥協性을 가진 運動 一切를 排斥함을 意味함. 곳 絶對獨立을 主張함.

仰陳코저 하옴은 許多하오나 擧皆 推測하실 줄 밋사오며 ᄯᅩ한 煩多하올듯 하와 다만 「誠實一貫」 四字로 吾族을 爲하야 永遠히 活動하겟사옴을 仰達하올 ᄲᅮᆫ이외다.

以後 恒時 貴体 大安하심을 仰禱하옵고 이만 씀니다.

八月 十八日 夜 愚弟 兪億兼 再拜

金鉉九 仁兄 淸鑒

67. 劉熙贊 → 申衡浩 1923. 8. 20. (18, 503)

Lew, H. C. 8-20-23.

敬啓者난 日前 貴下ᄭᅴ셔 此地에 來臨ᄒᆞ사 本 地方 韓人를 다 심방(尋訪)ᄒᆞ시와스나 한싼 유감되난 바난 원노(遠路)의 오신 귀빈를 일쳐(一處)에 회집ᄒᆞ와 환영치 못ᄒᆞ스므로 정즁ᄒᆞ신 말삼을 듯지 못ᄒᆞ올 분외 본인도 역시 사々 관계를 인ᄒᆞ와 동정의 말삼을 못ᄒᆞ올 분더려 집슈 젼별(執手餞別)ᄶᅡ지 못ᄒᆞ고 총々히 오문 김슌호씨계 아셔슬듯 ᄒᆞ오나 사람의 일은 안니오니 용셔ᄒᆞ시믈 발아오며 원노의 안영히 왕반(往反)ᄒᆞ시믈 알고져 ᄒᆞ옵ᄂᆡ다. 연ᄒᆞ와 귀하의 셩심 셩역(誠心誠力)은 우리 민족에 표쥰이 되올그시요. 금일 진ᄒᆡᆼᄒᆞ난 일은 후일 영광의 근본이오니 願 貴下ᄭᅴ셔난 旅體 憂國中 連爲萬康ᄒᆞ시믈 切望々々耳.

民國 五年 八月 二十日 劉熙贊 上

68. 尹敬天→李容稷 1922. 4. 20. (18, 504~505)

리용직(李容稷) 先生 偉鑒

從士友間으로 大名을 得聞하온 지 有年일 섇 不是[啻]라. 「委員部通信」으로 大兄의 公正한 言論은 常日 感歎하어사오나 但因性 拙하야 于今것 探候치 못하어소이다. 柳眼이 窺春하온딕 文祺가 百福하시고 李(이승만)博士게셔와 同志 諸位가 多祥健安하심이가. 弟은 上海의셔 數年 星霜을 空添而已오. 大事의 毛絲에 補助가 無히 過하다가 突然 修養의 意思을 두고 渡英한 지가 半多年에 亦是 所學이 無하니 愧歎이외다.

雖云究學中이나 大事의 對하어야 瞬時인들 忘却하오리가. 하나 歸結이 徒勞而已오 毫末의 效果가 無함은 一曰 弟의 不才이오 二曰 四圍의 境偶[遇]가 不許하난 点도 不無하외다. 하나 이 頑固한 英人도 韓國問題의 注意을 費하난 模樣이 졈々 明白히 表示가 되오니 日前에 The Union of Democratic Control and the Women's International League 兩會의 好意로 이 兩會가 主催하야 글라스코에셔 韓國과 아메니아問題로 演說會가 이셔난딕 思料外에 盛旺이엇고 큰 利益과 마은 慈味을 보아소이다.

이 會은 韓國과 아메니아問題에 對한 集會이어스나 其實은 韓國問題을 爲함이라도 可할지니 演士가 三人의 二人은 專門으로 韓國問題을 演說하엿고 다만 一人이 韓國問題 主論한 後에 아메니아問題을 簡單히 論及함에 不過하여셔소이다.

倫敦(런던)親友會으로도 交涉을 하고 代表者가 出席하기을 希望하어드니 事勢로 因하어 不叅하어스나 數種의 印刷物을 多數히 送付하어셔 叅會人의게 分配하어고 數日前에 글라스코長老敎派에셔 己自네 外務省으로 韓國問題에 對하야 警告을 意味하난 글을 보닉스니 그 大意은 日本이 韓國에 對한 非人道的 蠻行을 人

道上으로 拱手傍觀할 수 업스며 또 英國政府가 韓國에 이 悲劇을 造한데 責任이 不無ᄒᆞ니 道德上으로나 法理的으로나 閒步치 못할 일이라는 意味이어소이다.

萬一 「委員部通信」의 空間이 有하거든 이 두 事實을 記載하사 同胞의게 廣布하소셔.

以後에도 如何한 模樣으로든지 種々의 集會나 或 文字로 發表을 하라 하오나 今番 經驗의 依하면 參考書籍을 求할 處가 無하니 大端 困難하어스며 마은 事實이 弟에 記億[憶]에 잇지 안코 記億한다는 事件도 精密치 못하야 躊躇한 事件이 不無하어소이다. 萬一 大兄이 有暇하시면 韓國問題의 對하야 參考될 書籍(重要書籍의 名과 著者의 姓名)을 買得할 書鋪(美國)을 指示하시면 大端 感謝하겟소이다. 聞하오니 鄭漢[翰]景·申應[?興]雨 氏의 著書가 有하다 하오. 此 書籍들도 求하기을 願함이다. 兄이 奔忙하야 無暇하시면 煩慮에 不及하오니 以後 或 弟가 機會 잇스면 求하게소이다.

李博士게셔는 其間 歸任하셔사오며 此 事實을 兄이 親히 陳告하여 쥬시기을 務望하나이다.

大事의 大進과 兄의 健强을 祈하고 不備禮.

四年 四月 卄日 弟 尹敬天 拜

尹敬天氏 住所

K.C. Yun,
12 Sutherland St.,
Hillhead, Glasgow,
Great Britain

英國行

69. 尹承烈 → 歐美委員部 1922. 9. 7. (18, 519~523)

Yoon, S.L. 9-7-22
1200 E. Abr. Ave.,
Pueblo, Colo.
Sep. 7-22

歐米委員府[部] 僉位

敬啓者 本人은 임의 貴 府[部]과 別로히 公文上이나 或 書信上으로써 交際ᄒᆞᆫ 事 업셧ᄉᆞ오 그 젼에 이 鄙邊에셔 某人은 私事로써 公事을 삼어 行動이 不精ᄒᆞᆷ으로 委員中 某氏은[는] 此을 誤解ᄒᆞ여 本人을 攻擊的으로 公文ᄒᆞ신 데 ᄃᆡᄒᆞ야 此을 回告ᄒᆞᆫ 事도 잇ᄂᆞᆫ 줄 委員 僉位도 아셧슬듯 ᄒᆞ외다.

往事은 勿論ᄒᆞ옵고 우리에 祖國光復 事業에ᄂᆞ 進就ᄒᆞᆷ을 喜[希]望ᄒᆞ고 中心으로 決定ᄒᆞ기을 우리에 國無ᄒᆞᆫ 原因은 君不君ᄒᆞ며 臣不臣ᄒᆞ며 民不民ᄒᆞ야 우리가 참어 可憐ᄒᆞᆫ 地境에 至ᄒᆞᆷ으로 本人은 今日에 二千万 中 一百姓에 名目을 가졋슨니 十分의 誠을 다ᄒᆞ야 一分子에 職策[責]을 ᄒᆞ랴고 ᄒᆞᄂᆞᆫ 中 此人에 辱을 ᄒᆞ여도 當ᄒᆞ며 彼人이 攻擊ᄒᆞ여도 當ᄒᆞ면셔 ᄯᅩ은 某人은 委員府에 돈을 ᄂᆡ지 말나ᄂᆞᆫ 人도 잇셔 收錄ᄒᆞᄂᆞᆫ 事에 妨害ᄒᆞ라ᄂᆞᆫ 사람도 잇셔스나 本人에 自決心은 此彼人에 言論 誹謗을 勿論ᄒᆞ고 實事과 公正ᄒᆞᆷ을 ᄯᅡ러 行動ᄒᆞ랴 ᄒᆞᆷ을 主張ᄒᆞ야 今日ᄭᆞ지 그 갓치 行ᄒᆞ여 왓ᄂᆞᆫᄃᆡ 우리 光復事業에 喜望은 고사ᄒᆞ고 우리에 重任을 진 閣內 諸位은 分[紛]爭에 歲月을 虛送ᄒᆞ오니 이ᄂᆞᆫ 참 可痛 可惜ᄒᆞᆫ 일리외다. 그러[럼]으로 이 글 씨ᄂᆞᆫ 사ᄅᆞᆷ은 ᄒᆞ림 업시 ᄯᅩᄒᆞᆫ 決心이 生ᄒᆞ온니 이은[는] ᄒᆞᆫ 問答詞에 부치여 말ᄒᆞᄂᆞ이다.

問 우리 百姓이 財政上을로 國家을 援助ᄒᆞᆷ은 分爭을 爲ᄒᆞᆷ인야 참으로 國家에 光復을 爲ᄒᆞᆷ인야.

答 何時을 勿論ᄒᆞ고 國家을 爲ᄒᆞ야 온 生命이나 財算[產]이나 그 외에도 무엇시던지 ᄒᆞᆯ 수만 잇스면 다ᄒᆞ여도 內閣에 分爭을 爲ᄒᆞ여 온 일 ᄒᆞ지 아니ᄒᆞ기로 작정ᄒᆞᄂᆞᆫ 것이 可ᄒᆞᆷ을 得ᄒᆞ여나이다.

問 그러면 우리에 局을 엇지 정돈ᄒᆞ랴?

答 우리에 事業은 良好的·結成的으로 進行ᄒᆞ랴면 우리에 某某 首領은 握手相笑ᄒᆞ면 過去에 是非은 勿論ᄒᆞ고 今日에은[는] 國家을 爲ᄒᆞ여 우리에 同族은 敵下에 毒刑暴殺을 當ᄒᆞᆷ을 生覺ᄒᆞ며 엇지ᄒᆞ면 우리에 事業을 連續 進行ᄒᆞ며 各 員 各 民이 相愛相助ᄒᆞᄂᆞᆫ 方法 外에는 他 方法이 업다 말ᄒᆞᄂᆞ이다.

여보시요. 某派은 某을 服從ᄒᆞ며 某派은 某을 服從치 아니ᄒᆞ다 ᄒᆞ온니 常時 分爭은 不絶ᄒᆞᆫ 것 박게 업고 우리에 事業은 支離ᄒᆞᆫ 것 박게 업ᄊᆞ 말ᄒᆞᄂᆞ이다.

鄙邊에 同胞 七名이 居留ᄒᆞᄂᆞᆫ 中 今日ᄭᆞ지 義務金을 連續 納呈ᄒᆞᆫ 人은 不過 二人이요. 그러ᄒᆞ온ᄃᆡ 義務金을 ᄂᆡ지 아니ᄒᆞᄂᆞᆫ ᄉᆞ람을 맘나 義務ᄒᆞ지 아니ᄒᆞᆫ니 何故야 問ᄒᆞ면 바로 明分ᄒᆞᆫ 答이 無ᄒᆞ고 歐米委員府와 公文 或 書信上으로 交涉도 업고 事之曲直은 勿論ᄒᆞ고 돈을 ᄂᆡ지 아니ᄒᆞᆷ만 수로 알고 惡宣傳ᄒᆞᄂᆞᆫ 사ᄅᆞᆷ도 잇소이다.

그러면 本人에 ᄉᆡᆼ각에 如此ᄒᆞᆫ 人物은 돈만 아기[끼]여 이을[를] ᄂᆡ지 아니ᄒᆞ랴ᄂᆞᆫ 것 主義外에ᄂᆞᆫ 업ᄂᆞᆫ 줄 아오며 ᄯᅩ 이 사ᄅᆞᆷ은 將來라도 喜望的·父[?公]平的·事實的으로 우리에 光復事을 進行ᄒᆞᆯ 餘望이 잇스면 義務을 一定ᄒᆞᆫᄃᆡ로 不變ᄒᆞ겟고 若 不然ᄒᆞ야 內閣에 諸位은 重要에 事은 勿論ᄒᆞ고 分爭에 歲月을 虛送ᄒᆞ오면 本人이 義務金을 ᄒᆞ마고 書名ᄭᆞ지 ᄒᆞᆫ 證文紙도 有ᄒᆞ지만은 義務金을 ᄂᆡ지 아니ᄒᆞ겟스니 그리 아시옵소서.

義務金 ᄂᆡ지 아니ᄒᆞᄂᆞᆫ 理由

(1) 義務金은 내에 極愛ᄒᆞᄂᆞᆫ 國土을 回復ᄒᆞ라ᄂᆞᆫ 意로 ᄂᆡ마고

書名ᄒᆞ엿코 分爭ᄒᆞ라고은 書名지 아니ᄒᆞ여슴.

(2) 歐米委員府은 政府에 一部인니 將來局을 엇지 졍돈ᄒᆞ며 事을 엇지 連續ᄒᆞ겟ᄶᅡᄂᆞᆫ 明分ᄒᆞᆫ 公文이 來到ᄒᆞ기 젼에ᄂᆞᆫ 義務金을 닉지 아니ᄒᆞ고 기다일 것 박계 업ᄶᅡ 말ᄒᆞᄂᆞ이다.

月前에 貴 府 公文에 上海 內閣은 次次 定[整]頓ᄒᆞ여 간다 ᄒᆞᄋᆞᆸ기로 말은 아니ᄒᆞᄋᆞᆸ고 ᄯᅩ 貴 府에 書信을 보닉지 아니ᄒᆞ엿슬지라도 맘에ᄂᆞᆫ 깃버 먹지 아니ᄒᆞ여도 ᄇᆡᄂᆞᆫ 부르던니 日前에 「上海通信」에 時局이 至今ᄭᅡ지 分撓(紛擾)ᄒᆞ야 骨肉相爭에 全力ᄒᆞᆫ다 ᄒᆞᄋᆞᆸ기 맘은 하도 답답ᄒᆞ야 ᄒᆞᆯ 일 업시 글을 ᄶᅥ서 올이온니 이 답답ᄒᆞᆷ을 면계 ᄒᆞ여 주시기 바라ᄂᆞ이다.

本人은 某派을 攻擊ᄒᆞ며 某派을 援助ᄒᆞ랴 ᄒᆞᆷ도 아니[오]. ᄯᅩ 本人에 愛國心을 世人에계 廣布ᄒᆞ야 世人에계 자랑ᄒᆞ여 ᄒᆞᆷ도 아니요. 담은 원ᄒᆞᄂᆞᆫ 바은 우리에 首領은 相愛·相扶·相助ᄒᆞ야 國家에 光復ᄒᆞᆯ 結果가 永遠ᄒᆞᆫ 基에 成立되기을 바라고 두어자 쓰온니 하랴[下諒] ᄒᆞ시ᄋᆞᆸ소셔.

피야불로韓人中 一人 尹承烈 上

70. 尹承烈→歐美委員部 1922. 10. 20. (18, 524~535)

Yoon S. L. 10-20-22

1200 E. Abr. Ave.,

Pueblo, Colo.

委員部 僉位

敬復者 幾週日前에 보닉신 편지은 感謝히 보아사외다. 이번에 편지ᄒᆞ기을 分[紛]爭을 爲ᄒᆞ야은 담보금을 닉지 아니ᄒᆞ겟다 ᄒᆞᆫ 편지에 對ᄒᆞ야 미상불 편지은 苦待ᄒᆞ엿코 ᄯᅩ 委員部에셔 ᄒᆞ실 편지은 前者에 李容稷先生에 ᄒᆞ신 바와 갓치 강경ᄒᆞᆫ 筆法으로 攻

迫[駁]을 當ᄒᆞᆯ 쥴 알엇던니 이 ᄉᆞ롬에 ᄉᆡᆼ각ᄒᆞᆫ 바와은 달러 貴 函에 言理은 順理ᄒᆞᆫ 편이 만엇스니 이 ᄉᆞ롬도 溫良順序을 ᄯᅡ러 ᄃᆡ강 멧마ᄃᆡ 말ᄉᆞᆷ을 더흐고자 ᄒᆞ나이다.

여보시요. 貴 函에 말ᄉᆞᆷᄃᆡ로 分爭을 하여도 우리에 光復事業은 如前히 잘 될지면 돈 아니 ᄂᆡ겟ᄭᅡ ᄒᆞᆫ 罪로 委員部에서 ᄯᅡ을 긋고 잇ᄂᆞᆫ 獄인니 幾介月 幾介年間 이 獄에 좀 잇스라 ᄒᆞ오면 깃쁜 맘으로 其 獄에 自然 就囚ᄒᆞ며 委員部 命令을 伏從ᄒᆞ겟ᄂᆞ이다. (1) 委員部 相當ᄒᆞᆫ 獄 업슨니 갓치ᄂᆞᆫ 신융이라도 ᄒᆞ겟ᄂᆞ이다. (2) 罪囚됨을 誰가 願ᄒᆞ리요만은 罪에 價은 벌의요. 이에 對ᄒᆞ야 相當ᄒᆞᆫ 갑을 밧어야 ᄒᆞ겟고 ᄯᅩ은 이 ᄉᆞ롬의 갓쳐 잇슬지라도 우리 二千万에 最高所願 完全ᄒᆞᆫ 獨立은 光復ᄒᆞᆯ ᄯᅢ인니 이 獄은 當々ᄒᆞᆫ 大韓民 獨立國 監獄所라. 禁固가 될지라도 깃분 맘으로 잇겟나이다.

여보시요. 이 ᄉᆞ롬도 참아 돈을 ᄂᆡ지 안니ᄒᆞ겟ᄭᅡ ᄒᆞᄂᆞᆫ 말리 口에셔 出치 아니ᄒᆞ며 ᄯᅩ 筆로 쓸 ᄯᅢ에 붓은 잘 도라가지 아니ᄒᆞ엿ᄂᆞ이다. 그러나 時期과 形便을 ᄯᅡ러 ᄒᆞᆯ 것바계 업셔셔 할 말은 ᄒᆞ고 낼 것은 ᄂᆡ여야 ᄒᆞ겟ᄭᅡ ᄒᆞᄂᆞᆫ ᄉᆡᆼ각도 잇셧고 ᄯᅩ 形便이 ᄂᆡ여만 쓰겟스면 ᄂᆡᆫ 것이요. 形便이 내지 아니ᄒᆞ여야 되겟스면 아니ᄂᆡ여되 無妨이라 말ᄒᆞᄂᆞ이다.

여보시요. 이 ᄉᆞ롬의 돈을 ᄂᆡ지 아니ᄒᆞ며 내 집에 불을 노코 불리야 하랴고 ᄒᆞ던 ᄉᆞ롬이 아니라 말ᄉᆞᆷᄒᆞᄂᆞ이다. 遠東에 消息도 ᄃᆡ강 들럿스며 또 편지로도 交涉ᄒᆞ여스며 그 原因도 좀 아래보아고 ᄯᅩ 思想的으로도 前程에 進行ᄒᆞᆯ 事을 ᄂᆡ다본니 時局은 차차 리지러가ᄂᆞᆫ 便이 다다ᄒᆞ며 事業에 기구은 차차 업셔지며 비셩 雜誌 民心은 타락되며 各 處에 宣傳은 日勝ᄒᆞ며 上海에 分爭은 高喊으로 猛烈ᄒᆞ니 아무나 이에 對ᄒᆞ야 ᄉᆡᆼ각ᄒᆞ여도 事業에 進就에 便은 小ᄒᆞ야 事業에 增進ᄒᆞᆷ은 退步라 말ᄉᆞᆷ 아니ᄒᆞ겟ᄂᆞ잇ᄭᅡ.

여보시요. 이 돈 ᄂᆡᄂᆞᆫ 사ᄅᆞᆷ으로 말ᄉᆞᆷᄒᆞ면 남에 云에 ᄭᅳᆯ리며 남에 眼目에 ᄒᆞᆯ 슈 업서 ᄂᆡᄂᆞᆫ 사ᄅᆞᆷ이 多ᄒᆞ며 完全ᄒᆞᆫ 愛國에 思想을 가지고 내 國家가 亡ᄒᆞ엿스니 내가 돕지 아니ᄒᆞ면 이 일리 아니 되겟ᄭᅡ ᄒᆞᄂᆞᆫ 사ᄅᆞᆷ이 멋치나 되ᄂᆞᆫ지 委員 僉位도 아시겟소. 每朔에 보단지(?報單紙) 보아야 不過 六七十名요. 其外에 幾千은 다 어ᄃᆡ 잇삼잇ᄭᅡ? 政府나 委員部 反對者라 ᄒᆞᄂᆞ이다.

美州韓人 居留民이 다 回心ᄒᆞ야 援助力 援助金이 日加ᄒᆞ면 우리에 外交院은 永遠ᄒᆞᆫ 基에 在ᄒᆞ고 우리에 外交業은 完全ᄒᆞᆫ 것은 天然ᄒᆞ 理治[致]며 援助力이 不足ᄒᆞ야 日退ᄒᆞ면 僉位에 事務所은 危險ᄒᆞᆫ 地에 잇ᄂᆞᆫ 것 아니요. 이는 말ᄉᆞᆷ 아니ᄒᆞ여도 아시겟소. 前者에 本國셔도 돈 或 百元이 와셔 保國ᄒᆞ엿스나 보다지에 만일 우리 美州에 居留民이 外交을 담당ᄒᆞ면 本國에나 又 他處에셔 나ᄂᆞᆫ 돈은 政府나 第一 軍派셔 戰爭ᄒᆞᆯ ᄌᆡ료을 研究ᄒᆞᄂᆞᆫ 學生이나 其他 重要處에 保[補]用ᄒᆞᄂᆞᆫ 것이 죠흔 것은 ᄯᅩ 말ᄉᆞᆷ 아니ᄒᆞ여도 아시겟소.

그러면 이에 對ᄒᆞ야 國家을 爲ᄒᆞᄂᆞᆫ 當局은 不可不 援助人이 日加은 勿論ᄒᆞ고 日退ᄒᆞ니 이에 原因을 研究ᄒᆞᆷ이 第一事요. 退步人에 말을 들으면 의레히 分爭을 압ᄒᆞᆯ 세우고 일되지 아니ᄒᆞᆯ 터인니 돈ᄂᆡ지 아니ᄒᆞ겟다 ᄒᆞᆫ니 分爭을 速々히 整頓ᄒᆞᆯ 方策을 研究ᄒᆞ야 援助人에게 廣布ᄒᆞᄂᆞᆫ 것이 第二重要事요. 만일 研究ᄒᆞ여도 無效에 잇스면 援助人에게 廣布ᄒᆞ야 最高에 意向을 使用ᄒᆞᆷ이 可ᄒᆞ다 말ᄉᆞᆷᄒᆞᄂᆞ이다.

여보시요. 委員部 同一[一同]리라고 題ᄒᆞ신 편지에 내 집에다 불을 노코 불리야 ᄒᆞ다 ᄒᆞ셧스니 이은 아모리 ᄉᆡᆼ각ᄒᆞ여도 알 수은 업ᄂᆞᆫ 말ᄉᆞᆷ이외다. 이 사ᄅᆞᆷ이 그 편지 ᄒᆞᆯ ᄯᆡ에 담보금을 ᄂᆡ지 아니ᄒᆞ겟다은 것으로 主張을 삼은 것이 아니요. 分爭에 妨害가 不小ᄒᆞᆷ을 주장ᄒᆞ엿ᄂᆞ이다. 만일 돈을 아ᄭᅵ여셔 그 일리 아니됨을 죠아ᄒᆞ야 그 ᄀᆞᆺ치 ᄒᆞ여스면 말[?많]은 사ᄅᆞᆷ과 ᄀᆞᆺ치 ᄂᆡ지 아니ᄒᆞ고 왜 돈을 ᄂᆡ여 分爭에 일은 되지 아니ᄒᆞᄂᆞᆫ니 宣傳을 듯고 그러은 그러치 ᄒᆞ고 反對ᄒᆞ고 잇지 왜 미리 돈을 先送ᄒᆞ고 잇겟ᄂᆞ잇ᄊᆞ.

ᄉᆡᆼ각을 좀 기히 ᄒᆡ보시옵. 돈ᄂᆡ지 아니ᄒᆞ겟ᄊᆞ ᄒᆞᆫ 편지가 잇스면 그 日字을 보시며 돈에 數額을 보셔도 알실듯 ᄒᆞ외다. ᄯᅩ 피야불노 ᄒᆞᆫ인에 돈 보ᄂᆡ 票을 보시면 他人은 어ᄂᆞ달條을 ᄂᆡ여스며 이 사ᄅᆞᆷ은 어ᄂᆞ달條ᄭᆞ지 ᄂᆡ엿ᄂᆞᆫ지 아시겟소. 만일 地方委員이 보ᄂᆡ지 아니ᄒᆞ여스면 이 사ᄅᆞᆷ은 何如間 十月條ᄭᆞ지 ᄂᆡ 영수証 잇스니 염여업소이다.

여보시요. ᄯᅩ 알 수 업ᄂᆞᆫ 일 만다 ᄒᆞᄂᆞᆫ니 吉兆인지 吉兆가 아닌지 알 수 업스나 私事에ᄂᆞᆫ 共同을 每日 幾次式 開促ᄒᆞ여 사ᄅᆞᆷ을 곳 罪을 주어 城獄이나 道獄에 보ᄂᆡ여 누구을 絞에 處ᄒᆞ거나 斬에 處ᄒᆞᆯ 것 ᄀᆞᆺ치 ᄒᆞ던지니 眞正 廣明ᄒᆞᆫ 公事에ᄂᆞᆫ 만히 지도 아니ᄒᆞ며 公錢은 자기들리 먼져 書名ᄒᆞ고 本國셔 참상 학살은 참혹ᄒᆞᆫ니 통분ᄒᆞ니 ᄒᆞ던니 자긔들리 모져 反對ᄒᆞ고 書名ᄒᆞᆫ 담보금을 ᄂᆡ지 아니ᄒᆞᆫ니 참 알 수 업ᄂᆞ이다. 私事도 報告ᄒᆞ엿ᄂᆞᆫᄃᆡ 如此ᄒᆞᆫ 公事에 報告도 업셔요. ᄯᅩ 報告ᄒᆞ엿ᄊᆞ ᄒᆞ질라도 公文도 일장 왜 업셔요. ᄯᅩ 公文이 잇ᄊᆞᄒᆞᆯ지라도 反對ᄒᆞ고 잇기ᄂᆞᆫ 一班[般]이고 公錢ᄂᆡ 것을 바들 수 잇스면 밧겟ᄊᆞ고 말도 ᄒᆞᆫ다니 可痛可惜ᄒᆞᆫ 事라 말ᄉᆞᆷᄒᆞᄂᆞ이다.

여보시요. 敵에 强勢을 사피며 우리에 微弱을 ᄉᆡᆼ각ᄒᆞ오면 우리 二千万은 勿論 上下 貴賤ᄒᆞ고 一括ᄒᆞ계 相愛・相護・相扶ᄒᆞ야 兄弟 姉妹가 되지라도 참 光復ᄒᆞ기은 極難이라 ᄒᆞᄂᆞ이다. 相愛은 勿論ᄒᆞ고 相爭 相反ᄒᆞ야 最高的 手端을 使用ᄒᆞ니 이ᄂᆞᆫ 우리 원수에 勢을 도드며 간간 大笑件을 自作ᄒᆞ고 잇스니 可痛可惜件이 第二라 ᄒᆞᄂᆞ이다. 이ᄂᆞᆫ 委員 僉員에계 ᄃᆡᄒᆞ야 分黨이나 分爭을 지엿다 말ᄉᆞᆷᄒᆞᆷ이 아니고 誰나 勿論ᄒᆞ고 公私間에 分黨 分爭

을 뒨 사름에게 말슴ᄒᆞᄂᆞᆫ 것 ᄲᅮᆫ이외다. ᄯᅩ 其 分爭은 우리 일에 害 되은 一班이요.

委員 僉位은 엇지 ᄉᆡᆼ각ᄒᆞ시ᄂᆞᆫ지 알 수 업건이와 이 사름은 이 갓치 ᄉᆡᆼ각ᄒᆞᄂᆞᆫ이다. 우리가 完全ᄒᆞᆫ 光復을 ᄒᆞ랴면 過去에 四年은 勿論ᄒᆞ고 未來에 十年間 일ᄒᆞ되 今日에 우리 일은 明日에 우리에 完全ᄒᆞᆫ 獨立 잇ᄂᆞᆫ 것 ᄀᆞᆺ치 ᄒᆞ야 正善 正美ᄒᆞ고 意合不絶ᄒᆞ지라도 完成에 至ᄒᆞ랴면 各 項에 困難이 莫大ᄒᆞ다 말슴ᄒᆞᄂᆞ이다. 十年이 支離ᄒᆞ지만은 未備ᄒᆞᆫ 經歷으로 現相[狀]時局에 結果을 보시면 아시계소.

이 사름은 이런 ᄉᆡᆼ각 잇ᄂᆞ이다. 우리에 重要點은 敵을 本國에셔 다 모라너ᄂᆞᆫᄃᆡ 잇고 우리에 外交은 重要件 五六條에 잇싸 ᄒᆞᄂᆞ이다. 만일 外交을 ᄒᆞ야 獨立을 得ᄒᆞ면 僉位도 心量ᄒᆞ시ᄂᆞᆫ 배라 엇쎠ᄒᆞᆫ 獨立을 가지겟ᄂᆞ잇ᄭᅡ?

져 分黨ᄒᆞᄂᆞᆫ 사름으로 말슴ᄒᆞ면 그 中에 愛國者도 잇고 ᄯᅩ 分黨者 잇ᄂᆞᆫᄃᆡ 何如間 一同을 말ᄒᆞ면 다 敵을 反省ᄒᆞᄂᆞᆫ 사름인즉 그 分爭에 曲直을 察ᄒᆞ야 其 原因에 解決을 速速히 ᄒᆞᆷ이 可ᄒᆞ다 말슴ᄒᆞᄂᆞ이다.

그 사름들에 主張件은 져 사름들를 無政府黨[이]라 ᄒᆞᄂᆞᆫ 것.

又 政府派에셔 私黨을 主張ᄒᆞᄂᆞᆫ 것.

又 政府에셔 軍派을 不顧件 이것이라 ᄒᆞᄂᆞ니 이 사름들의 말ᄒᆞᆯ 만ᄒᆞᆫ 件이 된다 ᄒᆞᆯ 수 잇ᄂᆞ이다. 그러ᄒᆞᆫᄃᆡ 梁起澤[鐸]・安定根 그 枝次 名望이 잇싸 ᄒᆞᄂᆞᆫ 諸氏가 잇스니 그도 難處ᄒᆞᆫ 일리며 우리 大領統閣下은 엇지나 주션ᄒᆞ시ᄂᆞᆫ지 알 수 업지만은 速々히 整頓ᄒᆞᆯ 政策가 別無ᄒᆞ오면 우리에 經營ᄒᆞᄂᆞᆫ 바은 危地에 入ᄒᆞ기 十上九라 염이ᄒᆞᄂᆞ이다.

피야불노同胞 情形과 事情

신윤셩씨라 ᄒᆞᄂᆞᆫ 同胞가 쎈[덴]바에셔 오셔ᄂᆞᆫᄃᆡ 이 사름은 氏

을 보기 위ᄒᆞ야 今月 三日夜 下午 七時에 黃秉性 委員은 鄙家에 오시지라.

(尹) 신우셩씨가 오셧짜 ᄒᆞ오니 내가 좀 보자고 ᄒᆞ시오.

(黃氏) 그 사룸은 왜 보자고 ᄒᆞ오. 내 집에는 왜셔 나은 보아는딕 尹家에 오지 아니ᄒᆞ는 것을 보면 已爲 알죠지.

(尹) 여보 그 무삼 말숨이요. 아라니.

(黃氏) 禹・尹 兩人間에 不和홈을 임에 쎄[덴]바 韓人間에 宣傳 廣佈ᄒᆞ야 禹氏가 相從말ᄂᆞ ᄒᆞ엿는딕 尹家에 올 이가 왜 잇소.

(尹) 하하 참 큰 일 는소. 그러나 誰을 勿論ᄒᆞ고 良心이 잇스면 是非을 分間ᄒᆞ겟고 쏘 禹氏에 말숨만 듯고 相從 아니ᄒᆞ여도 無妨ᄒᆞ겟소.

여보시요. 이 ᄉᆞ룸은 어ᄂᆞ 쎡나 어ᄂᆞ 곳이ᄂᆞ 勿論ᄒᆞ고 分黨이나 私事에 關ᄒᆞ야 他人ᄭᅡ지 相從말라 ᄒᆞ지도 아니ᄒᆞ겟스며 分爭 分黨에 攻迫을 바들지라도 分爭 分黨을 作ᄒᆞ지 아니ᄒᆞ겟ᄂᆞ이다. 그 原因은 우리에 故 政府 우리에 祖上 幾千年 닉려오며 便色 上中下 黨派 노름에 是非에 曲直은 勿論ᄒᆞ고 勝派ᄒᆞ면 勝ᄒᆞ고 弱ᄒᆞ면 敗ᄒᆞᆫ 惡ᄒᆞ고 亡ᄒᆞᆫ 性質 人種ᄭᅡ지 殺害 當ᄒᆞ는 貫[慣]習은 아니가지겟ᄂᆞ이다. 이 말숨은 報告도 아니요. 이을 爲ᄒᆞ야 이 ᄉᆞ룸을 두둔ᄒᆞ시라 홈도 아니요. 이 셰상은 여차 여차ᄒᆞ다 말숨이고 世上은 別別 일리 다 잇다 ᄒᆞ는 말숨이외다. 그러으로 委員 諸公도 每事에 對ᄒᆞ야 每日에 別々 일리 잇는 것을 딕강 심작ᄒᆞ겟다 ᄒᆞ는 말숨이외다.

쏘 자리에 들임으로 公私事間 合心但[團]結ᄒᆞ던니 日前에도 李・禹 兩人간언 相爭힛ᄶᅡ니 무슨 사건은 勿論이연니와 同旋[?族]相爭에 公私을 勿論ᄒᆞ고 世界에 有名ᄒᆞᆫ 人種이라 말숨ᄒᆞᄂᆞ이다.

이곳에 人數은 增加ᄒᆞ야 八九人에 至ᄒᆞ엿는딕 들은즉 委員部에셔 申奎[圭]植總長이 追悼會ᄒᆞ라고 公文이 와다 ᄒᆞ는 즁 잠잠

이 지나간이 이도 ᄯᅩ 알 슈 업ᄂᆞᆫ 일 ᄯᅩ 한 가지라 말ᄉᆞᆷᄒᆞᄂᆞ이다.

이 ᄉᆞᄅᆞᆷ이 담보금은 ᄂᆡ지 아니하겟다 ᄒᆞ여스나 아죠 정지ᄒᆞ기은 이 돈 ᄂᆡᄂᆞᆫ 것보더 더 어려운 사정인즉 ᄂᆡ면 ᄂᆡᄂᆞᆫ 즁 나[아]시고 이후에 돈이 가지 아니ᄒᆞ면 아즉 정지ᄒᆞᄂᆞᆫ 쥴 아시ᄋᆞᆸ소셔.

敬頌大安.

民國 四年 十月 二十日 尹承烈 上

71. 윤승렬 → 서재필 1922. 1. 4. (18, 509~518)

Yoon S. L. 1-4-22

From S. Y. Yun, 1319 E. Abriendo Ave.,

Pueblo, Colo. Jan. 4, 1922

민국 四년 一월 四일 아참에 우리 사랑ᄒᆞᄂᆞᆫ 이쳔만중에 잇ᄂᆞᆫ 분자 윤승렬(尹承烈)은 나에 지극히 존앙(尊仰)ᄒᆞᄂᆞᆫ 귀미위원장 셔지필(徐載弼)각하에 두어자로 써 문안ᄒᆞ오며 ᄯᅩ 우리 위원부 졔공각하에 ᄒᆞ신 바 일은 그외에 더 잘ᄒᆞ실 슈 업ᄂᆞᆫ ᄃᆡᄭᅡ지 ᄒᆞ신 줄 아ᄋᆞᆸ고 한(限)니 업ᄂᆞᆫ 감사ᄒᆞᆷ을 마지 아니ᄒᆞᄂᆞ이다.

그러ᄒᆞ온ᄃᆡ 금당(今當) 타쳐에 거류ᄒᆞᄂᆞᆫ 동표[포]도 그러ᄒᆞ겟지만은 특별히 피야불노 거류동포은 기간에 「위원부통신」상으로 ᄃᆡ강 진젹(眞的)ᄒᆞᆫ 소식은 죵〻 듯사오나 간혹 감각상으로 위원부 소식을 누가 두고도 주지 안니ᄒᆞᄂᆞᆫ 것 갓삽던니 불의에 위원부에 사무보시던 김여[?영]긔공을 작일에 맛ᄂᆞ 자셔ᄒᆞᆫ 소문을 듯사온니 그에 상세ᄒᆞᆷ을 비ᄒᆞ면 사오쥬일 동안을 옥즁 잇다가 고기션이나 자동차을 타ᄂᆞᆫ 맛보다 더ᄒᆞ다 ᄒᆞᄂᆞ이다. 그러ᄒᆞ온ᄃᆡ 김공에 말삼은 위원부 일을 가지고 포아도(布哇島, 하와이)로 향ᄒᆞᄂᆞᆫ 역로(歷路)에 잠시 동표을 심방ᄒᆞ로라 ᄒᆞᄋᆞᆸᄃᆡ다.

슈월젼에 각하ᄭᅴ서 아모죠록 평화롭게 지ᄂᆡ라고 말ᄉᆞᆷᄒᆞᆷ을 금일ᄭᅡ지 잇지 아니ᄒᆞ엿사온ᄃᆡ 그것은 그 형편 형세를 ᄯᅡ라 ᄒᆡᆼᄒᆞᆯ 것 밧계 업ᄂᆞ 쥴 알고 말ᄉᆞᆷᄒᆞ옵ᄂᆞᆫ니 아모 동표던지 본인 사랑ᄒᆞᄂᆞᆫ 자을 사랑ᄒᆞ옵고 본인을 미워ᄒᆞᄂᆞᆫ 자을 미워ᄒᆞᆯ 것밧계 업사온 쥴 알고 그갓치 ᄒᆡᆼ[ᄒᆞ]겟ᄂᆞ이다. 웨 그러고 ᄒᆞ니 슈월젼에 본인과 우·신·박 졔인(諸人) 사이에 ᄒᆞᆫ 사사론 ᄌᆡ졍ᄒᆞᆫ 이십여원에 공동회을 모집ᄒᆞ엿사오며 사사로 ᄌᆡ판을 ᄒᆞ엿삽ᄉᆞᆷ을 그젼에 말ᄉᆞᆷᄒᆞ엿건이와 다죵에 이 사건이 그갓치 위원부ᄭᅡ지 보고ᄒᆞᆯ 사건이 되지 못ᄒᆞᄂᆞᆫ 것을 그갓치 ᄒᆞ여고 동표간 죵죵 시비 츌ᄉᆡᆼᄒᆞᆯ 동시에 공평 졍직이라 것은 어ᄃᆡ 가고 마치 에젼 젼졔졍치 ᄒᆞ에 궐리다 홈으로 역져[적]으로 모라 그예 시기ᄒᆞᄂᆞᆫ 권리로 약ᄒᆞᆫ 궐리을 업ᄊᆡ랴고 [ᄒᆞᄂᆞᆫ] 듯키 ᄒᆞᄂᆞᆫ ᄯᅢ가 만히 잇셔ᄂᆞ이다.

ᄯᅩ 말ᄉᆞᆷᄒᆞᆯ 것ᄂᆞᆫ 슈월젼에 그 불미ᄒᆞᆫ 사건을 본인은 극히 다졍ᄒᆞᆫ 치[친]구에계도 말ᄉᆞᆷᄒᆞᆫ 일리 업삽고 셔신으로도 그 불미ᄒᆞᆷ을 말ᄉᆞᆷᄒᆞᆫ ᄯᅢ가 업셔지만은 우씨편에셔 ᄯᅦ[덴]바 근지에 동표에 표고ᄒᆞ야 본인에 친구 하ᄂᆞ이 그 일을 말ᄉᆞᆷᄒᆞ라 ᄒᆞ야 그 사실ᄃᆡ로 션은 여차ᄒᆞ고 후은 여차라 말ᄉᆞᆷᄒᆞ엿사외다. 그러ᄒᆞ온 ᄯᅢ 우씨편에셔 아모리 ᄉᆡᆼ각ᄒᆞ여도 잘못ᄒᆞ엿ᄂᆞᆫ지 하위[?和議]ᄒᆞ자고 동표 황동셩씨을 즁간에 녹코 본인에게 말ᄉᆞᆷᄒᆞ옵기로 하회[?和解]ᄒᆞ자고 하엿[ᄂᆞᆫ]ᄃᆡ 본인 말ᄒᆞ옵기을 자기들리 위원부에ᄭᅡ지 보고ᄒᆞ엿스니 하위ᄒᆞ랴 것은 위원부에 잘못ᄒᆡᆺ로라고 사과 보고을 ᄒᆞ오면 젼과 갓치 친젼히 지ᄂᆡ겟다 말ᄒᆞ여사오나 아모 소ᄅᆡ 업ᄂᆞ이다.

본인은 아모리 무식ᄒᆞᆯ지라도 공평ᄒᆞᆫ 것인지 공평 아니ᄒᆞ 것인지 그 부[분]간이야 엇지 모으[모르]겟ᄂᆞ잇ᄭᅡ? 본인도 평하롭계 지ᄂᆡ 것을 사랑ᄒᆞ옵지만 그네들리 심ᄒᆞᆫ 데 일으은니 본인도 심ᄒᆞᆫ 거[것]이 울 것 박계 업ᄂᆞ이다. ᄯᅩ 간혹 이러[런] 일 당ᄒᆞᆫ 일리 잇ᄂᆞ이다. 어던 동표은 돈이 업셔 못ᄂᆡ던지 돈이 잇고도 ᄂᆡ기 원치 안니ᄒᆞ여 아니ᄂᆡᆺ던지 자기은[ᄂᆞᆫ] 남과 갓치 ᄂᆡ지 안니ᄒᆞ고 남이

ᄂᆡᆯ만코 ᄂᆡᆫ 사ᄅᆞᆷ다려 영수응[증] 보자고 ᄒᆞᄂᆞᆫ 사ᄅᆞᆷ도 잇셔ᄂᆞ이다.

ᄯᅩ 깃분 말ᄉᆞᆷ은 이 디방위원이 쳬임(遞任)되여 ᄯᅩ 황동셩씨가 디방위원이 되엿ᄂᆞ이다. 그려ᄒᆞ오면 본인은 황동셔[셩]씨은 위원도 될만ᄒᆞᆫ 학식을 가지고 ᄯᅩ 픔ᄒᆡᆼ이 그 즉무을 감당ᄒᆞ실 줄 알고 증명ᄒᆞᄋᆞᆸᄂᆞ이다.

그젼에 말ᄉᆞᆷᄒᆞ신 것 갓치 져 사ᄅᆞᆷ와 평화롭던지 펴[평]화롭지 아니ᄒᆞ던지 물론ᄒᆞ고 본인에 죠흔 의향이 잇스면 졔츌ᄒᆞ계ᄂᆞ이다. 그러면 본인에 사상은 이갓사온ᄃᆡ 본인다려 무기을 국가을 위ᄒᆞ야 심쓰ᄂᆞᆫ 것이 죠흐야 심을 쓰지 아니ᄒᆞᄂᆞᆫ 것이 죠흐야 무[물]우면 본인 ᄃᆡ답은 이 사ᄅᆞᆷ은 피야불노 동표가 사랑 아니ᄒᆞᄂᆞᆫ 것은 그만두고 왼 북미쥬에 잇ᄂᆞᆫ 도표[동포]가 사랑 아니ᄒᆞ여도 우리 국가 일은 힘을 써야 ᄒᆞ계ᄭᅡ 말ᄒᆞ겟ᄂᆞ이다. 왜? 윤승열은 미쥬 소슈요에 일분자 아니요. 우리 사랑ᄒᆞᄂᆞᆫ 이쳔만즁에 일분자 된 이유가 잇다 말ᄉᆞᆷᄒᆞᄂᆞ이다.

ᄯᅩ 말ᄉᆞᆷᄒᆞᆯ 것은 본인 사랑ᄒᆞᄂᆞᆫ 사ᄅᆞᆷ은 물논 말ᄉᆞᆷᄒᆞ 것 업것이과 본인을 미워ᄒᆞᄂᆞᆫ 자가 혹 본인다려 국가을 위ᄒᆞ야 돈 ᄂᆡᆺᄂᆞᆫ야 아니ᄂᆡᆺᄂᆞᆫ야 물우면 본인이 답ᄒᆞᄋᆞᆸ기을 국가을 일젼어치도 사랑ᄒᆞᄂᆞᆫ 맘이 업셔 일젼도 ᄂᆡ지 아니ᄒᆞ여ᄭᅡ ᄒᆞ계ᄂᆞ이다. 그러나 본인에 작졍ᄒᆞᆫ ᄉᆡᆼ각은 ᄒᆡᆼ셰을 ᄭᅡ라 십분 심을 써 우리 국가나 민족에 향복이 될지면 어나 ᄭᅢ던지 사양치 아니ᄒᆞ계ᄂᆞ이다. 본인이 그갓치 국가을 일젼어치도 사랑ᄒᆞ지 아니ᄒᆞᆫ다 말ᄒᆞᆯ ᄭᅡ에 미워ᄒᆞᄂᆞᆫ 사ᄅᆞᆷ은 응당 죽니[이]기ᄭᅡ지 ᄒᆞᆯ 터인즉 그 ᄉᆡ은[는] 죽어도 맛당ᄒᆞ다 말ᄉᆞᆷᄒᆞᄂᆞ이다. 웨? 본인에 즉[직]칙을 다ᄒᆞ고 정셩을 다ᄒᆞᆫ 바에 죽으면 무엇이 한 되오릿ᄭᅡ?

ᄯᅩ 말ᄉᆞᆷᄒᆞᆯ 것은 우리 원수에 졍칙과 세계에 형편을 ᄭᅡ라 우리에 위원부은 영영히 유지ᄒᆡ 가랴 ᄯᅩ 폐지ᄒᆞ랴 장차 문제가 ᄉᆡᆼ길 터이지만 보인에 현상 ᄉᆡᆼ각으로 위원부은 불가불 두어야만 피료

ᄒᆞ겟다 말ᄉᆞᆷᄒᆞ계ᄂᆞ이다. 웨? 먼져 과거사로 말ᄉᆞᆷᄒᆞ면 위원부가 업셔터려면 세계 사ᄅᆞᆷ이 그갓치 한족이 참상을 당ᄒᆞᄂᆞᆫ 줄 젼수히 아지 못ᄒᆞᆯ 것이요. ᄯᅩ 누가 말ᄒᆞ기을 본국에셔 참상이 ᄂᆞᆫ 고로 셰계가 안다 ᄒᆞᆯ지라도 Washington갓흔 셩에셔 셰상에 표[포]고ᄒᆞᄂᆞᆫ 사ᄅᆞᆷ은 잇셔야 ᄒᆞ겟ᄂᆞ이다.

ᄯᅩ 미ᄅᆡ로 말ᄉᆞᆷᄒᆞ오면 우리에 원수가 물러갈 ᄯᆡᄭᆞ지 원수에 ᄒᆡᆼ동을 세계에 포고ᄒᆞᆯ 것이라고 말ᄉᆞᆷᄒᆞᄂᆞ이다. ᄯᅩ 유지ᄒᆡ 갈 방침은 열강ᄃᆡ회 ᄯᆡ갓치 거ᄋᆡᆨ을 요구치 아니ᄒᆞᆷ으로 ᄇᆡᆨ셩니 그와 갓치 ᄌᆡ정상 곤ᄂᆞᆫ을 밧지 아니ᄒᆞ계ᄂᆞ이다. 이에 송흔쥬(宋憲澍)씨에계 편지 ᄒᆞᆫ 장 ᄒᆞᄋᆞᆸ고 동번同本 일부을 올니온니 각하은 하량ᄒᆞ십소셔.

이 편지 쓸 ᄯᆡ에 엇던 동표은 학사(學士)도 쎄고 각하도 쎄라고 ᄒᆞ엿지만은 본인에 ᄉᆡᆼ각은 이 편지에 즁요ᄒᆞᆫ ᄌᆡ료은 편지을 무례히 하야 송씨을 노여 ᄒᆞ계 ᄒᆞᄂᆞᆫᄃᆡ 잇지 아니ᄒᆞ고 그 ᄌᆡ료은 송씨에 불의ᄒᆡᆼ동 금지ᄒᆞᄂᆞᆫᄃᆡ 잇ᄭᅡ고 말ᄉᆞᆷ하엿ᄂᆞ이다. 그러나 송씨가 만일 ᄒᆞᆫ번 치ᄂᆞᆫ 소ᄅᆡ에 불의ᄒᆡᆼ동을 금ᄒᆞᆯ지면 장차 그갓치라도 ᄒᆞ계ᄂᆞ이다.

각하은 응당 분주 불가(奔走不暇)ᄒᆞ야 이갓치 장황ᄒᆞᆫ 셔신을 보실 시간이 별고 업슬 듯ᄒᆞ온나 자연히 이갓치 데십 면지面紙에ᄭᅡ지 왓사온니 용셔ᄒᆞ십ᄋᆞᆸ소셔.

위원부 데공 각하은 금연에 필경 복을 만히 바드시련이와 위원부은 슈壽을 텬디(天地)도 同ᄒᆞ기을 바랍ᄂᆞ이다.

위원부 명영하에 잇ᄂᆞᆫ 윤승렬(尹承烈)

72. 윤승렬 → 송헌주 1922. 1. 3. (18, 506~508)

Yoon S. L. 1-3-22

송학사 흔쥬(宋學士 憲澍)씨 각하

경계자(敬啓者) 각하가 금자에 한 단체을 죠즉[직]ᄒᆞ고긔셩회 우리 광복사업에 찬셩ᄒᆞ신다고 죠々 동표에 젼ᄒᆞᄂᆞᆫ 말솜을 드른지 오라외다. 그러면 본인도 우리 二쳔만 일분지[자]인즉 각하에 의향ᄒᆞ시ᄂᆞᆫ 것이 본인에 뜻에 합ᄒᆞ고 보면 금젼과 셩역을 다ᄒᆞ야 극역 찬셩ᄒᆞᆯ 터이요. 만일 그리치 아니면 본인도 다른 도표[동포]로 터부러 져항ᄒᆞᆯ 터인ᄃᆡ 그 져항ᄒᆞᄂᆞᆫ 심은 각하을 도우랴 ᄒᆞᄂᆞᆫ 심보더 빅비ᄂᆞ 크다고 말솜ᄒᆞᄂᆞ이다. 웨? 만일 각하에 향의ᄒᆞᆫᄂᆞᆫ 바 우리 국가와 민족에 히을 씨칠진니 엇지 우리에 원수을 강ᄒᆞ계 만드ᄂᆞᆫ 이유가 그 즁에 잇싸 말솜ᄒᆞ지 아니ᄒᆞ리요.

하여간 긔셩회 규축[칙] 일부을 보ᄂᆡ 쥬시면 감사ᄒᆞ계고 본인에 뜻ᄒᆞᄂᆞᆫ 바ᄂᆞᆫ 귀 회을 돕고 아니돕ᄂᆞᆫᄃᆡ 잇ᄂᆞ이다.

무론 어ᄂᆞ 사롬이나 보통 사상으로 ᄉᆡᆼ각ᄒᆞᄂᆞᆫ 바 무삼 일리[이]던지 잘ᄒᆞ면 그날에 갑은 천연ᄒᆞᆫ 상이요 잘못ᄒᆞ면 그 일에 갑은 쳔연ᄒᆞᆫ 벌이온니 그럼으로 각하도 각하에 ᄒᆞ시ᄂᆞᆫ 바 그 일리 장ᄂᆡ에 우리 국가와 민족에 항복을 줄 것이면 본인도 귀 회에 입회을 원ᄒᆞᄂᆞ이다.

민국 사년 一월 솜일 윤승열(尹承烈)

Copy of a letter of H. J. Song*

[譯文]

* 송헌주(宋憲澍) 서간의 사본.

73. 尹承烈→申衡浩(나라신 하늘) 1923. 4. 7. (18, 536~545)

Yun S. Y. 4-7-23

1032 E. Abriendo Ave.,

Pueblo, Colo.

나라신(申衡浩) 委員 閣下 回納

月前에 先生에 惠函은 잘 보아스며 南宮炎氏가 보닛신 領受証도 잘 보고 이를 爲ᄒᆞ야 感謝를 드리나이다.

貴部로 온 漢文 敬告書도 잘 보아스며 이 글에 格絶ᄒᆞᆫ 말솜은 잠 不良히 行動ᄒᆞᄂᆞᆫ 同胞에 心情를 一次 驚動케 만들ᄂᆞᆫ 能力이 이 글 가운딕 잇사 말솜ᄒᆞᄂᆞ이다. 그러ᄒᆞ오나 有感[遺憾] 되ᄂᆞᆫ 것은 이 敬告書은 임의 三四年前 布讀케 ᄒᆞ엿사오면 더 죠흔 結果를 得ᄒᆞ엿싸 ᄒᆞᆯ 수 잇슴이다.

이 갓치 말솜홈은 太晩ᄒᆞ야 우리에 仰慕ᄒᆞ옵ᄂᆞᆫ 首領를 잘못힛ᄯᆞ 홈이 아니고 後日에 우리 經縉[營]ᄒᆞᄂᆞᆫ 事를 누구가 勿論ᄒᆞ고(介人 或 但[團]體로) 仿[妨]害를 ᄒᆞ야 其成積이 良好치 못ᄒᆞᄂᆞᆫ 其 卽時은 이갓치 敬告文를 宣傳ᄒᆞ야 其妨害件은 始初될 ᄯᅢ에 勿施ᄒᆞᄂᆞᆫ 것이 더 죠흘 쥴 아고 數字를 仰告ᄒᆞ옵ᄂᆞ이다.

國民代表會로 말삼할지라도 所謂 國民代表會라 自稱ᄒᆞ고 愛國金·軍資金를 拳銃이나 短刀를 가지고 其可憐ᄒᆞᆫ 同胞를 위협으로 ᄲᅢ셔다가 國家을 爲ᄒᆞ야 利케 스난 것은 고사고 妨害되도록 三四年 長久에 時間를 虛費ᄒᆞ며 仿[妨]害ᄒᆞᆯ 수 잇ᄂᆞᆫ딕ᄭᆞ지 百方에 計策을 다ᄒᆞ도록 我側에셔 如此ᄒᆞᆫ 漢文 敬告書가 업셔슴으로 有感이라 말삼ᄒᆞ옵ᄂᆞ이다.

該 敬告書에 기대엿다 말솜ᄒᆞ엿지만 만일 始初에 如此히 格絶ᄒᆞ며 重要ᄒᆞᆫ 文字를 主唱ᄒᆞ셧쎠면 晩時ᄒᆞᄂᆞᆫ 것보다 더 良好ᄒᆞᆫ 結

實를 어들 수 잇셧다 말솜홈이다. 이ᄂᆞᆫ 往事인잇싸 더 말솜ᄒᆞᆫ 必要가 업다 ᄒᆞ여도 無妨ᄒᆞ다 ᄒᆞᆯ 수 잇지만은 貴 府[部]에셔은 何許ᄒᆞᆫ 利益될 사건이던지 妨害될 事件이던지 미리 아시겟슨니 우리에 引導ᄒᆞ시ᄂᆞᆫ 諸位ᄭᅴ셔은 미리 예방ᄒᆞ실 줄 알고 말삼ᄒᆞ온니 만일 이 글에 言論이나 意向이 不足ᄒᆞᆫ 것 잇슨면 容恕ᄒᆞ실 줄 아오며 採用ᄒᆞᆯ 件이 잇스면 歡迎ᄒᆞ실 줄 밋슴이다.

本人은 未知ᄒᆞᆫ 隅에 處ᄒᆞ야 무슨 말삼를 ᄒᆞᆯ 能力도 업스며 一介人에 말솜홈이 重要히 使用되기를 엇지 바라잇싸만은 本人은 싱각ᄒᆞᆫ 바은 我에 國家事을 위ᄒᆞ야 好方策으로ᄂᆞᆫ 죠흔 말삼도 ᄒᆞ며 죠치 아니ᄒᆞᆫ 말삼도 ᄒᆞ여도 無妨에 生覺 잇셔 말솜ᄒᆞᄂᆞᆫ 것임이다.

『太平洋雜誌』를 보온니 其中에 참으로 필요ᄒᆞᆫ 말솜은 만히 잇스며 合心에 要素은 이 잡지에 잇슴이로 孩[該] 雜誌社를 援助兼 知識를 비홈 兼 注文ᄒᆞ겟ᄂᆞ이다. 孩 雜紙[誌] 中에 安(안창호)氏가 渡米ᄒᆞᆯ 經轢이라ᄂᆞᆫ 題下에 旅行券를 엇지 못ᄒᆞᆫ다 말솜ᄒᆞ셧스니 米政府에셔 安氏가 우리 光復事業에 방히ᄒᆞ엿싸 ᄒᆞ야 엇지 못홈잇싸. 貴 府에셔 旅行券 닉ᄂᆞᆫ 權力이 아즉 업슴잇싸? 이 말솜을 ᄒᆞᄂᆞᆫ 것은 這間 安氏에 渡米은 姑舍[捨]ᄒᆞ고 貴 府은 旅行券 닉ᄂᆞᆫ 權力만 잇고 보면 米政府은 後日 厚責를 우리에계 表示홈를 明白히 알겟심이다. 그럼으로 羣衆에 援力의 國家에 對ᄒᆞ야 더 될 줄노 알고 뭇ᄂᆞᆫ 말솜인즉 回告ᄒᆞ시옵소셔.

또 말삼ᄒᆞ고져 ᄒᆞᄂᆞᆫ 것은 北米 同胞에 合力 合心이온ᄃᆡ 이ᄂᆞᆫ 難於上天이라 말삼ᄒᆞ겟ᄂᆞ이다. 第一 合力에 장ᄋᆡ物은 國民會[인] 줄은 貴 府에셔도 아시겟심이다. 그러면 우리은 推想的으로 이를 攻迫[駁]ᄒᆞ여 解散ᄒᆞᆯ지면 攻迫ᄒᆞ겟싸 홈이 可ᄒᆞ고 만일 好意로 勸勉ᄒᆞ야 解散ᄒᆞᆯ지면 勸勉ᄒᆞ여야 合當ᄒᆞ다 말삼ᄒᆞ겟ᄂᆞᆫᄃᆡ 또 달리 말삼ᄒᆞ면 엇지ᄒᆞ던지 이을 會가 散ᄒᆞ여야 同胞은 自然히 合心된다 말삼ᄒᆞ나이다. 또 말삼ᄒᆞ자면 散치 아니ᄒᆞ고 孩 會에

壄[野]心腸을 改良ᄒᆞ기 젼에ᄂᆞᆫ 同胞에 合心이 極難이라 ᄒᆞᆷ이다.

孩 會에 行動를 第一 本人이 미워ᄒᆞ던 事件.

(1) 六七年前에 許星氏를 日本 졍탐이라 新聞에 記載ᄒᆞ엿스며 또 孩 會員은 言辭로써 許氏를 攻迫ᄒᆞ엿스며

(2) 申興雨・尹致昊 兩氏를 놈싸를 노아 凌辱ᄒᆞ던 것이올세다. 이노 보면 所謂 孩 會에 인도은 以上 兩氏에 洗足ᄒᆞᆯ 인물도 되지 못ᄒᆞᄂᆞᆫ 것이 空然히 남을 辱만 ᄒᆞ고 歲月를 보ᄂᆡᄂᆞᆫ 것을 愚地에 居ᄒᆞᆫ 同胞은 이를 위ᄒᆞ야 金錢를 用ᄒᆞ며 識心를 盡ᄒᆞᆫ니 이런 同胞로 하야금 참 國家事를 돕게 ᄒᆞᄂᆞᆫ 政策은 孩 會에 散를 要ᄒᆞ던지 壄心를 發케 ᄒᆞ던지 兩端間에 ᄒᆞ여야 ᄒᆞ겟싸음 말솜이외다.

(3) 우리 李統領閣下를 陰謀로 모히ᄒᆞ야 册子를 出板[版]ᄭᆞ지 ᄒᆞᆫ 일. 만일 이를 ᄉᆡᆼ각ᄒᆞᆯ지면 法律로 適當ᄒᆞᆫ 罰에 處ᄒᆞ여도 無妨ᄒᆞ다 ᄒᆞᆷ이다. 그러면 만일 貴 府에 孩 册子가 잇스면 本人에게 보ᄂᆡ시면 잘 보고 還送ᄒᆞ겟ᄂᆞ이다. 이에 五錢짜리 郵票를 보ᄂᆡ온니 下諒ᄒᆞ십.

또 말삼ᄒᆞ고자 ᄒᆞᄂᆞᆫ 것은 本人과 이곳에 계신 同胞 禹興太氏ᄒᆞ고ᄂᆞᆫ 三四年前 是非ᄒᆞᆫ 일리 잇셧ᄂᆞᆫᄃᆡ 그 後에 우리 兩人間 絶交ᄒᆞ엿스며 이ᄂᆞᆫ 貴 部에 報告ᄭᆞ지 된 일인ᄃᆡ 이 事件에 原因은 本人이 禹氏에 셰간價 ᄒᆞᆫ 二十餘元를 졋썬 事件인ᄃᆡ 其時에 卽時現金이 無ᄒᆞᆷ으로 月餘間 遲滯됨으로 孩氏은 二次에 共同會을 모앗스며 또 一週間을 야료ᄒᆞᆫ 中에 本人은 第一 스러ᄒᆞ던 事件은 私債를 爲ᄒᆞ야 公錢를 잡어스자 ᄒᆞ던 것이요布哇로 가든 敎會돈. 第二은 本人이 孩氏 잘 ᄃᆡ졉ᄒᆞ면 本人이 도적지를 ᄒᆞ엿써리도 죠흔 사람을 만들 權利가 잇고 本人이 孩氏를 잘못 ᄃᆡ졉ᄒᆞ면 도적지를 아니ᄒᆞ엿슬지라도 도적 사ᄅᆞᆷ를 만들 궐이가 잇싸 ᄒᆞ엿슴이로 우리 兩人間에 義은 絶ᄒᆞ엿슴으로 幾萬里 異域에 孤히 居ᄒᆞ며 隣家에 相

和은 絶ᄒᆞ엿ᄂᆞᆫᄃᆡ 幸히 孩氏은 其 우리에 仰慕ᄒᆞᄂᆞᆫ 首領에 敬告文를 보압고 三月 一日에 本人에게 와셔 謝過ᄒᆞ엿스며 笑顔으로써 掖[握]手ᄒᆞ자 ᄒᆞᆷ으로 本人은 이 願던 배라 깃분 맘으로 答ᄒᆞ엿슴이다.

李容稷先生은 未知ᄒᆞᆫ 隅에 處ᄒᆞ야 便壁[偏僻]히 本人를 攻迫ᄒᆞ엿슴으로 其時에 本人에 맘은 一次 變動ᄒᆞ야 義務도 다 고만두고 委員部을 反對ᄒᆞ랴 ᄒᆞ엿던 ᄉᆡᆼ각이 出ᄒᆞ엿던니 徐(서재필)博士에 편지은 그갓치 攻迫ᄒᆞᆫ 言辭도 엇셔스며 厚議[誼로]써 互相平和的으로 지ᄂᆡ라 ᄒᆞ신 말삼에 屈ᄒᆞ엿스며 ᄯᅩ 原因를 省ᄒᆞ니 禹·尹 兩人間에 私債 二十餘圓에 우리에 國家를 敵에 讓與ᄒᆞᆷ은 人道에 不合ᄒᆞᆷ으로 哇島(하와이)로 出張ᄒᆞᆫ 金永基公은 이곳에 오셜슬 ᄯᅢ 말삼ᄒᆞ기를 米國에 잇ᄂᆞᆫ 同胞은 날를 다 미워ᄒᆞᆯ지라도 내에 國家에 對識은 不變ᄒᆞ겟싸 말삼ᄒᆞ엿나이다. 그러면 이 말삼ᄒᆞ고자 ᄒᆞᄂᆞᆫ 것은 禹氏와 하위[和議]를 ᄒᆞ엿스며 ᄯᅩ 이 일은 貴 部ᄭᅴ셔 報告가 되엿싸 ᄒᆞ엿삼으로 數字를 말삼ᄒᆞ옵ᄂᆞ이다.

『東亞日報』를 搆[購]求ᄒᆞ옵ᄂᆞᆫᄃᆡ 日報은 참 죠흔 良物이고 言理은 同胞 女男를 驚[警]覺케 ᄒᆞᄂᆞᆫ 一大 機關紙라 ᄒᆞ옵ᄂᆞᆫᄃᆡ 우리 光復事業를 돕ᄂᆞᆫ 三南에 富者은 이 事件이 탈로되야 敵獄에 拘留을 當ᄒᆞᆫ다 云ᄒᆞ엿슨니 如此ᄒᆞᆫ 일은 참은 可痛 可惜ᄒᆞᆫ 사라 말ᄉᆞᆷᄒᆞ겟ᄂᆞᆫᄃᆡ 이갓흔 일은 高上的 秘密에 付ᄒᆞ엿슬 터인ᄃᆡ 何道로 脫[綻]露되ᄂᆞᆫ지 알 수 업스며 우리 同胞은 아즉ᄭᆞ지 秘密를 守ᄒᆞᆯ 줄 모르ᄂᆞᆫ 것이 ᄋᆡ셕ᄒᆞᆫ 일외다.

ᄯᅩ은 말삼ᄒᆞ고자 ᄒᆞᄂᆞᆫ 것은 貴 府 通信에 貴 府에셔 行動ᄒᆞᄂᆞᆫ 것이 敵 公館에 들러간다고 말삼ᄒᆞᆫ 귀절을 잇지 아니ᄒᆞ고 두어 마ᄃᆡ 더ᄒᆞ노니 重要 事件를 運動ᄒᆞ실 同時에 의호 우리에 首領은 임의 主唱도 ᄒᆞ시며 아실연과 이 事件를 運動를 援助ᄒᆞ실 委員 멋분만 아시고 運動ᄒᆞ심이 第一 良好ᄒᆞᆫ 政策으로 밋고 말ᄉᆞᆷᄒᆞ나이다.

만일 經營[營]事를 成就ᄒᆞ신 後에 廣布ᄒᆞ심은 先生 아시ᄂᆞᆫ 바 우리 民族이 他 文明ᄒᆞᆫ 民族과 雙를 질지면 今日에 貴 部은 大韓民國에 公事[使]館이 되며 先生은 全權公使가 되실 것은 勿論이외다. 그러ᄒᆞ오나 勿論 엇써ᄒᆞᆫ 나라이던지 多數 種類에 人民이 多ᄒᆞ지만은 그 즁에 비교點으로 보면 우리 民族中 別別 사ᄅᆞᆷ이 다 잇ᄂᆞᆫ 것은 우리에 獨立를 宣展ᄒᆞᆫ 後로 보아심이다.

其前에 貴 部 通信에 보온니 貴 部에 秘密을 알야고 百方으로 貴 府를 搖亂케 ᄒᆞᆫ 者 잇다 ᄒᆞᆫ 것 보앗심이다. 本人은 如此ᄒᆞᆫ ᄉᆡᆼ각이 잇심이다. 某事을 秘密에 置ᄒᆞ여도 우리 國家을 위함이고 某事를 宣展에 치ᄒᆞ여도 우리에 民族을 爲ᄒᆞᆷ이라. 이로써 百方으로 알랴ᄒᆞᆷ은 其心中에 䵝心 잇셔 妨割[害]ᄒᆞᆯ 思想은 임에 顯著ᄒᆞᆷ이라. 그여히 알야 ᄒᆞᄂᆞᆫ 자에게은 秘密ᄒᆞᆫ ᄯᅵ를 永永 주지 아니ᄒᆞᆯ 主意 잇고 其人를 좀 살혀볼 ᄉᆡᆼ각이 잇싸고 말ᄉᆞᆷᄒᆞᄂᆞ이나 敵은 一代 文明ᄒᆞᆫ 狐 즉 우리은 우리 光復를 如干ᄒᆞᆫ 參謀 가지고은 結果를 得ᄒᆞ기 難ᄒᆞᆯ 줄 알고 말삼ᄒᆞ오니 照亮ᄒᆞ시ᄋᆸ소셔.

ᄒᆞᆫ 一週前 貴 府 通信中 敵에 國會위원은 韓國情形은 危險ᄒᆞ다 ᄒᆞ엿ᄂᆞᆫᄃᆡ 이 委員에 心中에 엇더ᄒᆞᆫ 䵝心을 가지고 이런 말를 ᄒᆞ엿ᄂᆞᆫ지 아 수 업심이다. 伊藤 首敵은 七條 五條를 定ᄒᆞᆯ ᄯᅵ에 各處에 義兵은 蜂起ᄒᆞ야 敵兵를 ᄃᆡ적ᄒᆞᆯ 時에 우리 中 先覺ᄒᆞᆫ 閔肯鎬氏은 義兵大將中 卓越ᄒᆞᆫ 才能을 가졋심으로 敵은 孩 大將에게 害를 第一 만히 당ᄒᆞ엿싸 ᄒᆞ엿심이다. 其後에 敵은 孩氏을 戰殺ᄒᆞ야 葬地에 埋ᄒᆞ고 大韓義兵大將 閔肯鎬氏之墓라 牌를 立ᄒᆞᆫ 後에도 義兵를 만나기만 ᄒᆞ오면 暴殺ᄒᆞ기은 一般으로 ᄒᆞ엿심이다.

그러면 貴 部에 通信를 쳐셔 이러ᄒᆞ온 文字를 宣展치 마시라심도 아니고 우리은 참 絶對ᄒᆞ고 卓越ᄒᆞᆫ 政策을 使用ᄒᆞ기 外에ᄂᆞᆫ 이에 成摘[績]를 得ᄒᆞ기 難ᄒᆞ다 말삼ᄒᆞ이다.

餘은 不備謝上.

民國 五年 四月 七日 尹承烈은 하례ᄒᆞ며 이 글를 오리나이다.

74. 李大爲→白一圭 1919. 9. 5. (18, 546)

白一圭 氏

昨夜 電達이옵거니와 愛國金 及 公債 出賣가 皆 一般이오니 勿慮並行ᄒᆞ시되 地方 便利를 爲ᄒᆞ야 치[시]카고 及 以東은 本委員部에 直接 交涉ᄒᆞ게 ᄒᆞ셔 愛國金을 直受ᄒᆞ면 其 出金人 姓名 及 額數를 中總으로 通寄ᄒᆞ야 中總에서 入□ 後 領受証을 個人에게 送ᄒᆞ게 ᄒᆞ고 本 委員部는 中總 名義로 入□ᄒᆞ겟ᄉᆞ오니 下諒後 回示ᄒᆞ시옵쇼셔. 公債은 此處에 直接 送金人에게 送ᄒᆞ여도 無妨ᄒᆞᆯ듯 ᄒᆞ웨다.

民國 元年 九月 五日 弟 李大爲

弟은 委員部掌財이ᄋᆞ옵ᄂᆡ다. 長久이 □ᄒᆞ야도 되겟ᄂᆞ요?

75. 李大爲→白一圭 1919. 9. 5. (18, 547)

白一圭 氏

惠電을 今朝에 受ᄒᆞ얏ᄉᆞ오며 答電은 送ᄒᆞ얏거니와 愛國金 已爲廣布ᄒᆞ얏스면 該金 受捧時에 同胞에게 廣布ᄒᆞ야 補助 名義로 ᄂᆞᆫ 金 卽 國債票를 願ᄒᆞᆫ 人의 金을 以愛國金으로 受ᄒᆞ야 送ᄒᆞ시면 一般일듯 ᄒᆞ웨다.

自由補助도 愛國金　　一般이 될지니(이 아래에 영문 10여 단어 있음. 판독불능)

國債票도　愛國金

1919 九月 五日 李大爲

76. 李大爲 → 白一圭 1919. 9. 11. (18, 548)

白一圭 氏前

貴 兄의 愛國金·公債票 等 書信事件은 得覽이온 바 公債票를 愛國金으로 出票홀 일과 兩皆 並行홀 일을 가지고 委員會에셔 長久 討論ᄒᆞ다가 畢竟 愛國金은 停止ᄒᆞ고 公債票만 發賣ᄒᆞ기로 ᄒᆞ얏스며 其일에 對ᄒᆞ야 說明書를 速히 付呈ᄒᆞ겟ᄉᆞ오니 下諒ᄒᆞ시옵쇼셔. 金奎植氏가 病院에 入ᄒᆞ야 如干 遲滯됨ᄂᆡ다.

1919 九月 十一日 弟 李大爲

77. 李大爲 → 白一圭 1919. 9. 11. (18, 549)

白一圭 氏前

惠函 今月 答度를 承ᄒᆞ와 獨立宣言書와 寫眞 等을 付送ᄒᆞ신 줄 知ᄒᆞ얏ᄉᆞ오며 日前에 付送ᄒᆞ신 『韓國眞狀』이란 冊 一百卷은 感謝히 受ᄒᆞ야 此處에 分傳ᄒᆞ얏ᄉᆞ오며 그 冊이 좀 더 잇스면 죠흘 터이나 送不送은 任의 自由로 ᄒᆞ시옵쇼셔.

1919 九月 十一日 弟 李大爲

78. 李大爲 → 千世憲 1919. 9. 11. (18, 550)

千世憲 氏前

惠書 今月 九日度와 同封ᄒᆞᆫ 銀行票 貳佰元은 感謝히 推尋ᄒᆞ얏ᄉᆞ오며 李源益氏의 同力ᄒᆞ시는 일에 對ᄒᆞ야 더욱 깃버ᄒᆞ옵ᄂᆡ다.

公債票난 日間 發送케 되겟ᄉᆞ오니 그리 아시고 又先 收金을 始作ᄒᆞ시옵쇼셔. 委任狀도 今明日間 付送ᄒᆞ오리다. 額數를 定ᄒᆞᆫ 일은 委員部에셔 發論ᄒᆞ야 ᄒᆞ겟쇼이다.

中總□□□ 變動□□□□□□□人에게 收金□로 通信만이 ᄒᆞ얏고 또는 兄이 華人에게 收捐ᄒᆞ지 말고 公債를 發賣ᄒᆞᆷ이 조흘듯ᄒᆞ웨다.

民國 元年 九月 十一日 歐美委員部 掌財 李大爲

79. 李大爲 → 千世憲 1919. 9. 11. (18, 551)

千世憲 氏前

다시 仰告ᄒᆞ옵기는 再昨日 委員會에셔 長久ᄒᆞᆫ 討論으로 愛國金은 停止ᄒᆞ고 公債票만 出賣ᄒᆞ게 ᄒᆞ얏소이다. 其 理由는 무삼 돈을 收捧ᄒᆞ던지 行政府 일에 쓸 터인ᄃᆡ 두 가지로 것우면 동포의 마암도 현란ᄒᆞᆯ 터이오 또는 독립 후에 동포의 돈을 판보ᄒᆞ는 것이 可當ᄒᆞᆫ 줄노 ᄉᆡᆼ각ᄒᆞᆷ이올세다.

中央總會에 그 ᄉᆞ건을 公文ᄒᆞ얏쇼이다.

大韓民國 元年 九月 十一日

大韓民國 歐美委員部 財務 李大爲

80. 李東輝 → 金奎植 1920. 8. 9. (18, 552)

這間 種々의 書信은 弟로 하여곰 感謝함을 익이지 못하엿습니다. 際玆 暑炎이 甚酷한 此節를 當하여 旅體候 萬旺하심잇가. 멀니 빌고 절합니다. 近來에 하시는 일은 얼마나 好成績을 釀出하엿슴니가. 아울너 비옵나이다. 이곳 弟는 敢히 그 重任을 다하지 못하나 誠意ᄃᆡ로는 做去함니다. 그러나 우리의 最後의 目的인 血戰을 아직 行치 못하여 國民의게 向하여 愧悚함이 大端하외다. 內地 形便과 中俄領 等地에 居留하는 우리 同胞의 運動은 漸次 그 手端 較烈하여 감니가.

餘는 旅體 爲國保重하심 비옵고 只此候上.

大韓民國 二年 八月 九日 弟 李東輝 拜上

金奎植 大兄 惠鑒

81. 이명구→? ?1922. 4. 16. (18, 555, 553~554)

M. K. Lee

Ramsay, Mont.

젼일 편지ᄒᆞ얏드니 그 동안에 엉당 보셧듯 ᄒᆞ옵니다. 그 동안에 하ᄂᆞ님 언혜즁 형쳬후 만강ᄒᆞ옵시고 덕ᄂᆡ 모든 일이 두로 무사ᄒᆞ온지 알고져 원ᄒᆞ옵니다. 졔ᄂᆞᆫ 이곳 온 후로 아직 아모 연고 업ᄉᆞ옵고 동거ᄒᆞᆫ 여르분도 다 ᄒᆞᆫ 모양으로 지ᄂᆡ오니 일로 다ᄒᆡᆼ이 옵니다.

부탁코져 할올 말삼은 ᄶᅡᆨ년분에 사서 두어든 공채표 百원의치 ᄒᆞᆫ 쟝을 일허ᄉᆞ옵ᄂᆞᆫᄃᆡ 이제 구미위원부로 보고을 ᄒᆞ고져 ᄒᆞ나 그 번호을 아지 못ᄒᆞ야 형끠 부탁ᄒᆞ오니 수고서르오나 ᄒᆞᆫ번 알아보시옵고 회답ᄒᆞ야 쥬시옵쇼셔. 구미위원부에 관ᄒᆞᆫ 문부가 디방회관에 잇으나 박길운씨 잇든 방 큰 귀작 안에나 잇슬듯 ᄒᆞ오니 차자 보시옵고 쇽-히 알기 ᄒᆞ시옵쇼셔. 그만.

四月 十六日 졔 리명구 상

Cft. #202

Oct. 23, 1920

82. 李復源→申衡浩(나라신 하늘) 1923. 2. 24. (18, 556)

나라신 하늘 旅座下

數日前에 惠書을 仰承하왓사오며 또 昨朝에 各 書類을 取尋하엿삽니다. 大端히 感謝하옵니다. 弟는 本是 貧寒한 學生인 故로 歐米委員部에 物質的 補助는 甚小[少]하오나 但히 誠心으로 委員部을 信仰하고 또한 大讚[贊]成하옵니다. 弟의 意見에는 歐米委員部가 不可不 保存하여야 되깃고 亦是 維持하여야 할 터인디 各 人의 偏見에 依하야 恒常 委員部에 困難이 至하옵니다. 弟는 過去 八年을 學生 々活노 지니다가 今年에 特別히 學費을 貯金하러고 此 亡々[茫々]한 勞働을 하오나 뜻한디로 되지 아니하옵니다. 弟도 될 수 잇는디로 委員部을 援助하러 하옵니다.

弟는 本是 交際가 甚小한 故로 貴下가 뉘구신지 不知하와 封套에 다만 나라신 하늘이라고 씃사오니 寬恕하시오며 日後 時間 거신디로 李容稷氏가 何處에 在하신지 寄別하시옵소서.

民國 五年 二月 二十四日 弟 李復源

Lee, Waring Billy 2-24-23

c/o Mr. E.C. Johnston

30 Grace Church St., Rye, N.Y.

83. 李鳳秀 → 玄 楯 1921. 3. 12. (18, 557)

駐美韓國委員部 々長 玄楯 閣下

電報와 下書을 반가이 奉讀히삽나이다. 下敎와 가치 ᄒᆞ오리다. 旅舘房은 호텔 믹칼푼으로 증히쇼이다. 發程ᄒᆞ실 ᄯᅢ에 托電ᄒᆞ시거던 此呈 左開號數로 ᄒᆞ시옵쇼셔. 明日에면 餘□□긋치나이다.

民國 三年 三月 十二日 李生鳳秀 拜謝

P. S. Lee
3151 Broadway
New York City
Arpt.[*sic*] 4

84. 이선옥→김규식 1920. 9. 20. (18, 558)

이곳 온 후로 ᄃᆡ단 분쥬ᄒᆞ와 일차 문안 못ᄒᆞ와 민망々々이옵던 차 ᄒᆞᆫ번 알고져 원문차축(願聞且祝)이외며 ᄯᅩᄒᆞᆫ 기톄후 만왕(萬旺)ᄒᆞ옵시며 인ᄒᆞ시와 ᄉᆞ무에 얼마나 심뇌(心惱)ᄒᆞ십닛갓. 弟 역(亦) 무ᄉᆞ 듕 다ᄉᆞᄒᆞ옵ᄂᆡ다. 그러나 일이 너머 만나 ᄃᆡ단이 고단ᄒᆞᆫ 모양이외다.

ᄒᆞ올 말솜은 만싸온나 이후 다시 ᄉᆞ뢰ᄒᆞ올 차로 그만.

김규식 씨 각ᄒᆞ

이년 구월 이십일 뎨 리션옥(李善玉) 비상

Lee Sun-Ok

85. 이용직→윤승렬 1922. 10. 28. (18, 559~560)

윤승렬(尹承烈) 씨 좌하

경복자(敬復者) 十월 二十일에 말하신 귀함을 자세히 봉독하엿삽고 이처렴 설명하여 주신 것은 귀하와 본부 사이에 피차 무삼 오해가 업게 하려고 하심이오. 시세에 ᄃᆡ한 귀하의 관찰과 이로써 우리에게 여러가지로 뎨의하여 우리 진행사를 은근히 도아주시고져 하는 귀 공심(貴公心)을 분명히 알앗소이다.

귀하가 국민의무 담보금을 신실(信實)히 판납(辦納)하신 거슬 본부 一동이 다 아는 바라. 귀하의 물진[질]상 희생력은 다른 동포보다 재졍이 만흔 까닭이 안이오 다만 귀하의 공익상 졍신이 순량한 결과이웨다. 이러한 생각으로 귀하가 혹시 우리 일에 실수를 발견하거나 오해하시던지 엇써한 질책셔를 보내엿다 해도 귀하의 조곰도 감정 둔 쌔가 업소이다. 이로써 해량(海諒)하쇼셔.

엇던 혁명사를 상고하던지 셔로 당파싸홈한 일이 업슨 나라 백셩이 업스며 비상한 곤난을 당하지 안코 평안히 잘되는 나라이 업소이다. 우리 광복대업에 약간 의견이 다른 인도자(引導者)들노 인연하야 순량한 국민의 졍신이 뒤숭숭하게 되는 일은 잇스나 다른 나라 력사에 비교하여 생각하면 아직 무삼 분쟁이라고 할넌지 의문이웨다. 엇더하던지 우리는 락심(落心)하지 말고 락관(樂觀)으로 씃까지 셔로 밧들어 나갑시다.

재졍상 문뎨에 ᄃᆡ하야 뎨의하신 일은 본부 당국자들도 오릐젼브터 그처럼 생각하엿스나 일이 뜻ᄃᆡ로 속히 취셔(就緖)가 못됨니다. 본부에셔 지우금(至于今) 말하지 안핫스나 우리 쳥년교육사에 죵용히 도아준 일이 만소이다. 전국셔 도미한 학생 二十여명 가량이나 개인상으로 위원부의 보조를 밧앗고 본국셔 나온 학생들 즁에도 다수가 학교 지도사와 기의 도음 밧은 일이 만흐며 현금 미쥬한인학생회가 셩립 진행함이 구미위원부의 찬셩으로 되여 간다 말할 수 잇소이다.

우리 한인 즁에 이말 뎌말노 비평만 하고 무졍부당(無政府黨)으로 행세하는 사람은 나라 일에 돈닋기 실혀 하는 자 즁 다수요. 이갓흔 사람은 자긔 량심상 형벌을 밧을 것이웨다. 이런 사람이 만타 해도 내 一기인이라도 올흔 졍신으로 의무를 직혀 나감 것 쑨이웨다.

본 위원부에셔 장구한 졍략(政略)을 뎡하여 가지고 일해 나가라고 쥬의한 방책 즁에셔 경비를 주리고 국민담보를 적게 만든 것이웨다.

앙고(仰告)하옵기는 귀 처 동포 교제상에 엇써한 불평이 잇던지 참으시오. 참는 자에게 복이 잇다 하엿습니다. 이를 깁히 쥬의하쇼셔.

민국 四년 十월 二十八일 구미위원부 닉 리용직(李容稷)

86. 李仁成→玄 楯 1921. 1. 24. (18, 561)

駐美韓國委員部 々長 玄循[楯] 閣下

敬啓者 本人이 뉴욕市에 抵到ᄒᆞ와 華人의계 收金事로 千世憲氏와 相議ᄒᆞ온즉 氏의 言內에 右 收金이 好則好矣ᄂᆞ 今日 形便에 不可ᄒᆞᆫ 거션 北中國 飢荒救恤에 眼鼻莫開中인즉 何暇에 外國人의계 救恤을 施ᄒᆞ며 또 將次 中國人이 韓國獨立 援助會를 組織ᄒᆞᆯ 터이니 右 會가 組織되[된] 後에ᄂᆞᆫ 右 會 認可 업시 韓人으로 華人의계 收金치 못ᄒᆞᆯ지요. 또 右 會가 組織되면 右 會에 收金을 實施ᄒᆞ면 收金人의 經費 支出이 無ᄒᆞᆯ지니 만일 韓人으로 收金코져 ᄒᆞ면 右 會 組織된 後에 右 會 認可을 得ᄒᆞ여 實行ᄒᆞ라 ᄒᆞ기로 本人의 經營ᄒᆞ든 英領 오시투랄나(오스트레일리아)에 가기을 自破[罷]ᄒᆞ고 本處에로 도라가오니 後에 기회을 待ᄒᆞᆯ 뿐이올시다. 이리 결의ᄒᆞ고 本人 介人의 義務에ᄂᆞ 實踐을 圖ᄒᆞ것사오니 下諒ᄒᆞ소셔.

民三 一月 卄四日 李仁成 上

87. 李 逸→金奎植 1920. 8. 29. (18, 562~563)

金總長 閣下 偉照

惠械를 拜承ᄒᆞ와 感謝無極ᄒᆞ엿음며 家兒의 下陸은 本市 律士와 與弟가 保証書를 電提ᄒᆞ엿고 拘留된 것은 學生 旅券이 안이

고 紳士 旅券인 關係이엿음며 俾自 則委員部任을 辭ᄒᆞ셧다 ᄒᆞ오니 聞甚痛□ᄒᆞ오다. 多事ᄒᆞᆫ 此時에 더 總統의 任意로 ᄒᆞ시면 收效ᄂᆞᆫ 無ᄒᆞ고 反感은 多ᄒᆞ야 一般 社會에 惡影響이 波及ᄒᆞ겟ᄉᆞ온즉 反히 民間의 輿論으로 總統의 不當ᄒᆞᆫ 行政을 多少 悛改ᄒᆞ고 現在의 重大ᄒᆞᆫ 事를 進行ᄒᆞ야 責任上 妥當ᄒᆞᆫ 줄 아옴며 濃[膿]腫은 必破로 總統을 不信任ᄒᆞᆯ 것은 多數가 解得ᄒᆞᆫ 바오며 納履以往ᄒᆞ심은 絶對에 不可ᄒᆞ오니 임의 紆晝이신 바 詳示ᄒᆞ시면 經緯를 ᄯᅡ라 우리ᄂᆞᆫ 우리의 일을 重히 아ᄂᆞᆫ 바며 閣下를 擁戴ᄒᆞᆯ 것은 勿論이오니 從速 回示 如何.

李善玉氏의게셔 무ᄉᆞᆷ 通信이 有ᄒᆞ셧ᄂᆞᆫ지오. 곳 그 의가 오시면 大幸ᄒᆞ겟음며 敬頌 鈞體 萬旺.

大韓民國 二年 八月 卅九日 弟 李逸 二拜

88. 이존배 → 구미위원부 ?1922. (18, 564~565)

「歐美委員部通信」과 밋 李大統領閣下에 敎令을 奉讀하고 吾族 獨立運動에 對한 事業 向上과 一般 國民에 新精氣와 新理想에 新發輝을 詳細히 敬悉하고 歡喜를 不勝하엿사오며 兼하야 仰天하고 祈乞함은 吾 二千萬에 한글갓치 바라는 大希望을 成就키 하소셔 하엿나이다. 邇來 日寒氣凉한 秋末에 諸位 先生에 身魂이 康寧하심과 大事 亨通하시기를 祝願하나이다. 生도 한 韓族에 一分子로 치고 通知하여 주시옴을 感謝하나이다.

生은 北間島에셔 生長하고 幼年敎育도 其處에셔 修養하엿음니다. 多少間 彈雨鎗林中 生活도 하여 보왓음니다. 時不利로 敗北에 慘狀을 見하엿으며 倭敵이 北間島에 入侵하야 我 獨立軍과 數次에 交戰한 結果와 其事實은 諸位 先生씌셔 仔細히 아실 쥴 아옴니다. 悲慘한 形狀을 生은 親히 目睹하엿사오나 毫末에 救

濟도 못하고 맛치 傍觀者 地位로 잇엇스나 熱々히 끌나 心臟中動脈血에 鼓動은 今日도 其日이오 來日도 其日이라 쉬지 안코 最高速度로 잇읍니다.

生은 배와야 되갯다는 問題下에 昨年 十月에 入美하야 其間勞動으로 小額에 學費가 準備되기로 今秋 九月初붙어 所謂 工夫라고 하나 英語 不足에 大煩悶이오며 南北 滿洲나 半島中에셔鐵窓生活하시는 勇士義勇에 當하는 苦痛에 比하면 可히 苦生이라 形言치도 못할 바오나 多少間 不安中에셔 通學하나이다. 後日 조흔 机[機]會가 잇으면 諸位 先生을 한번 面拜하갯읍니다.

生 Chonpay Lee

Chonpay Lee

89. 李址鎔 → 李敬善 1904년 8월 이전. (18, 566)

謹拜仰慰

示意備悉 而屢度送▣ 法大出他未還 故其答尙未討來矣 第俟答札之來 若不如意 當更爲另圖矣 諒之如何 留不備謝上

卽 生 李址鎔 拜

[譯文]

삼가 서찰을 뵈오니 반갑습니다.

교시(敎示)하신 뜻은 두루 살폈습니다. 그리고 누차 서찰을 보냈으나 법부대신이 출타(出他)하여 돌아오지 않았기 때문에 그 대답을 아직껏 받아 오지 못했습니다. 답장 오기만을 기다리고 있습니다. 만약 뜻대로 되지 않으면 다시 다른 방도를 취해보겠으니 헤아리심이 어떻겠습니까? 이만 갖추지 않고 답장 올립니다.

즉일(卽日) 생(生) 이지용(李址鎔) 배

90. 李址鎔 → 李敬善 1904년 8월 이전. (18, 567)

荐伏拜 仰慰 體安

示意備悉 而間已屢提於法相 尙無如何之回奇 極用紆菀 錄片一度 更爲書送 則又當緊託於法部司理局長爲計 諒施如何々々 留不備謝上

卽 生 李址鎔 拜

[譯文]

거듭 서찰을 받으니 반갑습니다. 체후(體候) 안녕하십니까?

교시하신 뜻은 잘 살폈습니다. 그 동안 법부대신에게 누차 제의를 하였지만 아직까지 어떻다는 회답을 받지 못하였으니 극히 답답합니다. 기록한 쪽지 한 장을 다시 써서 보내주셨으니 법부의 사리국장(司理局長)에게 긴히 부탁해 볼 심산입니다. 헤아려주심이 어떻겠습니까? 이만 예를 갖추지 아니하고 올리나이다.

즉일 생 이지용(李址鎔) 배

91. 李址鎔 → 李敬善 1904년 8월 이전. (18, 568)

謹拜 仰慰 仕安

示意備悉 昨逢法大備言 則此罪人 則不可與他較之 不得於入放云々 屢回緊託 一向勤拒 故不得已此錄更送于司理局長 期圖周旋爲計 俯諒如何々々

生雖極力 至於事 不如意 奈何々々 然第當更誦于法相 力託于司理局長矣 第觀下回 如何々々 留不備謝上

卽 弟 李址鎔 拜

[譯文]

삼가 서찰을 받아보니 반갑습니다. 사체(仕體) 만안(萬安)하십니까?

교시하신 뜻은 두루 살폈습니다. 어제 법부대신을 만나 상세히 말을 했더니 이 죄인은 다른 죄인과 비교할 수 없으므로 석방안(案)에 넣지 못했다 운운하였습니다. 누차 긴히 부탁했으나 줄곧 완곡하게 거절했기 때문에 부득이 이 쪽지를 사리국장에게 다시 보내서 기어코 주선해 보려고 합니다. 굽어 헤아리심이 어떻겠습니까?

생(生)은 비록 힘을 다하였으나 일이 뜻대로 되지 않으니 어찌할까요? 그러나 법부대신에게 다시 말을 하여 사리국장에게 힘주어 부탁하게 하겠습니다. 다음 기회를 기다려 보심이 어떻겠습니까? 이만 갖추지 않고 답장 올립니다.

즉일에 제 이지용(李址鎔) 배

92. 李址鎔→李敬善 1904년 8월 이전. (18, 569)

日昨惠函 緣擾稽謝 罪悚々々 伏惟日來 仕軆萬旺 仰慰々々 生依昨役々已耳

示意間已屢誦于法相 亦爲言託于司理局長 更爲微禀周旋 然其罪狀 果係愼重 不得如意 甚悚且歎 奈何々々 留不備謝上

卽 生 址鎔 拜

[譯文]

엊그제 보내주신 편지는 분망(奔忙)함으로 인해 답장이 늦었으니 죄송 죄송합니다. 일래(日來)에 사체(仕體) 만왕(萬旺)하시기를 거듭 비옵니다. 생은 종전과 다름없이 분주할 뿐입니다.

교시하신 뜻을 그 동안 누차 법부대신에게 말했습니다. 또한 사리국장에게 부탁하여 다시 미품(微禀, 슬쩍 임금에게 아룀)토록 주선하게 했습니다. 그러나 그 죄상이 과연 신중한 일에 속하여 뜻대로 되지 못하였으니 매우 죄송하고 한탄스럽습니다. 어찌하겠습니까? 이만 갖추지 않고 답장 올립니다.

즉일 생 지용(址鎔) 배

93. 李址鎔→李敬善 1904년 8월 이전. (18, 570)

拜承仰慰 仕體萬旺 生一依已耳

示意拜悉 間已屢度促答於某處 姑未討來 明將更促爲料 而此無晚時之歎 切勿以此爲慮 如何 不備謝上

卽 生 李址鎔 拜

[譯文]

편지 잘 받았습니다. 사체(仕體) 만왕하시기 빕니다. 생(生)은 한결 그대로입니다.

교시하신 뜻은 잘 살폈습니다. 그 동안 이미 여러 차례 아무개에게 회답을 재촉했으나 아직까지 답장이 없었습니다. 내일 또 재촉해 볼 생각입니다. 아직 때가 늦은 것은 아니니 절대로 이 일로 걱정하시지 않는 것이 어떻겠습니까? 이만 답해 올립니다.

즉일 생 이지용(李址鎔) 배

94. 李址鎔→李敬善 1904년 8월 이전. (18, 571)

謹拜仰慰

示意備悉 而間已屢託于司理局長矣 第觀下回 如何々々

卽 生 李址鎔 拜

[譯文]

삼가 절하고 아룁니다.

교시하신 뜻은 잘 살폈습니다. 그 동안 이미 여러 차례 사리국장(司理局長)에게 부탁했으니 하회(下回)를 기다려 보심이 어떻겠습니까?

즉일 생 이지용(李址鎔) 배

95. 李址鎔 → 李敬善 1904년 8월 이전. (18, 572)

謹拜仰慰 仕軆日安

向來 貴啣標還上 查收 如何々々 極爲用力 其於事勢 奈何々々 可歎々々

卽 址生 拜

[譯文]

서찰을 보내주셔서 고맙습니다. 사체(仕體) 요사이 평안하십니까?

접때 보내신 귀하 명의(名義)의 표(標, 어음을 말함인 듯)를 돌려드리니 거두어들이심이 어떻겠습니까? 극력 힘을 써 보았으나 사세(事勢)가 그러한 것을 어찌합니까? 가탄(可歎) 가탄이외다.

즉일 지생(址生, 이지용〈李址鎔〉) 배

96. 李昌奎 → 申衡浩 1922. 11. 17. (18, 573~575)

Lee Chang K. 11-17-22.

지금 경제상 곤난을 얼마나 견듸시며 모든 일들에 얼마나 뇌신초사(惱神焦思) 하십시요[니까]. 귀하에 싱각하신 일들이 원만이 되기를 밋고 바람늬다. 지금 하와이 형편이 々갓치 된 이유은 두 가지인데 제일은 학교 구치(舊債)로 인함이요 졔이은 례비당 건축사건으로 인함이외다.

학교 구치 총합이 일만삼빅여원인데 이즁 사천칠빅여원은 외국인 상졈에서 물ᄶᅳ로 진 빗이요 그 외은 동포들에 돈 이외다. 그ᄅᆡ셔 외국인 상졈에 식물노 진 빗슨 각 디방에셔 온 ᄃᆡ표원들이 분담하여 가고 기여(其餘)은 민목사와 리박사ᄭᅴ셔 담당하엿습ᄂᆡ다. 각 디방에 담당된 금ᄋᆡᆨ은 현금 연죠(捐助) 즁이며 이 외에 항ᄂᆡ에셔만 교사 여비ᄶᅩ로 일쳔원[을] 담당하엿난데 본 금ᄋᆡᆨ 즁 졀반은 아즉것 미득(未得)이외다.

어려온 즁 어 교사 여비ᄶᅩ로 다쇼 금ᄋᆡᆨ을 거두는 이유인즉 항ᄂᆡ에셔 교사을 구득한즉 ᄆᆡ인에 월사금이 오십원 이상일 ᄲᅮᆫ외 그들이 시간에 와셔 글만 가라치고 자기들 숙쇼로 도라간즉 남녀 학ᄉᆡᆼ들 관리에 ᄃᆡ하여 결졈이 만할 ᄲᅮᆫ외 학교 모양이 안이됨을 인함이외다. 고로 남녀 교사을 미쥬에 고빙(雇聘)하여 슈쥬일젼에 도착하여 현금 교슈(教授) 즁이외다. 이 압프로은 학교 경비가 이젼보담 ᄇᆡ가 졔감(除減)되겟습ᄂᆡ다.

학교신건축사건에 ᄃᆡ하여는 잇는 ᄀᆡ디(基址) 파라셔 ᄉᆡ로 다른 ᄯᆞᆼ 사셔 짓기로 한 바 특연(特捐)은 젼슈 ᄇᆡᆨ인에계만 엇기로 리박사ᄭᅴ셔 담임하엿스니 건축비로은 동포들계 연죠 안키로 결정하엿습ᄂᆡ다. 신건축 예산은 ᄃᆡ략 이만원 가량인데 사쳔여원은 현금 젹립이외다. 례ᄇᆡ당 건축비은 당초에 삼쳔오ᄇᆡᆨ원으로 예산인데 동포들ᄭᅵ리 건축하기에 예산외에 일쳔오ᄇᆡᆨ 이상이 더 들엇소이다. 금년에 각 농장에 골난이 심하여 년젼과 비교하면 아죠 흉년인데 이상 두 곳스로 연죠을 ᄂᆡ계 되니 자연 ᄯᆞ라셔 힘이 젹어졋습ᄂᆡ다.

이 갓치 된 거슬 간단이 말하자면 인도자(引導者)들에 허물[이라] 안이 할 슈 업스나 막셜(莫說)하는 거슨 압일들를 위함이외다. 형편에 사실이 〻갓치 되ᄆᆡ 리박사ᄭᅴ셔은 사〻로 골난만 밧는 것 ᄲᅮᆫ이외다. 이즁 더욱 어려온 거슨 사〻에 동포들을 으혹(疑惑)될 만콤 만드러 노와셔 이 압푸로은 더욱 어렵습ᄂᆡ다.

지금 하와이 형편으로은 엇든 인도자을 막논하고 각 ᄃᆡ방동포들이 리박사 외에은 밋지 안를 만콤 되얏습ᄂᆡ다. 가령 공ᄎᆡ금으로 말하여도 다슈 금ᄋᆡᆨ을 위원부 허락 업시 쓴 것이 탈노되얏스니 이것도 한 문뎨외다.

지금 위원부 경비가 ᄆᆡ삭 얼마면 적당될는지 알 슈 업스니 본 경비을 다만 하와이을 밋고 바랄건ᄃᆡ 일할 슈 업슬 쥴노 밋습ᄂᆡ다. 피차 ᄉᆡᆼ각하기을 하와이 일은 하와이 잇는 사람이 더 알 것이요 미쥬 일도 역연(亦然)일 터니 이 압프로은 이곳 져곳 형편를 으지(依支)하여 적당한 방ᄒᆡᆼ(方向)를 ᄎᆡ용케 하면 혹 엇더할는지 의견을 교환하면 죠흘듯 함ᄂᆡ다.

지금 ᄂᆡ지인으로 ᄉᆡᆼ각하는 거슨 이 갓습ᄂᆡ다. 가령 위원부 ᄆᆡ삭(每朔) 경비가 삼ᄇᆡᆨ원이 계드면 졀반은 이곳셔 젼담하고 반ᄋᆡᆨ은 위원부 임원들이 미쥬에셔 어더 쓰계 마련하고 상ᄒᆡ뎡부 통상비 ᄆᆡ삭 미화로 삼ᄇᆡᆨ오십원이면 졀반은 하와이에셔 젼담하고 여ᄋᆡᆨ은 그곳 상ᄒᆡ 급 원동(遠東)셔 어더 쓰계 마련하면 피차 일하시는 이들도 ᄌᆡ릉(才能)를 더할 듯하고 돈 ᄂᆡ은 동포들도 요ᄒᆡᆼ(僥倖)될가 함ᄂᆡ다. 만약 지금과 갓치 이 압푸로도 될 것 갓트면 이곳도 견딜 슈 업슬 쑨외 아모 것도 안이되기 쉽겟쇼.

적은 슈회(數爻) 될 쑨외 일변으로은 져 악마에 져ᄒᆡ(沮害)로 인하여 졈々 돈ᄂᆡ는 사람에 슈회가 감쇼되는데 미쥬와 원동々포들은 돈 안이ᄂᆡ고 이곳 동포들만 ᄂᆡ계 된다고 쎠들더니 이 뒷슬 누가 감당하겟쇼. 위원부에셔 돈 보ᄂᆡ라고 젼보하고 상ᄒᆡ에셔 돈 보ᄂᆡ라고 젼보하니 돈도 못보ᄂᆡ고 일도 졈々 쇠잔(衰殘)되는 것 쑨인이 이상에 말이 혹 귀하에 동이(同意)를 어들는지 알 슈 업습ᄂᆡ다.

젼날에도 『ᄐᆡ평양잡지』을 말삼하엿건이와 귀보을 이곳셔 무한이 환영함ᄂᆡ다. 그러나 폐지가 너무 적은데 가격은 ᄐᆡ과(太過)하니 만약 하실 슈 잇거든 칙장 슈회(數爻)도 증가케 하고 추의이도 아름답게 만들면 더 죠흘가 함니다.

民國 四年 十一月 十七日 弟 李昌奎 拜

97. 이창규→신형호 1922. 12. 14. (18, 576~577)

Lee Chang K. 12-14-22.

今月 初一日에 보닉신 惠셔 감사이 보왓슴닉다. 교데(教弟)은 무지몰각한 자격이미 감이 형의 츙고은 할 슈 못되고 단지 바라기는 지금에 우리 인도자 되시는 션싱임들계셔 각키 하시난 일 자리에셔 써나시지 안키를 비옵닉다.

지금에 우리 일들이 어렵계 된 거슨 어나 곳슬 물논하고 일반인데 만약 이 구[고]비을 이기지 못하면 전공가셕(前功可惜) 쑨만 안이라 장래에도 후회될 터니 엇지 미련한 사람들이 되기를 바라겟쇼.

리디통령에 싱각이 위원부을 당신에 싱명보담 더 즁이 녁임닉다. 그러나 이곳 일들이 모도 결단나계 됨을 인하여 그 동안 슘쉴 계를이 업슴을 인함이외다. 가량 민단(民團)으로만 두고 말할지라도 민단당 후보자가 양 김씨가 피션되얏스니 사회규례도 안이요 일에 진보뎍도 안이고 다만 하와이에 잇는 인도자들을 밋지 안는 데셔 이갓치 된 것스니 그 동안에 이곳 일들이 엇덧케 된 거슬 츄칙할 슈 잇스리다.

리박사씌셔 잡지을 졍간 식킨 이유을 닉 싱각딕로만 말할진딕 귀 쳐에셔 쥬무하시는 이들이 그 일을 자신역으로 하여 가려고 하는 표젹이 업고 단지 리박사만 으지하니 이거슬 지금 형편으로은 리박사도 할 슈 업기도 하며 안이하려고도 함인듯 함닉다. 리박사씌셔 이곳 오신 후 잡지에 딕하여 무슈한 셜명을 만이 하엿난데 이 잡지을 계쇽지 못하게 된다든지 혹 안이닉게 된다든지 할 것 갓트면 영힝(影響)은 제일노 리박사의 도라오는데 웨이 일을 정지식키겟쇼. 그러나 사방에셔 돈만 달나고 하는 말 뿐이졔 일을 싱명갓치 알고 하여 가려는 곳슨 업스니 리박사인들 엇덧케 하시겟쇼.

무삼 일에든지 리박사가 돈를 쥬면 하고 안이쥬면 그만두계 되니 기실 양난이외다. 리박사가 이곳 온 후 몃날 못되야셔브틈 오날ᄭᅡ지 리박사로만 근々이 지닉는 거슨 모든 일들을 위함인데 도로여 비평과 시비가 싱기는 즁 민단 당국들은 말하기을 학교 건츅 정지하고 와싱톤으로 가라고 하며 미쥬 당국들은 상히로 가라 하고 하와이 당국들은 와싱톤으로 가라 하니 멀지 안하여 리박사 갈 곳슨 오즉 한 곳 뿐일 쥴 밋슴닉다. 지금도 돈은 어더오려면 리박사 일홈을 팔되 일에은 자긔네 일홈들노 닉셰우니 필유곡즉(必有曲直)이로다.

잡지을 다시 계쇽할 슈 잇슬는지은 모르되 만약 계쇽하게 되면 젼날 규례을 져간(這間) 변깅(變更)하여 ᄆᆡ월 일차식 츌판케 하고 갑슨 ᄆᆡ권에 25식 밧계 마련하고 온젼이 위원부 긔관으로 유지할 방힝(方向)를 만들면 이곳셔은 ᄆᆡ월 5000식를 담임하되 ᄆᆡ월에 사ᄇᆡᆨ권식 보닉는 즁에셔 보닉계 하리다. 만약 이 일이 되계 하면 이곳셔은 ᄃᆡ금을 밧든지 못밧든지 每朔 5000식 보닉계 작졍하고 귀 쳐에셔은 每番에 사ᄇᆡᆨ권식 보닉계 하고 기외에은 미쥬에셔 담당할 슈 잇계 하여 보면 엇더하겟쇼. 위원부 긔관 업시은 일하기 어려오리다.

지금 어나 곳에든지 가만이 안자셔 죠흔 말만 하는 사람들은 칭찬할 슈 못되는 형편이며 의견 츙돌노 인연하여 셜혹 시비은 잇슬지라도 일하는 사람들이 현셰 사람인 쥴노 밋슴닉다.

民國 四年 十二月 十四日 교데 리창규(李昌奎) 拜

98. 이창규→신형호 1923. 1. 19. (18, 578~579)

Lee Chang Kiu. 1-19-23.

去月 二十一日에 보ᄂᆡ신 혜셔(惠書) 감사이 보왓습ᄂᆡ다. 하시즁 말삼도 자세이 아랏슨이 더욱 감사하옵ᄂᆡ다. 교형(教兄)ᄭᅴ셔 무삼 견칙(譴責)을 하얏슬지라도 교데(教弟)은 감슈기칙(甘受其責)할 것 ᄲᅮᆫ이요 다른 론난은 안이하겟습ᄂᆡ다. 얼마 후에은 모르되 지금은 우리가 다 ᄀᆡ인에 이익을 위함이 안임을 ᄉᆡᆼ각함이외다. 신년에은 만사형통를 밋으며 더욱 귀쳬후 평안함를 바라옴ᄂᆡ다.

이곳 교민ᄃᆡ의회은 오날 오후에 폐회되엿습ᄂᆡ다. 그러나 의회 일은 원만이 결정되얏다고 말할 슈 못됨네다. 이유을 ᄃᆡ강 말하자면 민단 임원들은 으레이 々젼과 갓치 실ᄒᆡᆼ하려고 하며 리ᄃᆡ통령은 민단을 위원부 관리 아릐 두워 질셔을 ᄯᅡ라 뎡티뎍 계급를 의ᄒᆡᆼ(意向)함이외다.

우리에 일들은 사방으로 결단나계 되는 것 ᄲᅮᆫ이로되 쥬무자들은 언필칭 동포에 쇼원이라 하면셔 자긔들에 의견만 고집하니 깁피 ᄉᆡᆼ각하면 복통할 것 ᄲᅮᆫ이외다.

민단에 현금 진 부ᄎᆡ가 긔디(基址)갑 병(幷)ᄒᆞ여 육쳔여원인데 이 빗 갑플 일은 호무(毫無)케 되고 단지 쓸 예산만 하니 만약 이ᄃᆡ로 ᄒᆡᆼ하계 되면 금년에도 무삼 돈이든 거드러 오는ᄃᆡ로 쓸 터니 돈 업셔진 후에 말만 하는 것이 무삼 유익되리요. 만약 귀형에 힘이 족키 하와이 교민단 일을 간셥하여 도를 슈 잇거든 교민에 일은 교민으로 하계 하고 뎡부 일들은 당국들이 실ᄒᆡᆼ케 하야 뎡티상 통일에 원쇼를 만들계 하기를 바라옵ᄂᆡ다.

뎡부가 결단나고 외교부은 문를 닷계 되여도 교민회은 교민에 권리로 이젼과 갓치 뎡부을 빙자하고 자긔네들 ᄉᆡᆼ각만 하니 이갓치 되여감으로 인하여 졈々 뎡부에 영ᄒᆡᆼ(影響)를 더 쥬계 됨네다.

지금 리박사에 형편은 졈々 어려워 가는데 이유인직 디방동포들은 일젼이라도 자금후(自今後)로브틈은 안이닉려고만 하면셔 이젼 인도자(引導者)들 돈 잘못 쓴 것만 빙자하니 기실 양난이외다. 누구든지 일들 보다가 나가계만 되면 리박사 닷치는 말를 하니 졈々 일에 손히 뿐이외다.

民國 五年 正月 十九日 弟 리昌奎 白

99. 이창규 → 신형호 1923. 2. 13. (18, 580~582)

Lee C. K. 2-13-23.

今月 初日에 보닉신 혜함 감사이 바다스며 가라쳐 쥬신 말삼도 반갑게 아럿습닉다. 형아간(兄我間) 멀니 잇셔 단지 셔신으로만 사졍을 알계 함으로 우리 사이에 오히가 잇슬가 렴여함네다. 이젼에나 지금이나 혹 후일에라도 한슉이 만들 쥴도 모르고 쓸 쥴 모른 통신이나마 결코 뒤에 부탁이나 혹 리박사에 협동으로 하는 쥴은 밋지 안키을 간져리 바라옵닉다.

교데(教弟)은 당초에브틈 무지몰각(無知沒覺)한 사람이며 유년 시딕에 본국셔 잠시 군인이며 이곳 와셔도 젼장 시딕에 군인으로 일년 이상을 영문(營門)에 싱활하엿스며 사년젼ᄭ지은 한국에 한 분자이든니 그 후로은 미국에 한 뵉셩되얏스니 이유을 집피 싱각하면 일희일비외다.

원릭 리박사을 일천구빅십삼년브틈 오날ᄭ지 알므로 박사에 셩품이나 혹 단쳐 등속을 다른 동포만콤 모르는 거슨 안이로되 발셜치 안는 이유인즉 일언이펴지(一言以蔽之)하고 더 나흔 인도자가 닉눈에은 뵈이지 안흠을 인함이외다.

교데은 지금이라도 일지군인(一枝軍人)를 원하는 것 뿐이졔 혹

ᄃᆡ통령 밋테나 다른 구々한 방면은 결코 원치 안쇼. 그러나 현금 한인들에 일하는 거슬 나 아난 데ᄭᆞ지 바라보니 젼나 후나가 무비긔시긔인(無非其時其人)이라. 이갓튼 판국에 슉비[시]슉비(孰是孰非)을 분셕하리요만 단지 한가지 씨다른 거슨 귀하게 죠직된 뎡부가 업셔지면 다시 잇기가 어려우며 리박사가 ᄭᅳᆯ고 나어가지 안튼지 혹 못하든지 하게 되면 우리ᄭᅵ리 자즁지난(自中之亂) 되고 말 거슬 예칙이외다. 그ᄅᆡ셔 이리 참고 져리 견데난 것 분이외다. 바라건ᄃᆡ 교형(教兄)은 젼일 나에 통신이 잘못된 규졀(句節)이 잇셧슬지라도 왕사(往事)는 물논하고 이 압 일들만 ᄉᆡᆼ각합세다.

그ᄯᅢ 형편으로 말하면 사방에 골난 소식들이 젼쳬 리박사ᄭᅴ로 도라오기에 교데에 의ᄒᆡᆼ(意向)으로만 젼슈(傳受)한 것 ᄲᅮᆫ 이졔 결코 리박사ᄭᅴ셔 위원부 사람들에 혹 비평이나 호언을 함으로 나은 듯고 한 거슨 결코 안인이 교형ᄭᅴ셔 허물을 교데에게 돌일지언졍 결코 리박사ᄭᅴ 돌이지 안키을 바라옵니다. 리박사ᄭᅴ셔 우금것 근(近) 육삭(六朔) 동안에 슈다한 말삼을 만이 하셧스나 위원부 사람들이 무엇에 잘못하얏다든지 혹 못한다는 이갓튼 말삼하시는 거슨 교데에 귀로은 듯지못하엿슴니다.

이상 언논은 형아간 오ᄒᆡ졈이 잇슬가 하여 슈다한 말삼으로 앙졍하오니 일후브틈은 이갓튼 규졀은 형아간 업기를 간져리 바라옵니다.

작년 ᄃᆡ의회 시에도 공ᄎᆡ금 시ᄌᆡ(時在)가 삼쳔여원이라 하기에 시ᄌᆡ금 삼쳔여원을 의회위원들이 보왓는야 하고 여론을 이락킨 리창규은 민간에 반ᄃᆡ자가 되드니 금년에도 시ᄌᆡ금 사ᄇᆡᆨ여원이라 하기에 ᄯᅩ 그갓튼 말을 하엿드니 금년에도 리창규은 민단에 반ᄃᆡ자로 지목되엿도다.

리창규은 무엇이 되든지 관계가 업스련이와 엇지하야셔 위원부 특파위원 김영긔씨은 공ᄎᆡ금 시ᄌᆡ 사ᄇᆡᆨ십칠원 각슈(角數)을 위원부 문닷게 된다는 소식을 듯고도 안이보ᄂᆡ는지 디방에셔 드러오지 안는 돈은 못보ᄂᆡ련이와 긔위(旣爲) 슈입된 것시야 엇지 못보ᄂᆡ리요. 필시 금년에도 작년과 갓치 문부상으로만 잇는 것 ᄲᅮᆫ이라. 한인에 공젼을 이갓치 사용하되 이거슬 말하는 사람은 반ᄃᆡ자가 되고 쓰난 사람은 인기(人氣)가 되난 판국이외다.

얼마 후에은 모르겟스나 지금 형편으로 동포들이 누구 밋고 돈을 ᄂᆡᆯ 슈도 업고 ᄂᆡ지도 안느려고 하니 기실을 ᄉᆡᆼ각하면 돈 안이ᄂᆡ는 사람들만 나무려고 할 슈도 업도다. 김영긔씨가 공ᄎᆡ금 범용(犯用)한 것이 금년 민단 일을 아죠 졔사드리은 ᄒᆡ외다. 민단 일이 잘못 되면 위원부에 영ᄒᆡᆼ(影響)인데 만악[약] 위원부 임원들이 하와이 일을 이젼과 갓치 민단에 으지만 하고 잇계 되면 이것 져것 결단ᄲᅮᆫ 될 터니 공ᄎᆡ금 마감을 하든지 담보금을 젼임케 하든지 이갓튼 일은 위원부에셔 직졉 간셥케 하고 민단 일은 ᄯᆞ로 민회로 하여 가계 하여 보십시오. 리박사 ᄉᆡᆼ각은 만약 갈나노흐면 흔단(釁端)이 ᄉᆡᆼ길가 하여 렴여함으로 민단을 위원부 관리 밋테 두고 민단을 뎡부긔관으로 인증하려고 하나 이럿케 하여도 돈 안이ᄂᆡ는 사람은 안이ᄂᆡᆯ 것이요 민단 쥬무들은 뎡부에 빗슬 질 터니 이 일을 잘 교졍하고 안이하기은 단지 위원부에 잇슴ᄂᆡ다.

나 보고 듯기에은 리박사ᄭᅴ옵셔 위원부 일을 자긔에 ᄉᆡᆼ명보담도 더 쇼즁이 안이 교형ᄭᅴ옵셔도 공무에 ᄃᆡ하여 젼공(前功)이 가셕(可惜)한 ᄯᆡ에 이르지 안케 하심를 쳔만 바라옵ᄂᆡ다.

원ᄅᆡ 리박사ᄭᅴ셔 다른 사람에 말은 듯지 안난 양반인데 더구나 이곳 일노 말을 ᄡᅪᆨ 집어 할 것 갓트면 리·안·민 삼씨가 결단을 ᄂᆡ엿난데 ᄯᅳᆺ밧게 김씨ᄭᆞ지 밋기 어려온 증거을 보니 누구를 밋으라 하기도 어렵습ᄂᆡ다. 『ᄐᆡ평양잡지』은 착슈되엿스나 글 쓸 사람이 업셔 문데외다.

民國 五年 二月 十三日 교뎨 리창(李昌奎) 白

100. 이창규 → 신형호 1923. 3. 3. (18, 583)

Lee Chang Kiu 3-3-23

현금 경제 골난으로 얼마나 뇌력하십시요. 리박사ᄭᅴ옵셔은 귀쳐(貴處) 급 뎡부 일에 ᄃᆡ하여 쥬쇼(晝宵)로 렴여외다. 일젼에 이ᄇᆡᆨ환 보ᄂᆡᆫ 것도 몃 분들이 션ᄃᆡ(先貸)하엿습ᄂᆡ다. 슈일젼에 현슌(玄楯)씨가 도착하엿난데 필시 독립단에 의회를 쥬장할 모양이 뵈입ᄂᆡ다.

젼녈ᄃᆡ로 만약 말할진ᄃᆡ 미々교회목사 황사용씨가 슈월젼에 본국을 갓난데 황씨을 반ᄃᆡ하난 교우들이 ᄇᆡᆨ인목사에계 청원하여 현씨(玄氏)를 총목사로 고빙하엿다고도 하나 아직 확실한 증거은 알 슈 못됨네다. 이유인즉 현금 미々교회에 년회을 여러셔 쳐리즁이며 독립단에 의회은 본월 오일에 기초될 모양이외다. 하회(下回)에 결국를 장차 아는ᄃᆡ로 보고하리다.

『ᄐᆡ평양잡지』은 발송케 되얏스나 일자 급박(日字急迫)을 인하여 편쥐 슈회(페이지 數爻)가 ᄆᆡ우 간단합ᄂᆡ다. 본 잡지에 쥬관인은 김영우씨가 ᄐᆡᆨ졍(擇定)되얏습ᄂᆡ다.

민국 오년 三月 三日 교뎨 리창규(李昌奎) 白

101. 이창규 → 신형호 1923. 3. 13. (18, 584~585)

Lee Chang K. 3-13-23.

二月 二十八日에 보ᄂᆡ신 혜셔 감사이 보왓습ᄂᆡ다. 언제ᄭᆞ지든지 작졍ᄃᆡ로 하여 봅세다.

슈쥬일젼에 ᄂᆡ도한 현슌(玄楯)씨은 미々교회에 총목사로 ᄐᆡᆨ졍(擇定)되야 방금 시무(視務) 즁인데 씨에 말을 드른직 이젼보담 마음을 박군 모양이나 하여간 기회을 엇덧케 만들는지 아직 알 슈 업소이다. 이곳 민단은 의회에 결졍ᄃᆡ로 위원부 관리아ᄅᆡ 두계 되얏스니 일후브틈은 이곳 일이 잘되고 못되난 직ᄎᆡᆨ이 얼마콤 위원부에 잇는 거슬 밋습ᄂᆡ다.

각 디방에 담보금으로 슈입케 되난 경우면 이젼 공ᄎᆡ금ᄶᅩ로 슈입하던 문셔들은 말케 놋는 것이 차셔(次序)에도 규모가 되고 일에도 사실이 될가 함ᄂᆡ다. 가량 이곳 민단에셔 공ᄎᆡᄶᅩ로 얼마을 위원부에 빗슬 젓난지 혹 얼마은 아죠 무ᄐᆡᆨ인지 이거슬 지금에 분명이 발케 놋치 못하든지 혹 안이하고 미루워갈진ᄃᆡ 후일에은 더 어려올 터니 ᄉᆡᆼ각하여셔 장ᄂᆡ에 방ᄋᆡ와 여론이 업계 만드난 것이 원만한 일노 밋습ᄂᆡ다.

『ᄐᆡ평양잡지』에 ᄃᆡ하여 다른 관계은 폐할 슈 잇스되 글 쓸 사람은 이곳셔 어들 슈 업습ᄂᆡ다. 이곳에 학ᄉᆡᆼ 즁 작문할 만한 자격은 아죠 업습ᄂᆡ다.

이곳 학ᄉᆡᆼ들이 본국 방문사건에 ᄃᆡ하여도 원ᄅᆡ 문데을 제츌한 사람에 의견은 바리고 자긔들에 ᄉᆡᆼ각을 쳠부하여 만들여고 하니 다쇼 일에 영ᄒᆡᆼ(影響)를 밧계 됨ᄂᆡ다.

슈쥬일젼에 상ᄒᆡ뎡부로 부인구제회에셔 일ᄇᆡᆨ원을 웃체(郵遞)로 보ᄂᆡᆺ습ᄂᆡ다. 본 회에 지금도 시ᄌᆡ금(時在金)이 삼ᄇᆡᆨ여원인데 죠만간에 이 돈도 뎡부로 보ᄂᆡ계 쥬션즁이외다.

본국셔 경고셔가 온 후 리ᄃᆡ통령ᄭᅴ옵셔은 항ᄂᆡ 동포을 쇼집하여 슈삼 차 연셜을 하엿습ᄂᆡ다.

교데(教弟)에 듯고 보난ᄃᆡ로 말할진대 리박사ᄭᅴ셔은 민단을 젼쳬 한인들노 하여곰 밧드러 가난 길를 만들여고 하되 번々이 민단 당국들이 고집하여 편협한 ᄉᆡᆼ각으로 일을 하여간이 안자셔 싱활하난 리박사인들 엇덧케 하겟쇼. 누구든지 당사자만 되면 자긔네 지위를 보존케 하여 공동한 일에 손힉를 쥬니 이것이 운슈인지 터가 그러한지 알 슈 업습니다.

뎡부가 업셔지고 위원부 문을 닷계 된다고 딕통령이 써드러닉 되 당국들은 자긔네 압페 잇난 일만 걱졍하고 잇슨잇ㅆ 디방동포들은 졈々 더 미신(未信)케 되니 기실 양난이외다. 그러하나 지금은 리박사씌셔 친이 쥬션하려고 하니 이 압프로은 원만한 결국(結局)이 잇슬 쥴노 밋습니다.

민국 오년 三月 十三日 교뎨 리창규(李昌奎) 白

102. 이창규→?신형호 1923. 3. 24. (18, 586)

所謂 국민딕표회에 결국은 뎡부을 기쵸하자난 슈회(數爻) 쑨인데 필시 아모 회력(效力) 업시 혀여질 것 쑨인이 그 끗테은 민심ㅆ지 타락될 것 쑨인이 엇지 렴여업겟쇼. 당국들은 특별 쥬이하심을 바라옵닉다.

이곳 민단에셔은 아모 힘 업시 안져셔 돈 드러오기만 기다리난 것 쑨임으로 리박사씌셔은 각 디방에 슌힝하실 의힝(意向) 쑨만 안이라 각 도에 경찰 일인식를 두고 경비은 민단과 위원부에셔 담임케 하려고 쥬션즁이외다. 이 일 되것케 찬셩하시기를 바라옵닉다.

부인구졔회에셔 재작일에 쏘 이빅원을 뎡부로 보닉엿습닉다.

젼날에도 말삼하엿건이와 『틱평양잡지』 일은 쥬필사건으로 인하여 필시 원만한 결국이 업계 될 모양이외다.

헌[현]슌(玄楯)씨가 이곳 온 후 쇼위 독립단이라난 거슬 붓들고 나어가려난 즁인이 필시 민단과 시비은 업지 못할이다.

아모리 골난될지라도 붓들고 압프로 나어가기를 진력하십시오. 이곳셔 리딕통령씌셔은 무삼 방면으로든지 위원부을 도와갈 만콤 만드리다.

민국 오年 三月 二十四日 교데 리창규(李昌奎) 셔

103. 이창규→?신형호 1923. 3. 29. (18, 587~588)

三月 十二日 혜셔 감사이 보왓스며 所示中 말삼도 세〻아[이] 밋습닉다. 잡지에 딕한 일이 아직도 원만한 결졍이 안이 뫼임닉다. 현금 임시로 쥬무하난 김씨은 얼마 후면 학싱들 다리고 한국에 갈 터인데 후림자 업시 유지할는지 미상일 뿐외 셜혹 싱긴다 할지라도 리박사씌셔 이곳 써나시면 글 쓸 사람 업스니 렴여됨네다. 리박사 계시는 날ㅅ지은 렴여업겟소이다.

현슌(玄楯)씨가 근일에은 좌우편을 분셕하여 말치은 안느나 필시 리박사 업스면 사건를 만들 것 갓습닉다. 그러나 져간 밋난 거슨 현슌씨을 도읍난 사람들 즁 얼마 슈회(數爻)은 우리 뎡부을 공경합닉다. 미〻교회 사람 즁 얼마 슈회은 황사용씨을 도읍고 얼마 슈회은 현슌씨을 도읍난데 황씨에 파은 흥사단이오 현씨에 파은 독립단 혹 민간이외다. 원릭 박용만(朴容萬)씨 사람들은 흥사단과은 원슈와 갓치 되엿스나 져들이 리박사을 반다하난 일에은 일심하엿습닉다.

금년 독립단장은 차병슈씨인데 이 사람은 쳐음브틈 지금ㅅ지 박씨에 친고외다. 그러나 근일에 와셔은 독립단원 즁에도 의견 충돌이 싱기여셔 몃〻 사람들은 현슌씨로 단장에 지위로 딕졉하자 하고 얼마 슈회은 그렂치 못한다 하든 찌음에 박씨가 젼보하기을 그딕로 굿건이 하여 가라 함으로 다시은 아모 말 업시 지닉여 가난 모양이외다.

그러헌데 형에 말삼과 갓치 박씨가 다시 이곳슬 이[여]힝하난 모양인데 만약 박용만·현슌 양씨가 젼날과 갓치 안도산(安島山, 안창호〈安昌浩〉)으로 더부러 임시뎡부을 공격하려고 할진ᄃᆡ 필시 젼징ᄃᆡ가 될 터이나 결국에은 져들이 승이도 못할 것 ᄲᅮᆫ이오 져들에 륙신ᄭᆞ지 손ᄒᆡ가 되고 말 터이나 이갓치 되계드면 우리 일은 졈々 영ᄒᆡᆼ(影響)를 더 바들 터니 엇지 한심치 안켓소. 우리들이 々거슬 예칙하니 할 슈 잇는데ᄭᆞ지은 힘를 쥰비하여 외면으로은 하여튼지 ᄂᆡ막으로은 할 일 하여야 되겟난데 급기일에 ᄃᆡ하여셔은 ᄉᆡᆼ각과 갓치 못하니 져간(這間) 유감이외다.

요ᄒᆡᆼ이 부인구제회 즁앙부장이 우리 일에 극역 도읍는 부인이 피션되엿스ᄆᆡ 져간 감사하옵ᄂᆡ다. 뎡부로 슈일젼에 이ᄇᆡᆨ원을 ᄯᅩ 붓쳣습ᄂᆡ다. ᄉᆡᆼ각컨ᄃᆡ 부인회에셔 다쇼간 뎡부을 도와갈 것 갓습ᄂᆡ다.

일젼에 이ᄇᆡᆨ원 붓친 것 츄심(推尋)된 쥴노 밋습ᄂᆡ다. 지금 리ᄃᆡ통령ᄭᅴ옵셔은 연ᄆᆡᆼ회에 ᄃᆡ한 사건으로 공동ᄃᆡ회을 쇼집하여 다슈 연셜 ᄲᅮᆫ외 각 디방에 글을 보ᄂᆡ난 즁이며 할 슈 잇난데난 당신ᄭᅴ셔 단이면셔 권셜즁이외다. 이곳 일은 원만이 만들 터니 아모리 어렵고 ᄉᆡᆼ피스러온 일이 잇슬지라도 견ᄃᆡ고 나어가심을 바라옵ᄂᆡ다.

잡지에 ᄃᆡ하여 죠흔 의ᄒᆡᆼ 말삼하여 쥬심를 더욱 바라옵ᄂᆡ다.

민국 오年 三月 二九日 弟 리창규(李昌奎) 白

104. 이창규 → 신형호 1923. 4. 7. (18, 589~590)

Lee C. K. 4-17-23

近日 이곳 형편을 보니 ᄯᅳᆺ 안이하던 ᄉᆡᆼ각를 하계 되니 이는 능견난사(能見難思)외다.

민단장 김씨가 환국하려고 은근이 쥰비 즁인데 김씨 가고 안이가는 거슨 상관할 것 업스나 그가 그 ᄉᆡᆼ각으로 일을 하게 되ᄆᆡ 현금 뎡티상 관계되는 일에 ᄃᆡ하여 참마음으로 실ᄒᆡᆼ하려난 상타가 졈々 업셔지니 필시 결국은 위원부에 영ᄒᆡᆼ(影響)이 밋침으로 리ᄃᆡ통령계 큰 결졈이 ᄉᆡᆼ길 듯함니다.

당초에 김씨을 리박사ᄭᅴ셔 신용을 쥼으로 인하여 각 디방동포들이 찬셩한 것인데 급기일에 어룬이 되고 보니 리박사에 ᄉᆡᆼ각은 김씨와 다르계 되얏소이다. 김씨로 민단장 되계 할 ᄯᅢ 리박사은 々근이 々곳 우리 사람 즁에서 다슈 비평을 드럿난데 김씨에 사상이 이갓치 될거슨 젼여 부지외다.

김씨가 리박사 말에 ᄃᆡ항한 것이 누차로되 이번에 한나만 드러 말[하]건ᄃᆡ 리ᄃᆡ통령ᄭᅴ셔 공동회을 쇼집하여 일화ᄇᆡ쳑(日貨排斥)문데을 졔츌하여 본 공동회에 통과로 위원ᄭᆞ지 션턱한 것인데 김씨가 여론을 만드려셔 잘되네 못되네 하고 우금(于今)것 ᄭᅳ러가니 이 일노 인연하여 이곳 동포에 마음도 얼마콤 낙착되니 실노 난쳐외다.

ᄯᅩ 한 가지 사건은 엇던 녀학ᄉᆡᆼ과 결혼문데로 인하여 은근이 의론을 듯계 되니 이갓튼 일은 일기 々인상 일이ᄆᆡ 공쳬(公體)에 관계은 업겟다 하겟졔만 져간(這間) 영ᄒᆡᆼ(影響)를 밧계 되난 모양이며 각 디방에 경찰 두난 일에도 김씨에 고집으로 우금것 짓쳬되니 하회(下回)은 알 슈 업스나 이 일도 발셔 숀ᄒᆡ를 당하엿습ᄂᆡ다. 사람々々에 마음들이 々갓트니 엇덧케 무삼 일에 잘되여 보겟소.

ᄯᅩ 한편은 교회인도자 멋々 사람들이 ᄂᆡ응(內應)으로 흥사단에 씨를 슴으난 즁인데 이 일도 잘 죠쳐 못하계 드면 양호유환(養虎遺患)되겟습ᄂᆡ다. 이런데 우리편 사람들은 피차 결합역이 업셔 샤々에 져놈들에계 욕를 당하니 인심이 엇지 이갓튼지 혜알일 슈 업습ᄂᆡ가.

민찬호(閔燦鎬)씨은 특별이 작년에 학교사건으로 인연하여 지금것 ᄂᆡ심으로 리박사을 ᄃᆡ항하난 터인데 자기네 동지 최창덕·안시홍·렴달욱 등으로 ᄂᆡ용[응]을 만드난 즁인이 々 일이 언졔든지 발각되리다.

『ᄐᆡ평양잡지』에 긔재할 만한 소식이나 글를 만드러 보ᄂᆡ쥬시면 더욱 감사하겟슴ᄂᆡ다. ᄯᅩ은 죠흔 의ᄒᆡᆼ(意向) 셜명하여 쥬시면 더욱 감사하겟소. 이 잡지을 동지회에셔 젼담하여 무삼 방면으로든지 계속하려 하난 즁이나 만약 리박사 ᄯᅥ나시면 글쓸 사람 업셔 문데외다.

民國 五年 四月 十七日 교데 리창규(李昌奎) 拜上

105. 이창규 → 신형호 1923. 5. 1. (18, 591~592)

Lee C. K. 5-1-23.

교형ᄭᅴ셔 동포 심방하시려난 일은 리박사ᄭᅴ옵셔 ᄃᆡ찬셩함ᄂᆡ다. 고로 김씨도 ᄯᅡ라셔 동의함으로 환젼 삼ᄇᆡᆨ원을 여비로 보ᄂᆡᆫ 듯하옵ᄂᆡ다.

물산장려(物產獎勵)에 ᄃᆡ하여난 근본 공동회에셔 ᄐᆡᆨ졍(擇定)된 위원들이 슈삼 차 쇼집하여 다슈 의견들을 교환하여 지금에 와셔은 원만한 단체를 죠직케 됨네다. 발긔인에 슈회(數爻)가 五十여인々데 ᄆᆡ인 오십원을 ᄂᆡ지 못하면 단지 고본쥬(股本主)만 된다난데 ᄆᆡ고(每股)은 십원식으로 쟉졍이고 긔한은 금 五月 一日로브틈 ᄅᆡ년 오월 일일ᄭᆞ지며 총합은 삼만원이라 합데다. 이번 회사은 잘될 이유가 만슴ᄂᆡ다.

김영우씨은 학ᄉᆡᆼ들 다리고 본국 심방가는 일에 젼무(專務)케 됨으로 본 잡지에 ᄃᆡ하여 져간(這間) 의무뎍으로 도와쥬든 일ᄭᆞ지 사면되얏슴ᄂᆡ다. 잡지을 계쇽하려면 글 쓸 만한 사람이 잇셔야 되겟난데 이곳셔은 사람 업스니 엇덧케 하면 방ᄎᆡᆨ이 되겟쇼.

리박사 말삼을 드르니 귀셔에 유학하시난 김영셥(金永燮)씨가 젹당하다 함니다. 만약 그럿커든 김씨에 소식를 알여쥴 슈 잇슴는잇ᄭ. 이에 ᄃᆡ하여 하시(下示) 잇기를 바라옵니다.

이곳에 잇난 재졍보단(財政報單)과 비교하여 볼 죠건이 잇슴으로 귀 위원부 재졍보단 二月·三月 兩朔條을 보니쥬시면 ᄆᆡ우 감사하겟슴니다.

이번 쳑식회사々건에 ᄃᆡ하여 귀 위원부에 은혜 만々 감사이 ᄉᆡᆼ각함니다.

현금 리박사씌옵셔은 위원부와 뎡부을 위하여 ᄃᆡ々뎍 활동를 시작함니다.

이번 슌ᄒᆡᆼ(巡行)에 재미 만이 엇기를 바라옵니다.

민국 오年 五月 一日 교뎨 리창규(李昌奎)

106. 李昌奎→申衡浩 1923. 5. 13. (18, 593~595)

Lee C. K. 5-13-23

본월 一日에 보닌 혜셔 더욱 재미잇게 보왓슴니다.

당초에 김씨가 이곳 온 후 민찬호(閔燦鎬)씨 교장 사임케 할 ᄯᆡ 자기가 학교 々장에 자리을 ᄉᆡᆼ각한 일이 잇셧슴니다. 이 눈티을 아난 리박사은 김씨을 달이 ᄉᆡᆼ각하엿셧슴니다. 그러셔 학ᄉᆡᆼ방문단 사건이 뎨츌될 ᄯᆡ 두 김씨와 민씨로 위원을 ᄐᆡᆨ졍(擇定)한 것인데 김씨가 급기 민단장이 되야 얼마 형편을 살펴보니 모든 일이 자긔 ᄉᆡᆼ각ᄃᆡ로 안이될 ᄲᅮᆫ만 안이라 ᄯᅩ은 눌이난 곳도 업지 안느ᄆᆡ 이것 져것 단렴하고 니디나 상히 근방으로 갈 의ᄒᆡᆼ(意向)을 한 것인데 그동안 학ᄉᆡᆼ방문단사건으로 다른 사람 알지 못하게 교셥하여 온 것인데 이번에 본국으로 가난 허셩씨가 이 일에 잠관 동안 의견을 교환하여 무삼 방면으로든지 경비 졔감될 의

힝를 채용하계 됨미 필시 김씨에 싱각과 허셩씨에 뜻이 부동됨으로 져간(這間) 셥々한 언논ᄭ지 업지 안하엿쇼. 김영긔씨에 하려난 일은 와히되엿지요. 방문단에 딕한 사건은 다 정돈되엿스니 하여간 만힝(萬幸)이외다.

하와이에 흥사단 씨을 수므난 사람은 민찬호요 누구든지 안이라 하면 나은 곳 증거를 뵈이겟쇼. 렴셰우도 민씨에 슈단이지오.

지금 리박사씌셔 일하기 미우 어렵소. 근일에 현슌(玄楯)공사씌셔 무삼 년셜회을 열어놋코 안이할 말 업시 다 하난 모양인데 장차은 엇덧케 하면 죠흘는지 미상이외다.

지금 형편으로만 말할진딕 이곳 사회형편이 다른 길은 죠금도 구죠될 것 업소이다.

하실 슈 잇거든 단여가시면 더욱 감사하겟습닉다.

『太평양잡지』은 무삼 모양으로 계속할 슈 잇스나 글 써 보닉 쥴 사람 업셔々 결단이오. 교형씌셔 시간에 초々하시겟제만 하실 슈 잇난딕로 죠흔 소식이나 혹 글 보닉쥬시면 더욱 감사하겟습닉다.

젼일에 부탁한 위원부 보고 二月・三月 兩朔치 보닉쥬실 뿐외 去年 六月 報告 第十二号 이것ᄭ지 보닉쥬시면 이곳셔 요긴이 볼 슈 잇습닉다.

民國 五年 五月 十二日 교뎨 李昌奎 拜

107. 이창규→?신형호 1923. 6. (18, 596)

김영셥(金永燮)씨 사건은 그만콤만 알겟습닉다. 학싱방문단은 今月 十八日 션편에 가계 됩네다. 여비은 미화로 二千元을 젼보로 보닉엿습닉다. 미쥬에 다슈 구람인(購覽人)를 엇덧케 하면 엇겟소. 『틱평양잡지』을 엇덧케 하면 각 쳐에 다슈 젼파되겟소. 죠흔 의힝(意向)를 셜명하여 쥬시면 더욱 감사하겟슴니다.

民國 五年 六月 교데 리창규(李昌奎) 拜上

108. 李昌洙 → 李容稷 1920. 12. 2. (18, 597)

Answered by Y. C. Lee

Private letter

Columbia Hotel
714 E. 9th St.
Kansas City, Mo.

리욕직(李容稷)씨

그간 사무보시기에 대단히 고란하옵나이가. 弟는 잘 잇나이다. 民團 共[公]債표 伍十元을 사려고 金貨額을 付送하노니 以此下諒하시옵.

民國 二年 十二月 二日 弟 李昌洙 上

109. 이태영 → 신형호(하늘나라신) 1922. 9. 20. (18, 598~599)

Lee T. Y. 9-20-22

하날 나라신

여보 나라신형 함(函)은 월젼에 으더 보앗소. 형은 치카고[시카고]을 써날 쎄에 한번 맛나뵈올가 하엿든이 형은 이 사람을 잇져는지요. 다[?나]간다 말도 업시 가셧슨이 차졔에 마[음]은 애속하외다. 그러나 그간 사무에 을마나 고싱이 되시옵닋가. 차졔(此弟)는 잘 지닉옵닋다. 차졔는 하일이든지 원하는 것슬 일우기 젼에는 형을 뵈올 날이 망연(茫然)할듯 하외다. 형에긔 부탁하는 것슨 남궁렴(南宮炎)씨긔 말삼하시기을 차졔 일노 만이 알아

황휴(黃烋)씨을 너무 셩가스랍긔 말나 하여 쥬시요. 하일이든지 차졔가 둔[돈]을 닉여노아야 하지 그럿치 안으면 아모리 씨을 괴롭긔 하여도 되지 안는다 하시요. 읏지하면 십일월 안으로 위원부에 갈뜻 하외다.

일후 다시 기록 차로 딕강 잠상(暫上).

구월 이십일 졔 리틱영 상

New Burnham Inn

Burham, Ill.

110. 林 超→?鄭翰景 ?1921. 6. 15. (18, 600)

From Lim Chor, 100 W. 43d St., N. Y. City

六月 十三日 惠書는 拜承ᄒᆞ얏슴니다. 安氏가 玄을 풀니쉬(foolish)라고 認定ᄒᆞᄂᆞᆫ 것은 果然 올흔 말이지요. 또ᄒᆞᆫ 말ᄒᆞᄂᆞᆫ 그 ᄉᆞ람도 석 갓흔 풀리쉬이지요. 그 古物을 委員部로 팔 道理가 無ᄒᆞᆫ즉 安들어 速히 팔던지 돈을 보닉든지 ᄒᆞ라고 ᄒᆞ시ᄂᆞᆫ 것이 조흘듯 ᄒᆞ옵니다. 또ᄒᆞᆫ 물으신 十一元 條件은 鄭寅洙氏의게 물어보온즉 事實 보닌 증거가 잇기로 보닉옵니다. 보시고 還送ᄒᆞ옵소셔. 鄭源道氏가 十元 公債와 一元 旅行券 合ᄒᆞ여 十一元이옵고 七元은 其他 合費 等이라고 ᄒᆞ옵니다. 以此知悉ᄒᆞ옵소셔.

昨夜에 洪焉氏를 逢見ᄒᆞ엿소이다.

六月 十五日 弟 林超 二拜

111. 林 超→?徐載弼 ?1921. 6. 29. (18, 601)

惠函은 今玆 拜承ᄒᆞ와 感荷々々이오며 所教 鄙處 在留韓人中

에셔 淸人의게 請捐ᄒᆞ엿다ᄂᆞᆫ 崔鎭河氏의 報道는 當初에 虛無ᄒᆞᆫ 事實이옵니다. 如斯ᄒᆞᆫ 事擧가 有ᄒᆞ오면 엇지 貴部에 報告가 無ᄒᆞ여슬이요. 幸須勿念ᄒᆞ시옵소셔.

日前에 鄙處에셔 經過ᄒᆞᆫ 事實은 今番 倭政府 下議員 一同이 此處에 來ᄒᆞ엿을 時에 韓國과 日本 兩國間에 過去 條約에 對ᄒᆞᆫ 違反과 現今 時勢에 不合ᄒᆞᆫ 行動 等을 逐條列綠ᄒᆞ여 代表 趙炳玉・李炳斗 兩氏를 派送ᄒᆞ여 質問ᄒᆞ엿ᄂᆞᆫ데 當日노 對答ᄒᆞᆯ 수 업다고 書類를 가지고 갓ᄂᆞᆫ데 무삼 ᄃᆡ답이 有ᄒᆞᆯᄂᆞᆫ지ᄂᆞᆫ 未知이오나 何如間 韓國에 對ᄒᆞᆫ 一個 緊ᄒᆞᆫ 條件을 준 줄노 아옵니다.

총々ᄒᆞ여 이만 暫上.

六月 卄九日 弟 林超

112. 張 鵬→申衡浩 1922. 9. 12. (18, 602)

Chang Peter 9-12-22

申衡浩 先生 台啓

貴部 通信을 보고 閣下의 榮任ᄒᆞ심은 感祝ᄒᆞ오며 國家 多艱ᄒᆞᆫ 此時에 仕體萬重ᄒᆞ시며 公務는 煩劇치 아니ᄒᆞ온지 爲之仰禱오며 또 雩南(이승만)博士의 布哇(하와이)行은 不得已ᄒᆞᆫ 일이나 隨ᄒᆞ야 貴部 僉公의 事務가 一層 增添될 쥴 아ᄂᆞ이다.

此 夾楮는 斤正 簡拔ᄒᆞ야 쓰시되 他人의 感情을 觸ᄒᆞᆯ 만[ᄒᆞᆫ] 點이 잇거든 削除ᄒᆞ시옵쇼셔. 弟는 本來 短文ᄒᆞ고 또 近來 重病餘에 亂草ᄒᆞᆫ 거시외다.

令阮丈 愼節은 少有差快나 難見速臻勿藥이니 是悶々々이외다. 惟祝 爲國保重.

民國 四年 九月 十二日 弟 張鵬 拜上

且 夾簡 望須傳達于紐育民團 如何々々.*

[譯文]

*바라건대 또한 쪽지를 모름지기 뉴욕 민단(民團)에 전달하시면 어떠하겠습니까?

113. 張 鵬 → 申衡浩 1922. 9. 24. (18, 603~605)

Narasin, Hanal 9-24-22.

申衡浩 先生

令王夫人喪事는 夫復[何]言哉며 且 令阮丈患候 去益沈重ᄒᆞ야 至於朝不慮夕之境이오니 爲之仰悶已耳. 謹問 比來 仕體萬重 公務果不惱神者否. 仰頌且禱.

弟依昔劣 而政府則因於財政困難ᄒᆞ야 難以形成中이니 甚悶이며 至於趙蘇[素]昂兄ᄒᆞ야는 自春以來 其保護政府與雩南先生ᄒᆞ야 其效極大어ᄂᆞᆯ 雩南先生之態度는 似近於冷淡 故로 反爲不豫也니 未知雩南先生因何故 而如是待遇也로다. 望須 仁兄善言于雩南先生ᄒᆞ야 信任蘇昂兄 則於時局收拾 及 將來進行方針에 多有益焉일가 ᄒᆞᄂᆞ이다.

此處情形은 別無顯著之動搖로되 所謂代表會는 將於十月望日開會云ᄒᆞ니 未知其結果如何나 然이나 以是多與影響於四方ᄒᆞ니 可歎々々이외다.

接雩南先生書 則云 每朔 二十五元條가 如不來 則採根于仁兄及李南宮兩兄云矣라. 就中 此地形便이 每多急轉直下之變動ᄒᆞ니 有貯蓄通信費도 必要인 바 六七兩朔條는 已爲入手也로되 自八月以下는 尙未來到矣니 想必貴部之經濟事情이 不得如數收合之故也로되 旣爲所定之事이고 且 此地備虞之點이 爲必要故로 玆 仰

請ᄒᆞ오니 李及南宮兩兄으로 另念周旋ᄒᆞ야 自八月分以下로 都數를 收合郵送ᄒᆞ심을 千企萬望이외다.

此地消息은 別로 可記홀 거시 업고 俄領撤兵後에 무슴 일이 잇슬 듯시 附和雷同의 性質이 또 發動ᄒᆞᄂᆞᆫ 모양이외다.

惟祝 爲國保重.

民國 四年 九月 二十四日 弟 張鵬 拜上

[譯文]

신형호(申衡浩) 선생

할머님 상사(喪事)는 무어라 사뢸 말씀이 없으며 또 숙부의 병환이 갈수록 더 깊어져 아침에 어쩔지 저녁에 어쩔지를 모를 지경이라 하니 답답하고 걱정이 됩니다. 삼가 묻건대 요사이에 사체(仕體) 만중(萬重)하시고 공무는 참으로 신경 쓰이지는 않으십니까? 우러러 빌고 또 비는 바입니다.

제(弟)는 전과 다름없이 미열(迷劣)하오며 정부는 재정 곤란으로 인하여 모양도 이룰 수 없으니 몹시 걱정입니다. 조소앙(趙蘇昻, 趙素昻)형은 봄부터 줄곧 정부와 우남선생(雩南先生, 이승만)을 옹호하여 그 성과가 상당히 컸습니다. 그런데도 우남선생의 태도가 냉담한 것 같기 때문에 도리어 서운해 합니다. 우남선생께서는 무슨 까닭으로 이렇게 대우하시는지 모르겠습니다. 바라건대 인형(仁兄)께서는 우남선생에게 잘 말씀드려 조소앙형을 신임하시도록 한다면 현 시국을 수습함에나 장래의 진행면에서 많은 유익함이 있으리라 생각됩니다.

이곳 형편은 별로 현저하게 동요하는 기색을 느끼지 못합니다마는 이른바 국민대표회(國民代表會)가 앞으로 10월 15일에 개최된다고 합니다. 그 결과가 어떠할지는 알 수 없으나 그 때문에 사방에 많은 영향을 줄 것이니 가탄(可歎) 가탄이로소이다.

우남선생의 서신을 받아보니 매월 25원조(元條)가 도착하지 않으면 형과 이(李)·남궁(南宮) 양형에게 캐어 물어보라 하셨습니다. 그런 중에서도 이곳 형편이 매양 곤두박질치는 변동이 많으니 통신비를 저축할 필요가 있습니다. 6, 7 두 달조는 이미 손에 들어왔지만 8월 이후는 아직 도착되지 않았습니다. 귀부(貴部)의 경제 사정이 액수대로 수합할 수 없는 까닭이 있어서 그런 것이라고 생각됩니다. 그러나 기왕 정해진 일이고 또 이곳에서 만일에 대비하는 면에서도 꼭 필요하기 때문에 앙청(仰請)하는 바입니다. 이형(李兄)과 남궁형(南宮兄)으로 하여금 특별히 유념하고 주선하게 하여 8월분 이후의 전액을 수합하여 우송하여 주시기를 간절히 바라는 바입니다.

이곳 소식은 별로 기록할 만한 것이 없고 아령(俄領)에서는 철병(撤兵)한 뒤에 무슨 일이 있을 듯이 부화뇌동(附和雷同)하는 동향이 또 보이는 모양입니다.

나라를 위하여 보중하시기 비옵니다.

민국 4년 9월 24일 제(弟) 장붕(張鵬) 배상(拜上)

114. 張 鵬 → 申衡浩 1922. 11. 22. (18, 606～608)

Chang Bung-Peter- 11-22-22.

申衡浩 先生 二十六號

惠書를 接承ᄒᆞ고 感謝ᄒᆞ오며 더욱 貴 委員部의 事業이 繼續되며 展開ᄒᆞᆷ은 誠是望外이며 仍하야 大統領閣下와 僉位 閣下의 勞力勞心ᄒᆞ신 結果로 알고 獻賀ᄒᆞᄂᆞ이다. 아모쪼록 新事業을 發展ᄒᆞ야 貴部의 成績을 著顯ᄒᆞᆷ이 우리 民族에게 希望을 쥬며 우리 大業을 速成케 ᄒᆞᄂᆞᆫ 일로 知ᄒᆞᄂᆞ이다.

今番에 送金ᄒᆞ신 거슬 곳 밧엇소이다. 此 方法이 最善良ᄒᆞ외다. 昨夏 今春ᄭᆞ지는 如斯ᄒᆞᆫ 일이 잇셧소이다. 登記ᄒᆞᆫ 書信을 遲

滯ᄒᆞ야 一個月後에야 美 郵局에셔 中國 郵局으로 보ᄂᆡ엿슴으로 質問ᄒᆞ엿더니 今夏以來로ᄂᆞᆫ 도시 그러ᄒᆞᆫ 일이 업소이다(그것은 美 郵國에셔 傭用ᄒᆞᄂᆞᆫ 中國人의 所爲로 그러ᄒᆞ엿소이다.)

所謂 國民代表會ᄂᆞᆫ 또 延期되엿고 設或 된다 ᄒᆞ여도 別 結果를 엇지 못ᄒᆞᆯ 쥴 아ᄂᆞ이다. 其中에도 不統一이고 兩派가 有ᄒᆞ니 一派ᄂᆞᆫ 現政府를 否認ᄒᆞ자 ᄒᆞᄂᆞᆫ 派니 露領에셔 온 人과 天道敎 代表라 ᄒᆞᄂᆞᆫ 者의 主張이오. 又 一派는 現政府 機關을 通ᄒᆞ야 國民代表會의 決議案을 成立케 ᄒᆞ자 ᄒᆞᄂᆞᆫ 派니 此 安島山(安昌浩)의 一派외다.

政府의 形便으로ᄂᆞᆫ 畿湖人士 外에는 納金ᄒᆞ기를 不願ᄒᆞᆯ 쑨 아니라 納金ᄒᆞ려ᄂᆞᆫ 人도 沮戲ᄒᆞ려 ᄒᆞ니 所以로 事業을 繼續ᄒᆞ야 成績을 보일 슈 업스니 以是悶畓ᄒᆞ외다. 弟의 想像으로ᄂᆞᆫ 美布墨(미주・하와이・멕시코)에 잇ᄂᆞᆫ 同胞들이 一年에 人口稅 一元식을 毋漏輸入ᄒᆞ고 此金은 委員部에셔 쓰지 말고 上海로 輸送ᄒᆞ엿스면 죠흘듯ᄒᆞ외다.

晛觀(申圭植)先生 作故 後에 政界에 多大ᄒᆞᆫ 影響을 쥬며 또 如喪考妣ᄒᆞᄂᆞᆫ 靑年들이 만소이다만은 畿湖人士 中 前日 先生의 同志들이 다 先生의 志를 繼續ᄒᆞ야 進行ᄒᆞ려 ᄒᆞ니 도로혀 감샤ᄒᆞ외다.

惟祝 台體爲國保重.

民國 四年 十一月 二十二日 弟 張鵬 拜謝

115. 張 鵬 → 南宮炎 1922. 12. 28. (18, 609~610)

Chang, Peter 12-28-22.

南宮(炎) 先生 惠鑑

오ᄅᆡ 적조(積阻)ᄒᆞ야 궁금ᄒᆞ오며 그동안 사톄(仕體) ᄐᆡ평(太平)ᄒᆞ시며 공무는 잘 진ᄒᆡᆼ되옵ᄂᆞᆫ지 늘 긔도ᄒᆞᄂᆞ이다. 이곳의 일은 여젼히 국민ᄃᆡ표회의 방ᄒᆡ로 인ᄒᆞ야 정부의 일이 잘 진ᄒᆡᆼ되지 안코 ᄌᆡ정은 젼무ᄒᆞ야 모ᄉᆞ도 착슈 못ᄒᆞ고 몃々 총장이 슈슈방관(袖手傍觀)ᄒᆞ고 잇스며 ᄂᆡ디에셔는 샹ᄒᆡ는 싸홈만 ᄒᆞᆫ다 ᄒᆞ야 조곰도 도와쥬지 안코 소위 국민ᄃᆡ표회는 오륙십인이 모혓ᄂᆞᆫᄃᆡ 속히 ᄀᆡ회된다 ᄒᆞ며 그 ᄂᆡ용인즉 현 정부를 부인ᄒᆞ고 ᄉᆡ로 정부를 조직ᄒᆞᆫ다 ᄒᆞ니 무ᄉᆞᆷ 파란이 ᄯᅩ 니러날ᄂᆞᆫ지 모르겟소이다.

ᄒᆞᆫ 가지 부탁ᄒᆞ올 말ᄉᆞᆷ은 徐博士에게 보ᄂᆡᆯ 돈 ᄆᆡᆨ시간 ᄯᆞᆯ나(Mexican dollar)로 十四元 즉 미화로 七元이 잇ᄂᆞᆫᄃᆡ 이곳에 붓치는 것보다 귀쳐에셔 젼ᄒᆞᆷ이 편리ᄒᆞᆯ듯 ᄒᆞ야 앙탁ᄒᆞ오니 ᄒᆞᆯ 슈만 잇거든 美화로 七元만 셔박ᄉᆞ씌로 젼ᄒᆞ여 쥬시옵쇼셔. 그리ᄒᆞ여셔 弟가 셔박ᄉᆞ씌도 편지ᄒᆞ오니 쇽히 회답ᄒᆞ심을 바라ᄂᆞ이다.

ᄉᆡᄒᆡ에는 민국의 모든 쟝ᄒᆡ가 다 업셔지고 광복 ᄃᆡᄉᆞ가 잘 진ᄒᆡᆼ되기를 긔도ᄒᆞᄂᆞ이다.

민국 ᄉᆞ년 十二月 二十八日 弟 장붕(張鵬) 비々

116. 鄭翰景→崔鎭河 1921. 2. 30. (18, 611)

崔鎭河 氏 兄座

數日前 惠書를 奉悉하온 후 뉴욕地方會長 林超씨씌 該地 同胞中에셔 누가 中人許 請捐하러 단니ᄂᆞᆫ 이가 잇ᄂᆞᆫ가 問議하엿삽던ᄃᆡ 今朝에 밧은 林氏의 回答 內開에 此 報道ᄂᆞᆫ 當初 虛無ᄒᆞᆫ 事實이옵니다 云하엿ᄉᆞ온즉 이를 照亮하시며 弟의 ᄉᆡᆼ각은 李仁成의 俠[挾]雜을 들은 ᄶᅡ뉴바 동포들이 혹 잘못 通知가 된듯 ᄒᆞ웨다.

民國 三年 二月 三十日 弟 鄭翰景

117. 鄭翰景 → 林 超 1921. 6. 17. (18, 612~614)

To Lim Chor
100 W. 43 St., N. Y.
June 17, 1921 from H. Chung

六月 十日 惠書 及 同封하신 鄭仁壽氏의 旧銀票ᄂᆞᆫ 今日 拜承하왓삽ᄂᆞᆫ 바 仝 銀行票(価格拾八元)를 本部에셔 接受 處理한 文簿가 無하오니 玄(玄楯)氏가 私用하엿ᄂᆞᆫ지도 아즉 未知하겟사오며 더 자셔히 調査코져 하오니 該 票를 此處에 얼마間 더 留置하게 하여 쥬시고 其 調査한 結果에 依하야 鄭源道氏의게 公債票를 다시 보닉든지 現金을 還送하던지 鄭氏의 意에 依하야 하겟삽나이다.

向者 紐約(뉴욕)韓人共同會에셔 發佈한 通文은 『新韓民報』에도 布哇(하와이) 諸 新聞에도 登載되지 아니할 쁜 外라. 『新韓民報』에셔ᄂᆞᆫ 玄氏에 關한 事件을 記載키 不肯하ᄂᆞᆫ 樣이오. 布哇에셔ᄂᆞᆫ 玄氏가 如何히 말을 하엿ᄂᆞᆫ지 新聞上에 大歡迎의 記事가 有하오니 紐育共同會에셔 國民會 中央總會 崔鎭河 · 韓在明 · 金麗植 諸氏에게 致書 協議하야 玄氏에 關한 事實을 詳細히 記載케 함이 似好하오니 힘써 보시옵쇼셔. 鄭源道氏가 委員部에셔 밧은 領受証이 有하온지 若有則 其日子와 号數를 通知케 하여 쥬심을 바라나이다.

餘不備禮.

大韓民國 三年 六月 十七日

118. 鄭翰景 → 崔鎭河 ?1921. 6. 21. (18, 615)

本月 十四日에 發ᄒᆞ신 惠函을 奉悉하엿삽고 貽封하신 李仁成

의 寫眞도 밧아보앗ᄂᆞ이다. 貴示ᄃᆡ로 李哥의 俠[挾]雜事를 中人 新聞에 記載코져 ᄒᆞ오나 此處에ᄂᆞᆫ 아모 中人 出版物이 업고 뉴욕 中人 新聞界로 請載ᄒᆞᆯ가 ᄒᆞᄂᆞ이다. 玄(玄楯)氏가 布哇(하와이)에 나가셔 大歡迎 밧ᄂᆞᆫ 일은 果然 難可測이웨다.

貴兄ᄭᅴ셔 委員部事를 協成코져 [한] 誠意를 이곳 委員部內 一同이 已測 □賀ᄒᆞᄂᆞᆫ 바 압흐로 더옥 밋고 ᄇᆞ라ᄂᆞ이다.

六月 二十一日 鄭翰景

桑港(샌프란시스코) 崔鎭河 氏兄

119. 曺誠煥→鄭翰景 1922. 1. 20. (18, 616~617)

Cho S. W. 1-20-22. From Cho Sung Whan 1-20-'22

鄭漢京[翰景] 仁兄

兄이 公務에 얼마나 汨沒ᄒᆞ오며 奔走ᄒᆞ옴닛가. 恒常 스ᄉᆞ로 慰勞ᄒᆞ시며 깁브ᄒᆞ시오. 거와 갓치 民族 社會을 爲ᄒᆞ야 汨沒ᄒᆞ며 奔走ᄒᆞᄂᆞᆫ 것이 ᄭᅩᆺ 하늘님이 정ᄒᆞ신 吾兄의 生命인 줄 아옴니다. 誠煥은 一樣으로 生去ᄒᆞ옴니다. 李(이승만)博士・李容稷 諸位의계 安否을 請ᄒᆞ옴니다.

卽今은 우리의 公事에 對ᄒᆞ야 陳述ᄒᆞ깃습니다. 今年에ᄂᆞᆫ 歐美委員部에 對ᄒᆞ야 엇더한 方法으로 作定ᄒᆞ야 進行코져 ᄒᆞ옴닛가. 現今 加州(캘리포니아)에 잇ᄂᆞᆫ 興士團에셔 風說을 做出ᄒᆞ야 人心 煽動ᄒᆞᄂᆞᆫᄃᆡ 外交事業은 도져이 失敗ᄒᆞ고 巨大ᄒᆞᆫ 百姓의 財政만 虛費ᄒᆞ엿시며 徐(徐載弼)博士은 落心ᄒᆞ며 外交가 不必要한 것을 즉금이야 覺悟ᄒᆞ엿시며 ᄯᅩ 李博士와 갈등 되여 아모 일도 안이 보기를 作定ᄒᆞ엿다 그런즉 安(安昌浩)先生이 主論ᄒᆞᄂᆞᆫ 國民大會을 召集ᄒᆞ고

우리 일은 우리가 ᄒᆞ여야 된다 이와 갓튼 말로 人心을 션도케 ᄒᆞ미 사람 마음이 심히 살란ᄒᆞ여 지ᄂᆞᆫ지라. 그러나 加州同胞 大部分은 彼等의 野心을 아ᄂᆞᆫ 터이오이다.

弟의 私見에는 政府와 委員部을 絶對的으로 保存ᄒᆞ며 維持ᄒᆞ여야 되깃다 ᄒᆞ옵니다. 本 市內에 잇ᄂᆞᆫ 興士團員들은 去年에 外交일에 對ᄒᆞ야 도모지 돈을 안이ᄂᆡ여신즉 今年에 外交일에 對ᄒᆞ야 돈 닐 리유가 업신즉 不可不 委員部에셔 한 사람이 나서々 別規模로 政府維持와 外交保存ᄒᆞᄂᆞᆫ 經費에 對ᄒᆞ야 同盟찬셩會을 成立ᄒᆞ며 每人이 每朔에 二元式 擔當케 ᄒᆞ며 夫人은 一元式 ᄒᆞ야 사람들 힘에 相當ᄒᆞ여야 永久한 方法이 되깃소이다. 美洲와 하와이에 三千名 可量ᄒᆞ고 美洲에ᄂᆞᆫ 男子 二元 女子 一元으로 하와이에는 男子 一元 女子 五十仙으로 定ᄒᆞ야 各 地方에다가 完全ᄒᆞᆫ 組織體을 두으 가지고 일답계 하여야 되깃다 ᄒᆞᆸ니다.

현금 國民會 機關을 興士團 幾人이 利用ᄒᆞᄂᆞᆫᄃᆡ 금년 션거시 投票人이 不過 二百名이오 勞動黨에셔 大部分에 同胞의 心理을 佔領ᄒᆞ엿ᄂᆞᆫᄃᆡ 져 興士團에셔 將次은 上海에다가 中心的 機關을 設置할 內情이오이다. 兄이 徐·李 兩博士와 相議ᄒᆞ시와 西方으로 나와셔 同胞의 心理도 觀察ᄒᆞ며 이 일을 着手ᄒᆞ여야 되깃습니다. 完全한 組織體을 만드라 가지고 즉금 일을 ᄒᆞ여야 되깃습니다.

彼團 勢力이 거진 餘地 업시 되엿ᄂᆞᆫᄃᆡ 『新韓民報』 한나를 가지고 宣傳機關을 삼습니다. 兄이 李博士와 相議ᄒᆞ여 보시오. 우리가 不可不 宣傳機關 新聞이 잇으야 事實을 傳播ᄒᆞ며 主義을 宣傳ᄒᆞ며 遠近 人心을 統一ᄒᆞ며 同志을 糾合할 터이오 將次은 國民會ᄭᅡ지 相當한 性質에 民團을 變更할 수 잇습니다. 李魯益 兄이 하와이로 發程ᄒᆞ엿ᄂᆞᆫᄃᆡ 氏가 將次 이 主義로 하와이 同志들의계 付託할 터이오이다. 弟가 『民言』을 다시 出刊ᄒᆞ다가 現今

學校試驗 째을 당ᄒᆞ야 정지ᄒᆞ엿는ᄃᆡ 分傳치 안이한 것을 보ᄂᆡ오니 李博士와 갓치 보시오. 兄이 李博士와 相議ᄒᆞ시와『太平洋雜誌』ᄒᆞᄂᆞᆫ 鑄字을 이곳으로 ᄃᆡ리다가 아모 團體에 付屬치 말고 同胞中 한 獨立機關을 만드ᄂᆞᆫ 것이 現今 時局形便에 大段 必要할 것 갓소이다.

不能一々ᄒᆞ고 惟祝大安ᄒᆞ오며 回示을 企ᄒᆞ옵니다. 情諒焉ᄒᆞ소셔.

一月 二十日 曺誠煥 弟 拜上

120. 曺誠煥 → 申衡浩(나라신 하늘) 1922. 7. 4. (18, 618)

Cho. S. W. 7-4-22

나라신 한늘 션싱

혜셔를 반갑게 밧ᄋᆞᆺ슴니다. 감ᄉᆞ한 마음 틱량(測量)할 수 업슴니다.

혜셔 듕 본인을「將來 韓界에 無雙ᄒᆞᆫ 幸福을 遺하실 쥴 믿슴니다」ᄂᆞᆫ 말슴으로 추으주시오니 대단 고맙슴니다. 명예심 만은 본인이 々와 갓튼 칭찬을 바드오니 읍든 렬심이 ᄉᆡ로 나고져 ᄒᆞ옵니다. 그러나 이후 혹 셔신이 잇슬지라도 이와 갓튼 젼일 국민회 당국자들이 어리셕은 동포에계 리용ᄒᆞ던 언론은 본인의계 시[키]지 마시기를 비옵니다. 용셔ᄒᆞ시오. 위원 직임에 대ᄒᆞ야 본인은 거만두엇사오니 다런 사람과 교셥ᄒᆞ시오.

불비상달 정감ᄒᆞ소셔.

7月 四日 曺誠煥 拜謝

121. 萶宜煥→玄 楯 1921. 3. 18. (18, 619)

To the Korean Commission
905 Continental Trust Bldg.
Washington D.C.
Mar. 18th, 1921.

현슌(玄楯) 각ᄒᆞ

금일 귀ᄒᆞ게 한 가지 쳥구ᄒᆞ오니 다름 아니라 거년 九·十月간에 미국인으로 서빅니아[시베리아]에 탄광·금광을 ᄆᆡ득(買得)하여ᄶᅡ는 쇼식을 신문ᄉᆞᆼ으로 득문(得聞)ᄒᆞ여슴네다. 지금 본인이 그 미인 광산ᄆᆡ득쟈의 일홈과 번디를 구함네다. 합즁국 졍부의셔 ᄆᆡ득하여ᄂᆞᆫ지요. 혹 사회젹으로 ᄆᆡ득 혹 ᄀᆡ인상으로 ᄆᆡ득일 것 갓트면 귀하ᄭᅦ셔 일홈과 번디를 구득하여 ᄒᆞ숑하시기를 복튝이외다. 이만 단홈.

民國 三年 三月 十八日 生 萶宜煥 □

Joe E. Wheeley
2475 Grant Ave.,
Ogden, Utah.

122. 주영한→현 순 1921. 2. 2. (18, 620~621)

국사에 얼마나 수고로히 지ᄂᆡ시ᄂᆞ잇ᄭᅡ. ᄉᆡᆼ은 여직것 몸 셩ᄒᆞ와 공부 잘 ᄒᆞ오며 ᄀᆡ회 잇ᄂᆞᆫᄃᆡ로 ᄂᆡ디 졍형을 들어 외인 교당에 니야기도 ᄒᆞᄂᆞ이다.

아뢰울 말삼은 젼자에 ᄉᆡᆼ이 라셩(羅城, 로스앤젤레스)디방 위원부 ᄌᆡ무로 잇슬 ᄯᆡ에 각 인의 공ᄎᆡ금을 슈봉(收捧)ᄒᆞ여 구미위원부로 완젼히 보니엿는디 근일에 김영희(라셩위원부 직무)씨의 편지를 바다보온즉 렴달욱씨의 공치금사건이 잘못된 모양이올시다.

「구미위원부통신」 뎨十九호, 공치금 급 각죵 슈입금 명세표(九月 二十日에 발힝된) 급 구미위원부 「지졍보고」 뎨五호를 보면 렴달욱씨와 공치금 八十元이 분명이 구미위원부에 간 것이 분명훈디 엇지되여셔 김영희씨는 싱이 렴씨의 공치금 八十元을 밧고 七十元만 구미위원부로 부숑ᄒᆞ엿다 ᄒᆞ는지 알 슈 업소이다.

렴씨는 공치금 六月 二十一日 十五元, 七月 十二日 三十元, 八月 九日 十五元, 九月 二十一日 十元 十月에 十元, 합 八十元이니 귀하는 지졍문부 十月죠를 참죠ᄒᆞ여 쇽히 귀졍 지어 루명 벗겨 쥬시오.

드른즉 렴달욱씨는 一月(민국 三年)에 二十元을 마져 닉엿다 ᄒᆞ니 이를 합ᄒᆞ면 一百元이 되지안슴닉싸. 공치표를 렴씨에게 쇽히 보닉시옵소셔.

민국 三年 二月 二日 쥬영한 上

123. 주철조 → 구미위원부 1922. 2. 2. (18, 622~623)

From C. Challcho

Feb. 2, 1922 — 63 Stainsby Rd.

In re: To be placed on mailing list — Poplar, E. 14

Ans. 2-24-'24 #1028* — London, England

Challcho C. 2-2-22.

위원부 각ᄒᆞ 8th. 2. 22.

딕한 광복 사업에 엇지 근고하시오면 진ᄒᆞ허슴닛가. 비쳐(鄙處)에 겨유동표(居留同胞)는 일체로 여젼히 지닉온니 워렴지덕(遠念之

德)이외다. 쏘한 슈차 주신 집지와 우리 ᄃᆡ한 ᄂᆡ디여 십삼도 열어 ᄃᆡ표 려명긔셔(聯名寄書)짜지 경독허엿삽ᄂᆡ다.

글어면 한 정부을 조즉이후로은 ᄃᆡ통령이하 위원부에셔 진ᄒᆡᆼ하시난ᄃᆡ로 한길노 나가야만 국민이요 쏘한 본 정신과 열심을 낙심 말고 씃짜지 나가고야만 우리 광복이요 쏘은 져근 금ᄋᆡ기라도 정셩을 당하야 열심으로 모집하여 한 정부을 보호하고야만 우리여 진보요 썻々한 국민에 목젹 되난 쥴 ᄉᆡᆼ각하난 고로 뇌동하야 먹곳 입곳 여지금(餘在金)을로 한 위원부에 져근ᄃᆡ로 보ᄐᆡ고자 하옵ᄂᆡ다. 쏘한 바라난 바 위원부에셔 진ᄒᆡᆼ하시난ᄃᆡ로 자조 통긔하여 주오면 ᄃᆡ단 감사히 ᄉᆡᆼ각하고 잇지 안니 허깃삽ᄂᆡ다.

기ᄒᆞ 쥬철죠 謹拜上

[譯文]

* 1922년 2월 2일 주철조로부터.
* 내용: 통신자 명부에 기재할 것.
* 회답: '24년 2월 24일 (#1208).

124. 天　目 → ?申衡浩　?1923. 9. 4. (18, 624~625)

遠々途道에 安寧히 還鄕하엿다 함은 甚히 깁으게 幸聞하는 中 兼하여 永久健康하심을 빕니다. 北方 巡視에 成績이 何如한지요. 兄의 眞誠으로 應當 良好할 쥴 밋읍니다. 同館 南宮 兄任도 깃버하실 쥴 암니다. 弟狀 쩸쓰호텔 압헤셔 作別할 時와 꼭 갓읍니다. 그르나 旅館 着手後 汨沒만 加하엿습니다. 兄任을 生覺할 때마다 깁흔 戀愛가 잇는듯 십흡니다. 다시 조흔 期會를 쥬시기만.

九月 四日 天目 弟 拜謝

洪順澤氏는 어드로 갓셧는지 不知去處하여 議論할 일도 잇지만는 엇지할 슈 업습니다. 委任狀도 至今ᄭᆞ지 두고 기다리기만 합니다. 도라오실 터이지요.

125. 千世憲 → 李大爲 1919. 9. 9. (18, 626~627)

惠書로 金奎植氏 入院ᄒᆞ심을 得聞之餘에 爲悶不已ᄒᆞ오며 何等病症이온지 願聞ᄒᆞᄂᆞ이다. 李源益氏을 昨日에 尋訪ᄒᆞ고 言及ᄒᆞ기을 華승톤[워싱턴] 財務部에셔 弟의계 뉴욕 收錢任務을 委任ᄒᆞ깃다 ᄒᆞ기에 李源益氏로 同任ᄒᆞ기을 請ᄒᆞ여노라 ᄒᆞ고 李兄의 意向을 問ᄒᆞᆫ즉 李兄도 同力ᄒᆞ기을 應諾ᄒᆞ여쇼이다. 然則 李兄께도 委任書을 付送ᄒᆞ시옵쇼셔.

前書中에 外交部 財政이 窘乏ᄒᆞ다 ᄒᆞ엿기로 弟ᄂᆞᆫ 愛國金과 公債金을 極力 收合ᄒᆞ깃사오나 尙今 或 時日을 待ᄒᆞ여야 되깃기로 爲先 私債 二百元을 借送ᄒᆞ옵고 此 債款은 右項 愛·公 兩金 收金中으로 除ᄒᆞ깃ᄂᆞ이다. 弟의 私意에ᄂᆞᆫ 右項 金을 收合ᄒᆞᆯ ᄯᅢ에 預想의 十分之一을 收合지 못ᄒᆞᄂᆞᆫ 境遇라도 財務部에셔 幾何額을 劃定 擔任ᄒᆞᄂᆞᆫ 거시 似好ᄒᆞᆯ듯 ᄒᆞ오니 弟의 愚意을 納用ᄒᆞ시와 發訓ᄒᆞ시면 弟 此 訓示을 依ᄒᆞ야 施行ᄒᆞ도록 力圖ᄒᆞ깃ᄂᆞ이다.

然則 뉴욕 在留邦人이 五十名 可量인데 國民會員이 二十名, 所謂 新韓員이 六人이요, 其外ᄂᆞᆫ 社會라던지 國家란 關念이 無ᄒᆞᄂᆞ 弟意에ᄂᆞᆫ 三十名을 可量ᄒᆞ고 每名 五十元이면 一千五百元이 외다. 何如間 公文에ᄂᆞᆫ 五十名을 限ᄒᆞ고 二千五百元으로 劃定ᄒᆞ여 보닉시옵쇼셔.

仰問ᄒᆞᆯ ᄶᅥ션 獨立金과 卄一例ᄂᆞᆫ 何如희 ᄒᆞᄂᆞᆫ지 回示ᄒᆞ시고 ᄯᅩ 뉴욕市 華人의계 請捐事로 中總에 寄書ᄒᆞ싯ᄂᆞᆫ지요. 回示ᄒᆞ시옵쇼셔.

餘祝帶公體安.

九月 九日 千世憲 弟

126. 千世憲 → 李大爲 1919. 9. 13. (18, 628~629)

敬啓者 公債票 每張 價格의 幾何와 年限의 長短과 利息에 何樣을 알지 못ᄒᆞ고ᄂᆞᆫ 口頭로 募金키 不能ᄒᆞ오니 來禮拜 二日에 抵到케 ᄒᆞ여 쥬시옵쇼셔. 本 地方會에셔 今에 會館을 完全히 確定ᄒᆞ고 今月 十七日에 開館式을 擧行ᄒᆞ고 公債을 募集키로 決定ᄒᆞ얏쇼이다.

所謂 新韓會 請捐文은 先已仰呈ᄒᆞ얏써니와 仝 會長 鄭氏의 傳言을 得聞ᄒᆞ온즉 右 請捐事로 와승톤에 認許ᄒᆞ라고 請願ᄒᆞ엿다가 退却을 當ᄒᆞ고도 請捐은 逐号 乞捐ᄒᆞ오니 右 會ᄂᆞᆫ 政府□令을 不服ᄒᆞ고 自意行事ᄒᆞ오니 此을 如何히 ᄉᆡᆼ각ᄒᆞᄂᆞᆫ지요 願聞이오며 ᄯᅩ 前者 仰問ᄒᆞᆫ 바 卄一例은 繼續 或 停止ᄒᆞ엿ᄂᆞᆫ지 同胞의 來問者가 有ᄒᆞ옵기로 玆更 仰煩ᄒᆞᄂᆞ이다. 回示ᄒᆞ시옵쇼셔.

大韓民國 元年 九月 十三日 千世憲

歐美委員部 掌財 李大爲 閣下

127. 千世憲 → 金奎植 1920. 1. 6. (18, 630)

Jan. 6, 1920 General

敬啓者 鄭基煥之行動에 對ᄒᆞ와 爲韓民者 無不痛責 而責委員部 來留者 L.K.鄭爲名漢은 反表同情於基煥ᄒᆞ난 文字가 有ᄒᆞ오니 鄭哥ᄂᆞᆫ 아마 다 狂人인듯 ᄒᆞ오나 此鄭도 紐欲(뉴욕)同胞의 怒拳을 免치 못ᄒᆞᆯᄶᅡ ᄒᆞ나이다. 그럼으로 此 文字을 同呈ᄒᆞ오니 下覽焉ᄒᆞ쇼셔.

大韓民國 二年 一月 六日 千世憲

委員部長 金奎植 閣下

128. 崔能益→金奎植 1919. 9. 8. (18, 631)

發付ᄒᆞ신 公文을 接承ᄒᆞ온 바 愛國金은 勿論 義捐으로 收合이 되 至若 公債票의 對ᄒᆞ여난 何 方便의 規例를 公定ᄒᆞᆫ 거시 잇ᄊᆞ오면 下送ᄒᆞ여 주심을 바라나이다. 公債票를 買受ᄒᆞ는 當事者ㄱ 其 金額을 한거버니만 닉이게 ᄒᆞ는지 或 幾次의 分ᄒᆞ여서 닉여도 되는지 모단 規例을 下送ᄒᆞ여 주심을 伏望.

大韓民國 元年 九月 八日 芝城(시카고)地方 崔能益

駐紮歐美委員長 金奎植 閣下

129. 崔能益→宋憲澍·金奎植 1919. 9. 19. (18, 632~633)

宋先生 헌쥬(憲澍)氏
金先生 규식(奎植)氏 座下

主恩中 氣體康健을 伏祈ᄒᆞᄂᆞ이다. 업대여 告ᄒᆞ옵난 바는 吾 同胞들ᄒᆞᆫ듸 以[已]爲 시작ᄒᆞᆫ 二十一例金 밧는 거슨 근양 밧는 거시 經濟上의 有助는 고사ᄒᆞ고 國民된 쟈 爲國ᄒᆞ는 恒心이 일로 因ᄒᆞ여 큰 관게ㄱ 잇는듸 如何ᄒᆞᆫ 兄弟는 吾 國家를 爲ᄒᆞ는 텍스[tax]라고 月 日 時 數를 分明히 會計ᄒᆞ며 納附[付]ᄒᆞ는 이ㄱ 만소이다.

李大爲氏ᄒᆞᆫ듸 들은즉 公債票를 爲ᄒᆞ야 二十一例로 폐ᄒᆞᆯ듯 ᄒᆞ다고 ᄒᆞ옵기 弟는 一個 地方의 안자셔 吾 同胞들의 言論 及 誠意를 본ᄃᆡ로 如此히 兩先生씌 告ᄒᆞᄂᆞ이다. 二十一例金은 근양 獨立을 成功ᄒᆞ는 날ᄭᆞ지 施行ᄒᆞᆷ이 誠意로ᄂᆞ 物質로ᄂᆞ 幷히 有益이 만ᄒᆞᆯ 줄 아ᄂᆞ이다.

九月 十九日 教弟 崔能益 拜上

130. 崔鎭河 → 鄭翰景 1921. 6. 14. (18, 634~635)

From C. H. Choy, 6-14-'21

In re: From Lee

至今 同封 仰呈ᄒᆞ는 李仁成은 협잡군으로 분명히 들어낫소이다. 寫眞으로 컷ᄒᆞ야 그곳 有力한 中人 新聞에 記載ᄒᆞᆷ이 必要할 듯 ᄒᆞ외다. 그리ᄒᆞᆫ 后 그 新聞을 한 장 本社로 보내주시옵쇼셔.

歐美委員事를 此弟의 힘ᄭᆞ지는 도으려 ᄒᆞᄂᆞ이다. 玄(楯)氏의 布哇(하와이)에셔 大歡迎을 밧은 것이 如何한 일인지 難可測이로소이다.

餘不備上.

六月 十四日 崔鎭河 弟

委員部 漢[翰]景氏

131. 崔鎭河 → 鄭翰景 1921. 6. 23. 附 : 박영로 → 최진하 1921. 6. 14. (18, 636~640)

From Choy

419 Western States Life Bldg.

San Francisco, Cal.

Answered 6-28-'21

귀톄 만안ᄒᆞ심을 앙송불이(仰頌不已)ᄒᆞᄂᆞ이다. 지금 앙고ᄒᆞ려 ᄒᆞᆷ은 得聞則 뉴욕에셔 협잡비 十여명이 中國사ᄅᆞᆷ에게 슈젼(收錢)키 위ᄒᆞ야 각 처료 산지ᄒᆞ엿다고 ᄒᆞ니 여차ᄒᆞᆫ 폐단을 구미위원부에셔 맛당히 막으여야 우리 사회 신용을 유지할 수가 잇ᄉᆞ오며 또 한 우리 일을 진行ᄒᆞ는ᄃᆡ 방해가 업슬 것이외다.

ᄶᅡ뉴바에셔 온 편지를 동봉ᄒᆞ야 보내오니 이를 보시고 션히 죠쳐 ᄒᆞ시옵쇼셔.

북미총회에셔 듕국인 신문에 광고ᄒᆞ는 것보다 구미위원부에셔 ᄒᆞ여야 상당ᄒᆞ겟는 고로 如是 佈告ᄒᆞ오니 죠량ᄒᆞ시옵쇼셔.

餘不備上.

六月 二十三日 崔鎭河 拜

鄭漢[翰]景氏 貴下

등본

복슌 일릐(伏詢日來) 형후 만즁(兄候萬重)ᄒᆞ시며 동류 졔위도 균길(均吉)ᄒᆞ시오닛가. 弟는 일이(一依)ᄒᆞ오며 앙고ᄒᆞ옵는 것은 근일 드른즉 월젼 뉴욕에셔 협잡ᄇᆡ 十여인이 청국 사룸에게 독립운동 의연금을 모집한다고 사쳐(四處)로 헤여졋다 ᄒᆞ오니 이것이 민족뎍 신용의 관계인즉 이를 거즈둘 수 업는지라. 이곳 여러분의 결의ᄒᆞᆫ 결과로 귀 총회로셔 지나인의 유력ᄒᆞᆫ 신문샹에게 지ᄒᆞ야 협잡ᄇᆡ에게 속지 말나고 함이 가쟝 됴흘듯 ᄒᆞ야 이갓치 앙진(仰陳)ᄒᆞ옵니다. 귀 당국 여러분ᄭᅴ셔 상의ᄒᆞ시와 더욱 됴흔 방칙이 잇스면 곳 시힝하심을 ᄇᆞ라오며 하여간 이 폐단을 즁국 사룸에게 알게 ᄒᆞ야 단톄뎍 신용을 보존ᄒᆞ도록 쥬션하심을 앙청ᄒᆞᄂᆞ이다.

六月 十四日 弟 박영로 (인)

132. 許 政 → 李容稷 1921. 12. 1. (18, 641~642)

李容稷 大兄 下鑑

付書난 謹承하옵고 示意도 詳悉하엿나이다.

下聞하신 千世憲씨 旅費事項에 關한 徐(徐載弼)博士의 公文은 아즉까지 來到된 긋 업습니다. 徐博士의게셔 무슨 말씀 업는 쌔까지난 紐育(뉴욕)에 發表할 긋이 안남으로 一般 在留同胞난 다-들 모럽니다.

勿論 紐育 在留同胞난 千世憲씨 旅費을 爲하야 出捐한 긋도 업고 前者 付送한 參百元을 千氏의 旅費로 支出하여 달나고 徐博士의게 請求한 긋이 업슴은 明白한 事實이외다.

쏘 徐博士가 紐育에 公文으로 알어볼 必要도 업슬 긋이니 自初 이 일에 對하야 紐育에 發議한 쓱이 업스니 닷이 알어볼 싸닭이 잇겟습니가.

四氏의 韓國文 名錄을 記送하라신 긋은 이러하외다. 「宋憲吉」·「쯔랜크 朴」(아모리 査實하여도 不分明)·「李進一」·「金파니」(이 金파니씨난 婦人인대 卽 金益煥氏의 母堂이외다.)

우리 委員들의 進行事務난 잘 實現이 되여 가시난지오? 얼마나 골몰하심닛가. 吾兄의 爲國重體 萬全하심을 祝福하옵고 그만.

三年 十二月 一日 弟 許政 拜復

133. 玄 楯 → 李仁成 1921. 1. 25. (18, 643)

Jan. 25, 1921

私函

拜覆 本月 二十四日 뉴욕發 貴椷을 接承이온 바 貴下씌셔 뉴욕市에 往臨하샤 千世憲氏와 商議하신 結果로 諸般 事情의 實眞을 洞悉하시고 濠洲渡去事를 破意ᄒᆞ시고 還駕本處하심을 本員도 良策으로 싱각하나이다. 貴下씌셔 임의 國家를 爲하야 獻身코저 하심을 조금 冷却치 마시고 國家에 對하신 個人의 義務를 다하시며 後期를 긔다리시옵소셔.

玆에 貴下의 슨 書信을 胎呈하오니 査收하시오소셔.

民國 三年 一月 二十五日 歐美委員長代理 玄楯

李仁成 貴下

134. 현 순→주영한 1921. 2. 3. (18, 644)

Los Angeles Cal.

Feb. 3 1921

쥬영한 인형 젼

작별한 지 슈삭만에 혜셔를 밧아 뵈오니 반갑고 깃부외다. 그러나 렴달옥씨의 공채ᄉᆞ건으로 형의게ᄭᆞ지 미안하게 되엿으니 용셔하시고 다 암으시옵소셔.

렴씨의 공채표 十月 二十六日에 납송(納送)한 十원이 공채금 Ledger에 오르지 아니함으로 十원이 不足하엿ᄂᆞᆫᄃᆡ 혜함을 밧은 후 즉시 □□book을 샹고하온즉 十月 二十六日에 十원 납송한 것이 분명하기로 렴씨의계 일ᄇᆡᆨ원가의 공채표를 오날 부송하오니 렴여마시고 공부와 션젼일 잘 하시옵소셔.

三年 二月 三日 현슌(玄楯) ᄇᆡ샹

135. 玄 楯→曺宜煥 1921. 3. 24. (18, 645)

私函

三月 十八日 貴函을 接承이온 바 貴下의 問議하신 事件은 美國政府에셔 納得한 것이 안이오 個人으로 納得한 것이온ᄃᆡ 그 姓名과 地方은 本部 比[?備]考錄에 잇ᄉᆞ오나 号數는 未詳하와 玆에 姓名과 地方만 錄呈함니다.

Washington D. □□

Los Angeles, Cal.
三年 三月 卄四日 弟 玄楯 拜謝
曺宜煥 仁兄 回升

136. 洪 焉→歐美委員部 1922. 1. 4. (18, 646~647)

From Hong, So Am　　　　Hong Earn 1-4-22
In re: Failure to collect money at
Santiago, Valparaiso, etc.*

私函
[이키々]를 發한 後 Antafagerta, Taltal, Valparaiso, Santiago 四處를 遊歷한 結果는 智艮 約 千餘元 本錢을 損失하고 一個月의 時日을 虛費하얏나이다. 그 理由는 以上 各地의 華人의 生活이 甚히 困難하야 自資도 不足함으로 所捐이 僅히 一千元 左右에 達하얏고 費用은 船費·車費가 高騰하며 또는 旅雜費가 太高한 所以올시다. 이제는 베루[페루]로 早歸하려난 經路인데 交通이 不便함으로 順便의 汽船을 得搭하기 爲하야 다시 [이키々]로 向함니다. 어림컨딕 一月望間에 [리마]에 到着할듯 함니다.

太平洋會議 消息은 此地에서도 種々 得聞하난 바 中國의 無望을 視하니 吾人의 前途는 더구나 寒心할 者올시다. 싱각건딕 我 本部의 諸公께셔 이 갓한 艱難의 境遇에 在하야 應當 孤心詣旨하실 것이올시다. 리마로 歸하야 반다시 本部 通信을 接讀할 줄로 싱각하고 스々로 깃버함니다.

大韓民國 四年 一月 四日 生 洪焉 二拜

[譯文]

* 홍소암(홍언〈洪焉〉)으로부터

* 내용: 산티아고·발파레이소 등지에서의 모금 실패에 관하여.

137. 洪 焉→歐美委員部 1922. 1. 19. (18, 648~650)

From Earn Hong 1-19-22 Hong Earn 1-19-22

Casilla #1221

Lima, Peru

私函

昨年 十二月 一日發 公函은 今年 一月 十二日에 베루[페루] 리마에 歸着하야 拜讀하얏슴니다. 軍備限制會의 消息은 此地에서도 槪畧을 得聞하난 바 中國問題의 失敗에 證하면 吾人의 將來는 더욱 無望일 터이나 다만 韓國代表의 活動을 宣傳하난 것도 또한 吾人의 將來에 對하야 成功이오니 바라건딕 我 本部는 內中形便을 처음브터 同胞에게 實際로 告知하야 첫지 現在의 迷信이 업게 하시고 둘지 將來의 落心이 업게 하시옵쇼셔. 나는 先生의 明達하심을 일즉히 拜服함으로 더욱 뒷마므리를 잘 하실 줄 밋나이다.

이곳에 도라온 後 形便을 보건딕 中國人들이 限軍會의 中國問題 失敗와 美國의 四國同盟 加入을 憤激하야 孫逸仙政府에 一致同情을 表하며 北伐軍餉을 웨처 贊助하야 方今 收錢中에 在한 바 此時에 쪄무더 나와 捐助를 請하면 도로혀 同情을 일어바릴 터임으로 約 二週日間 彼等의 事務를 協助하고 徐々히 北部로 닉려가기로 합니다.

續后再達 姑閣.

一月 十九日 弟 洪焉 二拜

138. 황 휴→김규식 1920. 8. 17. (18, 651)

김규식(金奎植)씨 각하

혜사(惠賜)ᄒᆞ신 글과 공채표 뎨四十四호와 三十三元 三十六錢의 은표를 병졉ᄒᆞ와 감ᄉᆞᄒᆞ온 마음이 적지 아니ᄒᆞ엿스며 교시ᄒᆞ신 바ᄂᆞᆫ 의교시ᄒᆡᆼ(依教施行)ᄒᆞ려 ᄒᆞᄂᆞ이다. 그러ᄂᆞ 김긔션의 공채응모금으로 말ᄉᆞᆷᄒᆞ면 七・八 량삭간(兩朔間)에 필납(畢納)되엿ᄉᆞ옵ᄂᆞᆫᄃᆡ 五十元의 령슈증셔만 교여ᄒᆞ셧ᄉᆞ오니 아지못게라. 보고 원문에 오착(誤錯)이 잇ᄉᆞ왓ᄂᆞᆫ지 됴사ᄒᆞ신 후 ᄒᆡ인(該人)의계 百元의 공채표를 교부ᄒᆞ심을 바라나이다.

송헌쥬(宋憲澍)씨의 면직이란 문뎨에 ᄃᆡᄒᆞ야ᄂᆞᆫ 진가(眞假)와 곡즉(曲直)을 알 슈 업ᄂᆞᆫ 바 혹ᄌᆞ 소시ᄒᆞ실ᄂᆞᆫ지오?

원동통신에ᄂᆞᆫ 여하 긔문(如何奇聞)이 잇ᄉᆞᆷᄂᆞᆫ잇가. 본 ᄃᆡ방 ᄌᆞ유단은 단원이 증가홈으로 인ᄒᆞ야 그 졍도를 ᄀᆡ량ᄒᆞᄂᆞᆫᄃᆡ 유의ᄒᆞ오며 九月 十二일은 뎨이회 긔렴일인 고로 ᄃᆡ방한인을 ᄃᆡ회ᄒᆞ려ᄒᆞ옵이다. 신형호ᄂᆞᆫ 이곳에 온지 일쥬가 너멋소이다.

민국 이년 팔월 十七일 황휴 拜復

찾아보기

[인 명]

[ㄱ]

[ㅇ]

[ㅈ]

[일반 사항]

[ㄱ]

[ㄴ]

[ㄹ]

[ㅁ]

[ㅇ]

[ㅈ]

[ㅊ]

[ㅋ]

[ㅌ]

李承晩 東文 書翰集 上

2009년 2월 28일 1판 1쇄

편 자 유영익 · 송병기 · 이명래 · 오영섭
발 행 연세대학교출판부

서울특별시 서대문구 성산로 262
전 화 : 2123-3380～2
FAX : 2123-8673
e-mail : ysup@yonsei.ac.kr
http://www.yonsei.ac.kr/press
등 록 : 1955년 10월 13일 제9-60호

인 쇄 : (주)태화북스

ISBN 978-89-7141-861-1
ISBN 978-89-7141-860-4(세트)

값 30,000원